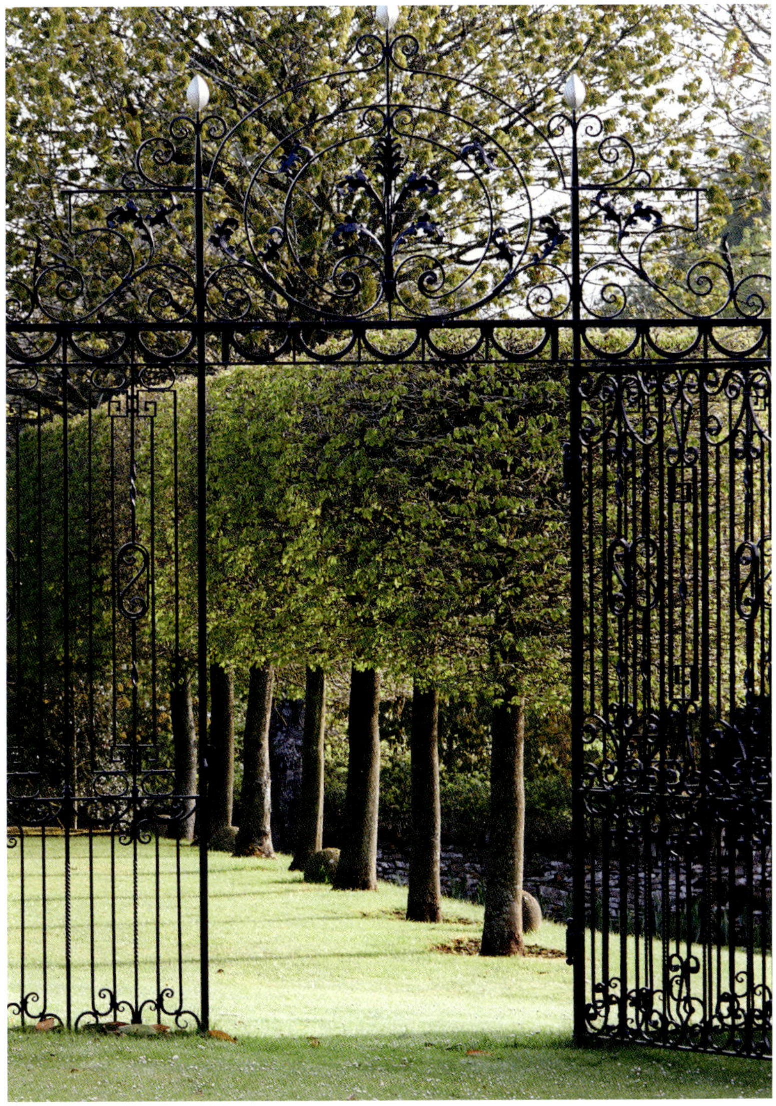

DIE GEHEIMEN GÄRTEN DER COTSWOLDS

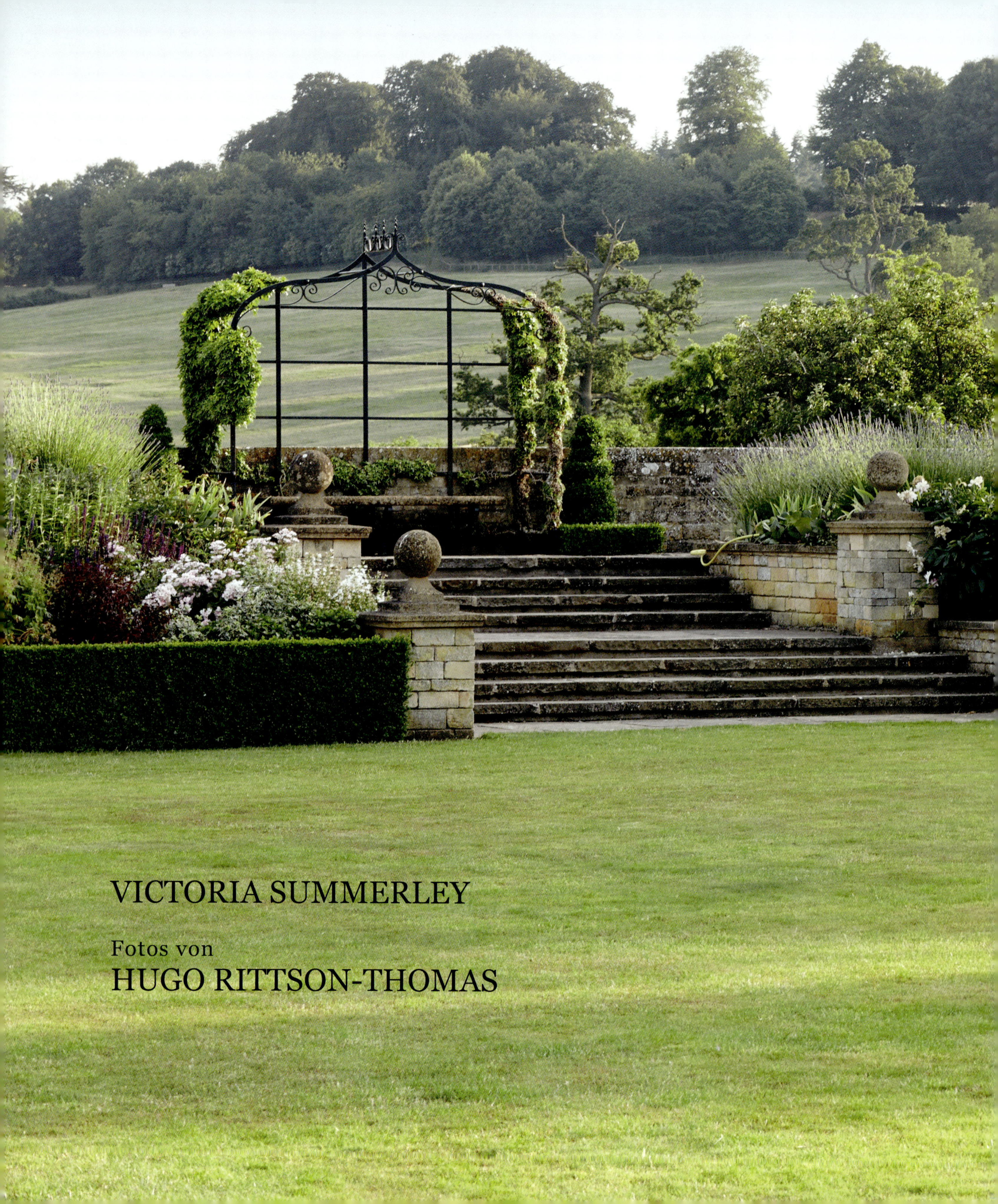

VICTORIA SUMMERLEY

Fotos von
HUGO RITTSON-THOMAS

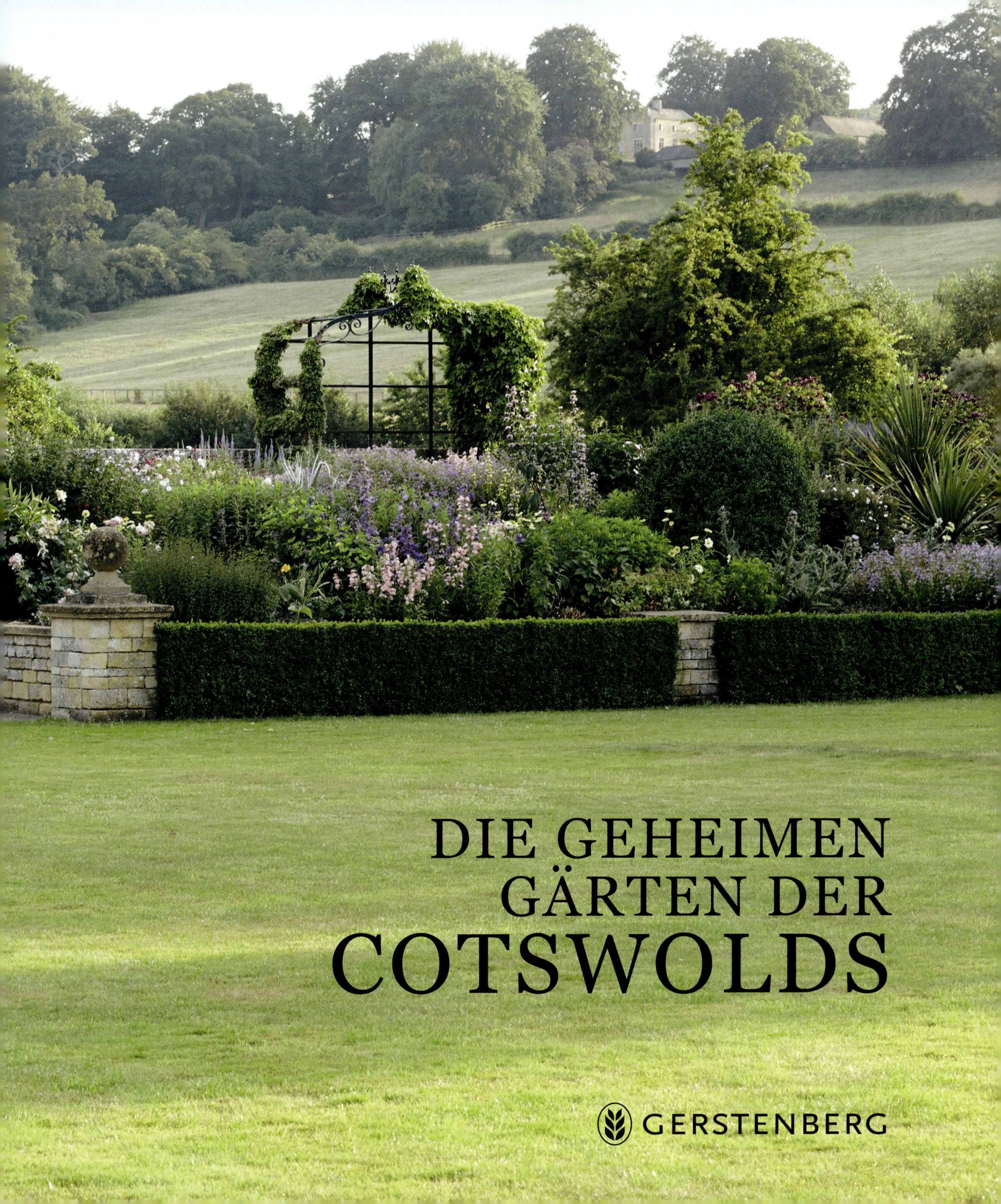

DIE GEHEIMEN GÄRTEN DER COTSWOLDS

GERSTENBERG

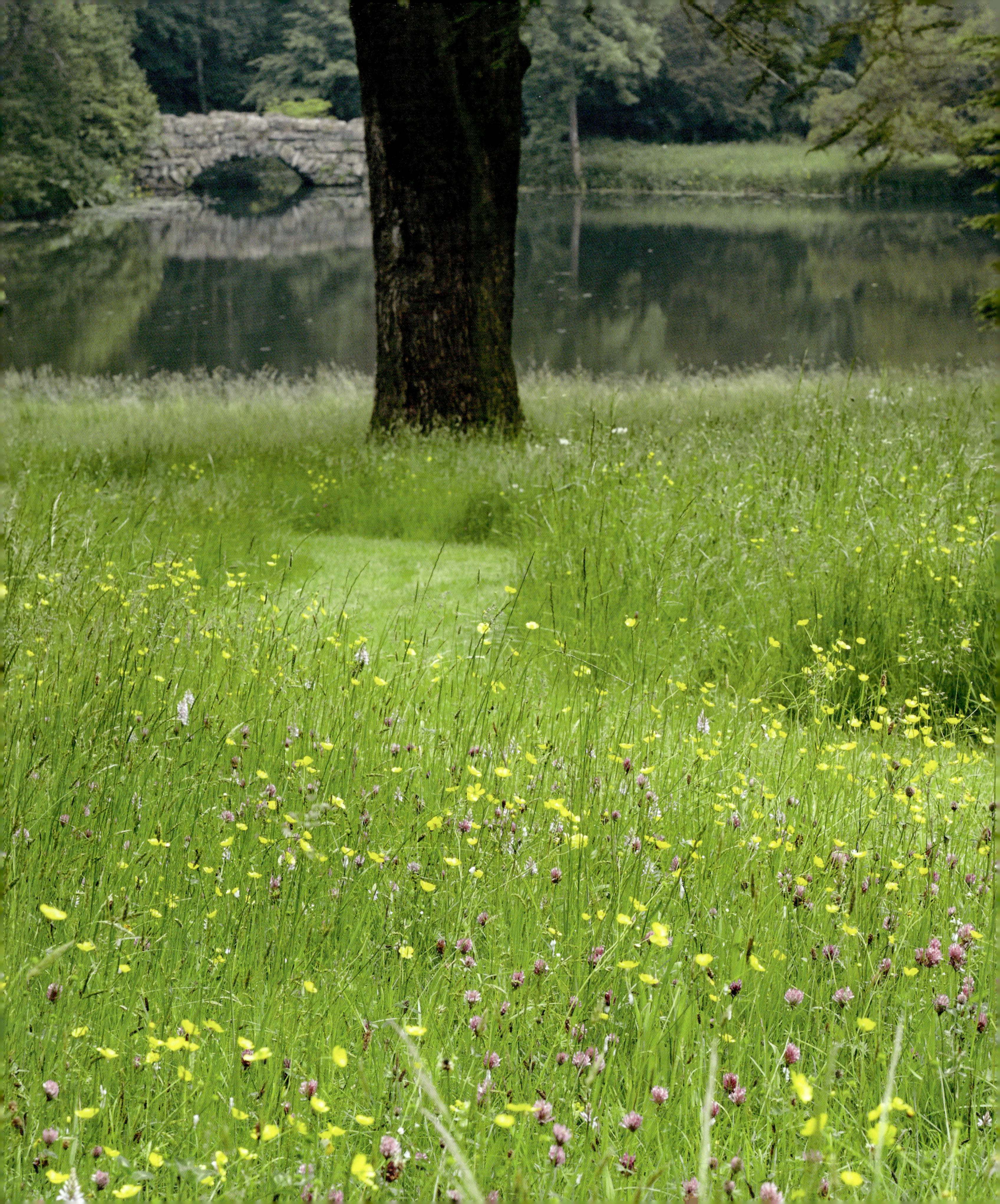

Inhalt

Die Originalausgabe erschien 2015 unter dem Titel
Secret Gardens of the Cotswolds bei
Frances Lincoln Limited
74–77 White Lion Street
London N1 9PF
www.franceslincoln.com

Aus dem Englischen von Birgit Fricke

5. Auflage 2022

Satz und Redaktion: bookwise GmbH, München
Printed in Bosnia and Herzegovina

www.gerstenberg-verlag.de
ISBN 978-3-8369-2795-6

SEITE 1 Die Hainbuchenallee in Upton Wold lädt Besucher ein, die schmiedeeisernen Tore zu durchschreiten.
SEITE 2–3 Vom erhöhten Weg in Bourton House mit den Steinbänken und kielbogigen Rankgerüsten blickt man auf eine typische Cotswolds-Landschaft.
LINKE SEITE In Sarsden führt ein Grasweg zu dem von Humphry Repton angelegten See.

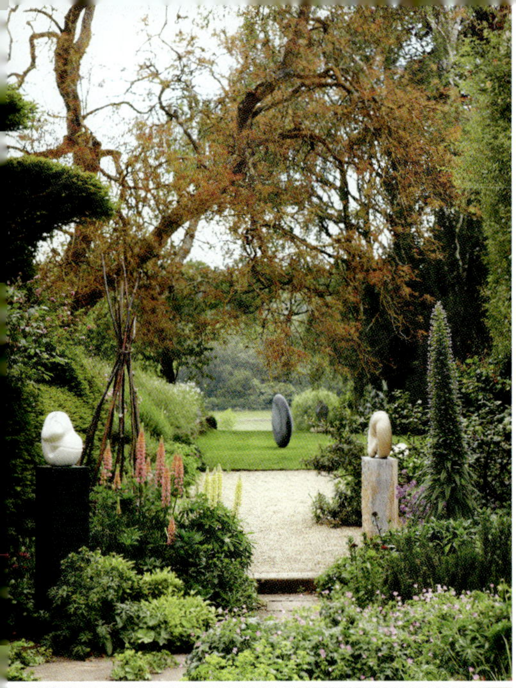
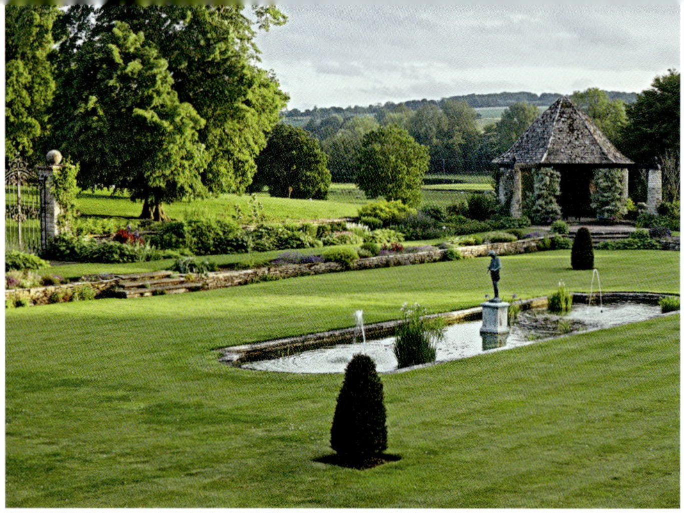
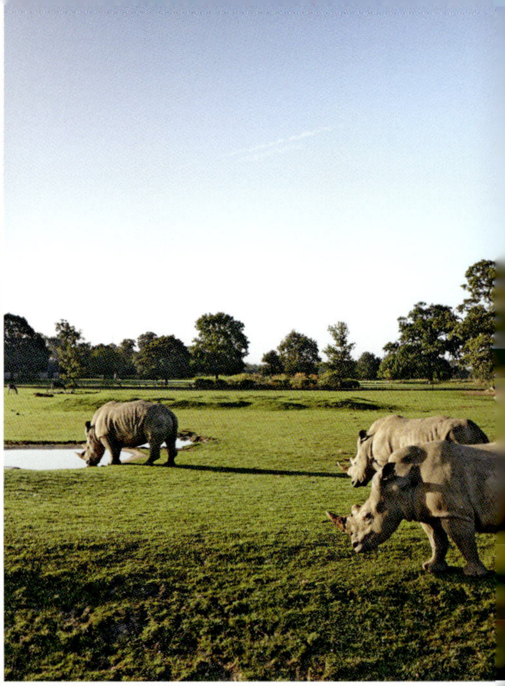
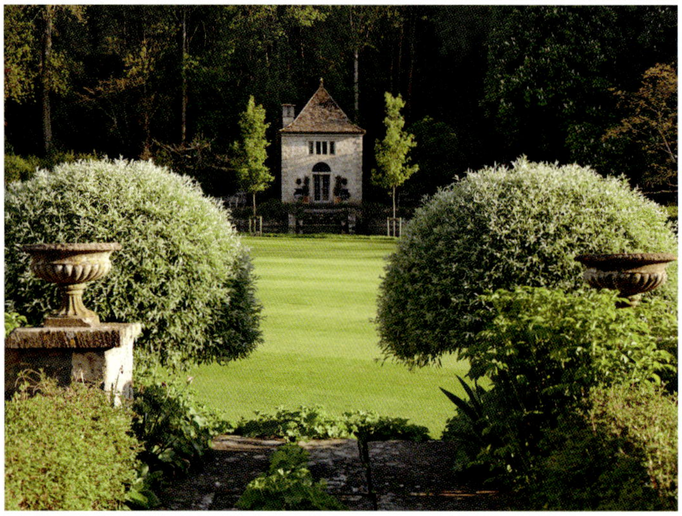
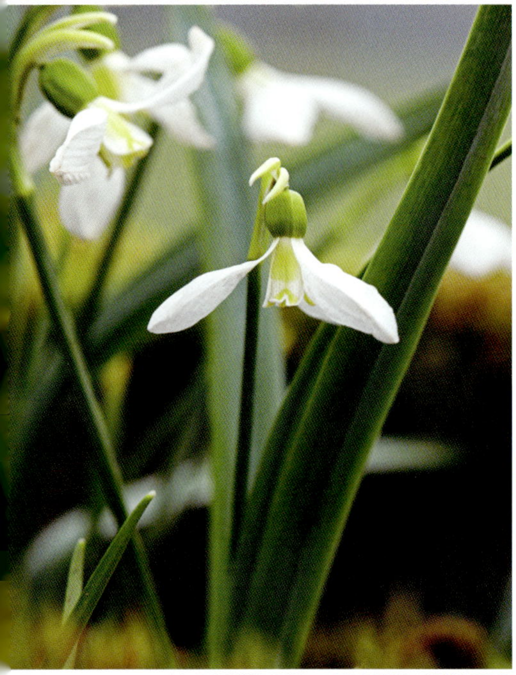
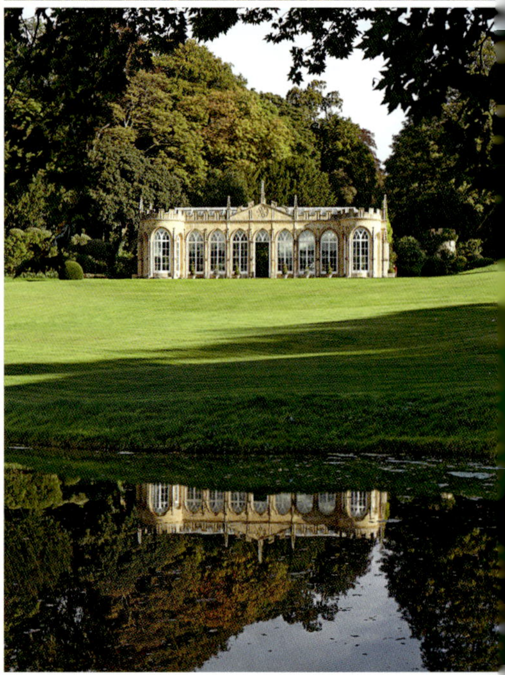
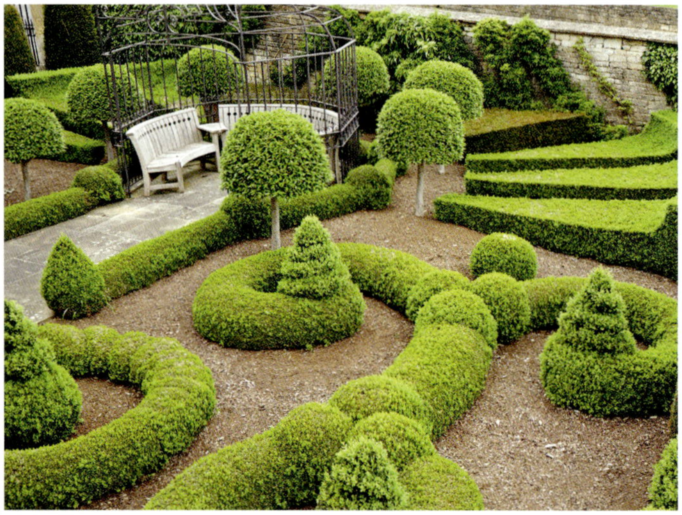
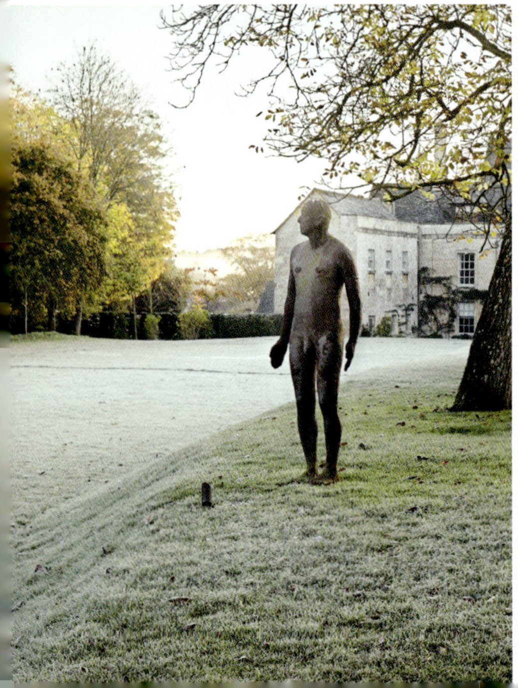
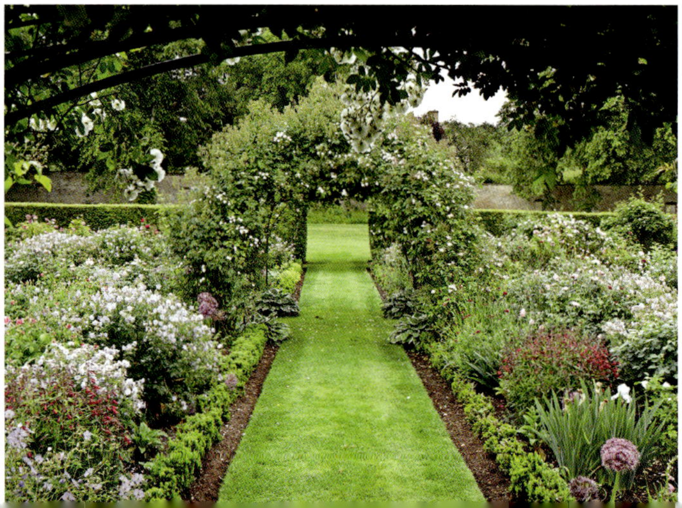
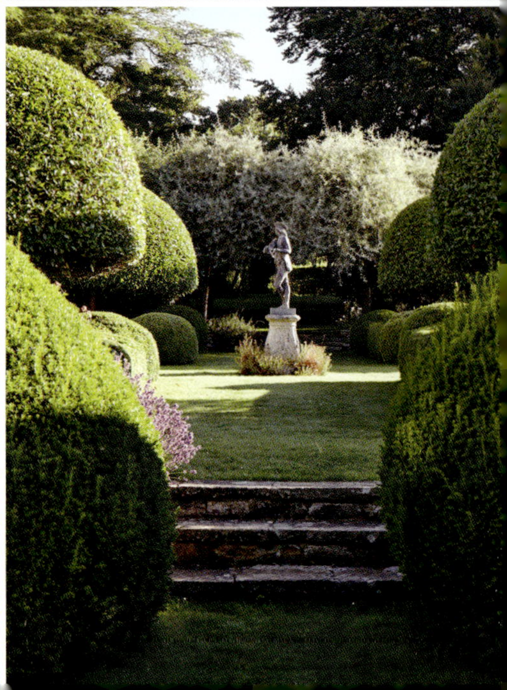

Einführung

VOR ETWA 25 JAHREN verbrachte ich ein Wochenende bei Anne de Courcy in ihrem Cottage in Barnsley in der Grafschaft Gloucester. Anne, die Biografin von Diana Mosley und Lord Snowdon und Autorin weiterer Bestseller, war damals eine Kollegin beim *Evening Standard* in London.

Ich war verzaubert von ihrem Cottage in dem malerischen Cotswolds-Dorf. Mir gefiel die nahe gelegene, von den Römern gegründete Stadt Cirencester. Am meisten lockte mich jedoch der Nachbargarten: Barnsley House, das Domizil von Rosemary Verey. Damals konnte man durch die Hintertür von Annes Garten in Rosemarys Garten gelangen, um den Goldregentunnel oder die berühmten Gemüsegärten zu bestaunen.

Ein Jahr vor meinem Besuch in Barnsley House hatte sich Prinz Charles für seinen Garten in Highgrove, Gloucestershire, von Rosemary Verey beraten lassen. Daher hatte ich so viel Respekt vor Mrs Verey – die damals aufgrund ihrer Verbindungen zum Königshaus als Gartenbauexpertin sehr bekannt war –, dass ich mich nicht traute, sie um Tipps für meinen winzigen Souterraingarten in Südost-London zu bitten. Ich lächelte nur höflich, als wir einander vorgestellt wurden, und benahm mich wie ein schüchternes Schulmädchen.

Ich muss gestehen, dass ein Großteil meiner Vorfreude vor dem Besuch in Barnsley House nicht daher rührte, dass ich die Pflanzen oder die Gestaltung des Gartens bewundern konnte. Vielmehr war er dem privilegierten Zugang geschuldet. Schon immer haben uns geheime Gärten in ihren Bann gezogen, seien es der *hortus conclusus* in der Renaissancekunst und -literatur oder der Kinderbuchklassiker von Frances Hodgson Burnett. Die Chance, bei den Recherchen zu diesem Buch weitere geheime Gärten zu erkunden, konnte ich mir einfach nicht entgehen lassen.

Nicht alle hier vorgestellten Gärten sind ganz und gar geheim. Viele öffnen an einem Tag im Jahr für wohltätige Zwecke ihre Pforten, manche in den Sommermonaten sogar für drei Tage in der Woche (etwa Sezincote und Bourton House). Ich wollte, dass die Leser dieses Buches wenigstens einige dieser Gärten mit eigenen Augen sehen könnten.

Rosen an der Tür

Seit meinem Besuch bei meiner Freundin Anne in den Cotswolds hegte ich, während ich meine Karriere als Journalistin verfolgte und mich meiner Familie widmete, den Wunsch, aufs Land zu ziehen. Ich wollte in der Nähe einer zivilisierten Stadt wie Cirencester wohnen; ich wünschte mir ein Cottage wie auf einer Schokoladenschachtel, mit Rosen an der Tür; und ich träumte von einem Garten, der voll war von Glyzinien und Clematis, und davon, Luft zu atmen, die schwer war von Lavendelduft.

Im November 2012 wurde mein Traum Wirklichkeit. Ich kündigte meinen Job als Chefredakteurin beim *Independent* und zog in ein nur fünf Kilometer von Barnsley entferntes Dorf in den Cotswolds. Rosemary Verey war 2001 verstorben, und heute ist Barnsley House ein Hotel. Der Chefgärtner Richard Gatenby, der auch schon für Mrs Verey tätig war, bietet Führungen an – aber das ist nicht dasselbe, wie durch eine Hintertür zu schleichen.

Eine verschwindende Welt

Ich gebe es offen zu: Ich habe dieses Buch aus purer Neugier geschrieben. Ich bin keine Akademikerin, auch keine Altertumsforscherin, und ich kann meine Wissbegier nicht in den sauberen weißen Handschuhen des Archivars verbergen. Mir wurde allerdings klar, dass manche Cotswolds-Gärten Gefahr liefen, in Vergessenheit zu geraten, wenn man sie nicht für die Nachwelt beschrieb. Nehmen wir beispielsweise Abbotsford – den Garten, den Mark Fenwick in der ersten Hälfte des 20. Jahrhunderts schuf. Er ist zweimal im Jahr im Rahmen des National Gardens Scheme – eine Art Tag der offenen Gartenpforte, an dem private Gärten für einen wohltätigen Zweck besichtigt werden können – öffentlich zugänglich, und über Fenwick selbst weiß man nur wenig, obwohl er ein bedeutender Pflanzensammler war. Der Chefgärtner von Abbotswood, Martin Fox, ist mit Leib und Seele Gärtner. Er und seine Frau Bridget kennen jedes Fleckchen dieses Gartens, und man spürt, dass sie sich dafür verantwortlich fühlen. Doch wenn sie in den Ruhestand gehen, sind ihr Wissen und ihre Erfahrung verloren. Ich begriff, dass mein kurzer Blick über die Gartenmauern oder Eibenhecken in diese geheimen Gärten ein Einblick in eine allmählich verschwindende Welt war.

In vielen Gärten besteht das Gärtnerteam heute aus zwei oder drei Leuten, oftmals in Teilzeit beschäftigt. Vor hundert Jahren arbeiteten auf solchen Anwesen zehn Gärtner. Besitzer wie Stephanie Richards in Eastleach House kompensieren die fehlenden Arbeitskräfte durch Eigenleistung und nehmen dabei die typischen Leiden von Gärtnern in fortgeschrittenem Alter – Arthritis in Hüften, Knien, Schultern, Händen – in Kauf.

Geteiltes Gärtnerleid

Der Fotograf Hugo Rittson-Thomas lebt ebenfalls in den Cotswolds, und wir sind beide leidenschaftliche Gärtner. Unsere Gärten sind unvollendete Werke. Hugos Garten in Walcot House (siehe Seite 130) ist von viel größerer archäologischer Bedeutung, doch meiner ist auch eine Herausforderung, weil jeder, der dort vorbeikommt, ihn voll einsehen kann: Täglich halten Busladungen von Touristen, die das Dorf besuchen, meine Bemühungen, mein Stück Land zu zähmen, fotografisch fest.

Hugo und ich fühlten aus tiefstem Herzen mit den Hausbesitzern, die uns erzählten: „Als wir hierherkamen, gab es bloß wirres Gestrüpp aus Brombeeren, Brennnesseln und Giersch." Wir wissen nur zu gut, dass das der Zustand ist, zu dem jeder Cotswolds-Garten sofort zurückkehrt, wenn man ihn sich selbst überlässt.

An dieser Stelle möchte ich gern allen Hausbesitzern sowie den Chefgärtnern, die mir ihre Zeit geschenkt und es Hugo gestattet haben, ihre Gärten zu fotografieren, danken. Die Bilder entstanden oft zu unmöglichen Zeiten, etwa im schrägen, idealen Fotolicht der Morgendämmerung.

Man hat uns oft gefragt, ob wir die Gärten zusammen besucht haben. Die Antwort lautet: nein. Autor und Fotograf haben beide das Ziel, einen persönlichen Eindruck zu vermitteln, aber damit eine solche Momentaufnahme entsteht, muss man sehr viel Material sammeln, von dem vieles später verworfen wird. Man weiß erst, was man gebrauchen kann, wenn man sich ans Schreiben begibt oder die Bilder sichtet. Warum also sollte sich Hugo eine Diskussion darüber anhören, wann man am besten eine Wildblumenwiese mäht, wenn er eigentlich darauf aus war, ein tolles Foto von einem Judasbaum in voller Blüte zu schießen?

Es gibt eine – wahrscheinlich weltweite – Tradition, dass Gärtner mit ihrem Rat, ihrer Zeit und ihren Erzeugnissen großzügig sind. In den Cotswolds traf dies fast im Übermaß zu. Immer wieder stieg ich müde in mein Auto, um nach Hause zu fahren, während eine Unmenge an Informationen durch meinen Kopf schwirrte und sich frische Schnittblumen, Kürbisse, ein Beutel Äpfel, ein paar Stangen Lauch oder Ableger auf meinem Rücksitz stapelten. In Colesbourne Park bekam ich natürlich ein erlesenes Schneeglöckchen geschenkt.

Gute Gestaltung hat ihren Preis

Während all meiner Besuche in den außergewöhnlichen Gärten, die in diesem Buch beschrieben sind, schien Rosemary Vereys Persönlichkeit allgegenwärtig zu sein. Entweder hatte sie einen Teil des Gartens gestaltet (wie in Kingham Hill House), den Besitzer beraten (wie in Eastleach House und Ablington Manor) oder auf eine andere Art ihre Spur hinterlassen. Ein Chefgärtner erzählte mir, sie sei einmal bei seinen Arbeitgebern zum Mittagessen eingeladen gewesen; man wollte ihren Rat zu einer problematischen Ecke des Gartens. Mrs Verey machte sofort einen Vorschlag, skizzierte ihn auf einem Stückchen Schmierpapier – und schickte eine Woche später die Rechnung für den Entwurf.

Sie hat nie den Wert eines fähigen Gartengestalters unterschätzt. Ich denke, dieses Buch beweist, dass es trotz gesellschaftlicher Veränderungen und wirtschaftlicher Krisen noch immer sehr viele solcher Gartenexperten gibt – auf jeden Fall in den wunderschönen Cotswolds.

Victoria Summerley

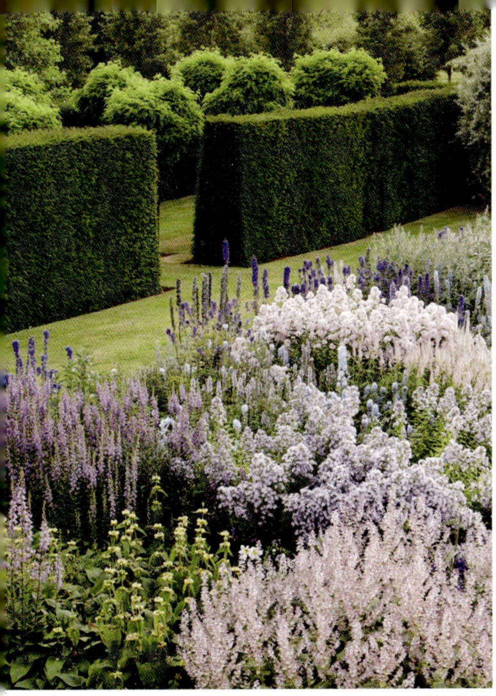
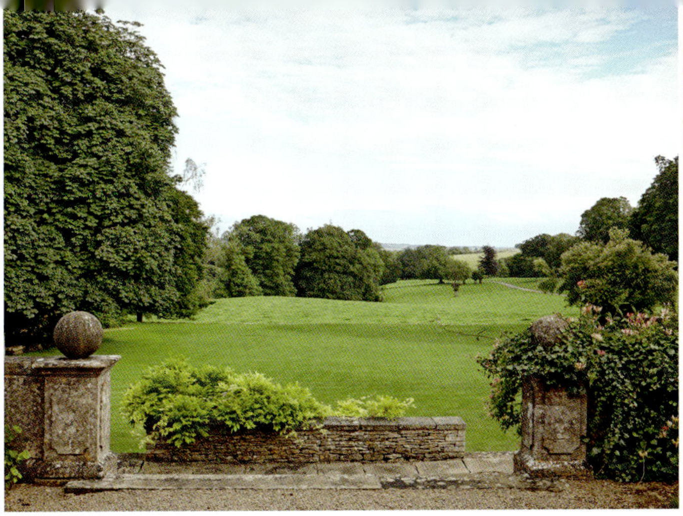
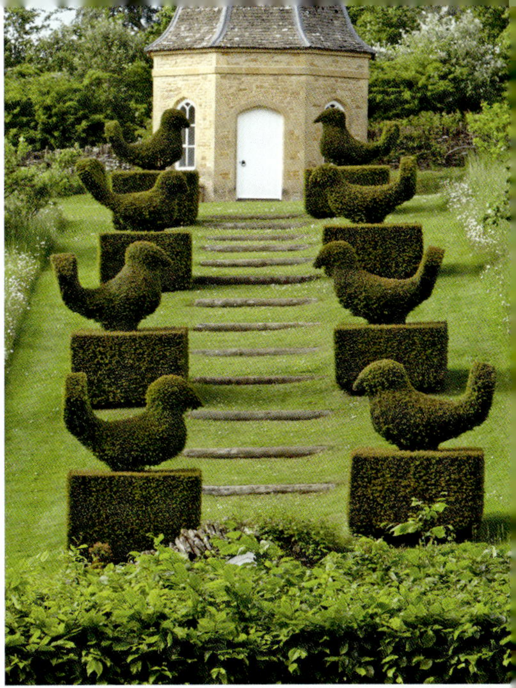
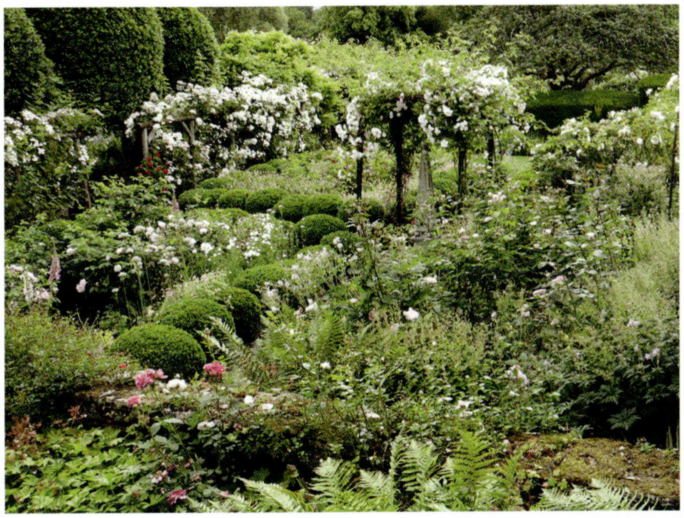
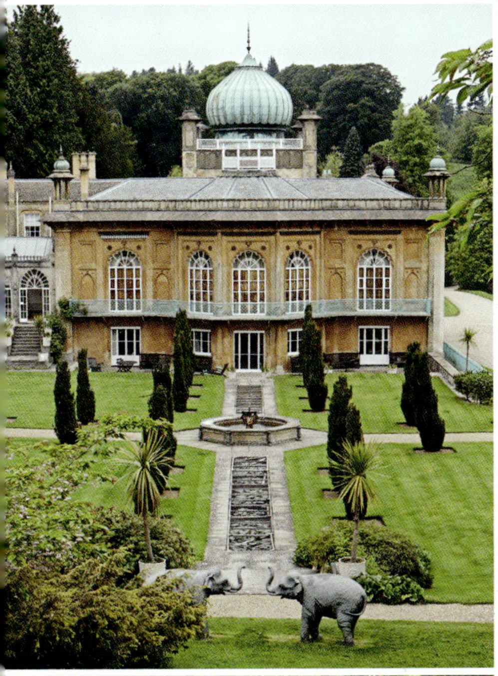
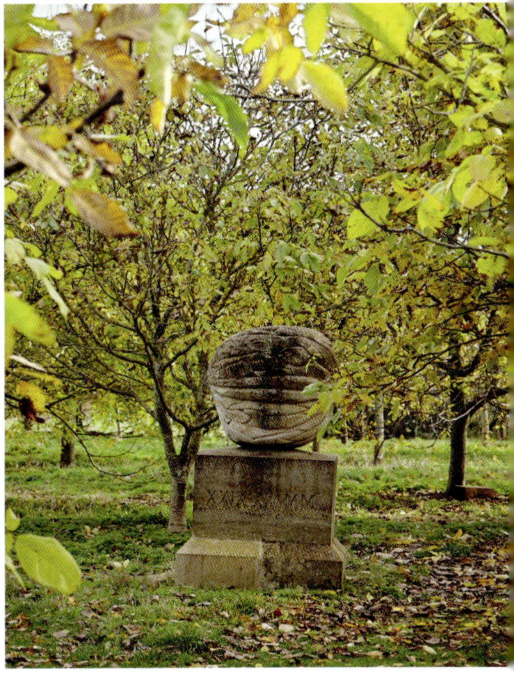
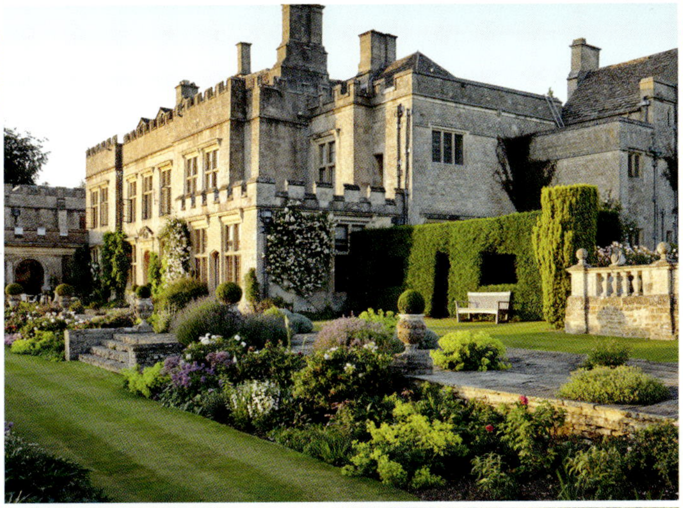
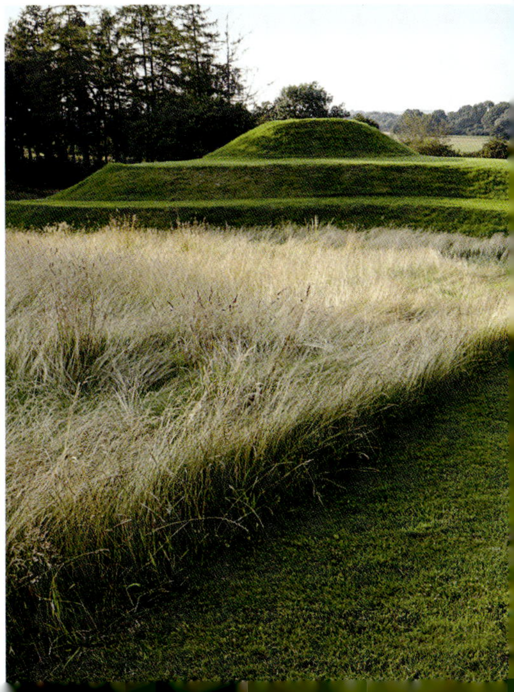
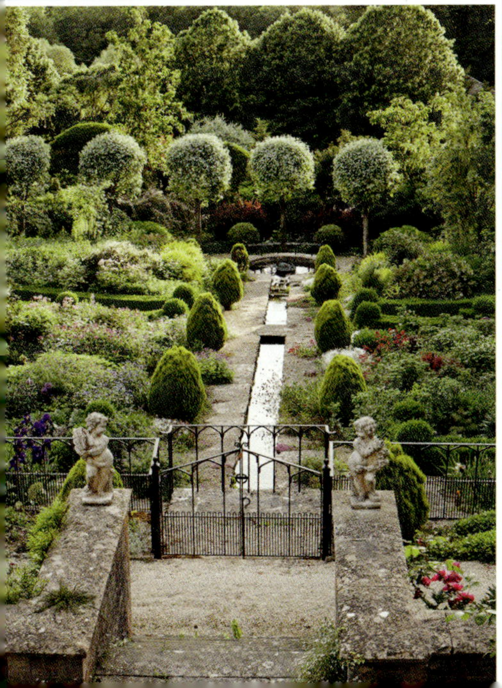
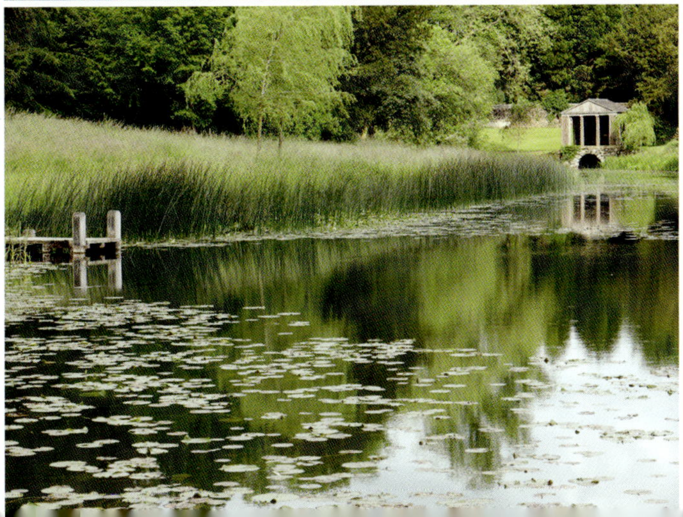

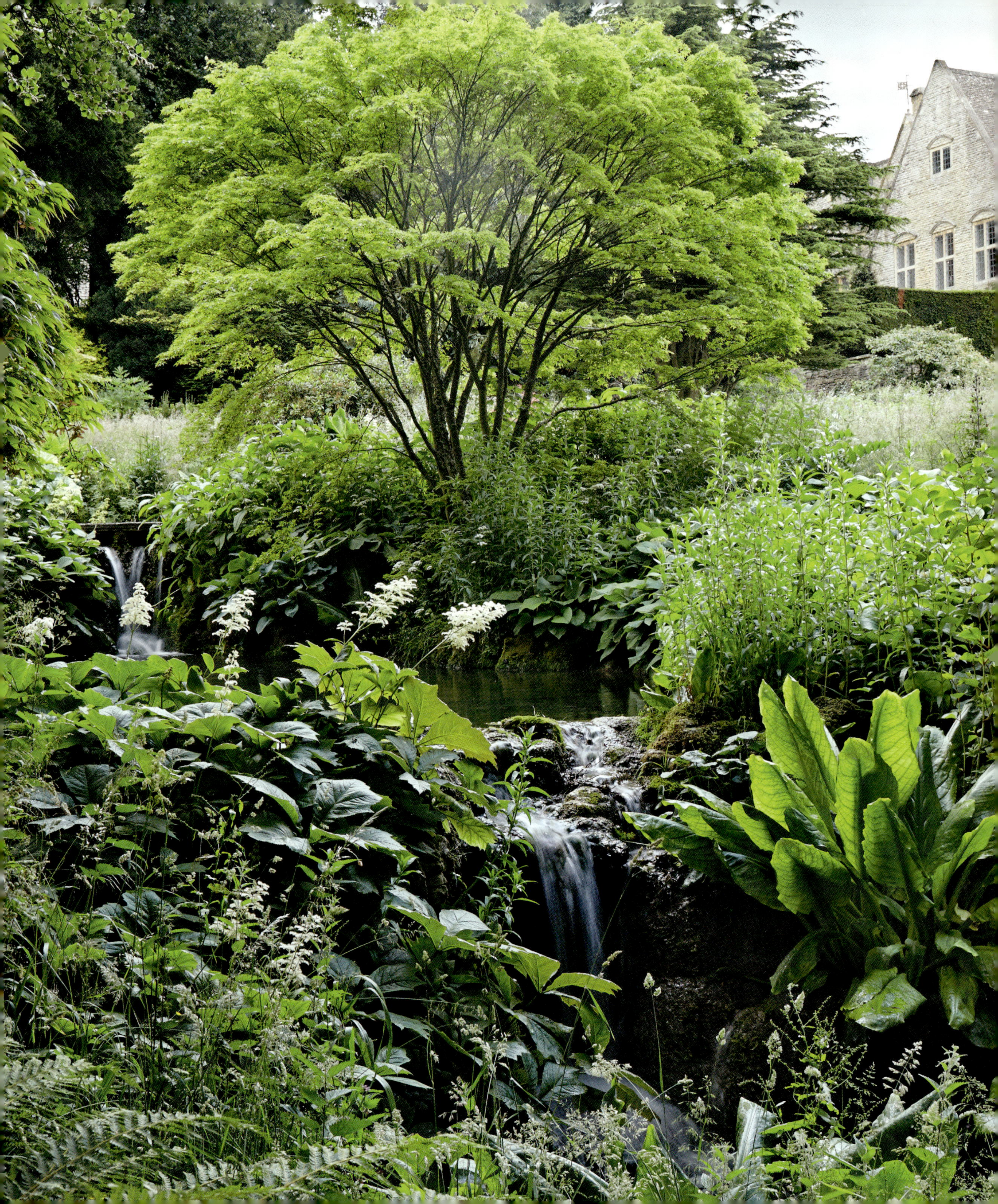

1
Abbotswood
Stow-on-the-Wold

SO MANCHER GÄRTNER würde Himmel und Erde in Bewegung setzen, um seinen Traumgarten anzulegen. Mark Fenwick setzte lediglich Erde in Bewegung – und zwar tonnenweise. Er entstammte einer Bankiersfamilie aus Northumberland und war Geschäftsführer der Consett Iron Company. Somit verfügte er über die finanziellen Mittel, aber auch über Fachkenntnisse und Leidenschaft.

Fenwick war ein begeisterter Hobbygärtner mit einem Faible für Pflanzen, die sauren Boden lieben – insbesondere Rhododendren, Kamelien und Azaleen. Er gehörte jener Generation an, die sich die Gärtnerskunst selbst aneignete: Vita Sackville-West in Sissinghurst, Lawrence Johnston in Hidcote, Lionel Fortescue in The Garden House in Devon und E. A. Bowles in Myddelton House in Enfield, sie alle schufen mit Enthusiasmus und Fantasie ganz eigene Gärten, die Fachleute noch heute in Entzücken versetzen. Der Genius Loci im Sinne Alexander Popes, der „Geist eines Ortes", lässt sich offenbar eher von einem inspirierten Individuum heraufbeschwören als von einem Expertengremium.

Man mag sich fragen, was Fenwick in Abbotswood sah, als er es 1901 kaufte. Der Untergrund des unmittelbar vor den Toren von Stow on the Wold gelegenen Anwesens besteht aus Cotswolds-Kalkstein – kein idealer Boden für kalkfeindliche Pflanzen wie Rhododendren. Was das Haus angeht, gab Sir Edwin Lutyens, den Fenwick damit beauftragt hatte, Haus und Gärten neu zu gestalten, ihm den Rat: „Sprengen Sie es in die Luft und beginnen Sie von vorne!"

Doch Fenwicks Frau liebte ländlichen Zeitvertreib wie Jagen und Schießen, und ein Anwesen in den Cotswolds galt seit der Römerzeit als begehrenswert. Also löste Fenwick das Problem mit dem Kalkstein, indem er sauren Mutterboden aus Somerset heranschaffen ließ. Die Lieferungen kamen per Bahn bis Moreton-in-Marsh, dort lud

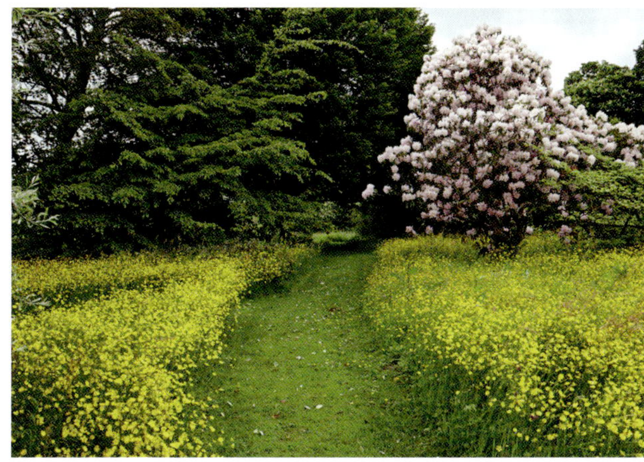

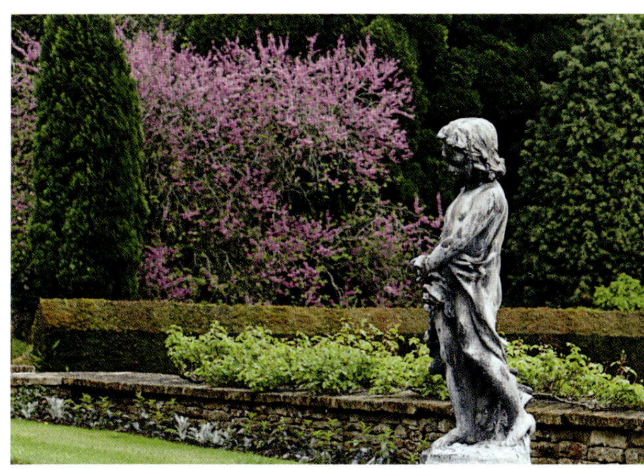

LINKE SEITE Wo der Fluss die unteren Bereiche des Gartens durchfließt, ist die Bepflanzung sehr üppig. Hier wetteifern die riesigen Blätter der Scheinkalla mit Wald-Geißbart *(Aruncus dioicus)* und Gefiedertem Schaublatt *(Rodgersia pinnata)* um Aufmerksamkeit.
GANZ OBEN Im späten Frühjahr und im Sommer mäht man Pfade durch die Wildblumenwiesen.
OBEN Blütenpracht im Frühjahr: Der Judasbaum.

UNTEN Die von Edwin Lutyens angelegten formalen Gärten bilden einen ruhigen Kontrast zu den Bäumen und Sträuchern.

RECHTE SEITE Die Farbpalette in Abbotswood ist lebhafter als die eines traditionellen, in Pastelltönen gehaltenen Cotswolds-Gartens. Hier treffen die leuchtenden Blau- und Pinknuancen von Stauden wie Rittersporn auf die Rosa-, Rot- und Purpurtöne der Azaleen und Rhododendren.

man sie für die letzten acht Kilometer bis Stow auf Pferdewagen um. Wenn es feucht und neblig ist (eine im Südwesten Englands nicht allzu seltene Wetterlage), könnte man nun meinen, man sei aus Gloucestershire nach Yorkshire oder ins schottische Hochland versetzt worden.

Im späten Frühjahr wetteifern die leuchtenden Rosa- und Orangetöne der Rhododendren und Azaleen mit einem in kräftigem Purpur blühenden, mächtigen Judasbaum *(Cercis siliquastrum)*, und am Fluss gedeihen heimische Wildblumen wie Wiesen-Kerbel und Gewöhnliche Schachblumen *(Fritillaria meleagris)* neben nicht heimischen Arten wie Gelber Scheinkalla *(Lysichiton americanus)* und Handlappigem Rhabarber *(Rheum palmatum)*.

Die formalen Terrassen an der Südseite hat Lutyens angelegt. Sie sind durch sein Markenzeichen, die flachen Steintreppen, miteinander verbunden und bieten Ausblicke über idyllisches Weideland. Die Pavillons erinnern an jene in Hidcote und mögen ihnen in der Tat als Vorbild gedient haben, denn Lawrence Johnston und Mark Fenwick waren enge Freunde. Fenwick war offenbar ein anteilnehmender, mitfühlender Gutsherr, denn er beauftragte Lutyens mit der Gestaltung eines Kriegsdenkmals für das Dorf Netherswell.

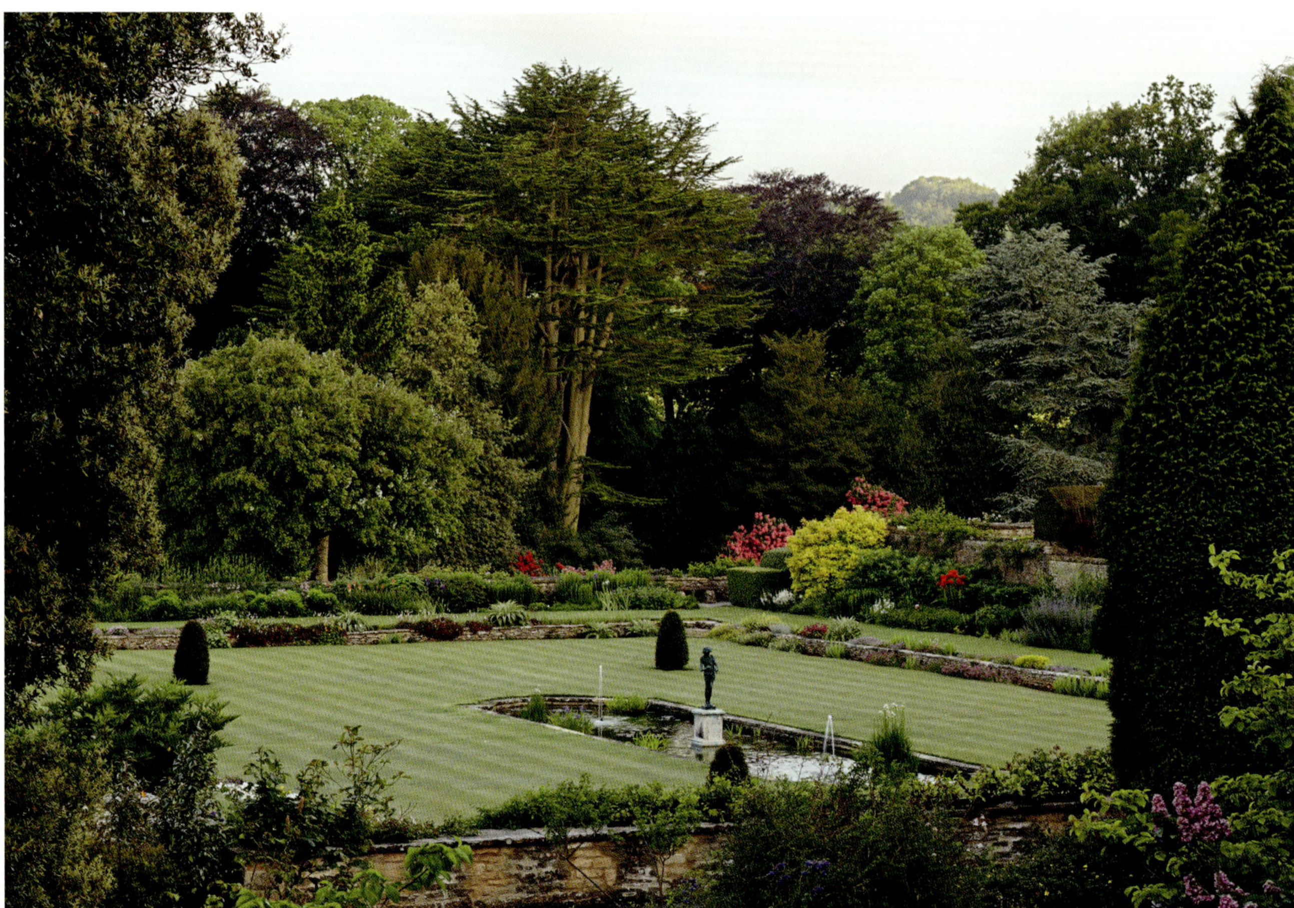

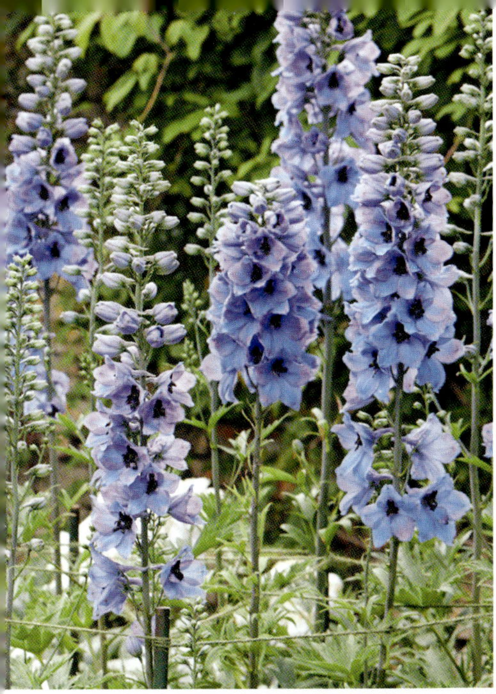
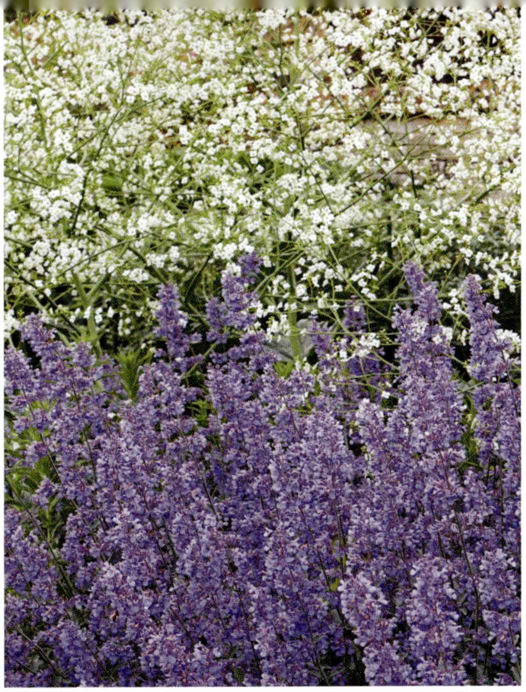
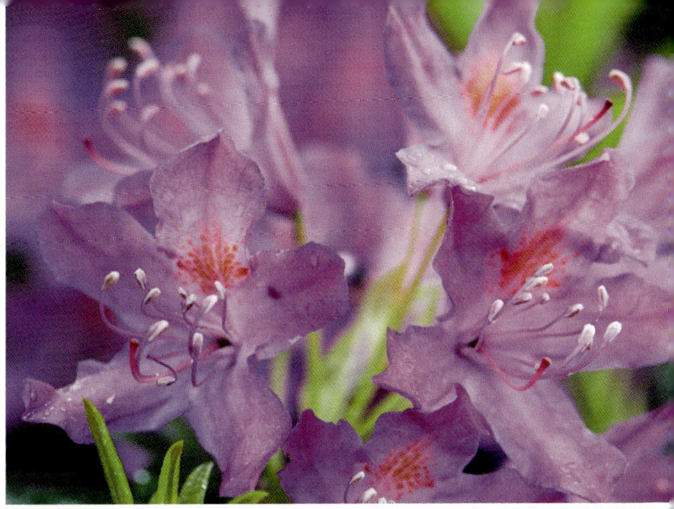
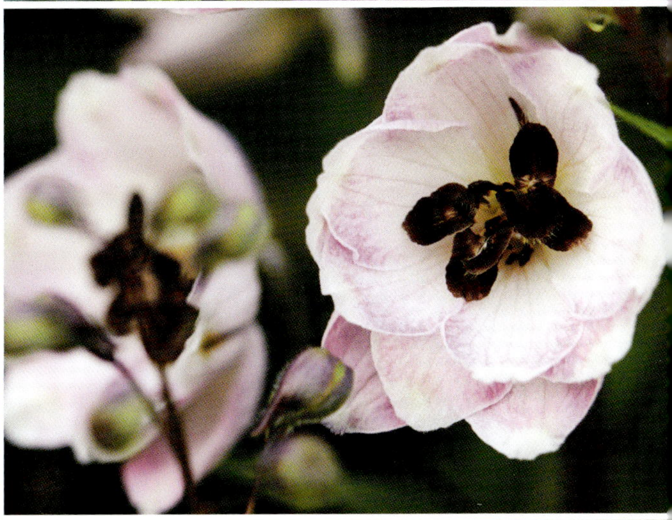
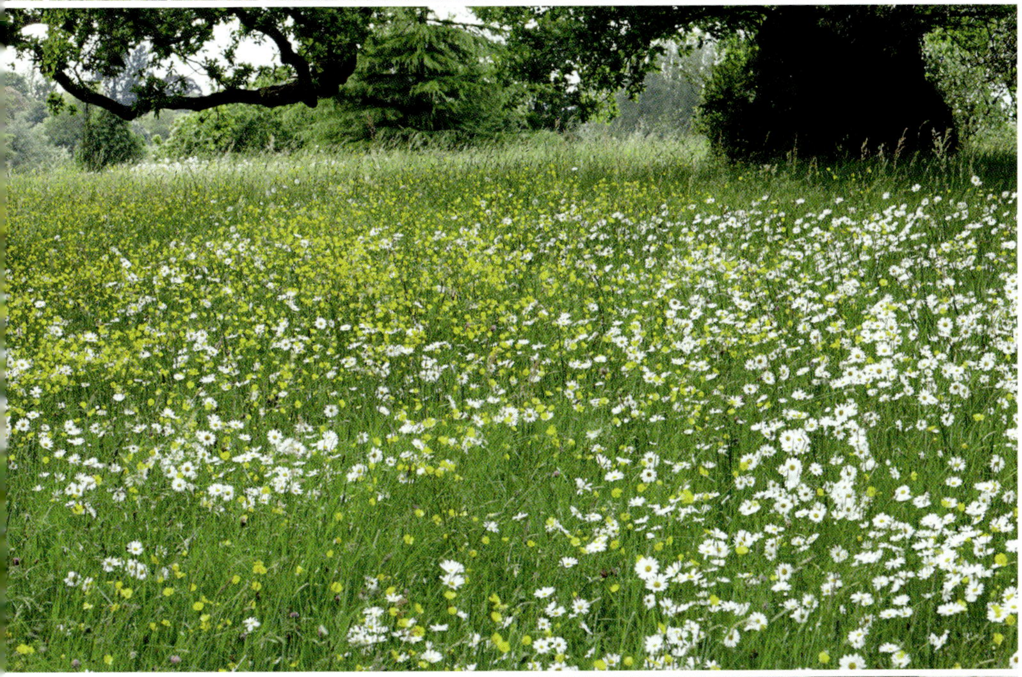
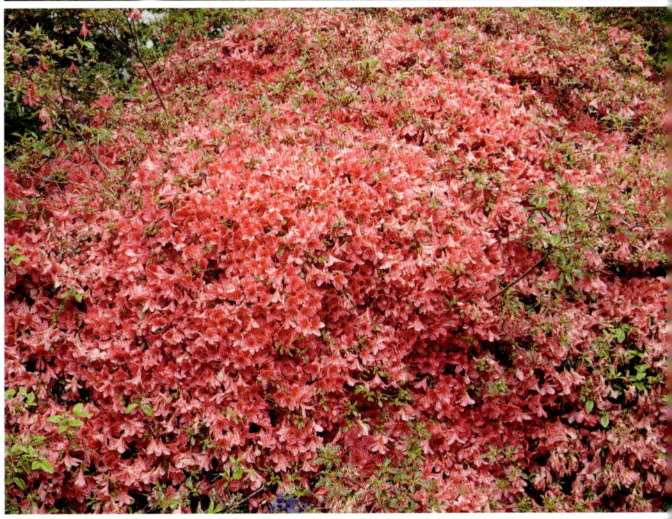
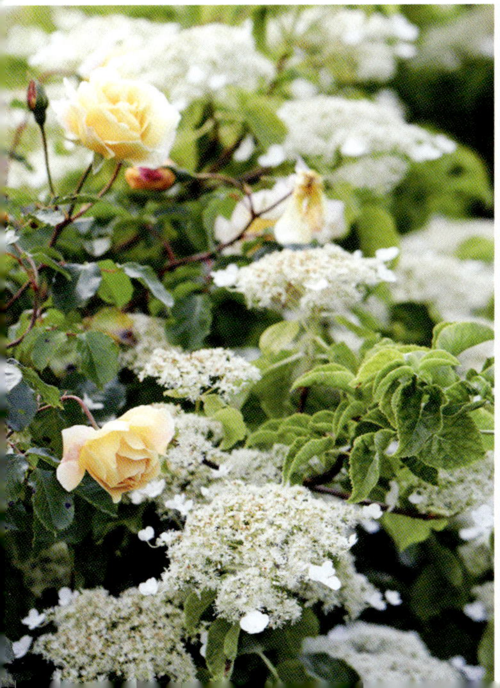
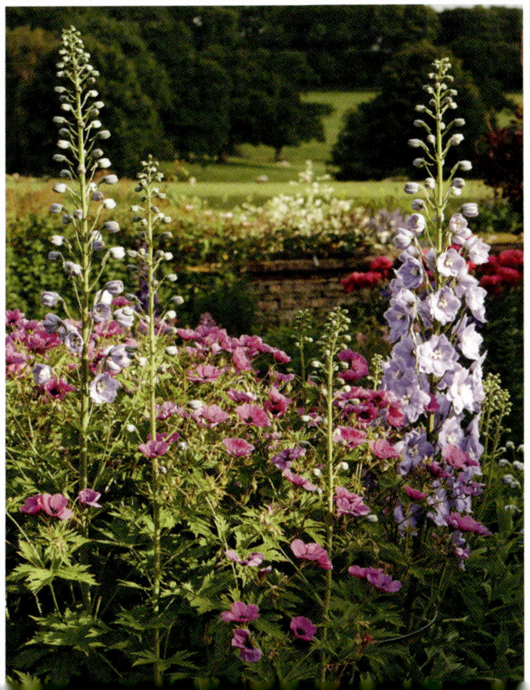
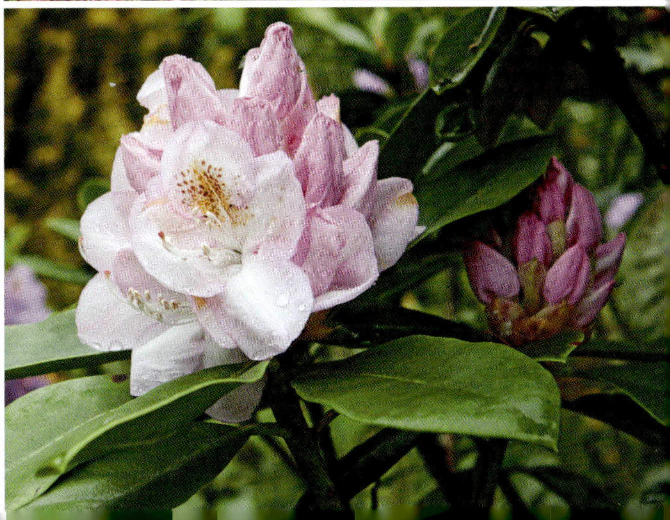

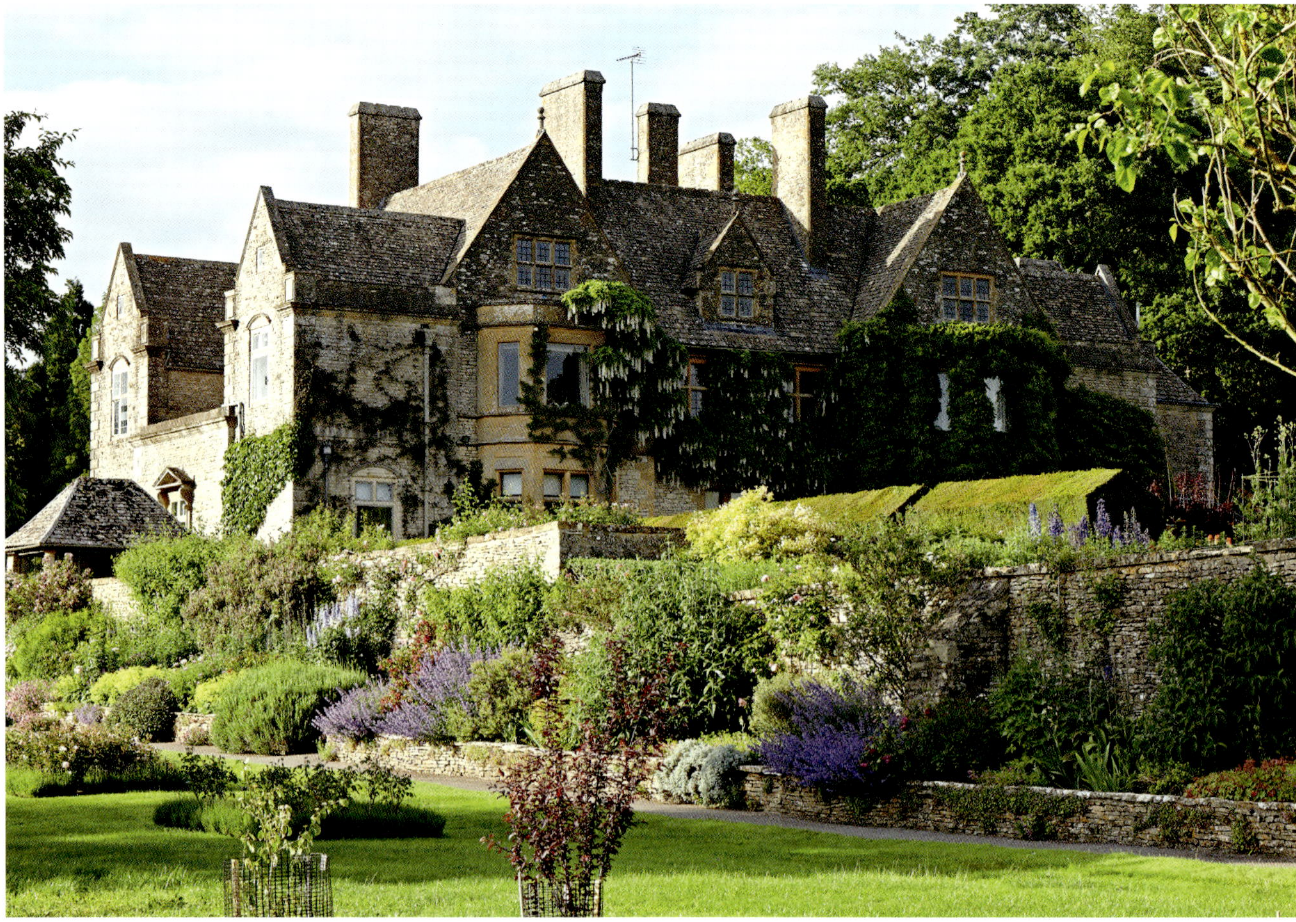

Sir Edwin Lutyens, der den Auftrag hatte, das Haus und die Gärten umzugestalten, riet dazu, alles in die Luft zu sprengen und neu aufzubauen.

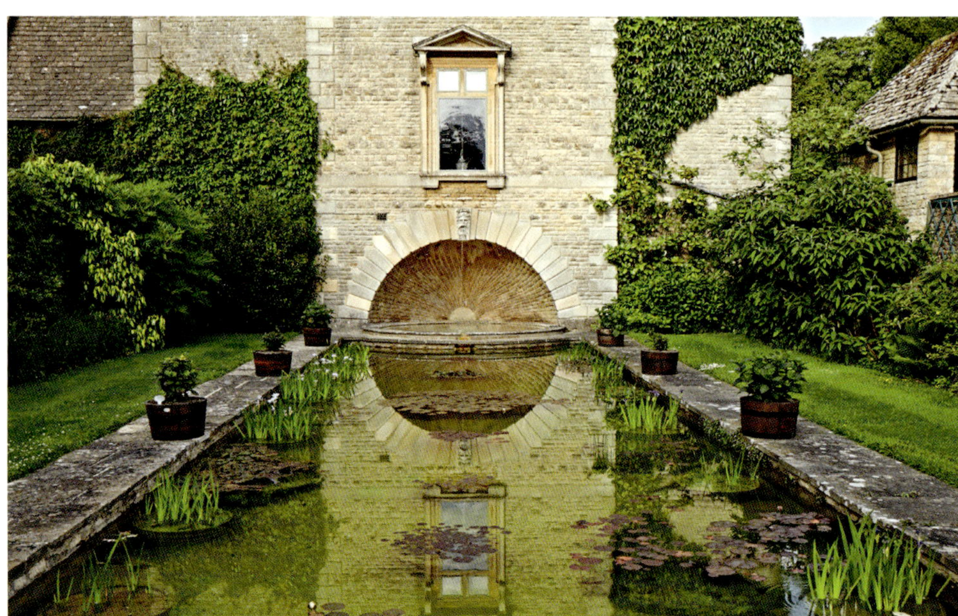

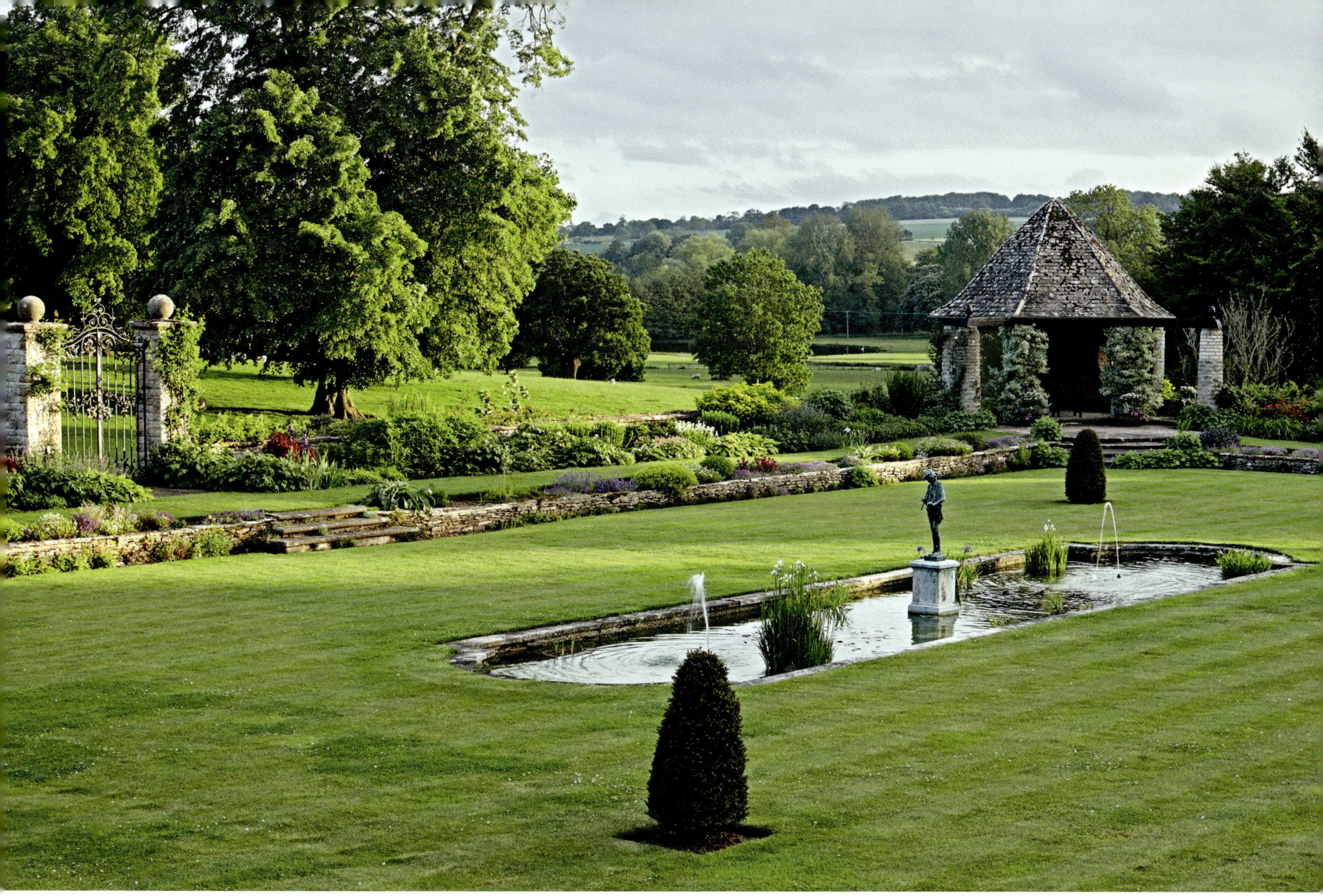

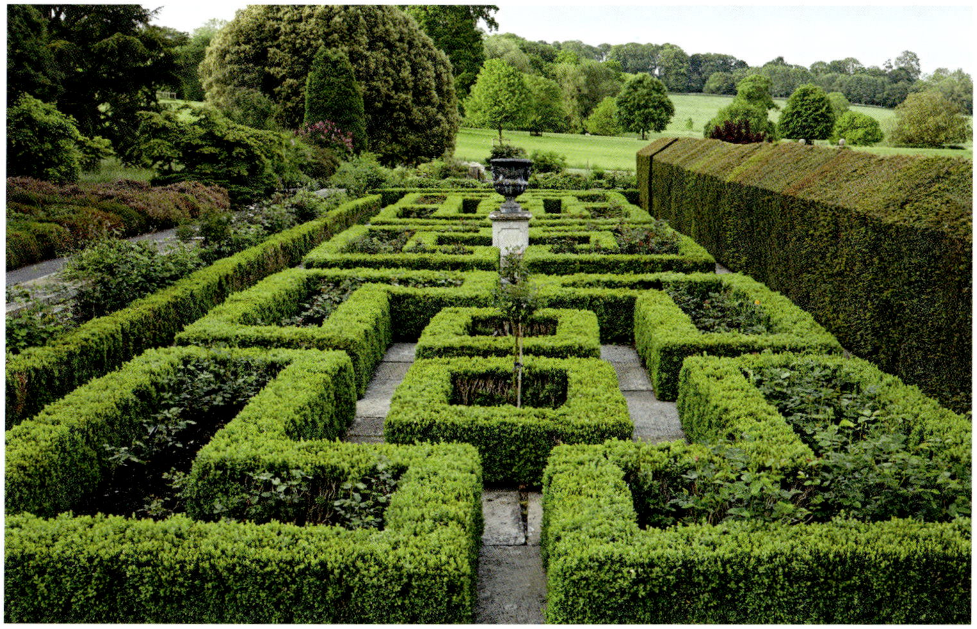

LINKE SEITE OBEN Das Haus in Abbotswood wurde 1867 von seinem damaligen Besitzer Alfred Sartoris gebaut.
LINKE SEITE UNTEN Den formalen Teich an der Westseite des Hauses hat Lutyens entworfen. Den Schlussstein in dem Bogen ziert der Kopf des Neptun.
OBEN Die steinernen Pavillons in den formalen Gärten dienten möglicherweise den Pavillons von Hidcote als Vorbild.
LINKS Die aus Buchsbaum geschnittenen geometrischen Formen im Rosengarten erinnern an griechische Mäandermuster.

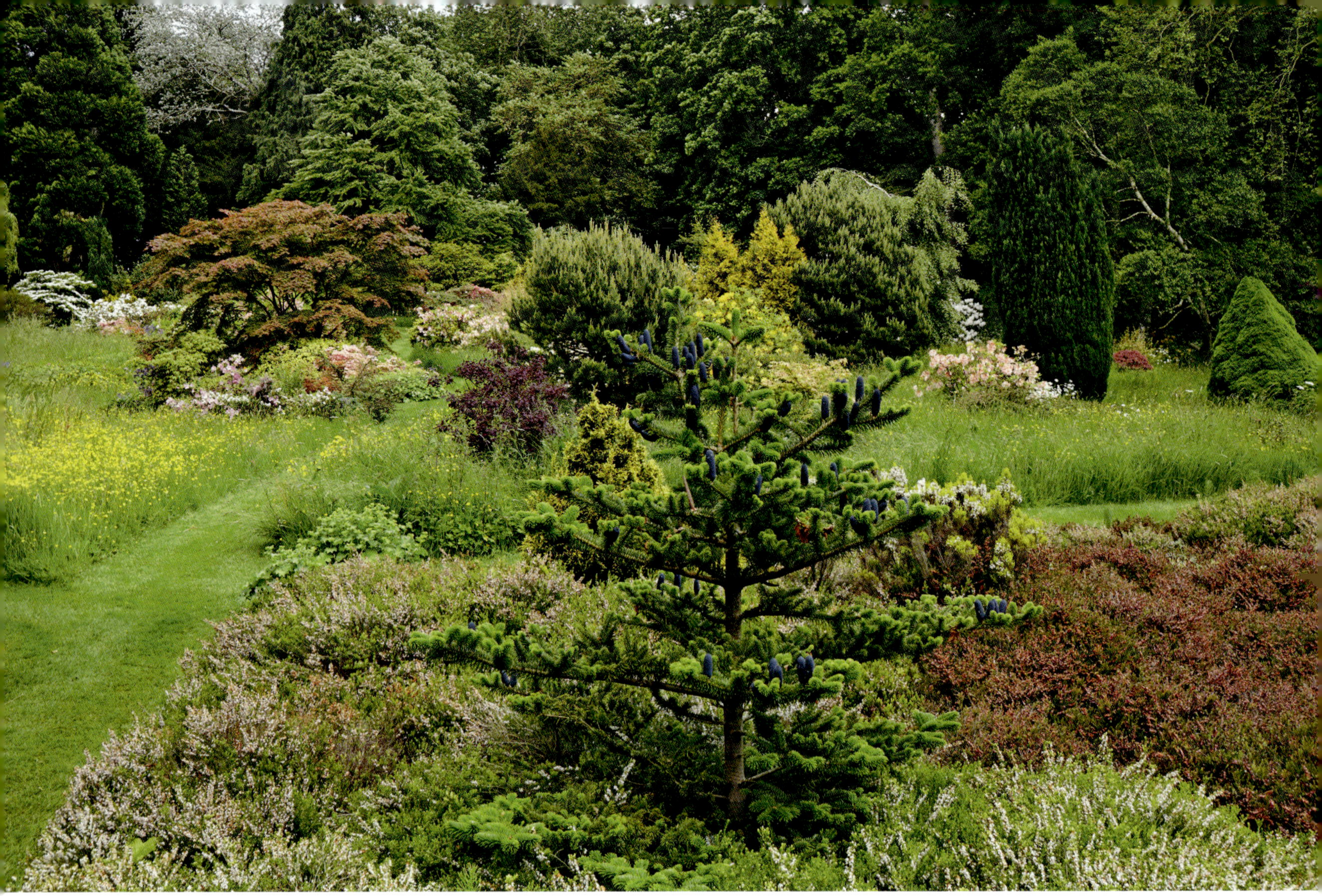

All jenen, denen Lutyens als Schutzheiliger der Gartengestaltung gilt, mögen diese formalen Gärten als das Nonplusultra erscheinen, doch die, die sie gut kennen, sehen auch ihre Schwächen. Der derzeitige Chefgärtner Martin Fox beklagt, die Rabatten seien zu schmal, und Russell Page, der 1985 verstorbene britische Landschaftsarchitekt, fand sie „zu gekünstelt". Page berichtete, Fenwick habe bald das Interesse an den formalen Gärten verloren und sich lieber der Anlage eines „Wildgartens" zugewandt, wo er seiner Liebe zu Pflanzen mit einer großen Artenvielfalt huldigen konnte. Dieser Garten ist heute ein Höhepunkt von Abbotswood. Er war eine weitere Leidenschaft, die Fenwick und Johnston, die zusammen auf Pflanzenjagd in den französischen Alpen waren, teilten.

OBEN In seinem Wildgarten pflanzte Mark Fenwick all die Bäume und Sträucher, die er sammelte.
RECHTE SEITE Martin Fox, hier mit seiner Frau Bridget, ist Chefgärtner in Abbotswood.

Page war um 1930 in Abbotswood zu Gast. Damals litt Fenwick unter starker Arthritis. In seinem autobiografischen Werk *The Education of a Gardener* (1962; deutsch: *Ich schuf Gärten in aller Welt*) beschreibt Page die täglichen Ausflüge, um die Fortschritte im Garten zu begutachten: „Morgens und nachmittags hievte sich Mark Fenwick in seinen elektrischen Rollstuhl, prüfte, ob Notizbuch und Bleistift mit Bindfaden an seinem Mantel befestigt waren, rief seinen Chefgärtner Mr Tustin herbei, und dann ging es los."

Oft wirken Gärten von „Pflanzensüchtigen" wie ein Briefmarkenalbum, denn der Schwerpunkt liegt auf der Artenvielfalt und nicht auf dem Gesamteindruck. Page fand, Fenwick habe dieser Tendenz mit einem präzisen Blick für Form und Oberfläche erfolgreich entgegengewirkt.

„Ich lernte diesen Garten zu jeder Jahreszeit kennen [schreibt Page], vom ersten zarten Sprießen von *Cercidiphyllum japonicum* [Katsurabaum] und der Blüte verschiedenster Tulpen, Anemonen und Primeln im Frühjahr bis zum mittherbstlichen Scharlachrot japanischer Ahornbäume, den Malventönen der Herbstkrokusse und den gedeckten Farben der Heide im Winter.

Der Garten versprühte ein Gefühl von Jugend und Lebensfreude, und es war anrührend, die Leidenschaft meines Gastgebers zu sehen, seine Geduld mit Jugend und Unkenntnis, seine Vitalität und gute Laune. Er schien glücklich, wenn er jedem, der von ihm lernen wollte, seine Liebe zum Gärtnern und sein Wissen darüber vermitteln konnte."

Im Ersten Weltkrieg stellte Mark Fenwick dem Roten Kreuz Abbotswood als Lazarett zur Verfügung. Er ließ sein eigenes Küchenpersonal für das Rote Kreuz arbeiten und spendete die selbst erzeugten Milchprodukte und das Gemüse. Das Jahrbuch des Roten Kreuzes von 1915 beschreibt Abbotswood als „einen der schönsten Gärten in Gloucestershire".

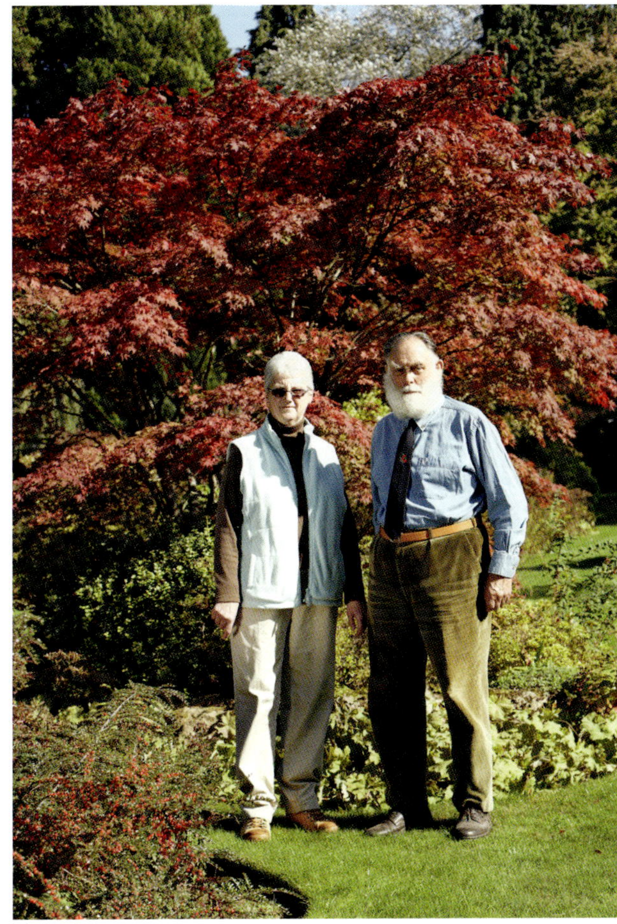

Botanisches Vermächtnis

Die Küchengärten von Abbotswood liegen einen knappen Kilometer vom Haus entfernt – einst befanden sie sich dicht am ursprünglichen Haus –, aber der Weg lohnt sich. Sie sind von hohen Backsteinmauern umgeben, außer an der Südseite, wo eine Feld-Ahorn-Hecke *(Acer campestre)* den Platz der Mauer einnimmt. An der Nordseite liegen die Gewächshäuser und Geräteschuppen.

Mit ihren 0,8 Hektar ist die Fläche zu groß für den Bedarf eines modernen Haushalts, und so hat man einen Teil davon in einen mit einer Hecke aus Kartoffel-Rosen *(Rosa rugosa)* umgebenen Rosengarten umgewandelt. Er ist eine romantische Oase inmitten des streng zweckmäßig angelegten Küchengartens, hat aber zugleich den praktischen Nutzen, dass er bestäubende Insekten anzieht. Auch in den Gewächshäusern gibt es Rosen – und Pfirsiche, bei denen einem das Wasser im Munde zusammenläuft.

Nach Mark Fenwicks Tod im Jahr 1945 kaufte der Traktorkonstrukteur Harry Ferguson das Anwesen. Er war es, der den See anlegen ließ. Dabei kam natürlich sein Erfolgsmodell Ferguson TE20, genannt „Little Grey Fergie", zum Einsatz. Heute gehört Abbotswood der Dikler Farming Company. Martin Fox ist erst der vierte Chefgärtner seit Fenwicks Zeiten, was die starke Verbundenheit mit der Vergangenheit unterstreicht. Chefgärtner sind viel zu diskret, um eine Vorliebe für einen Teil ihres Gartens zu äußern, aber man spürt, dass Fox, genau wie Fenwick, sich im Paradies des Pflanzenliebhabers, dem Wildgarten, am wohlsten fühlt.

Die Royal Horticultural Society (Königliche Gesellschaft für Gartenbau) würdigte Fenwicks Beitrag zur englischen Gartenbaukunst mit ihrer prestigeträchtigen Victoria-Ehrenmedaille. Besucht man das Anwesen heute, hat man fast den Eindruck, er sei noch immer irgendwo dort auf dem Gelände unterwegs – eifrig dabei, Anweisungen zu geben, Listen zu erstellen und sich an den jüngsten Ergänzungen seiner Pflanzensammlung zu erfreuen.

2

Ablington Manor

Ablington

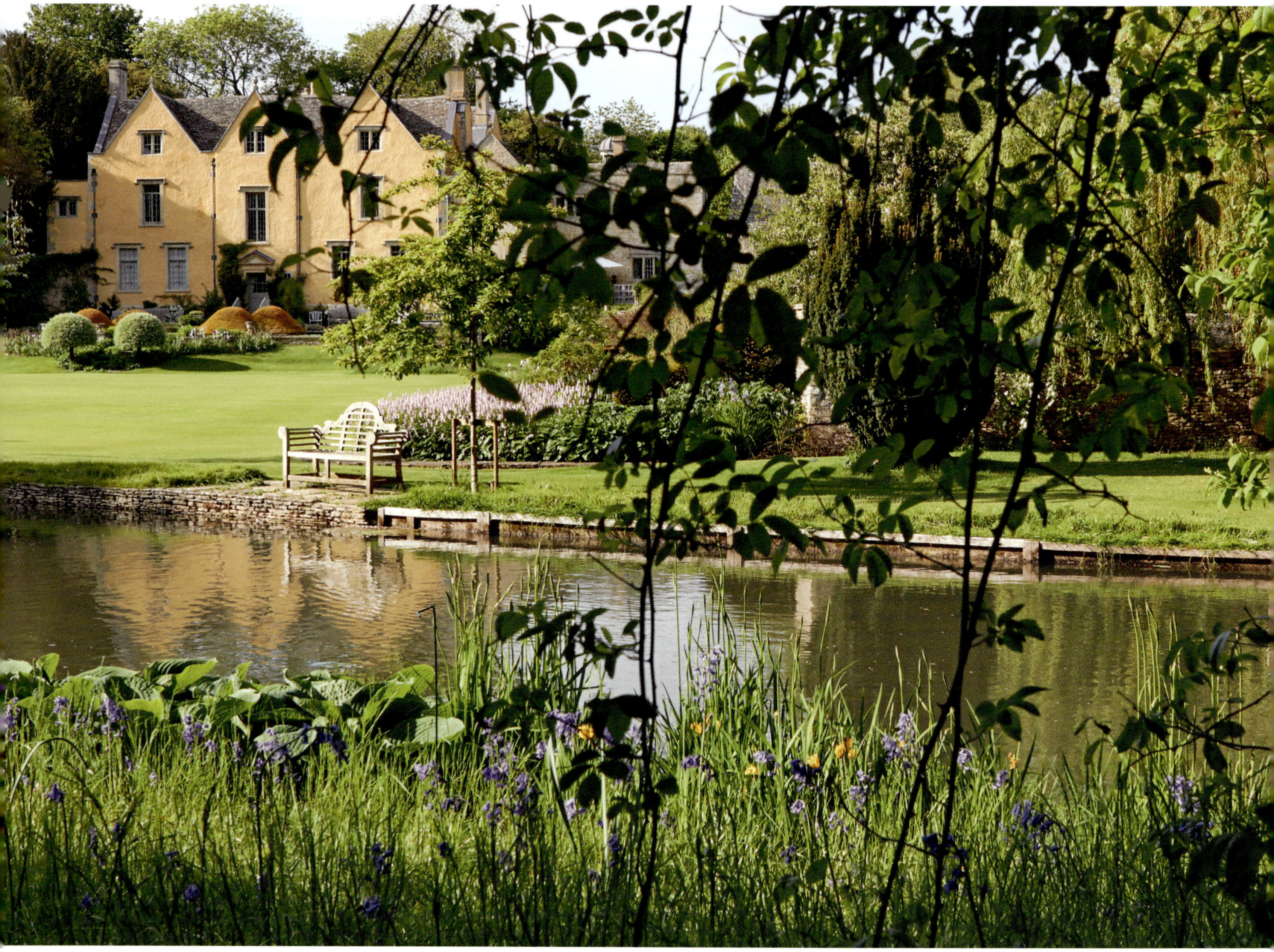

Als J. Arthur Gibbs nach Ablington Manor kam, war er 26 Jahre alt. Er sah sich als „jungen Gutsherrn, von dem nicht mehr erwartet wird, als daheimzubleiben, das Land zu bestellen und sich um das Anwesen zu kümmern". Er starb im Jahr 1899 mit nur 31 Jahren. Ein Jahr zuvor hatte er *A Cotswold Village* veröffentlicht, eine poetische Beschreibung des Lebens in Gloucestershire.

Uns mag dieses Werk heute nicht mehr zeitgemäß erscheinen („Weh mir! Dass es in so vielen ländlichen Gebieten jenes Klassenbewusstsein geben soll, das sich Radikalismus nennt!"), an manchen Stellen mag man gar Anstoß nehmen, etwa dort, wo es um die Jagd geht – wenn z. B. der Sparrow Club jedem Jungen, der einen Spatz getötet hat, eine Münze gibt und für die größte Anzahl getöteter Spatzen Preise verteilt. Dennoch trug das Buch dazu bei, den Tourismus in den Cotswolds anzukurbeln.

Gibbs fand, dass sich Grundbesitzer für ihre in bescheideneren Verhältnissen lebenden Nachbarn interessieren sollten, und er hätte niemals eine Chronik über das Dorfleben verfassen können, wäre er nicht ein freundlicher, offener Mensch gewesen. Ein berühmter Kricketspieler war er außerdem.

Paradies für einen Sportsmann

Im Großen und Ganzen sieht der Garten noch immer so aus wie zu Gibbs' Zeiten. Es gab:

> „Eine breite Terrasse, die sich über die ganze Länge des Hauses erstreckte, und dahinter ein paar Blumenbeete mit einer alten Sonnenuhr in der Mitte … Dahinter wiederum eine Rasenfläche und dann wogendes Gras bis zum ein paar Hundert Meter entfernten Fluss. Den Fluss hatte man auf fast dreißig Meter verbreitert und eine Insel angelegt. Ein echtes Paradies für einen Sportsmann! Sicher hätte Izaak Walton [ein Autor des 17. Jahrhunderts, verfasste *Der vollkommene Angler*] gerne hier gewohnt!"

LINKE SEITE Der Fluss Coln, einer der besten Flüsse zum Forellenangeln in ganz England, durchzieht das Grundstück von Ablington Manor. Das Haus wurde im späten 16. Jahrhundert gebaut.
RECHTS Robert Cooper, der Besitzer von Ablington Manor, mit seiner Frau Prudence.

Die Insel ist noch immer da, genau wie der „grandiose hängende Wald" auf der anderen Seite des Flusses, wo Gibbs den Kaninchen beim Spielen zuschaute. Doch seit er vor 39 Jahren hierherzog, hat Robert Cooper, dem Ablington heute gehört, über hundert verschiedene Bäume gepflanzt. Dazu gehören Parrotien (*Parrotia persica* 'Vanessa'), Rot-Ahorn (*Acer rubrum* 'October Glory'), der Karmesinrote Holz-Apfel (*Malus* × *atrosanguinea* 'Gorgeous') mit seinen kirschfarbenen Früchten und die Gelbe Rosskastanie *(Aesculus flava)*.

Letztere mag Coopers Frau Prudence besonders gern. Sie ist eine fachkundige, leidenschaftliche Gärtnerin, die, wie Cooper betont, in den letzten 15 Jahren einen großen Beitrag zu dem Garten geleistet hat. Seine Pflanzphilosophie bringt er folgendermaßen auf den Punkt: „Je goldener und purpurfarbener das Laub, desto besser. Ich bin in einem Alter, in dem ich ruhig aus der Reihe tanzen darf."

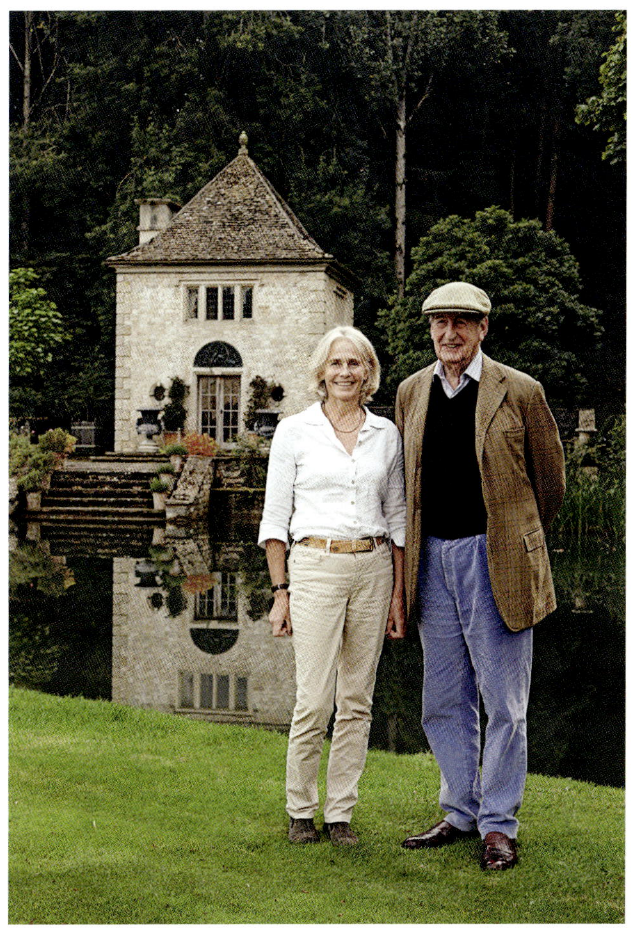

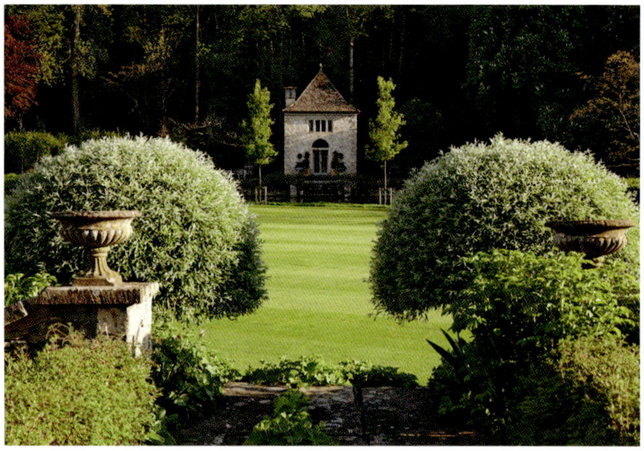

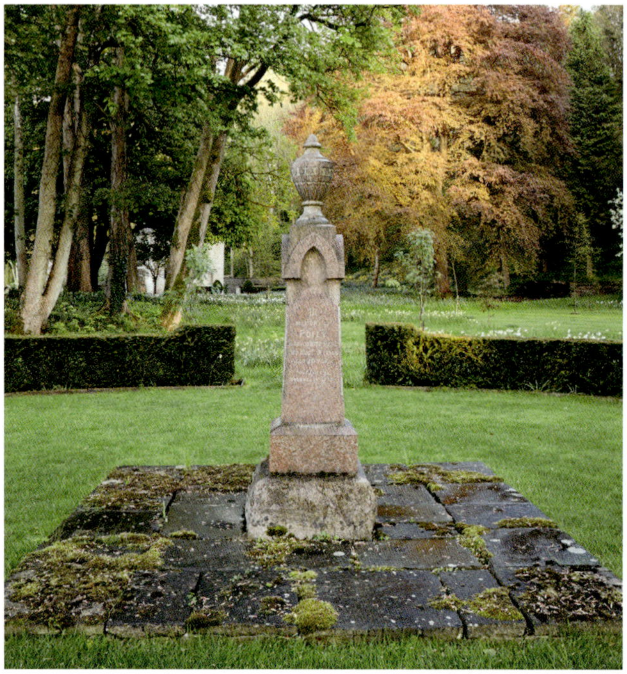

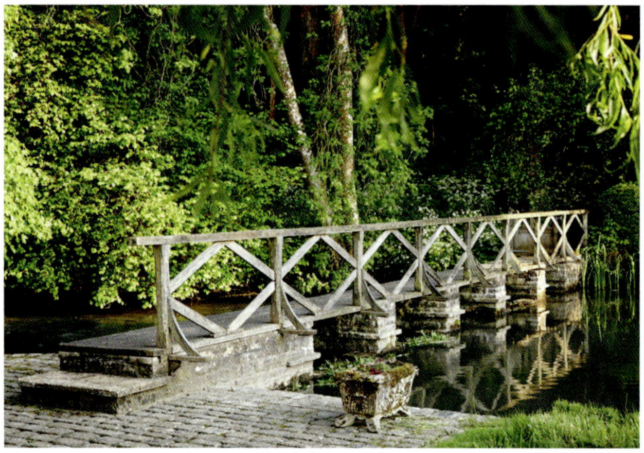

Am Rande des jungen Wäldchens steht ein Gedenkstein aus rosa Granit. Er ist der „Lieblingsstute Polly" gewidmet. Das Pferd starb im hohen Alter von zwanzig Jahren. Es gehörte Coopers Urgroßmutter. Cooper erzählt: „Sie schrieb an ihren Sohn, der im Burenkrieg kämpfte, um ihm mitzuteilen, wie sehr sie unter dem Tod ihres Pferdes litt. Er hatte wenig Verständnis für derartige Gefühlsduselei, denn er musste sich darum kümmern, dass seine Truppen genug zu essen hatten." Die Beete, die den Gedenkstein umgeben, sind mit Schwertlilien (*Iris* 'White Swirl') bepflanzt, was sehr elegant wirkt.

Als Cooper Ablington kaufte, gab es „keinen gepflasterten Weg, nur Kies; keine Rabatte, nur zwei Inselbeete mit vergammelten Rosen, und die Ufer des Flusses waren nicht befestigt". Seither hat er den Garten verwandelt. Als ehemaliger Soldat geht er dabei mit militärischer Disziplin vor. Er hat keine Gärtnerausbildung und sagt, er habe nie einen großen Plan für den Garten gehabt.

Den Pavillon, der dem Haus jenseits des Flusses gegenüberliegt, hat er selbst im Stil eines französischen Taubenhauses entworfen, und das passt hervorragend: Fast jeder Bauernhof und fast jedes Anwesen in den Cotswolds hat einen Taubenschlag, meist in Form schachbrettartig an einem Scheunengiebel eingefügter Backsteinlöcher. Die Normannen führten die Vögel einst in Britannien ein und hatten viel mehr Erfolg damit, die Engländer davon zu überzeugen, dass Taubeneier ihnen über den Winter helfen könnten, als die dickköpfigen Angelsachsen zu überreden, Französisch als ihre Landessprache anzunehmen.

Manche Umgestaltungen im Garten von Ablington verdanken sich einem glücklichen Zufall; andere waren eher pragmatischer Natur. Die Terrasse an der Rückseite des Hauses etwa ist mit wiederverwendetem Sandstein aus Yorkshire gepflastert, der dem Rathaus der Stadt Leeds entstammt. Rosemary Verey, die Schöpferin des weltberühmten Gartens von Barnsley House ein paar Dörfer weiter, bat man, einen Teil des alten Küchengartens als Senkgarten mit einem Kreuz aus miteinander verflochtenen Linden *(Tilia)* umzugestalten. An dem Tag, an dem die Arbeit beginnen sollte, wies der Bauführer darauf hin, dass der Garten nicht quadratisch sei und somit das Kreuz wie ein schmales X aussehen würde. Daraufhin schlug Cooper vor, stattdessen eine Lindenallee anzulegen. Da lenkte der Bauführer die Aufmerksamkeit auf ein zweites

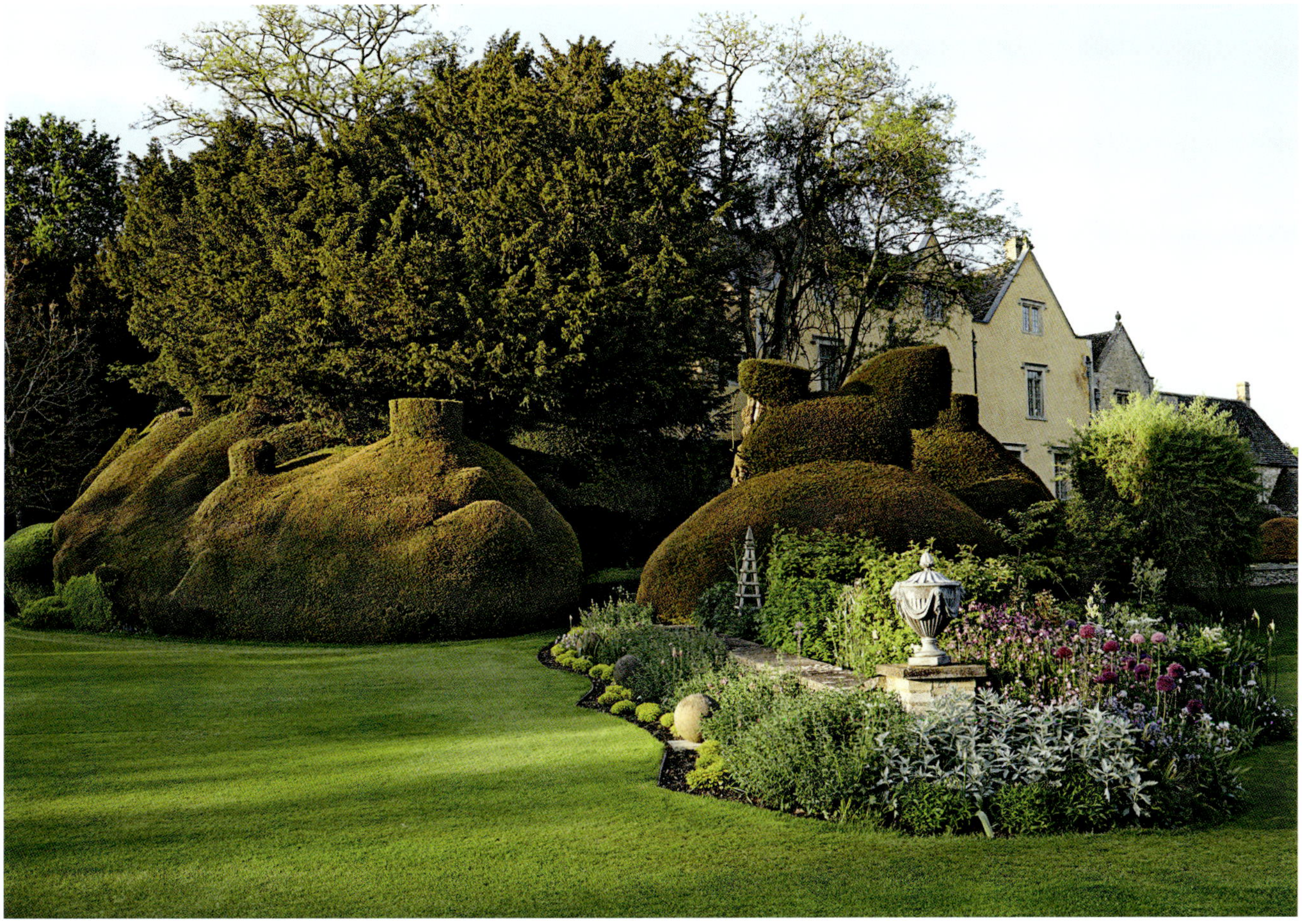

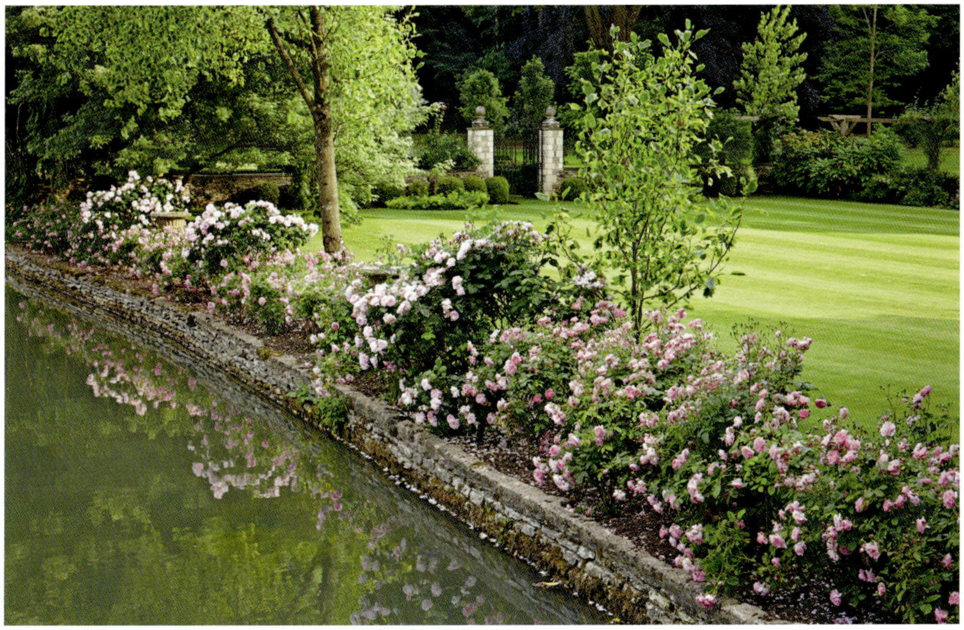

LINKE SEITE OBEN Den Pavillon jenseits des Flusses hat Robert Cooper selbst entworfen.

LINKE SEITE MITTE Der Gedenkstein für die „Lieblingsstute Polly“.

LINKE SEITE UNTEN Die Holzbrücke, die vom Hauptgarten zum Pavillon führt, ruht auf Pfeilern aus heimischem Stein.

OBEN Die kunstvoll in Form geschnittenen Eiben erheben sich aus dem Rasen wie die Wehranlagen einer alten Festung.

LINKS Rosen säumen das Flussufer von Ablington Manor.

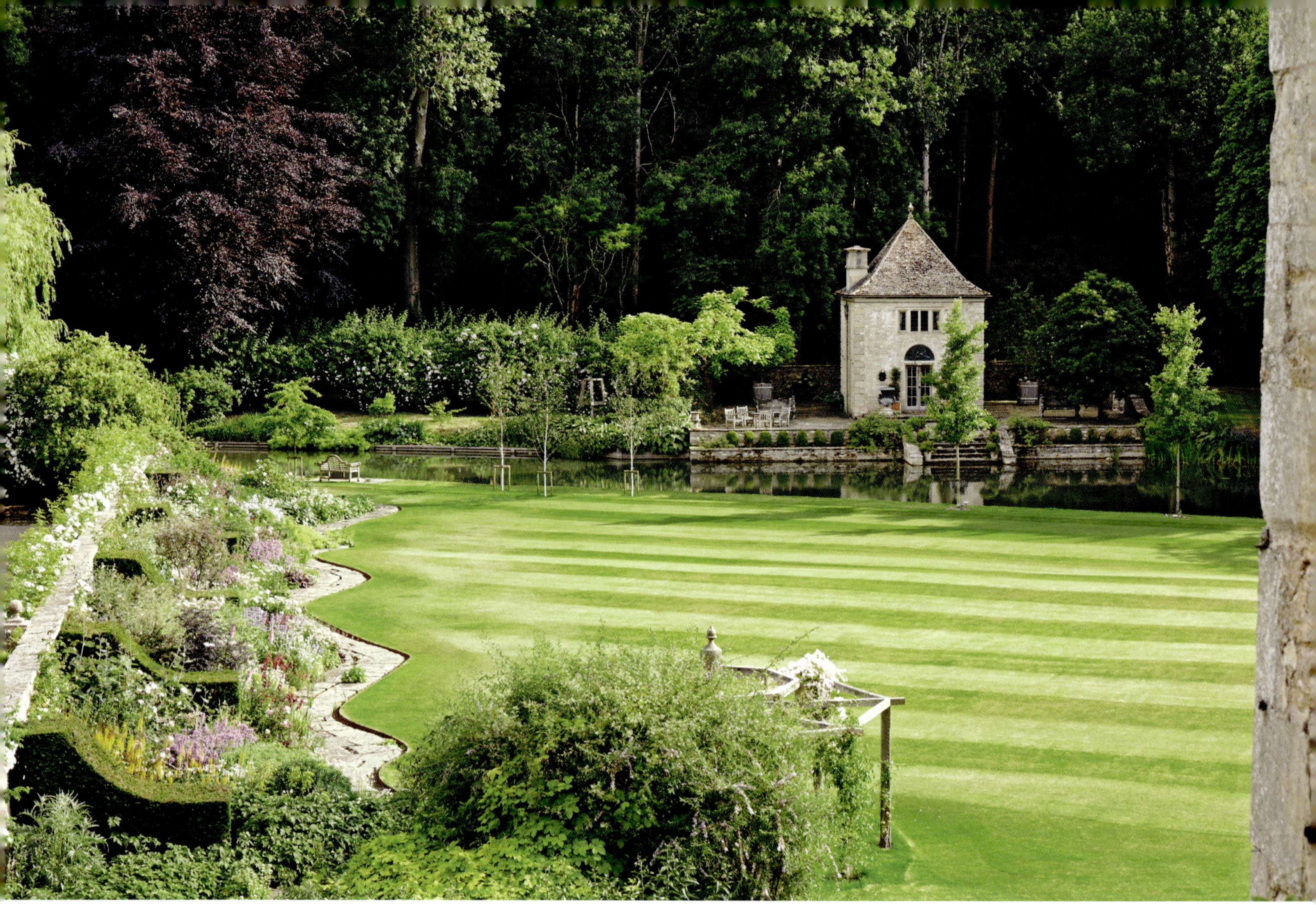

OBEN Eiben„wände“ gliedern die Staudenrabatten. Sie werden durch den gewundenen Weg betont. Im Vordergrund ist gerade noch das „Catherine Wheel“ zu sehen.
RECHTS Hier ist das rauchige Purpur des Schwarzen Holunders *(Sambucus nigra)* und der Fetthenne sowie das satte Rot des Bartfadens gut zu erkennen.
RECHTE SEITE Im Senkgarten, dem ehemaligen Küchengarten, musste man von Rosemary Vereys Entwurf „ein bisschen abweichen“.

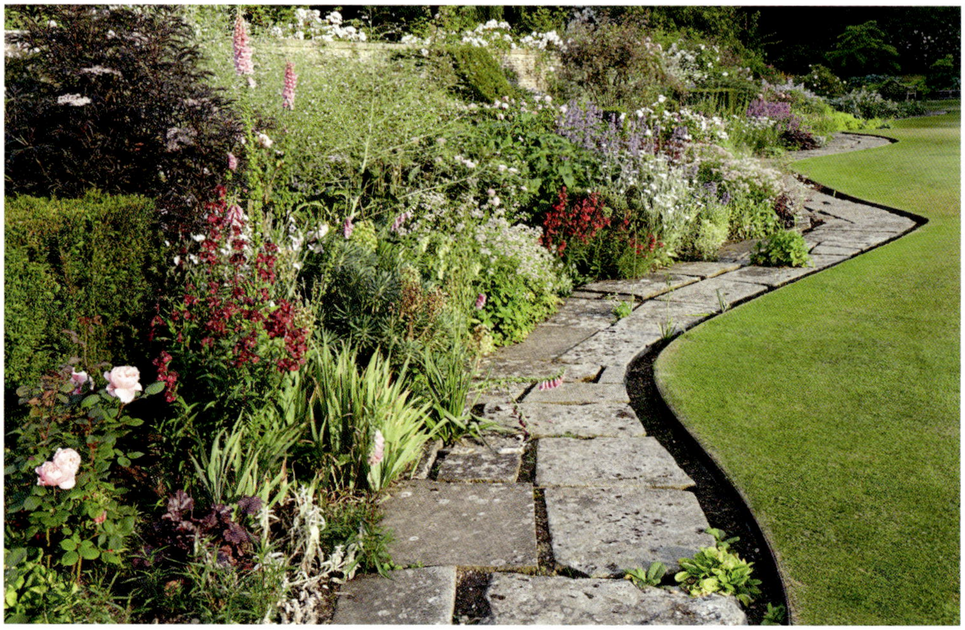

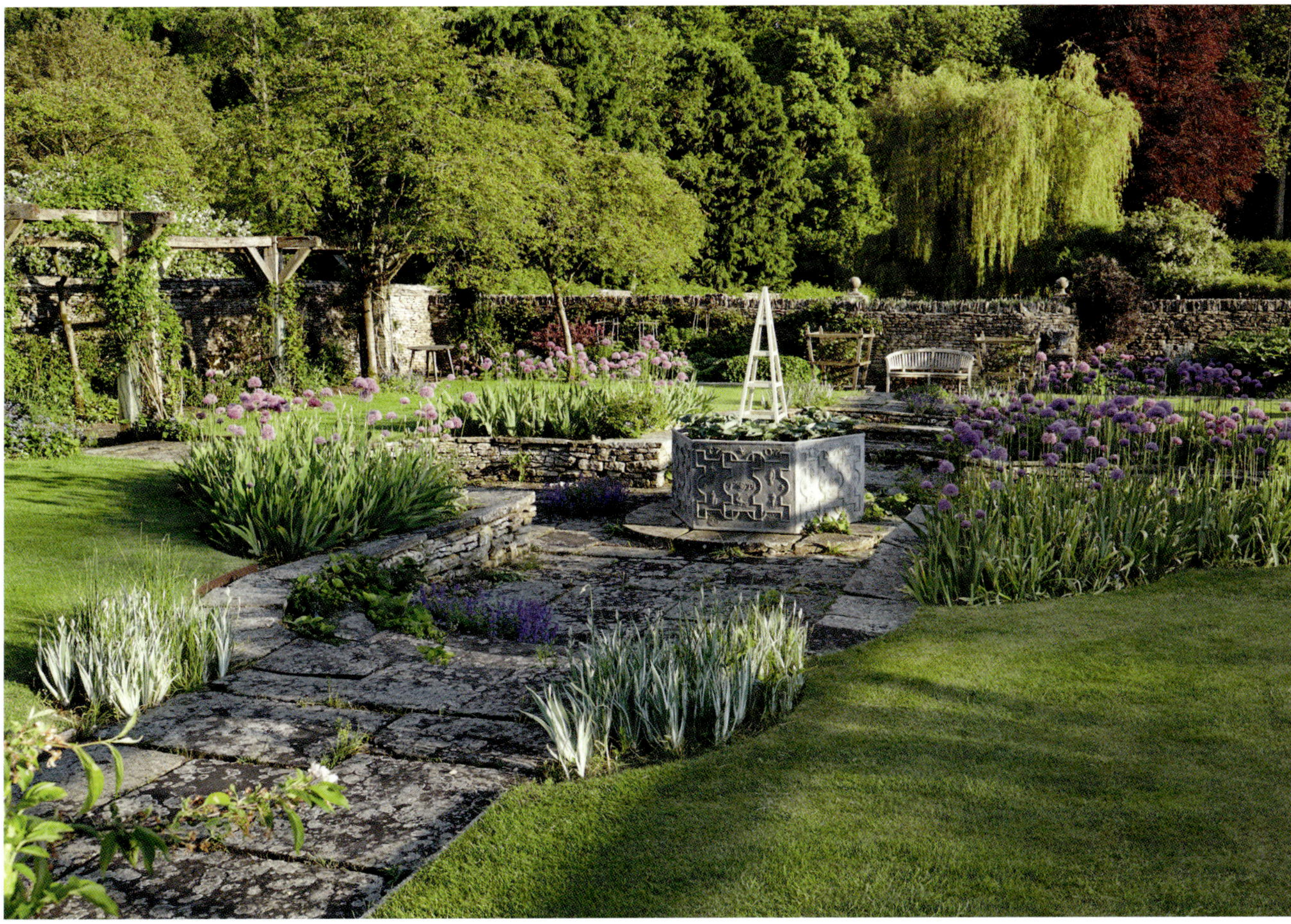

Problem – der Garten war nicht eben. Am Ende entschied Cooper, das Gefälle mit Treppenstufen auszugleichen und Pergolen zu bauen, und der Verey-Plan landete im Papierkorb. Zehn Jahre später brachte Verey ein Buch über Gartenbau heraus, das die Gestaltung dennoch als von ihr stammend aufführte.

Die Terrasse schmücken Sonnenröschen *(Helianthemum)*. Daran schließt sich das „Catherine Wheel" an – eine runde, mit *Rosa filipes* 'Kiftsgate' bepflanzte Pergola. Ursprünglich stand dort ein Holz-Apfel *(Malus)*, an dessen Ästen sich eine Kiftsgate-Rose emporrankte, aber eines Tages brach der Baum zusammen und wurde durch die Pergola ersetzt. Dies geschah zum Zeitpunkt der Hochzeit von Prinz William und Catherine Middleton im Jahr 2011, daher der Name.

In der Rabatte am ummauerten Garten wachsen statt „leuchtend orangefarbener Ringelblumen und purpurfarbenem Mohn" aus Gibbs' Zeiten subtilere, dem heutigen Geschmack entsprechende Pflanzenarten wie Fetthenne und Bartfaden. Doch wenn Gibbs den Garten heute betreten würde, könnte er wohl noch immer zu den Worten stehen, die er vor mehr als hundert Jahren in seinem Buch niederschrieb: „Welch ein Zauber wohnt einem altmodischen englischen Garten inne."

„Welch ein Zauber wohnt einem altmodischen englischen Garten inne."

J. ARTHUR GIBBS

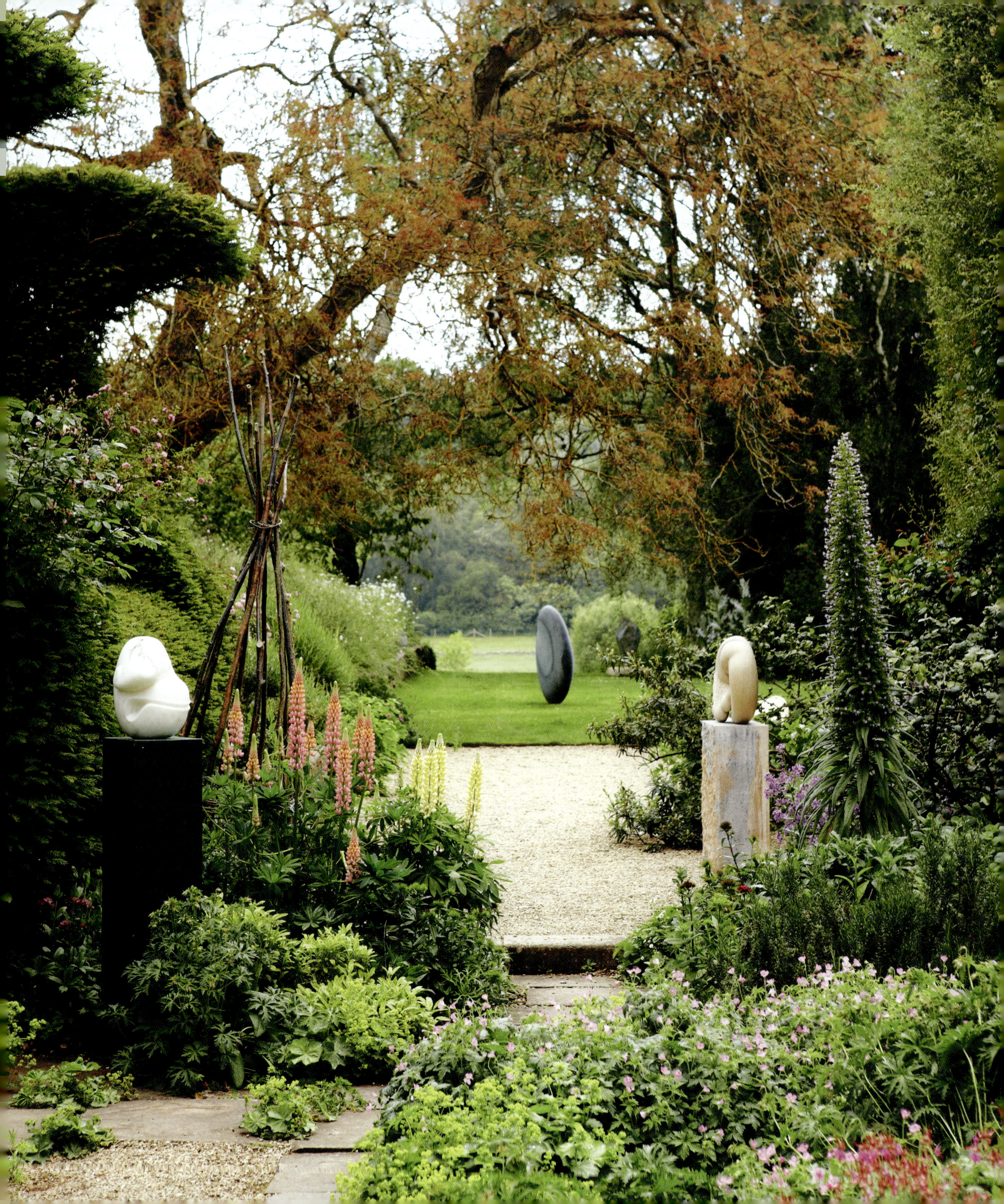

3

Asthall Manor

Burford

EIN BERÜHMTES FOTO zeigt die Familie Mitford an der Eingangstreppe von Asthall Manor. Von 1919 bis 1926 waren die Mitfords hier zu Hause. Lady Redesdale (als Muv/Tante Sadie in den Romanen von Nancy Mitford unsterblich geworden) am linken Bildrand wirkt leicht distanziert. Lord Redesdale – der jähzornige Onkel Matthew aus Nancys Geschichten – sitzt rechts neben Pamela (der zweitältesten Tochter) und blickt auf seine Familie herab. Nancy selbst sitzt ganz hinten, neben ihrem Bruder Tom, während ihre Schwestern – Unity und Diana (mit Zöpfen) und die beiden jüngsten, Jessica und Deborah – mit dem typisch herausfordernden Mitford-Blick in die Kamera schauen.

Unter dem Namen Alconleigh bildet Asthall die Kulisse für die Romane *Englische Liebschaften* und *Liebe unter kaltem Himmel*. Die Mitfords waren von Batsford nach Asthall gezogen. Von dort siedelten sie ins Nachbardorf Swinbrook über, wo Lord Redesdale ein von ihm selbst entworfenes Haus baute.

Doch Asthall liebten sie heiß und innig: Hier trafen sich die Mitford-Schwestern in „Hons' Cupboard" (ein geräumiger Wäscheschrank, der wärmste Raum im Haus). Als Töchter eines Barons hatten die Mädchen Anspruch auf den Höflichkeitstitel „The Honourable". Diese Anrede wird nur im Schriftverkehr verwendet und meist zu „The Hon." abgekürzt.

In Asthall hielt Debo Mitford, die spätere Herzogin von Devonshire, Hühner und Schafe, und Unity und Jessica Mitford, die dem Faschismus bzw. dem Kommunismus anhingen, ritzten mit einem Diamantring Hakenkreuze bzw. Hammer und Sichel in die Fensterscheiben.

LINKE SEITE Im Garten ausgestellte Skulpturen wetteifern mit den Lupinen und einem Natternkopf.
RECHTS Rosie Pearson ist die derzeitige Besitzerin von Asthall.

Das Haus wurde zu Beginn des 17. Jahrhunderts aus Cotswolds-Kalkstein gebaut. Es ruht gemütlich am Südufer des Flusses Windrush zwischen Burford und Witney in der Grafschaft Oxford. 1810 erwarben es die Freeman-Mitfords, und Lord Redesdale (David Freeman-Mitford) erbte es im Jahr 1916, wenngleich die Familie erst drei Jahre später dort einzog.

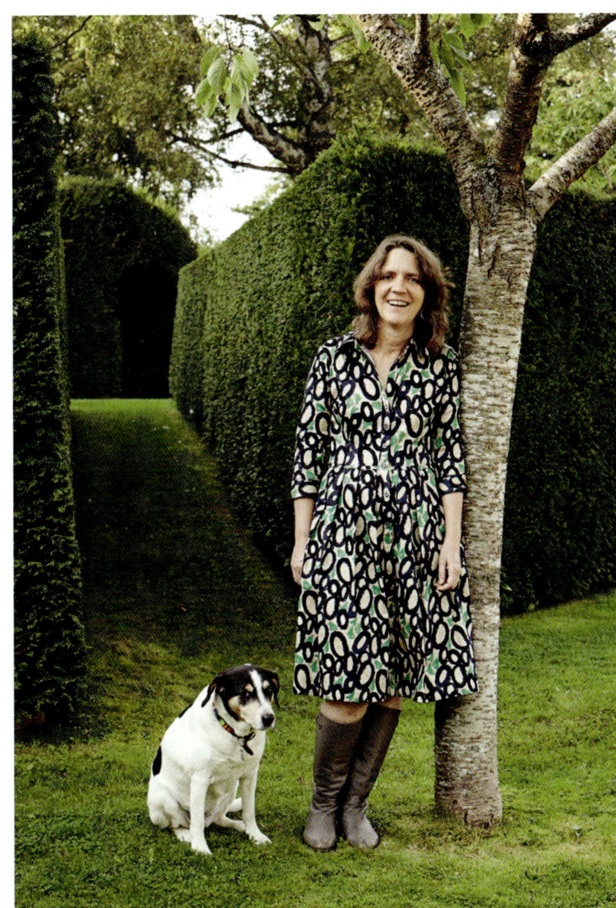

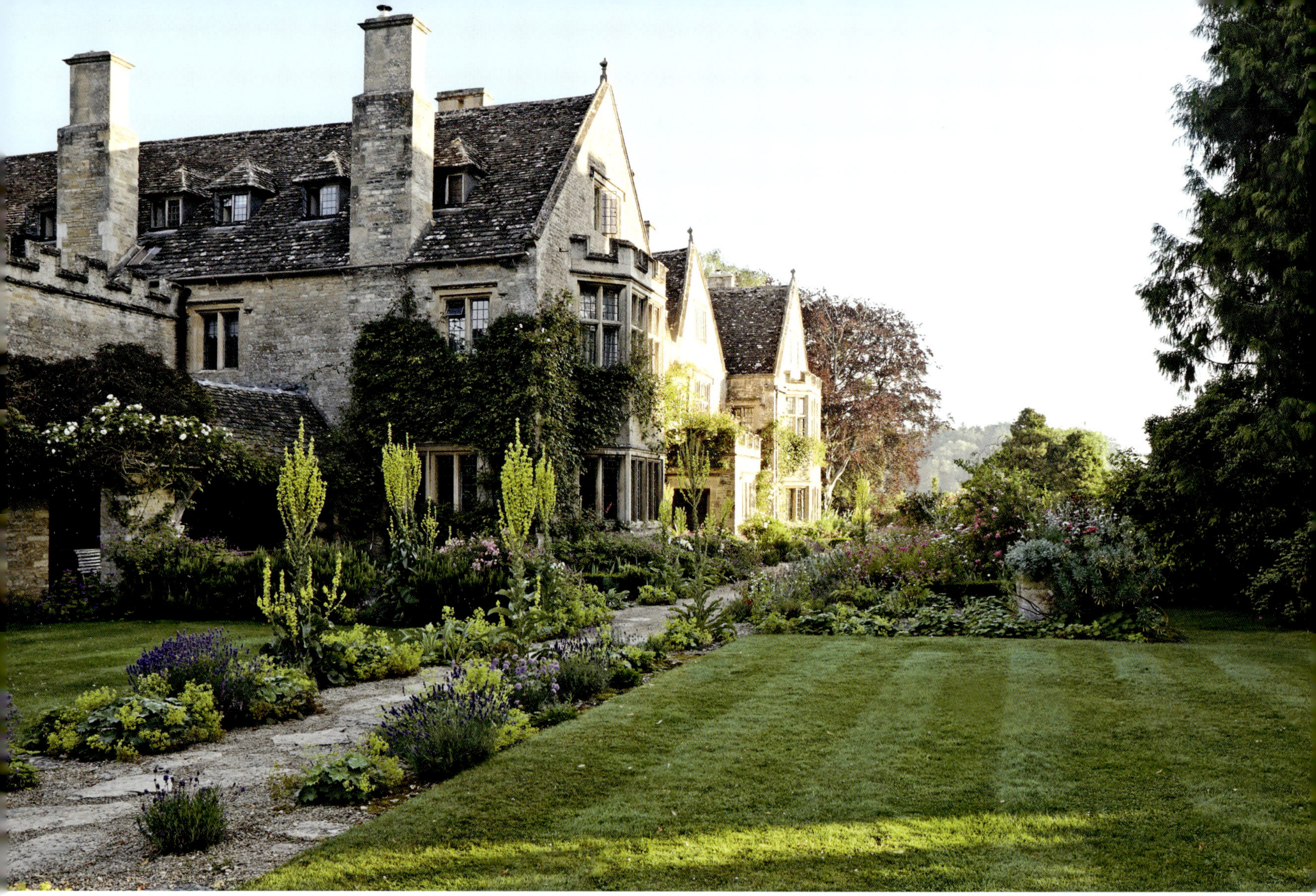

Asthall ist der Inbegriff des klassischen englischen Gartens – Wiesen-Kerbel sowie Rosen, Pfingstrosen und Iris, dazu Buchshecken und Lavendel.

Trotz seines stolzen Alters und des schönen Natursteins aus der Umgebung hätte Asthall Manor möglicherweise noch weitere hundert oder zweihundert Jahre am Ufer des Windrush im Dornröschenschlaf verbracht, wäre es nicht erst von den Mitfords und danach von der derzeitigen Besitzerin, Rosie Pearson, zum Leben erweckt worden.

Die Mitfords waren vielseitig begabt und interessiert, doch Gärtner waren sie nicht. In der Tat betrachtete der niedere Landadel zu ihrer Zeit das Anlegen eines Gartens als etwas, mit dem sich eher die Mittelschicht beschäftigte – so wie damit, das Mobiliar selbst zu kaufen. In *Englische Liebschaften* verspottet Nancy die makellosen vorstädtischen „Börsenmaklerwohngebiet-Rosenbeete“, die der ganze Stolz von Lindas reichem Schwiegervater sind. Sie zieht die wilde, üppige Pracht von Alconleigh vor.

Skulpturen aus Stein

Diese Art des Klassendenkens haben wir heute weitgehend überwunden. Als Rosie Pearson Asthall 1997 kaufte, beauftragte sie Isabel und Julian Bannerman damit, die Gärten neu zu gestalten – in erster Linie, um das Anwesen seiner

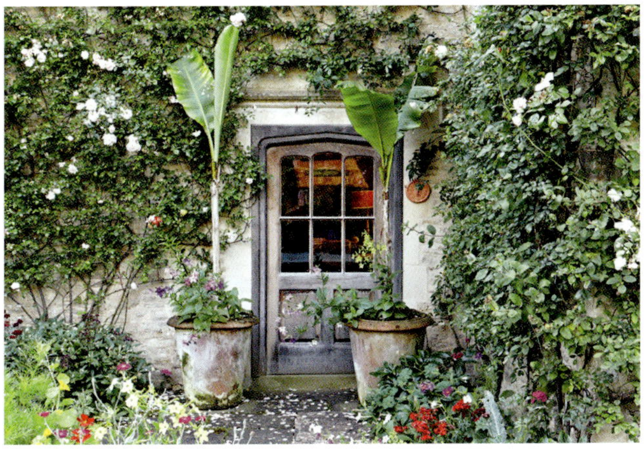
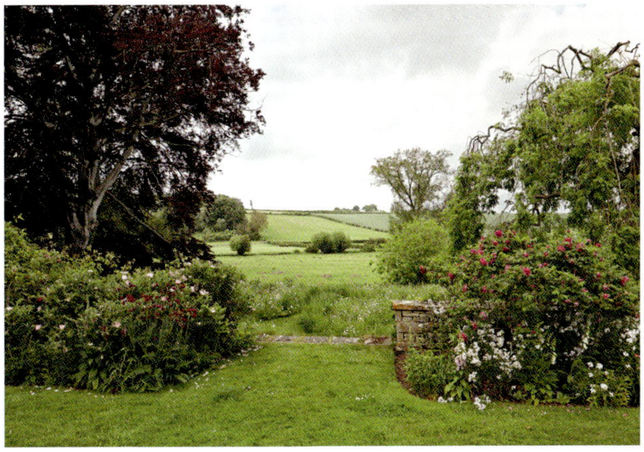
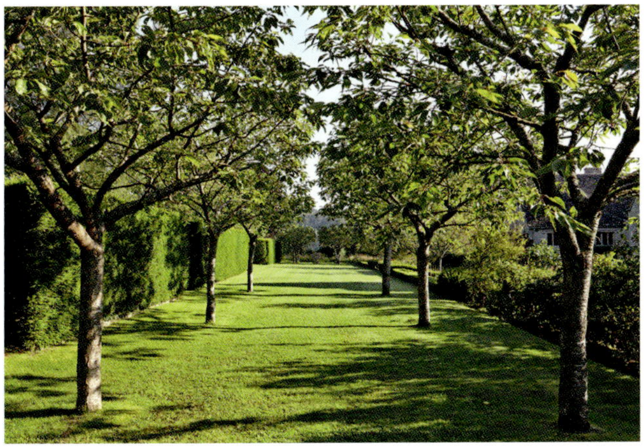
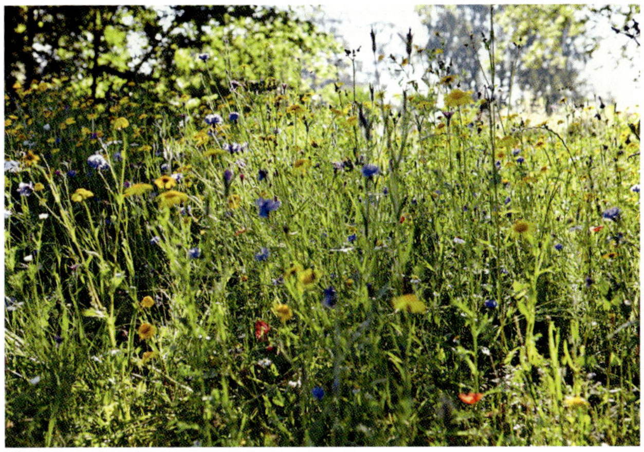

ländlichen Umgebung anzupassen; die Bepflanzung sollte mit der von alten Römerstraßen durchzogenen Landschaft ringsum verschmelzen.

Die Gärten sind denkmalgeschützt – vor allem wegen ihres Konzepts. Die Bannermans haben die Fähigkeit, einen Garten zu schaffen, der so aussieht, als sei er schon Hunderte von Jahren alt. Deshalb behielten sie die ursprünglichen Teile des Gartens, etwa die Rabatten am Haus, bei und ergänzten Elemente, die seine Lage unterstrichen. Asthall ist der Inbegriff des klassischen englischen Gartens – Wiesen-Kerbel *(Anthriscus sylvestris)* sowie Rosen, Pfingstrosen und Iris, dazu Buchshecken und Lavendel. Frauenmantel *(Alchemilla mollis)* siedelt sich in Rissen im Pflaster an, während Storchschnabel und Nelken *(Dianthus)* über die niedrige Buchshecke hinweg dem Beet entfliehen und auf den Kieswegen wachsen dürfen. Die Bannermans bauen gern witzige Anspielungen auf das architektonische Erbe in ihr Konzept mit ein, so wie die Eichenpavillons und Pergolen, die auf Entwürfen von Inigo Jones in Arundel Castle, dem Anwesen des Herzogs von Norfolk in West Sussex, beruhen.

Doch Asthall bietet noch mehr. Rosie Pearson (die Familie Pearson ist an der Verlagsgruppe beteiligt, zu der die *Financial Times* gehört) ist die Initiatorin

LINKE SEITE Lavendel und Frauenmantel *(Alchemilla mollis)* säumen den Weg am Haus. Darüber ragen die gelben Königskerzen wie Leuchter auf.

OBEN Trotz formaler Elemente wie Eibenhecken und Steinterrassen ist Asthall im Grunde ein Landgarten, in dem sich Wald und Wildblumen nahtlos mit dem Tal des Windrush dahinter verbinden.

FOLGENDE DOPPELSEITE Das Buchsparterre haben Julian und Isabel Bannerman gestaltet.

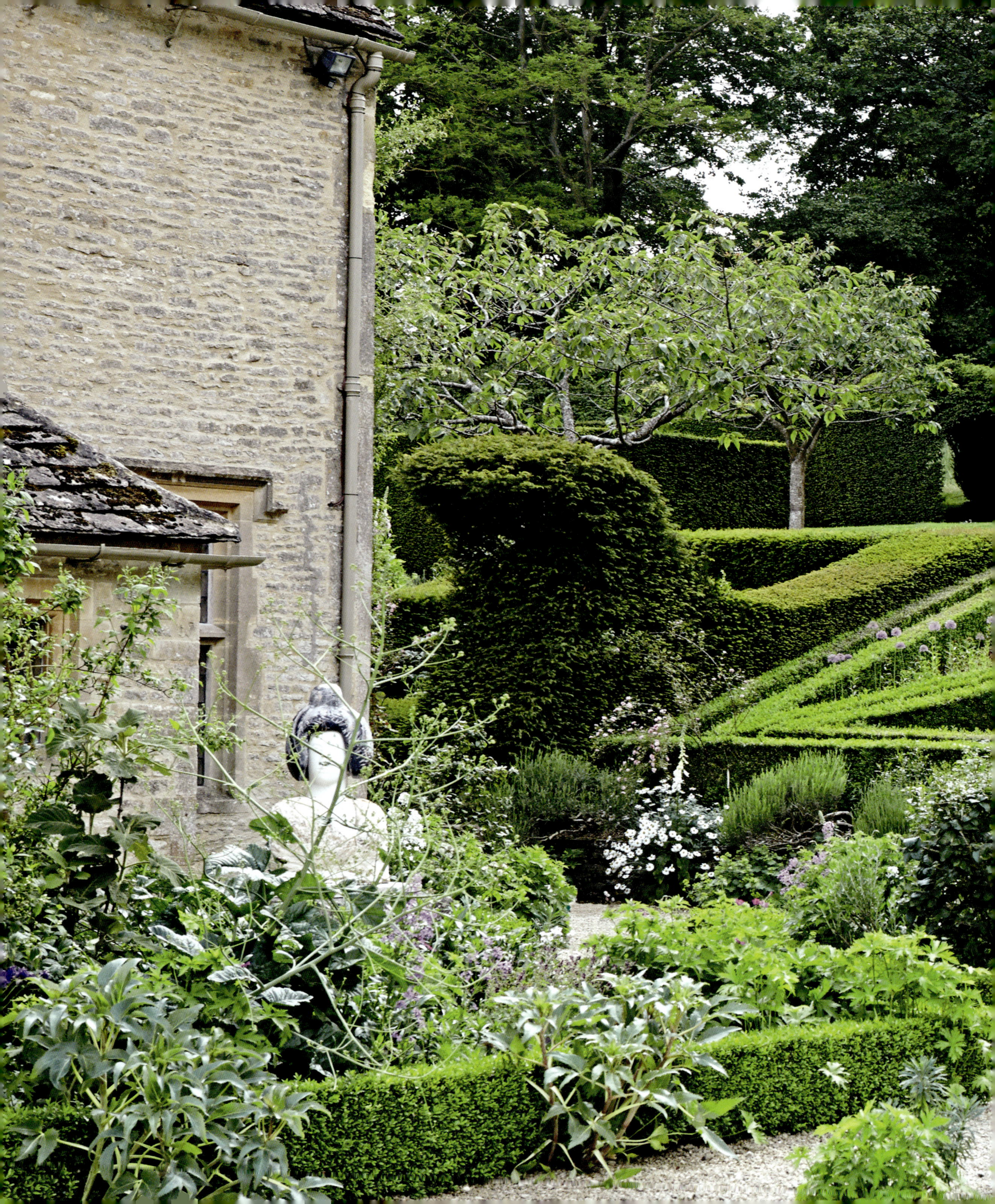

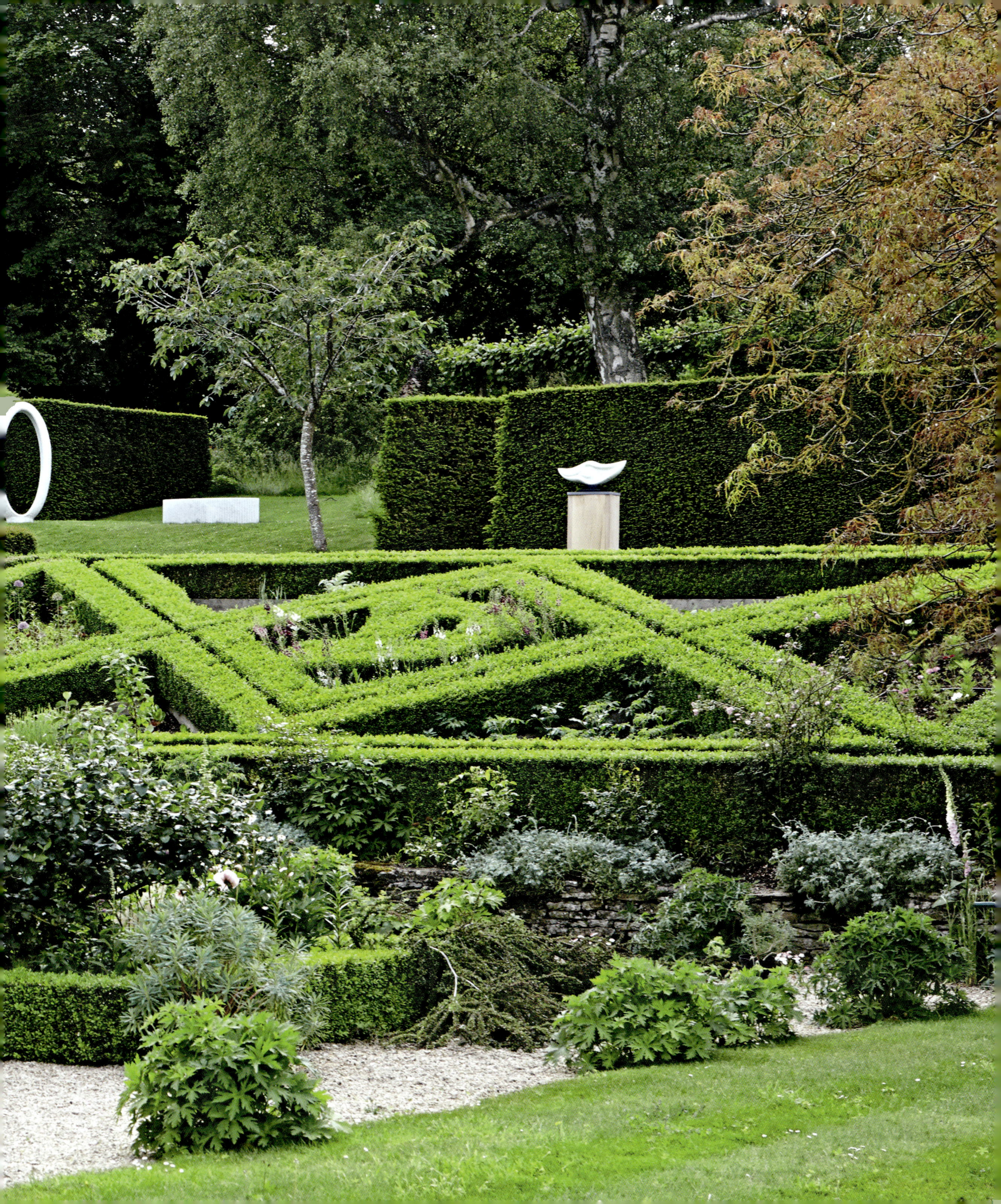

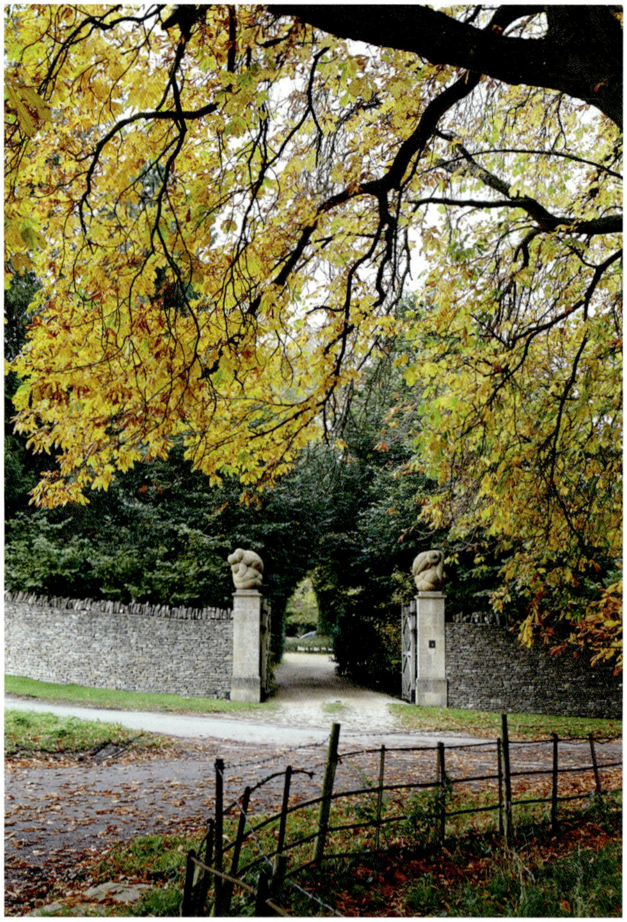

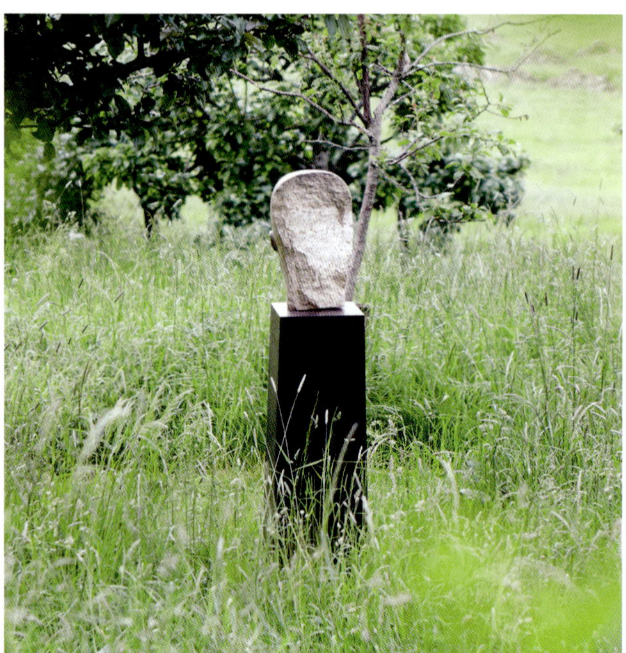

von On Form, einer alle zwei Jahre stattfindenden Steinskulpturen-Ausstellung, die Arbeiten von Künstlern aus aller Welt präsentiert. Die Besucher dürfen die Ausstellungsstücke anfassen und werden ermutigt, in dem zwanglosen Gartenambiente das Gespräch mit den Künstlern zu suchen. Der Garten dient dabei als Kulisse: So scheinen zwei Steinköpfe hinter dem Parterre miteinander zu plaudern, andere Skulpturen korrespondieren mit einem Torbogen oder liegen auf dem Rasen wie bizarres Fallobst.

Im Jahr 2002 beauftragte Rosie Pearson den Bildhauer Anthony Turner, Torpfeiler für das Haus zu fertigen, und da kam ihr der Einfall mit der Ausstellung. Sie meint: „Stein ist ein Material, das sich von anderen abhebt, weil es Äonen an Geschichte in sich trägt, bevor der Bildhauer überhaupt beginnt, es zu bearbeiten." Turner lässt sich von der Natur inspirieren, von Schoten oder Samen oder Ranken, genau wie sein Mentor Peter Randall-Page, der ebenfalls auf der On Form ausstellt.

In Asthall finden diverse Veranstaltungen statt, von Gemäldeausstellungen im Ballsaal (den Lord Redesdale anbauen ließ) bis zu Yogakursen. Außerdem ist es im Rahmen des National Gardens Scheme geöffnet. Dieses freundliche Familiendomizil mit seinem nostalgischen, von den Bannermans gestalteten Garten und seinem literarischen Vermächtnis ist regelmäßig für die Öffentlichkeit zugänglich.

Vielleicht ist es ganz gut, dass Nancy Mitford nicht zu den großen englischen Gärtnerinnen des 20. Jahrhunderts gehörte. Andernfalls wären uns ihre Geschichten über Alconleigh und seine Bewohner, die exzentrischen Radlett-Kinder, entgangen – Kinder, die ihre Vorbilder in Nancys eigener Familie haben. Und wir hätten wohl nie auf den Pfaden des heutigen Asthall lustwandeln können – das ein Tribut an Pearsons moderne Vision und ihr Verständnis von Gartenbaukunst ist, bei dem es darum geht, die Vergangenheit zu betonen, anstatt ihr demütig zu huldigen.

LINKS OBEN Die Skulpturen auf den Torpfeilern schuf Anthony Turner. Sie sind typisch für seinen organischen Stil.
LINKS UNTEN Auch aus dem hohen Gras einer Wildblumenwiese ragt eine Skulptur hervor.
RECHTE SEITE Dank der interessanten Blickachsen und der verschwiegenen Winkel lassen sich Kunstwerke in Asthall genauso wirkungsvoll in Szene setzen wie in einer Galerie.

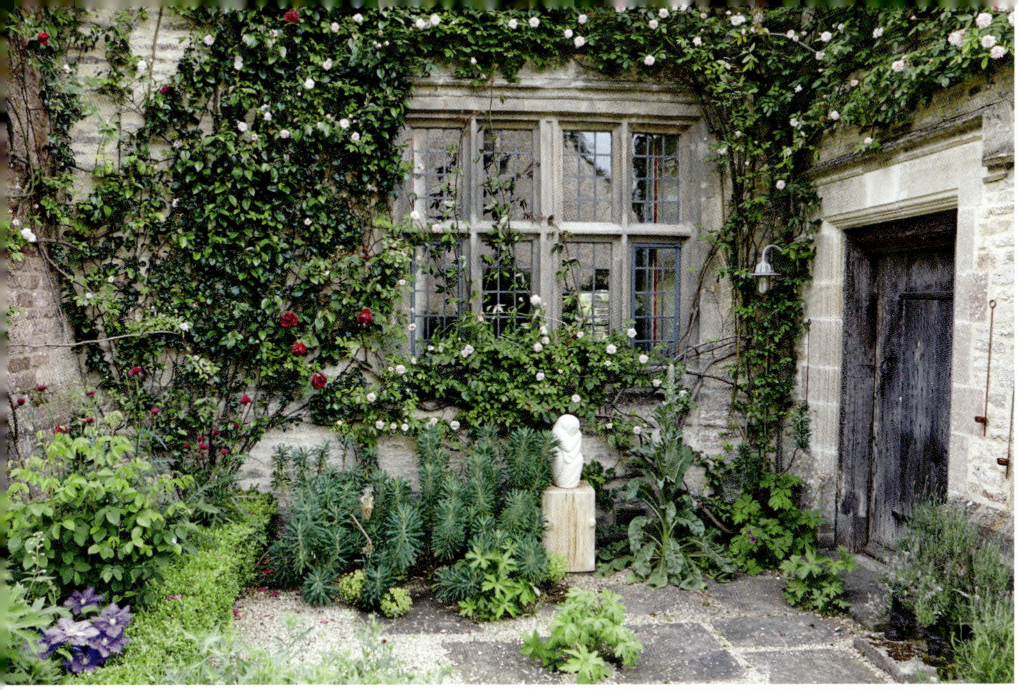

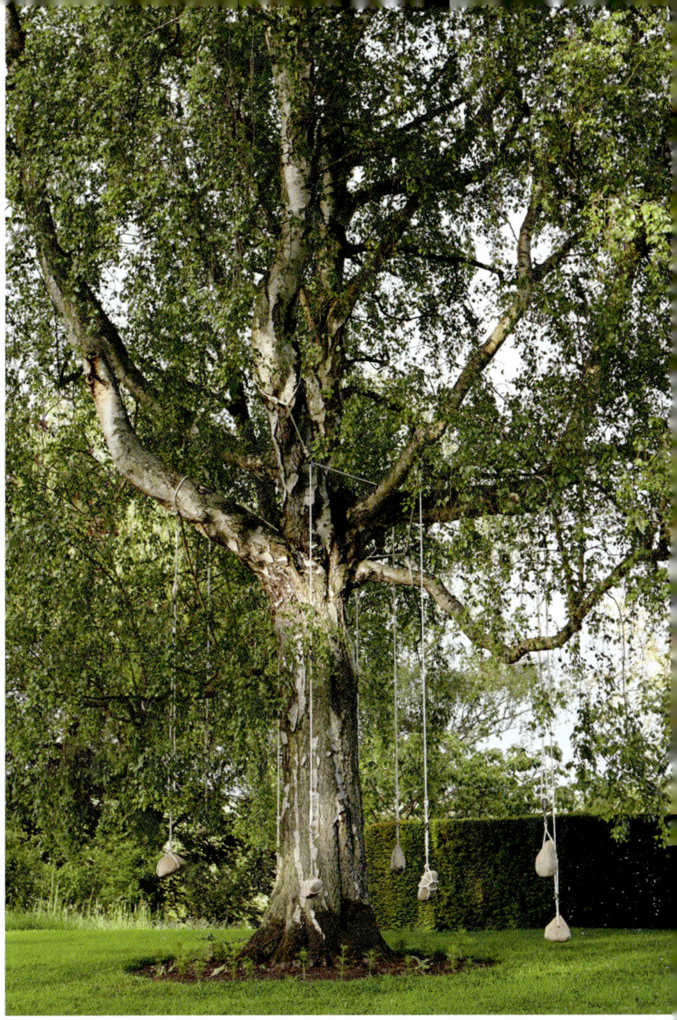

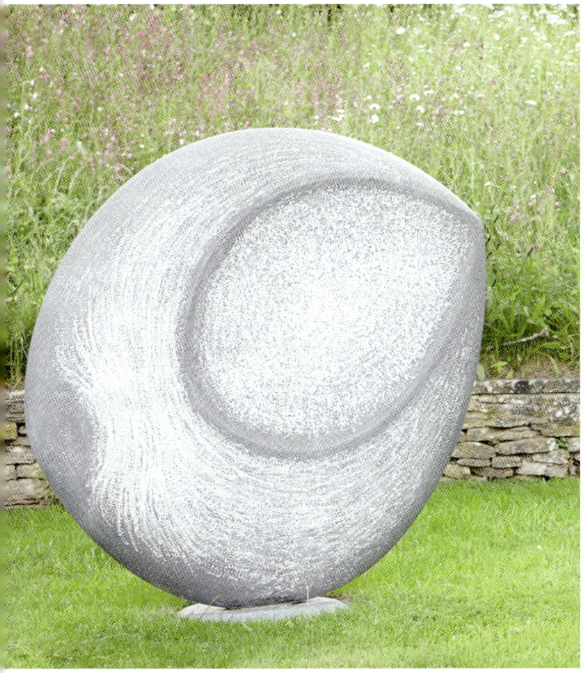

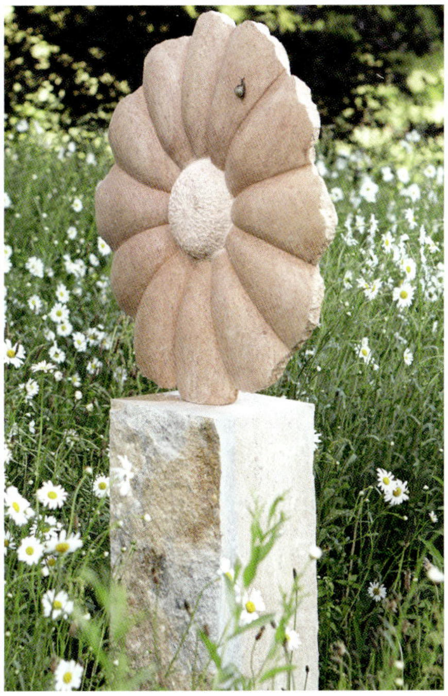

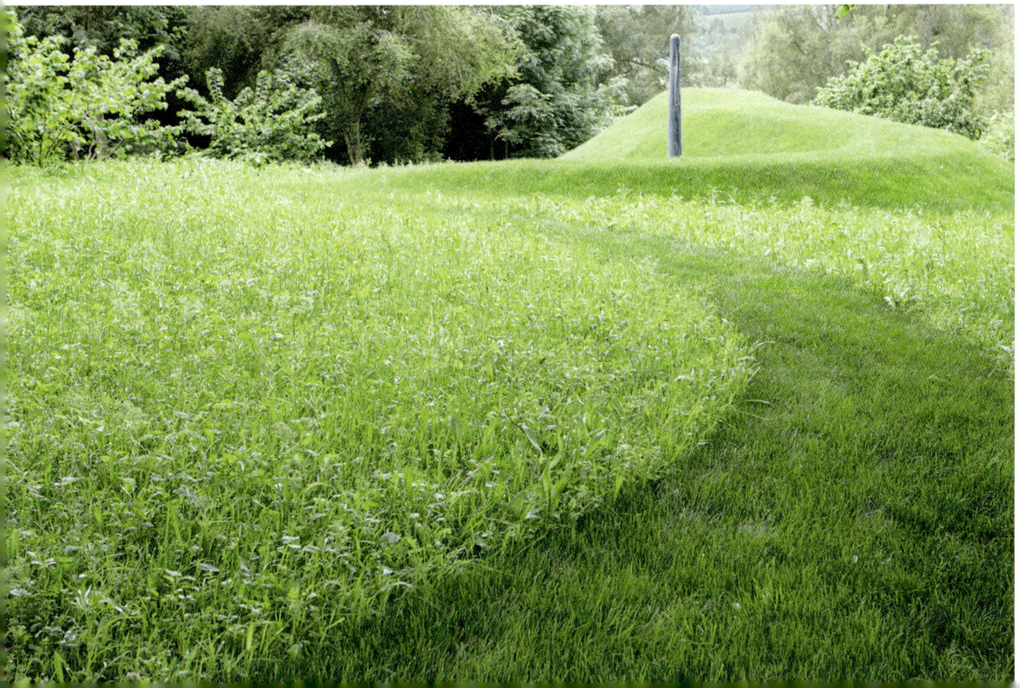

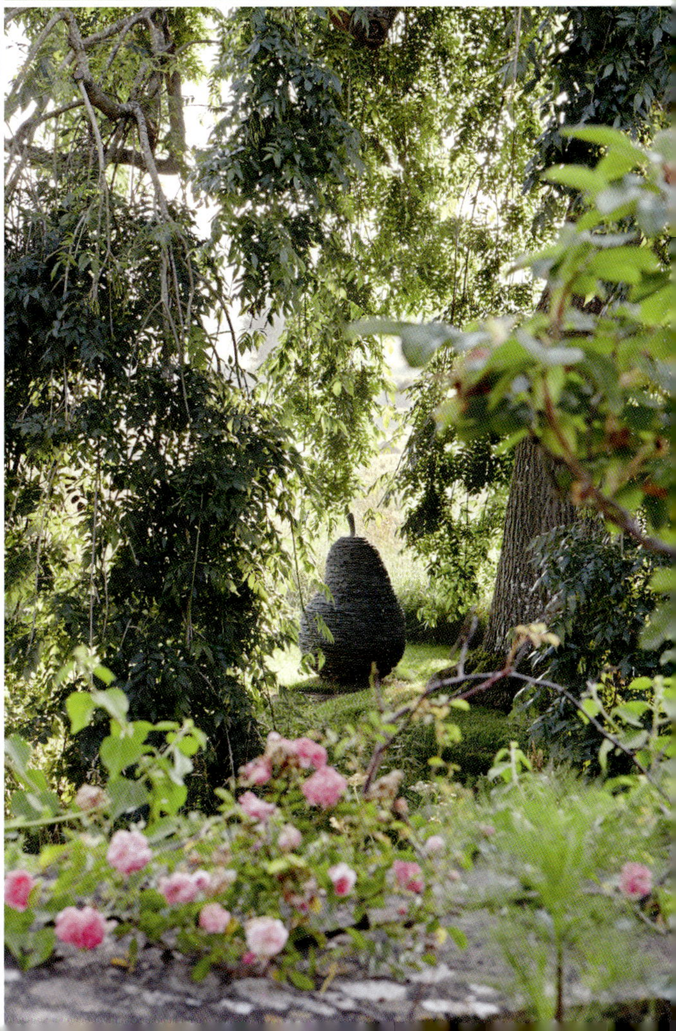

4
Bourton House
Bourton-on-the-Hill

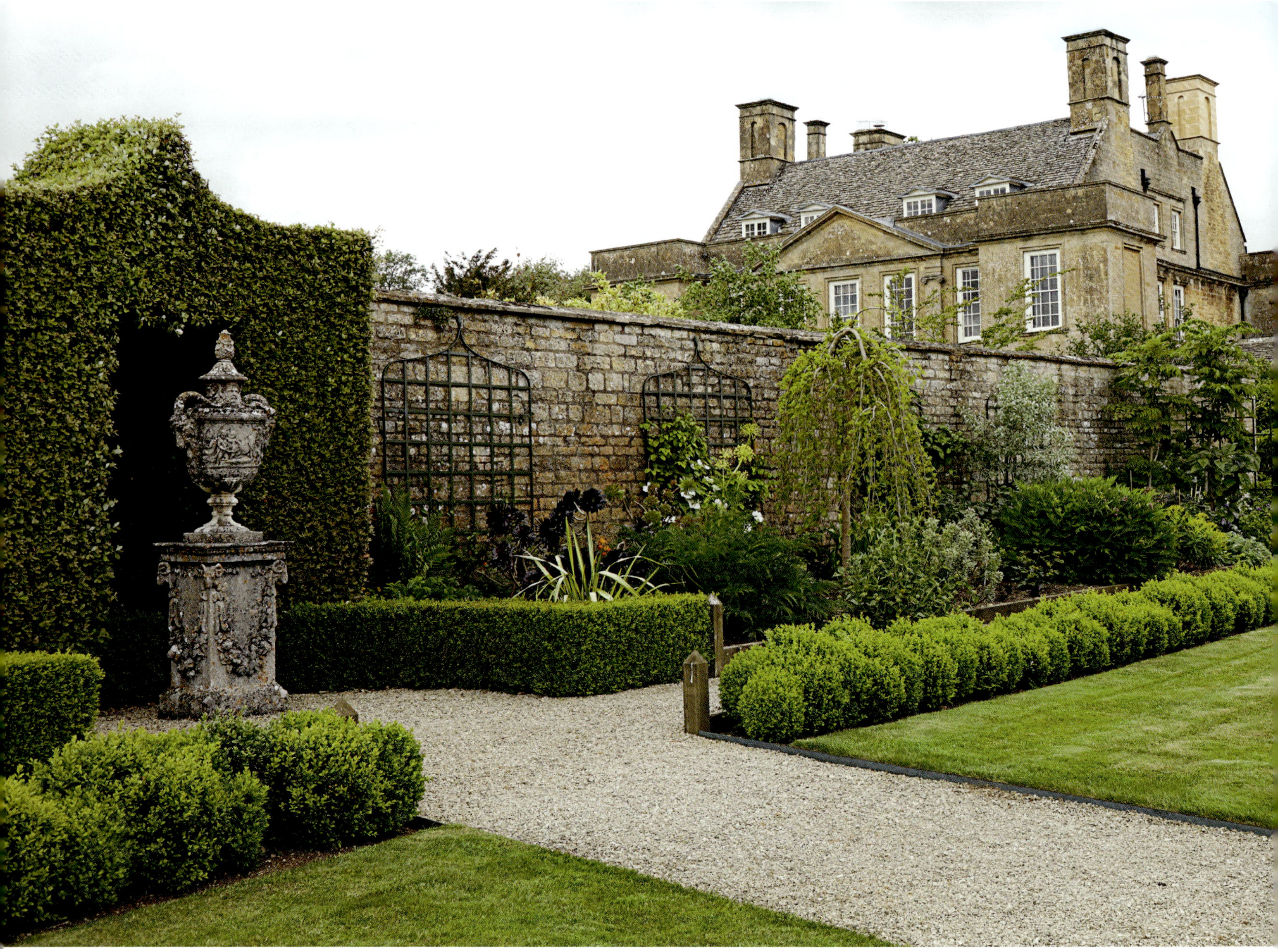

Durchquert man das hübsche Dorf Bourton on the Hill und wirft einen flüchtigen Blick durch die Tore von Bourton House, sieht man makellose Buchsbaum- und Eiben-Topiari und ein elegantes Haus aus honigfarbenem Stein. Urenglisch, mag man denken – hier haben Kriege, Adelsfehden und andere Tumulte einer jahrhundertelangen Geschichte keine Spuren hinterlassen. Tatsächlich wurde das Haus um das Jahr 1700 gebaut. Es ersetzte ein Tudor-Herrenhaus, das wiederum auf ein älteres Herrenhaus gefolgt war. Die Gärten dagegen wurden erst 1983 angelegt, als Richard und Monique Paice das Haus erwarben. Zwar enthalten sie traditionelle Elemente – Staudenrabatten, Topiari und Eibenhecken, die „Gartenräume" umgeben –, doch es gibt auch Modernes und Überraschendes.

Dokumenten in der Lindley Library der Royal Horticultural Society in London zufolge erhielt der amerikanische Landschaftsarchitekt Lanning Roper 1962 von Lieutenant Colonel Henry Nugent-Head, der Bourton House 1958 gekauft hatte, den Auftrag, einen Garten zu entwerfen. Leider war der Garten rund zwanzig Jahre später, als die Paices das Haus kauften, vollkommen verwahrlost.

Wolken schneiden

Ein wirklich historisches Gebäude ist die Zehntscheune von 1570, durch die man Bourton House betritt. Zur gleichen Zeit, in der zweiten Hälfte des 16. Jahrhunderts, kam Topiari in Mode.

Von der Zehntscheune aus führt der Weg über eine Wiese, die noch den Namen Orchard, Obsthain, trägt (obwohl es dort nur noch sehr wenig gibt, was an Obstbäume erinnert), zum Topiariweg. Kegel, Spiralen und Kugeln aus Buchsbaum säumen die Rasenflächen wie Wächter, während sich an den Mauern „Stützpfeiler" aus Buchsbaum mit eingetopften Margeriten abwechseln. Dieses Arrangement ist ebenso schlicht wie wirkungsvoll – und man kann es ganz leicht im eigenen Garten kopieren, zumal die Pflanzgefäße nicht etwa unbezahlbare antike Urnen, sondern umgedrehte, in den Boden eingelassene Rhabarbertöpfe sind.

An der am weitesten vom Haus entfernt gelegenen Seite des Gartens steht eine von mehreren im Wolkenschnitt gestalteten Buchsbaumhecken. Um sie zu schneiden, sagt Chefgärtner Paul Nicholls, sollte man sich am besten vorher ein paar Schluck Whisky genehmigen. Das ist natürlich ein Scherz, aber in der Tat geht es beim Wolkenschnitt um unregelmäßige Formen, nicht um exakte Linien. Am besten folgt man jenen, die die Pflanze durch ihre Wuchsform vorgibt.

Das Schreckgespenst namens Buchsbrand geht in ganz Großbritannien um, auch Bourton ist nicht dagegen gefeit. Dort schneiden sie den Buchsbaum nur einmal im Jahr und geben ihm hochwertigen Langzeitdünger. Das stärkt die Abwehr der Pflanzen gegen Infektionen, und durch den Schnitt einmal im Jahr hat die Pilzkrankheit nicht so oft die Möglichkeit, eine Angriffsfläche zu finden.

An der Mauer zwischen der Zehntscheune und dem ebenfalls 1570 gebauten Brauhaus fällt der Blick auf eine

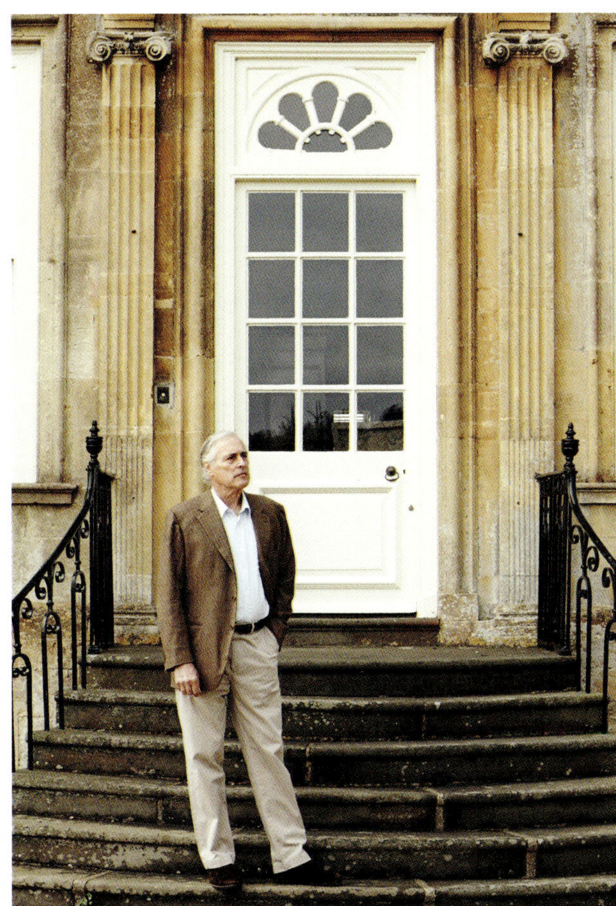

LINKE SEITE Kielbögen und Topiari in allen Formen sind die gestalterischen Leitmotive in Bourton House.
RECHTS Heute gehört Bourton dem niederländischen Geschäftsmann Roelof Quintus.

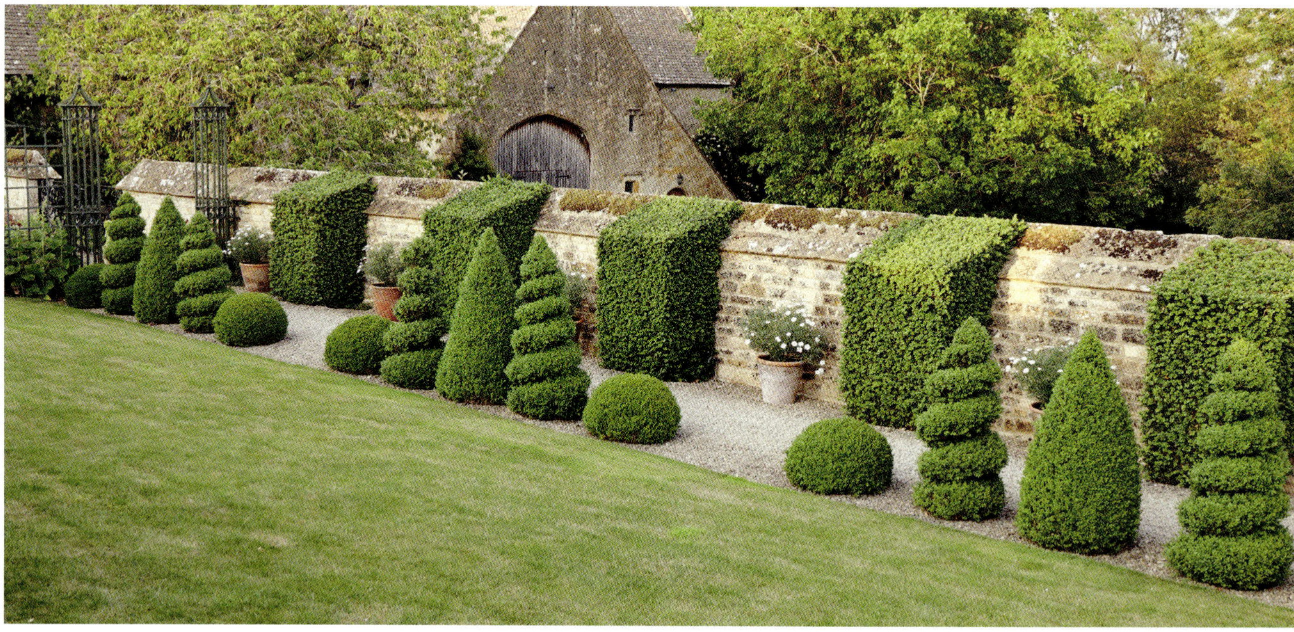

Bepflanzung, die vom Rest des Gartens abweicht: *Salvia confertiflora* ist da zu sehen, eine Salbei-Staude aus Brasilien mit samtigen Blüten, deren Farbe an das Rot altmodischer Theatervorhänge erinnert, sowie *Aeonium* und Japan-Begonien *(Begonia grandis* subsp. *evansiana)*. Diese Pflanzen sind empfindlich, wohl wahr, und sie brauchen Winterschutz. Aber während viele englische Gärten mit ihren Rosen und Pfingstrosen ihren Höhepunkt im Frühsommer haben, können sich Bourtons Besucher noch in der Mitte des Herbstes an einem prächtigen Blütenfeuerwerk erfreuen.

Vom Topiariweg aus betritt man den Weißen Garten, der in Weiß, Cremetönen und Lindgrün gestaltet ist. Hier ist die Rose 'Schneewittchen' umgeben von Bergenien, Bartfaden und Herbst-Anemonen. Stauden mit silbrigen Blättern wie Buntnessel unterstreichen das ätherische Flair.

Indem man einen Garten in Räume gliedert, schafft man interessante Blickachsen. Im Weißen Garten verläuft die Hauptachse vom Haus zu der Mauer, die den Garten vom benachbarten Sezincote (siehe Seite 112–117) abgrenzt; dessen Besitzer haben den Paices freundlicherweise erlaubt, Tore in die Mauer einzufügen, sodass man nun einen Blick auf die umgebende Landschaft hat.

An den Weißen Garten schließt sich ein weiterer Spazierweg an, Lovers' Lane genannt. Früher stand hier eine Hainbuchenhecke *(Carpinus)*, aber Hainbuchen wachsen so schnell, dass im Hochsommer stets die Hälfte des Weges überwuchert war. Jetzt wird der „Pfad der Liebenden" von einer niedrigen Wolkenschnitt-Buchshecke gesäumt; sie besteht aus zwei Sorten von Buchsbaum, die einen subtilen Farbkontrast bieten.

In der letzten Rabatte in diesem Teil des Gartens finden sich weitere Exoten: das subtropische Greiskraut *(Senecio petasitis* syn. *Roldana petasitis)*, mit seinen riesigen Blättern; *Amicia zygomeris* mit gelben Blüten im Herbst (noch ein Beispiel für Highlights zum Ende der Blühsaison); Pfahlrohr *(Arundo donax)* und der Reispapierbaum *(Tetrapanax)*. Wie das Greiskraut ist auch der Reispapierbaum im Süden Großbritanniens winterhart.

Staudenrabatten führen zum Hauptgarten. Sie sind mit Bartfaden, Storchschnabel, Silberkerzen und Katzenminze bepflanzt. Doch auch hier gibt es ein paar Exoten wie den

OBEN Den Topiariweg zieren Kegel, Spiralen und Kugeln aus Buchsbaum. Die weißen Margeriten sind in umgedrehte Rhabarbertöpfe gepflanzt.
RECHTE SEITE Jeder der zahlreichen Gartenräume in Bourton hat seinen ganz eigenen Charakter. Manche sind traditionell gestaltet, wie der Weiße Garten, andere beherbergen Exoten wie Palmlilien, Blumenrohr und *Aeonium*.

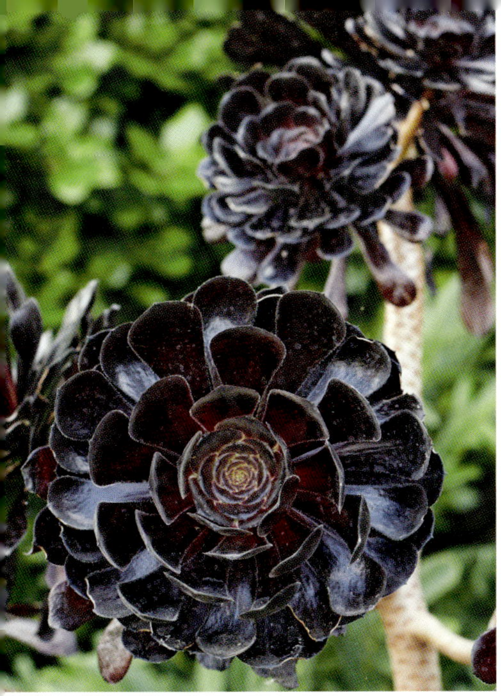
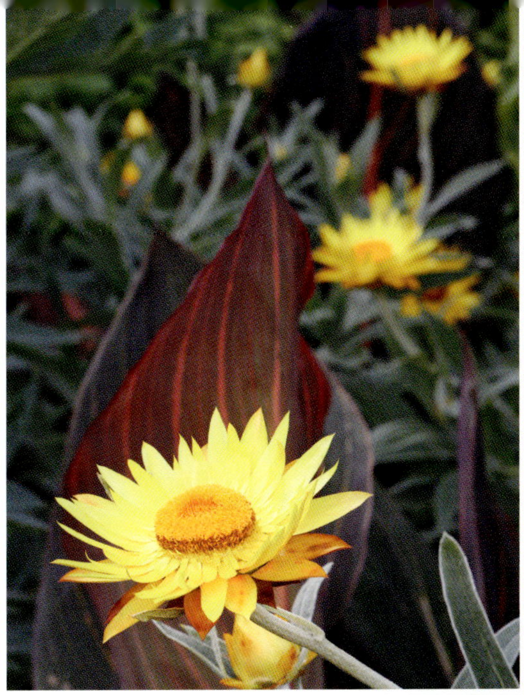
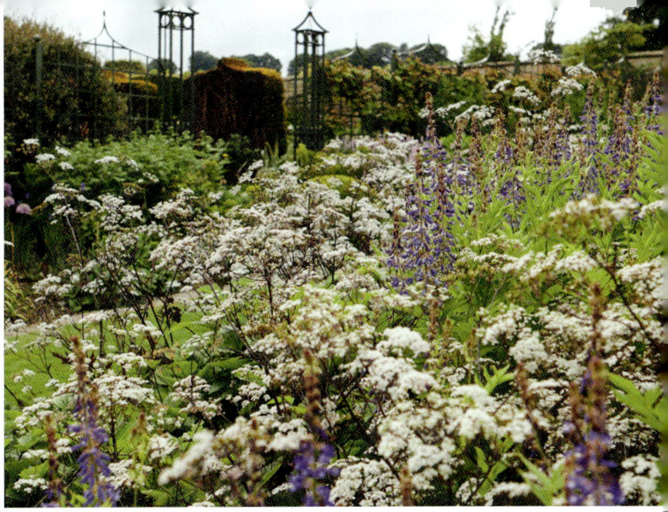
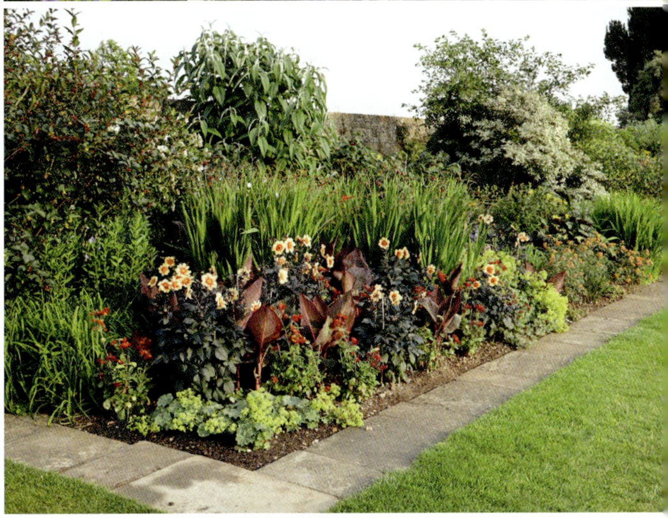
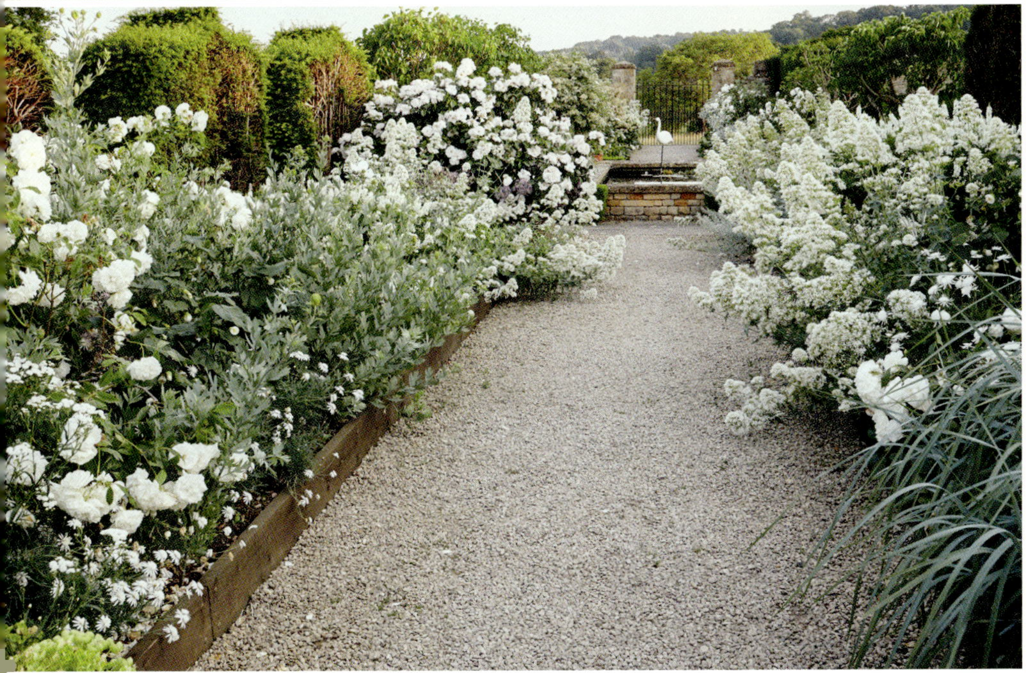
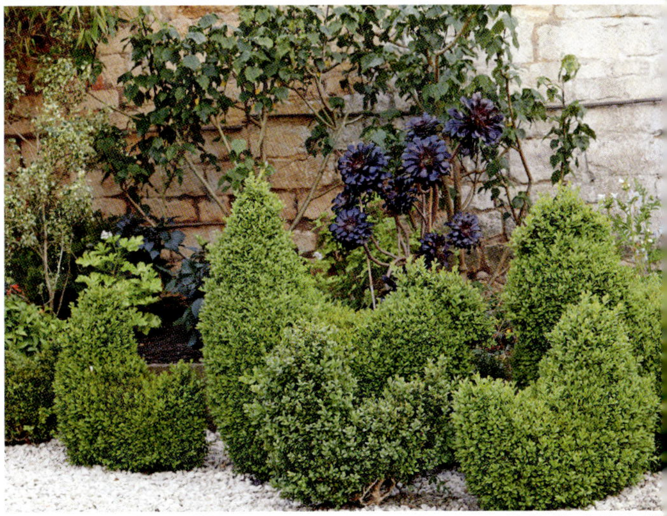
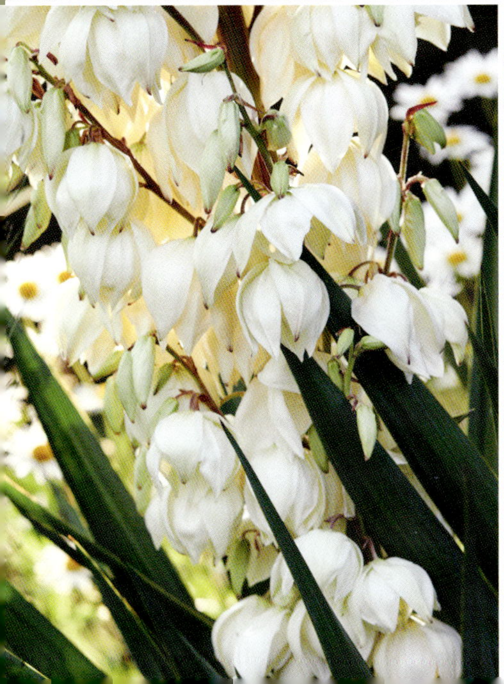
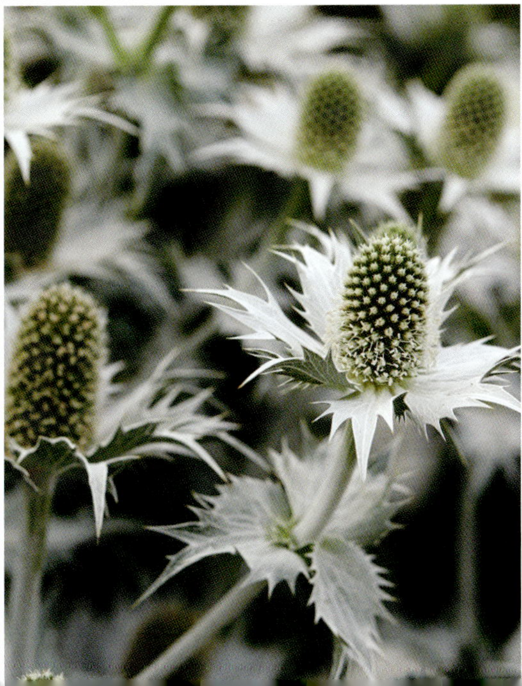
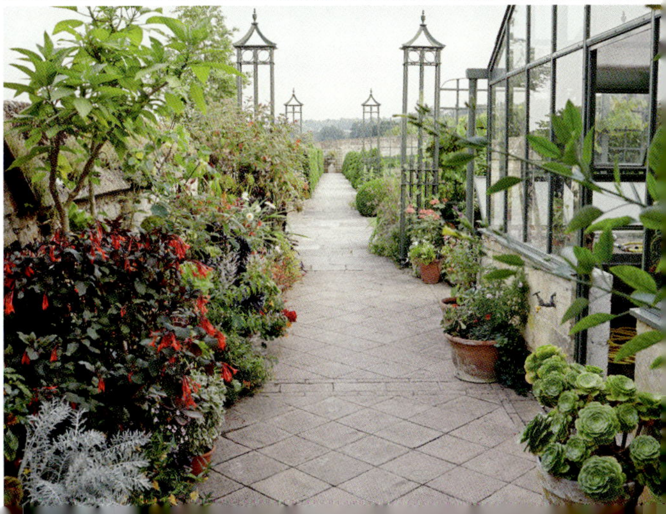

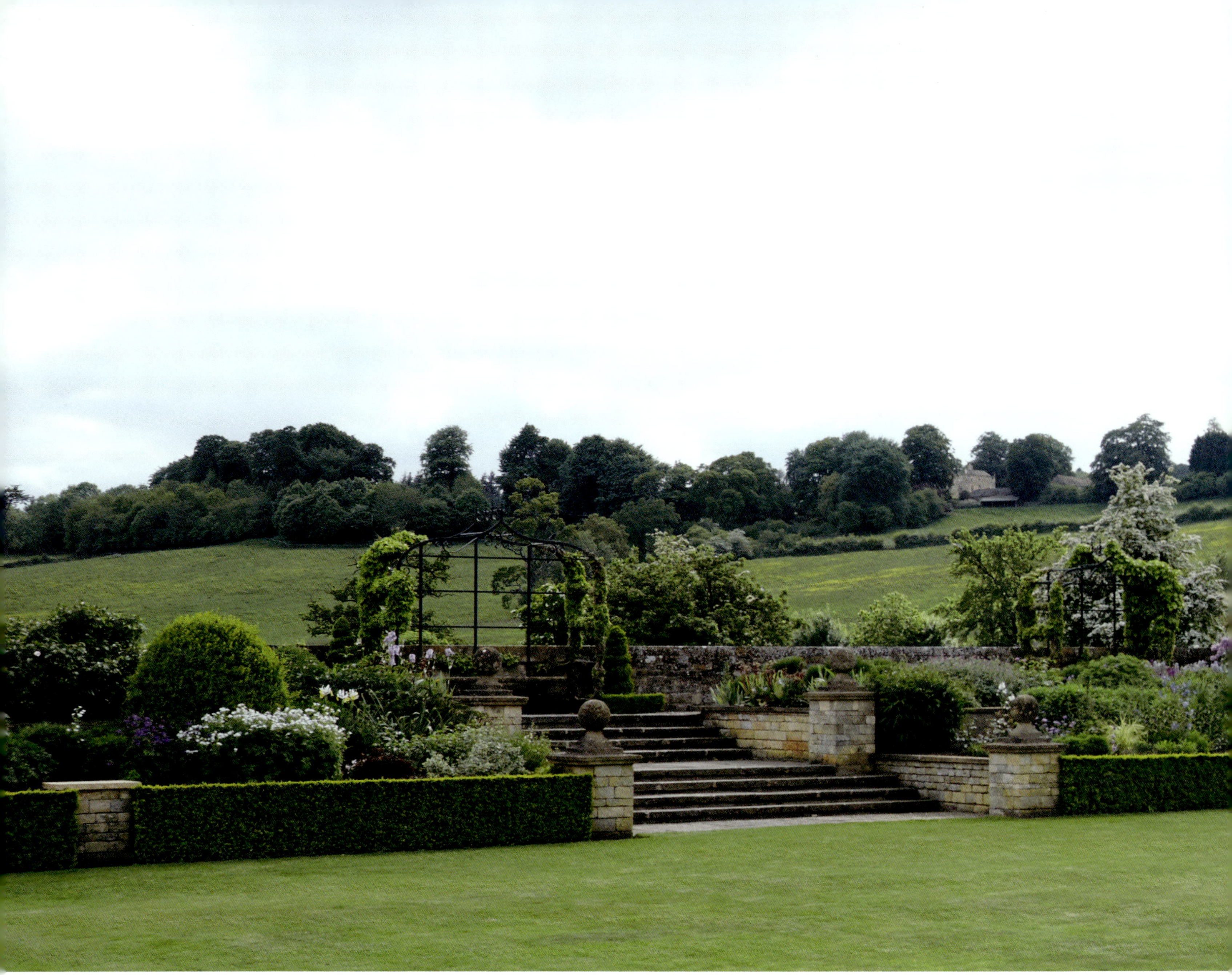

Der Hauptgarten bietet mit seinem erhöhten Weg einen Blick auf die Parklandschaft des benachbarten Sezincote. Rechts, hinter der Eibenhecke, liegt das Schattengewächshaus.

niedrig wachsenden Bambus *Pleioblastus viridistriatus* (syn. *P. auricomus*) mit seinem leuchtend gelben Laub. Einer der Stars dieser Rabatten ist das Pfeifengras *Molinia caerulea* subsp. *arundinacea* 'Bergfreund', eine kleinere Version von *M. caerulea* subsp. *arundinacea* 'Transparent'. Mit seiner bronzenen Herbstfärbung ist das Ziergras ein guter Ersatz für das Riesen-Federgras *Stipa gigantea*.

Kielbögen sind im Garten von Bourton House allgegenwärtig, sei es in Form von Metallbögen oder Rankgerüsten oder Eiben-Topiari. Sie sind Monique Paice' Künstlersignatur und erstrecken sich bis in den Hauptgarten an der Südseite des Hauses, wo Steinbänke unter kielbogenförmigen Rankgerüsten am erhöhten Weg stehen, der aus dem 18. Jahrhundert stammen soll.

In der Ostrabatte im Hauptgarten herrschen warme Farben vor: Blumenrohr (*Canna* 'Durban'), Dahlien (*Dahlia* 'Moonfire') und Montbretien (*Crocosmia*

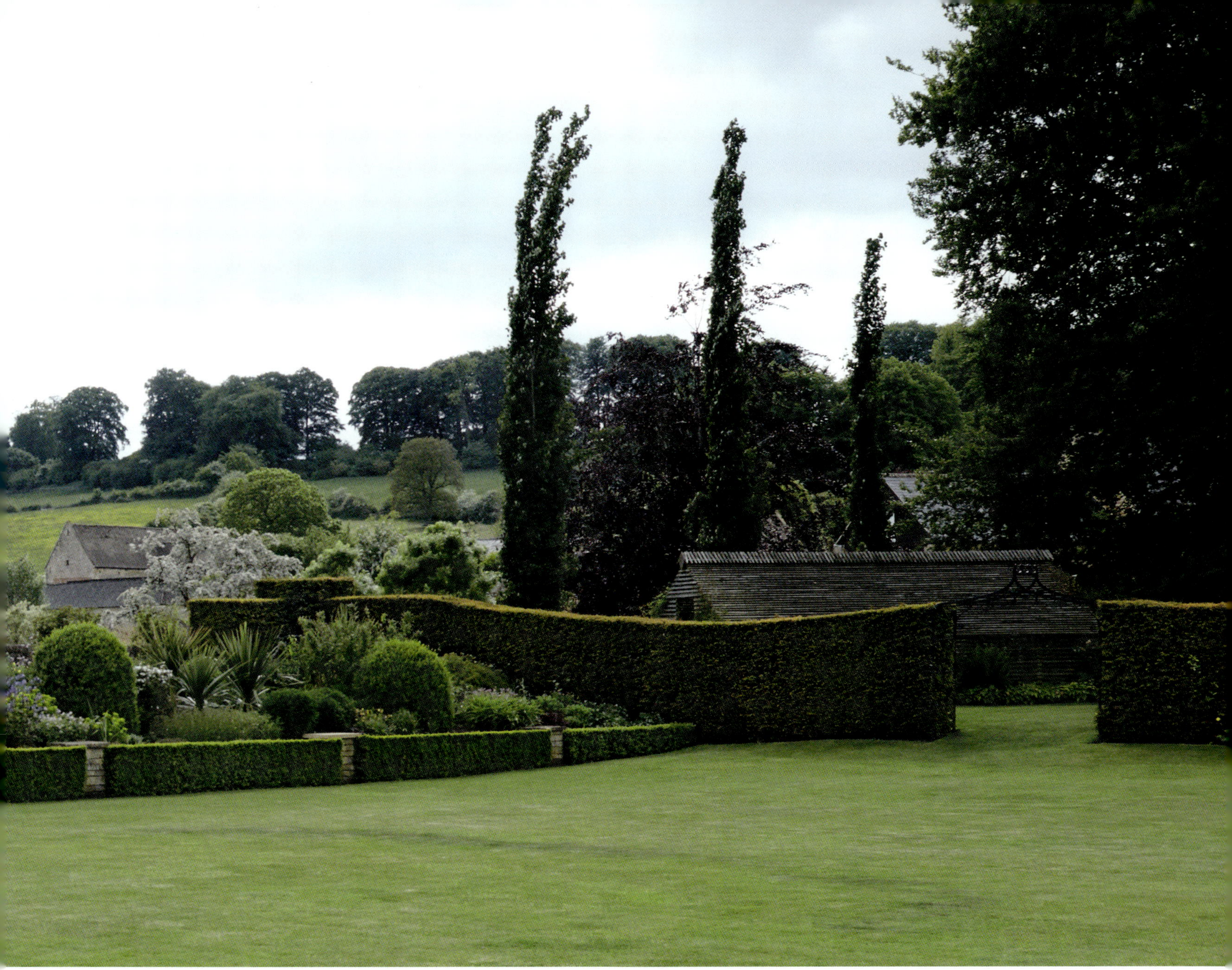

'Lucifer') neben Sonnenbraut und Taglilien. Am erhöhten Weg ist die Farbpalette Purpur und Pink.

Jenseits des Hauptgartens bietet das Shade House, das beschattete Gewächshaus, Arten wie dem Maiapfel *(Podophyllum versipelle)* Schutz. Nicholls hofft, dass es vielleicht sogar eine Farnsammlung beherbergen könnte. Von hier führt ein Pfad in den Knotengarten, ein kompliziertes Gebilde, das an griechische Mäandermuster erinnert, die Ecken hie und da durch Buchsbaumkegel betont. Die Mitte markiert der Basket Pond, ein wie ein Korb geformter Teich. Er wurde auf der Londoner Industrieausstellung von 1851 gezeigt und traf bald darauf in Bourton ein. Laut Nicholls hatte er schon vier andere Standorte im Garten, bevor er im Knotengarten seinen endgültigen Platz fand; hier bildet seine runde Form einen schönen Kontrast zu den strengen Linien.

Viele englische Gärten haben ihren Höhepunkt im Frühsommer, doch Bourton glänzt noch in der Herbstmitte mit einem prächtigen Blütenfeuerwerk.

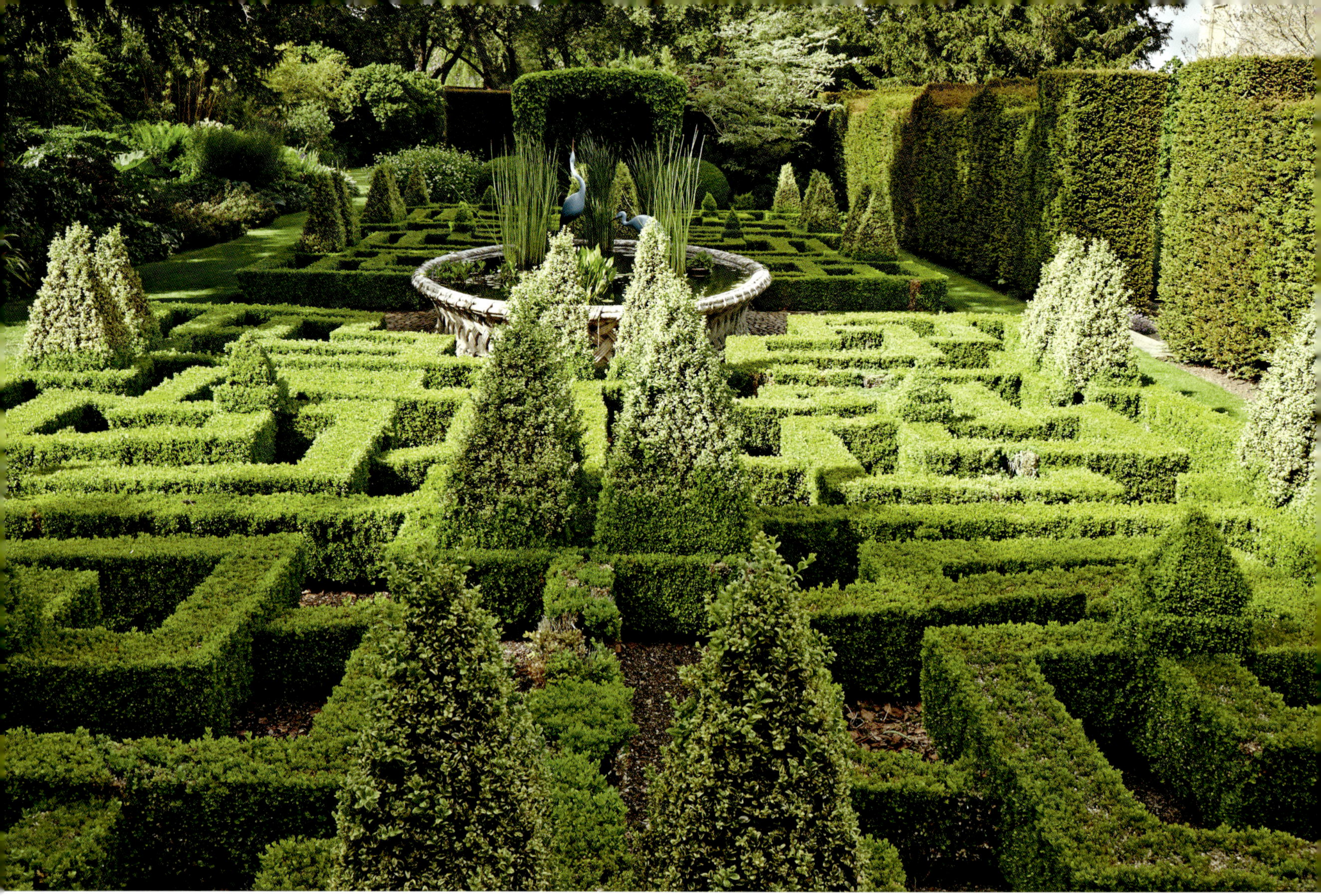

OBEN Der Teich in der Mitte des Knotengartens ist wie ein riesengroßer steinerner Korb geformt.
RECHTS Chefgärtner Paul Nicholls hofft, im Schattengewächshaus eine Farnsammlung aufbauen zu können.
RECHTE SEITE Parterres sind so angelegt, dass man sie von oben betrachtet; auf diese Weise kann man die komplizierten Gebilde am besten würdigen.

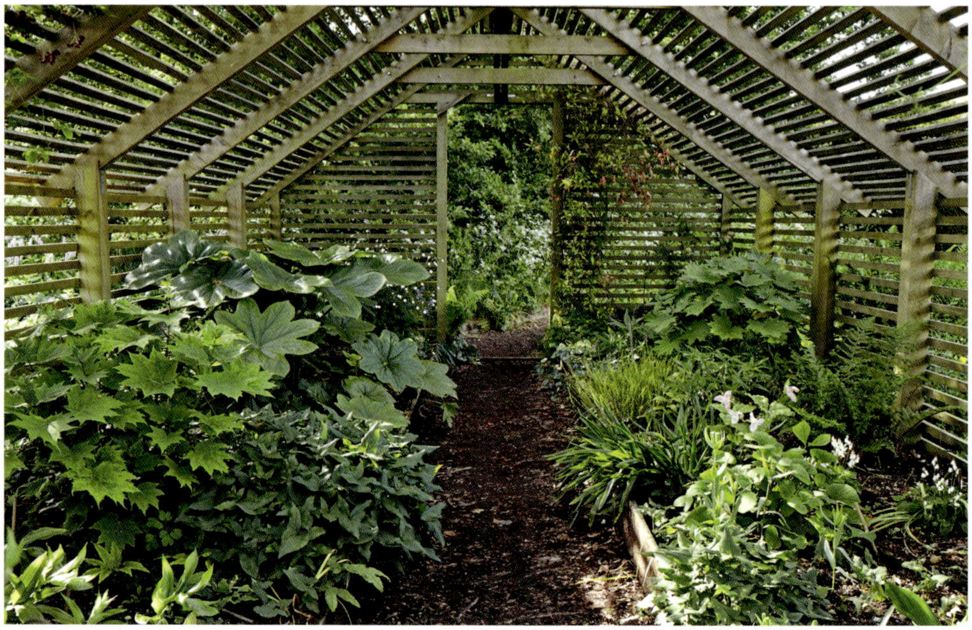

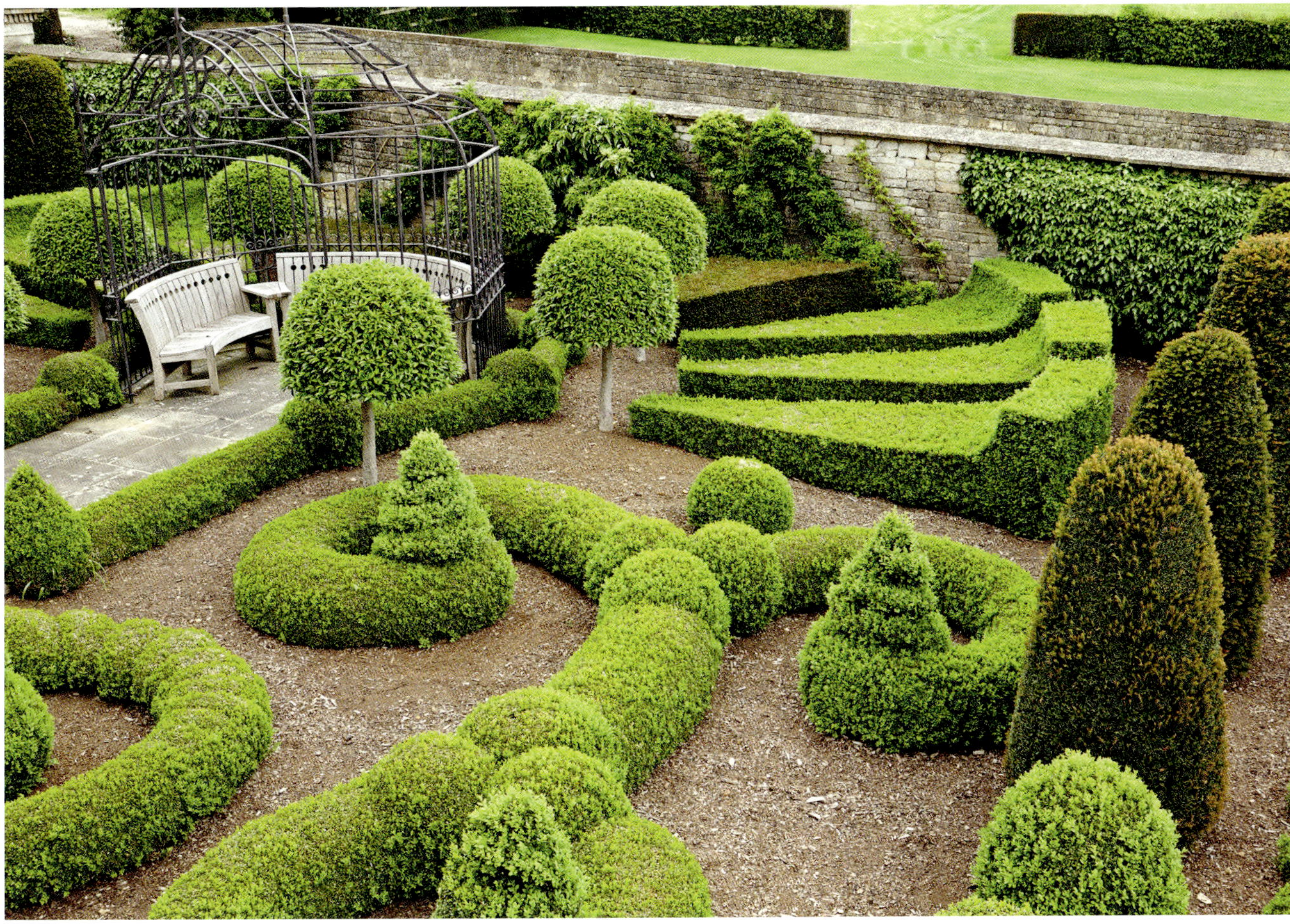

Der Teich speist sich aus einer Quelle, das Wasser fließt durch ein langes Rohrsystem. Wie alle schönen alten Teiche hat er oft undichte Stellen.

Den Rasen hinter dem Knotengarten beherrscht eine kleinblättrige Ulme, *Ulmus* × *hollandica* 'Jacqueline Hillier', und an der zur Straße hin gelegenen Mauer stehen mehrere Sibirische Holz-Äpfel (*Malus* × *robusta* 'Red Sentinel'), die im Frühjahr weiße Blüten und später leuchtend rote Früchte haben. Sie tragen „Socken" aus Efeu, der an den Stämmen gut einen Meter emporranken darf.

Zudem gibt es in Bourton House einen ausladenden Essigbaum (*Rhus* × *pulvinata* Autumn Lace Group; oftmals *R. glabra* 'Laciniata' genannt) und zwei Parrotien *(Parrotia persica)* auf dem großen Rasen. Letztere sind kelchförmig gewachsen. Nicholls behauptet, frei laufende Kühe hätten sie in diese Form geknabbert. Sie sehen indes viel zu elegant aus, als dass sie tatsächlich das Werk umherziehender Rinder sein könnten. Mit ihrem prächtigen Herbstlaub gehören sie zu den schönsten Zierbäumen im Garten.

An der Nord- und an der Frontseite des Hauses liegen zwei weitere Knotengärten. Den einen, einfach Parterre genannt, hat Monique Paice von einem Fenster im oberen Stock aus entworfen. Hier winden sich mehrere Buchsbaum„seile" um einen zentralen runden Pavillon, und es gibt einen Fächer aus keilförmigen Gebilden, die Nicholls als „Quiche-Stücke" bezeichnet.

Die Paices haben Bourton House erstmals 1987 im Rahmen des National Gardens Scheme geöffnet – eine erstaunliche Leistung, zieht man in Betracht, dass sie erst vier Jahre zuvor mit der Arbeit an den Gärten begonnen hatten. Sie haben Bourton House im Jahr 2010 verkauft, und glücklicherweise öffnen auch die neuen Besitzer die Gärten für Besucher: von April bis Ende Oktober, mittwochs, donnerstags und freitags.

5
Burford Priory
Burford

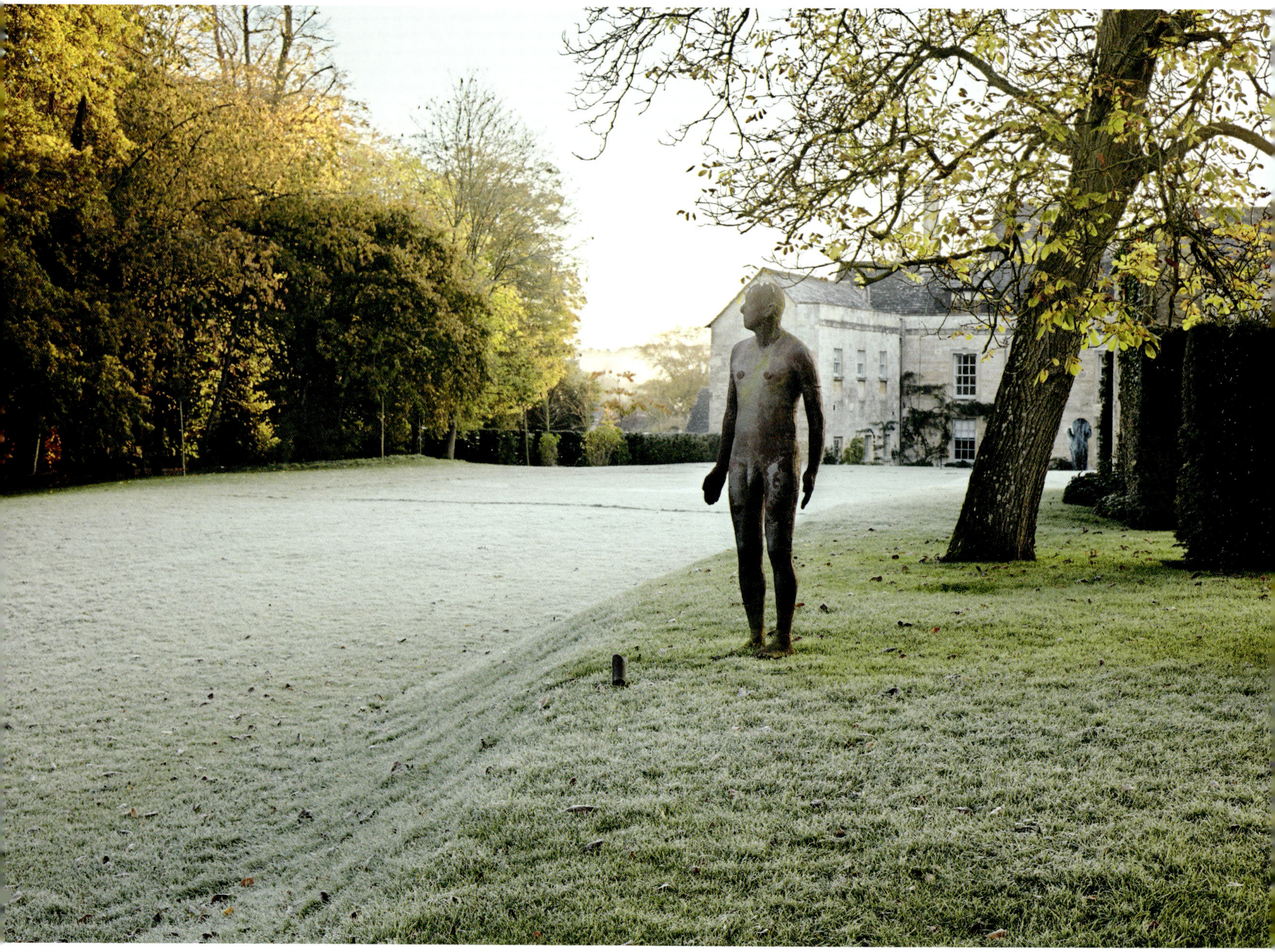

DAS WORT „Priory“, Priorei, im Namen eines englischen Anwesens ist meist ein Hinweis darauf, dass es einst der Auflösung der Klöster durch Heinrich VIII. zum Opfer fiel. Zwischen 1536 und 1541 säkularisierte der König den Besitz der Klöster in England, Wales und Irland und belohnte mit diesen einträglichen Anwesen seine Gefolgsleute und Verbündeten. Mottisfont Abbey, Woburn Abbey, Newburgh Priory und Horton Priory, sie alle gingen nach der Vertreibung der Mönche in den Besitz strebsamer Männer über.

Burford Priory hingegen war noch bis vor Kurzem ein Kloster. Dafür gibt es nicht nur konkrete Belege in den Gärten – man kann es auch deutlich spüren. Das Anwesen liegt im Herzen des trubeligen Städtchens Burford, nur ein paar Schritte von der Haupteinkaufsstraße entfernt. Vor den Toren parken Touristenbusse, doch innerhalb der Mauern herrscht klösterliche Ruhe.

2008 kauften Elisabeth Murdoch und ihr Mann Matthew Freud die Priorei. Sie ist Geschäftsführerin der TV-Produktionsfirma Shine Ltd. und die Tochter des Medienmoguls Rupert Murdoch; ihr Mann ist ein Werbe-Guru, zu dessen Kunden einige der bekanntesten Marken der Welt zählen. Man sollte erwarten, dass ein derart prominentes Paar alles tun würde, um sein Haus vor neugierigen Blicken zu schützen. Doch die beiden ließen als Erstes die 5,5 Meter hohe Eibenhecke um den Rasen an der Vorderseite des Hauses entfernen, sodass jetzt die Morgensonne die Sprossenfenster und den honigfarbenen Cotswolds-Stein beleuchtet.

So kann man deutlich die ungewöhnlichen, fast heidnisch anmutenden Figuren neben dem Wappen über der Tür erkennen. Weiter links prangt ein weiteres Wappen – kein geringeres als das königliche – über der Tür der Kapelle. Jakob VI. von Schottland verbrachte hier im Jahr 1603, dem Jahr, in dem er als Jakob I. den englischen Thron bestieg, drei Nächte.

Der Geist des Ortes

Chefgärtner Marcus Wilden kennt Burford Priory bestens – er ist hier aufgewachsen und wurde in der Kapelle getraut. Sein Vater Brian arbeitete dreißig Jahre lang in Burford, und die Familie wohnte im ehemaligen Pfarrhaus, einem separaten Gebäude jenseits des Rasens am Haupthaus. Daher unterstützt er gern Murdochs Ziel, den Geist

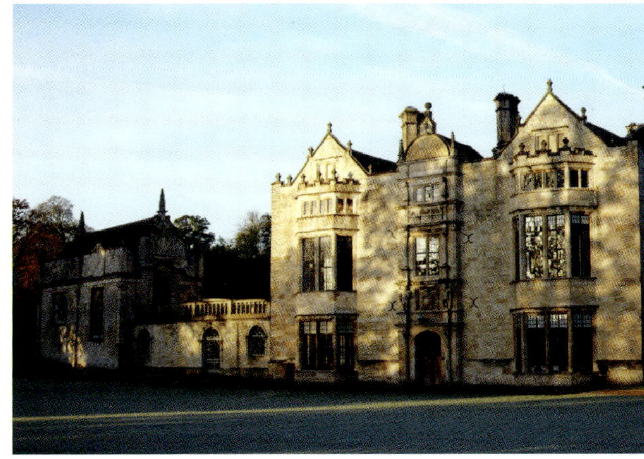

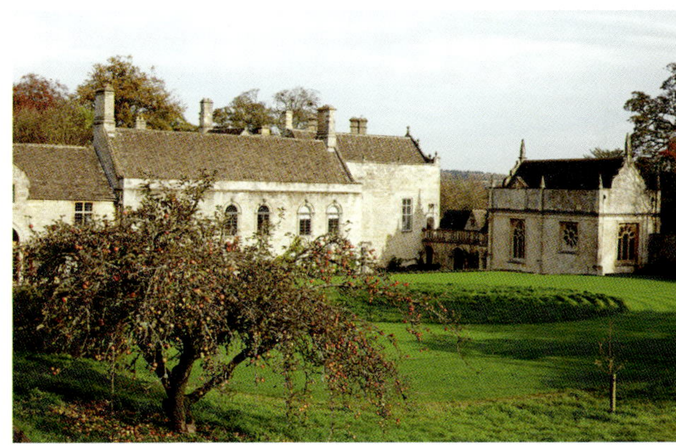

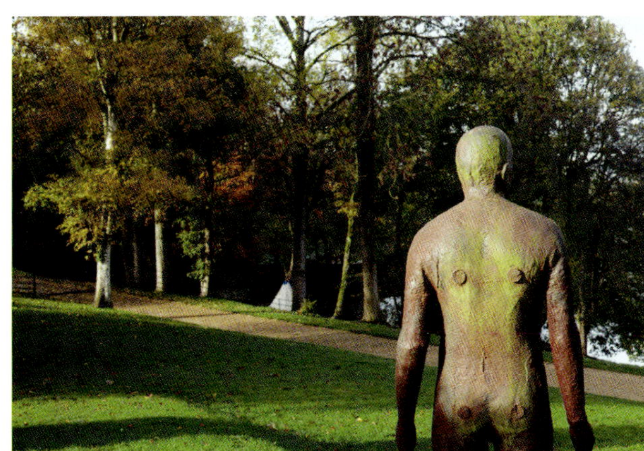

LINKE SEITE UND OBEN Eine Skulptur von Antony Gormley – der Körper des Künstlers diente ihr als Vorlage – blickt über die Wässerwiesen.
GANZ OBEN UND DARUNTER Burford Priory war ein elisabethanisches Herrenhaus. Im 17. Jahrhundert wurde es zusammen mit der Kapelle im jakobinischen Stil umgebaut.

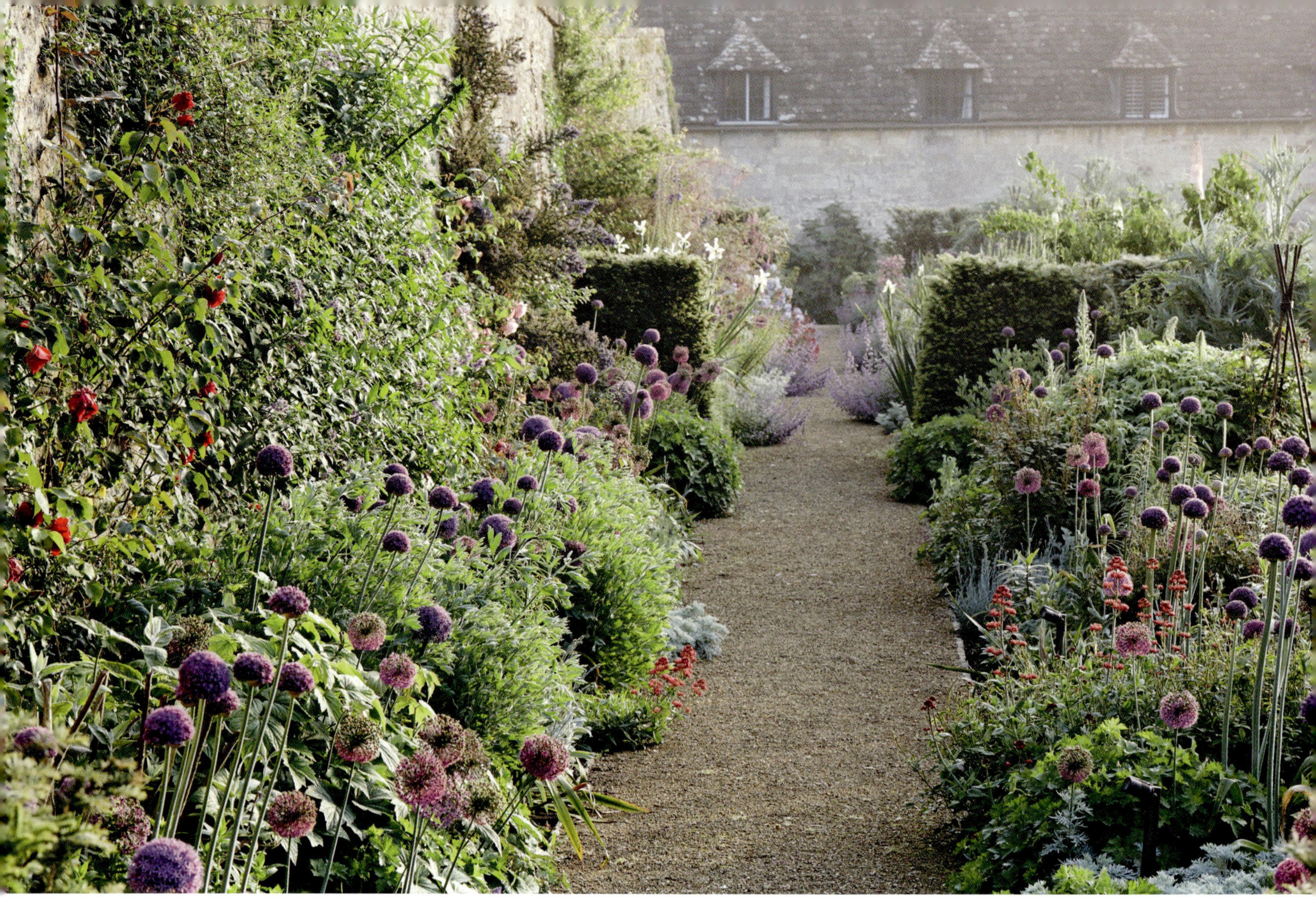

Der Hauptgarten an der Südseite des Hauses scheint jeden einzelnen Sonnenstrahl voll und ganz zu nutzen, was den Eindruck erweckt, hier herrsche ewiger Sommer.

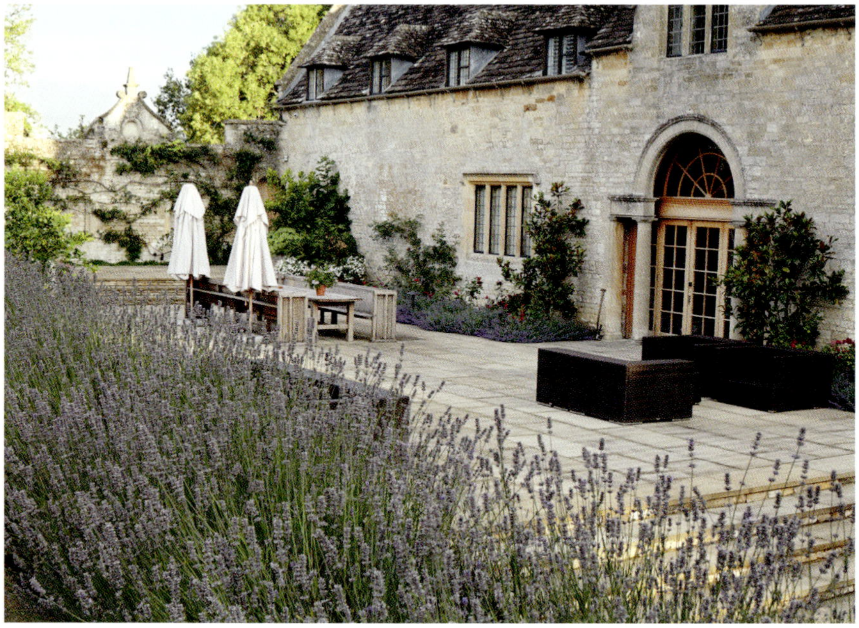

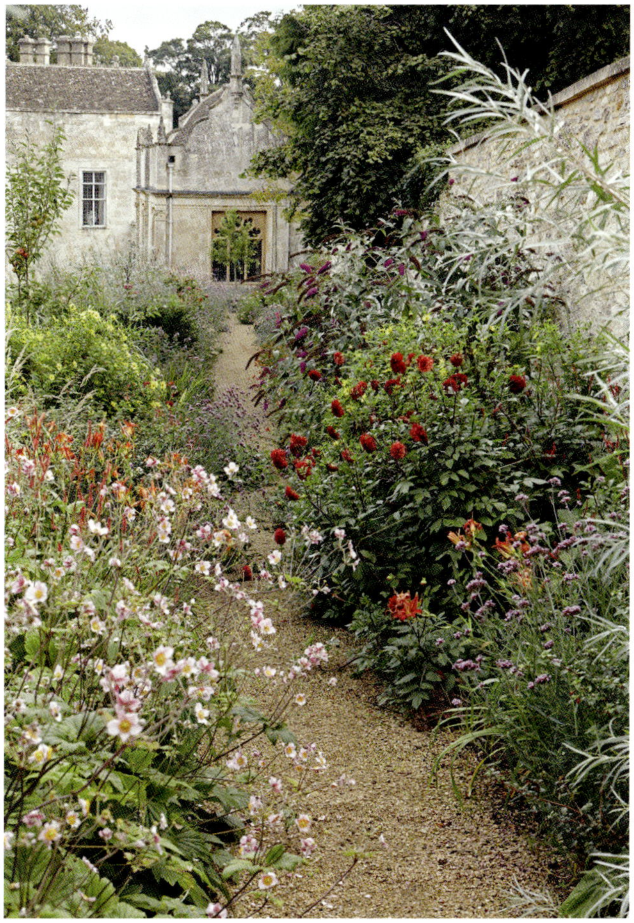

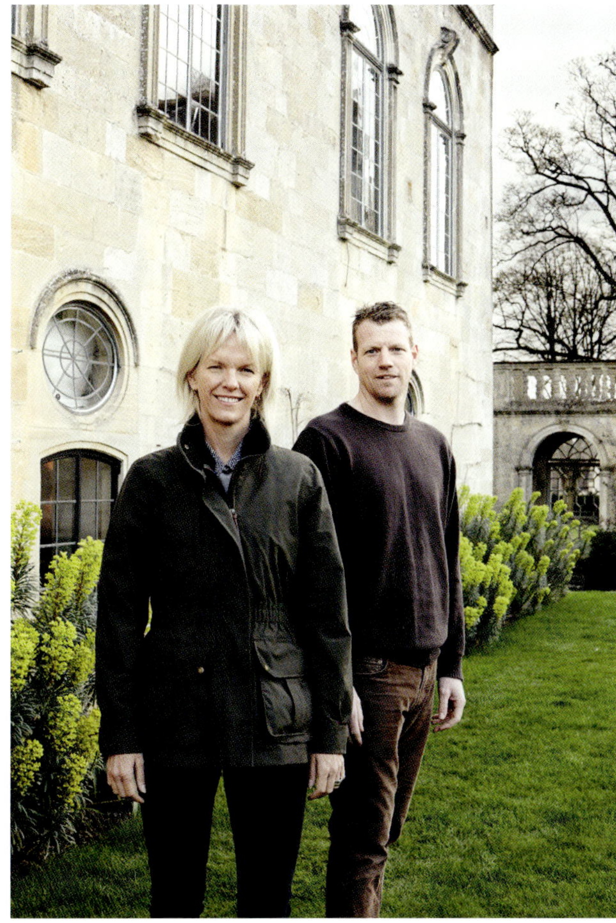

des Ortes zu bewahren. Das ist ihr auch aufgrund von Kindheitserinnerungen ein Anliegen: Sie denkt an den Garten ihrer verstorbenen Großmutter in Cruden Farm bei Melbourne.

Die Gärten von Burford Priory haben eine intime Atmosphäre. Der Hauptgarten an der Südseite des Hauses liegt, genau wie der angrenzende ummauerte Gemüsegarten, geschützt und scheint jeden einzelnen Sonnenstrahl voll und ganz zu nutzen, was – sogar im Winter – den Eindruck erweckt, hier herrsche ewiger Sommer. Ein üppiges Angebot an Gartenmöbeln und ein riesiger Tisch lassen vermuten, dass die Bewohner jeden Strahl der englischen Sonne genießen, auch wenn sie nur widerwillig zum Vorschein kommt.

Die Terrasse vor dem Haus hat die Gartenarchitektin Mary Keen verbreitert. Sie hat die Palette auf Pflanzen mit grauem und graublauem Laub beschränkt, z. B. Palisaden-Wolfsmilch *(Euphorbia characias* subsp. *wulfenii)* und Woll-Ziest *(Stachys byzantina)*.

Vom Haus weg verläuft der Garten leicht abschüssig, und zwischen dem Rasen und der Swimmingpoolterrasse gibt es mehrere, ebenfalls von Mary Keen gestaltete Ebenen. Eine mächtige Eibenhecke schirmt die Poolterrasse ab

LINKE SEITE OBEN An dem erhöhten Weg entlang des Hauptgartens gedeihen Rosen und winterharte Stauden.

LINKE SEITE UNTEN Auf der großzügigen, von Mary Keen gestalteten Terrasse schaffen wetterfeste Sofas und ein mächtiger Esstisch eine Atmosphäre entspannter Gastlichkeit.

OBEN LINKS An der Seite des Gartens, wo die Kapelle steht, flackern feurige Dahlien.

OBEN RECHTS In den vergangenen fünf Jahren haben Elisabeth Murdoch und Matthew Freud die Priorei zu einem Familienwohnsitz umgebaut.

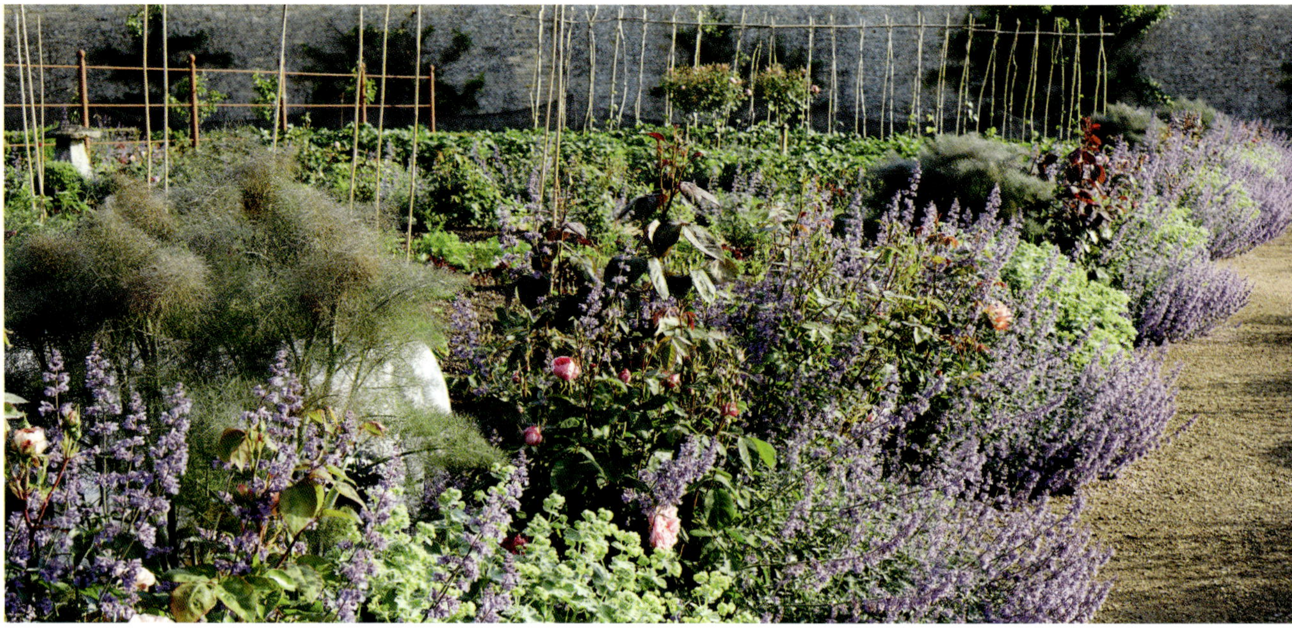

und überbrückt zugleich den Raum bis zur unterhalb gelegenen Terrasse – eine elegante Lösung, das Gefälle auszugleichen. Weiß glasierte Töpfe umgeben den Pool wie Statuen, und eine Treppe führt zur letzten, mit Obstbäumen bepflanzten Terrasse hinauf.

Unten auf dem Hauptrasen ist ein rundes Labyrinth ins Gras geschnitten: Hier versenkten sich einst die Mönche ins Gebet. Aus gartenbaulicher Sicht ist das eine gute Möglichkeit, eine Rasenfläche aufzulockern, ohne das Gefühl von Weite zu zerstören, das ein großer Rasen einem Garten verleiht. Außerdem lässt sich dieses Gestaltungselement leicht im eigenen Garten einsetzen: Man muss nur vor dem Mähen sorgfältig den Kreis markieren.

Von diesem Teil des Gartens führt eine Tür durch die Mauer in den Gemüsegarten. Hier steht man jedoch nicht zwischen Kohlköpfen, sondern in einem Gewächshaus, das nach Chinesischem Sternjasmin *(Trachelospermum jasminoides)* duftet und mit Orchideen und Geranien gefüllt ist. Ein Gewächshaus gleicher Bauart an der anderen Seite des Küchengartens beherbergt Ableger und Setzlinge.

Wie die meisten alten Küchengärten ist auch dieser viel zu groß für heutige Bedürfnisse, und so sind bereits manche Beete mit Zierpflanzen oder Schnittblumen bestückt. Der Hauptweg durch diesen Garten soll bald mit Beeten gesäumt sein, in denen *Rosa* 'Dame Elisabeth Murdoch' wächst: Diese Hybrid-Teerose ist nach Elisabeth Murdochs im Jahr 2012 mit 103 Jahren verstorbenen Großmutter benannt.

Manchmal trägt das Werk eines Gartenarchitekten sein Markenzeichen: eine Lieblingspflanze, ein favorisiertes Gestaltungselement (etwa die Art, einen Blickfang zu schaffen) oder eine bevorzugte Farbpalette. Eine der cleversten Veränderungen, die Mary Keen in Burford Priory vorgenommen hat, bemerkt man aber nur, wenn man darauf aufmerksam gemacht wird: Sie hat das Bodenniveau hinter dem Haus gesenkt, wodurch man nun freie Sicht auf den Wald und die Regenwasserteiche im Nordwesten jenseits des Gartens hat.

Eine Bronzeskulptur von Antony Gormley steht hier, und im nahen Wald ist das Tipi eines der Kinder von Elisabeth Murdoch aufgeschlagen. So wie es aussieht, wird sie, die nach Dame Elisabeth benannt ist, ihre Liebe zum Gärtnern an die nächste Generation weitergeben.

OBEN Der große Gemüsegarten wird allmählich umgestaltet – er soll mehr Zierpflanzen enthalten, u. a. Rosenrabatten.
RECHTE SEITE Ein üppig mit Orchideen und Geranien bestücktes Gewächshaus verbindet den Hauptgarten mit dem Gemüsegarten. Der Schnittblumengarten enthält beliebte Arten wie Kosmeen, Skabiosen und Ringelblumen.

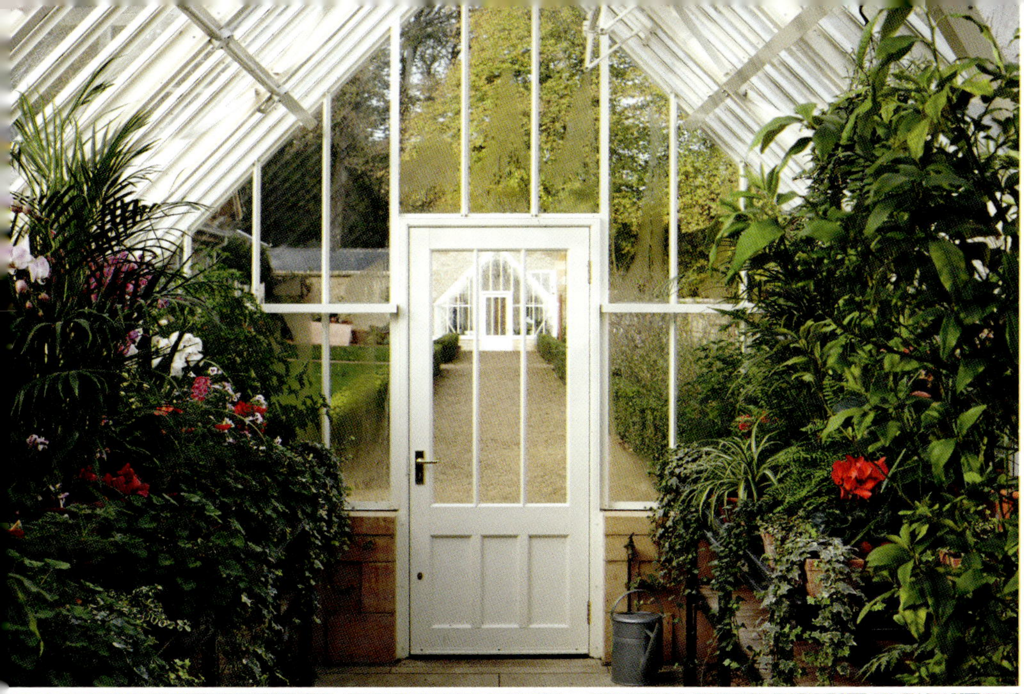
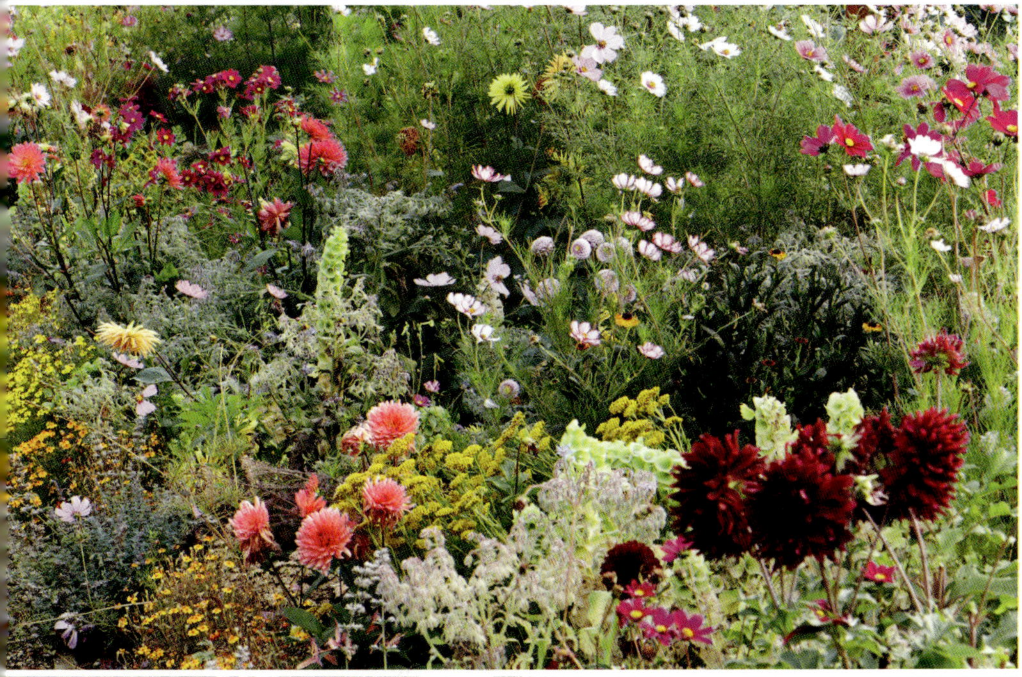
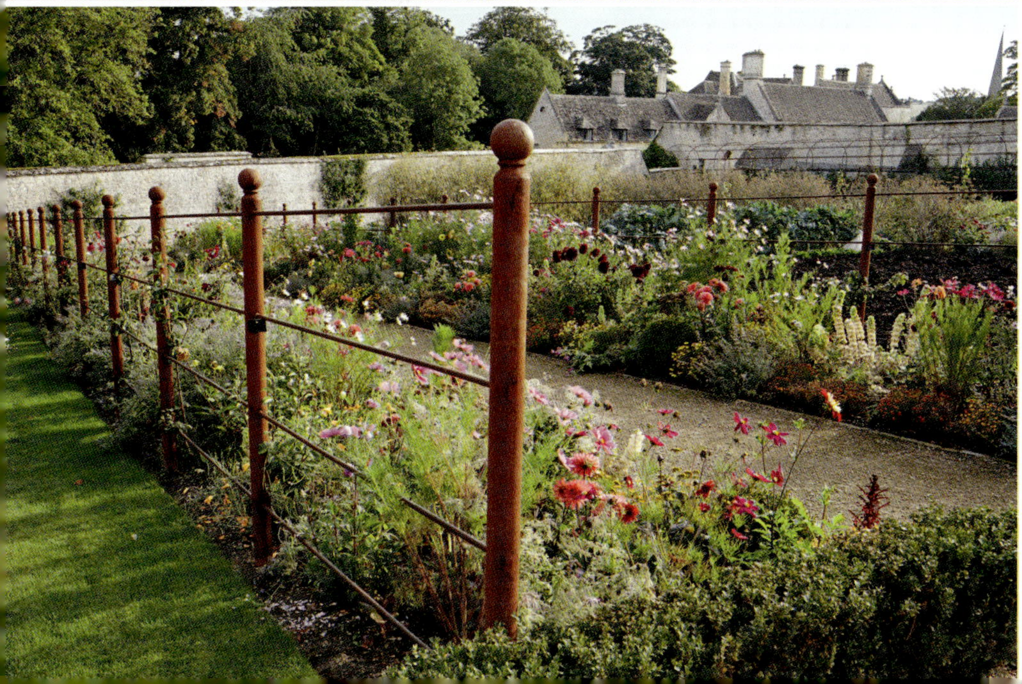
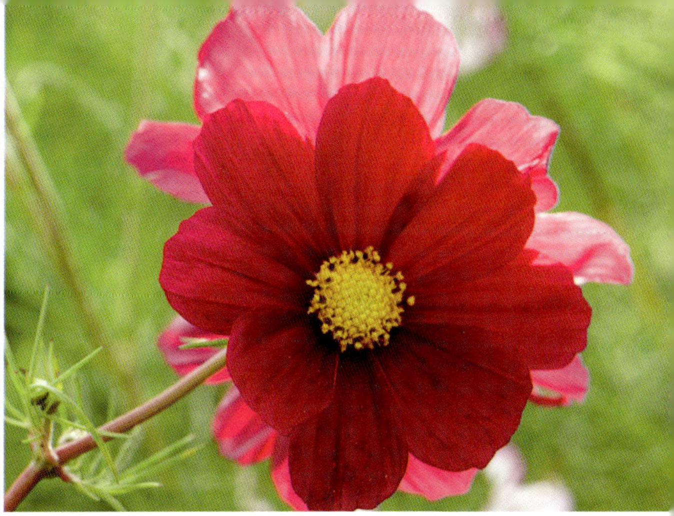
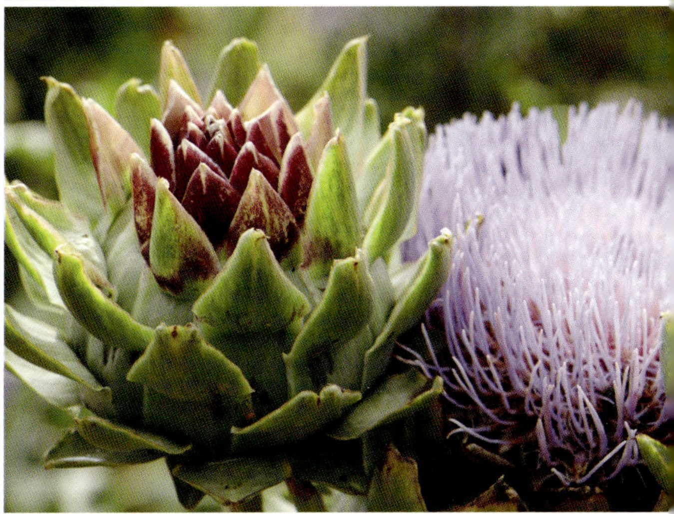
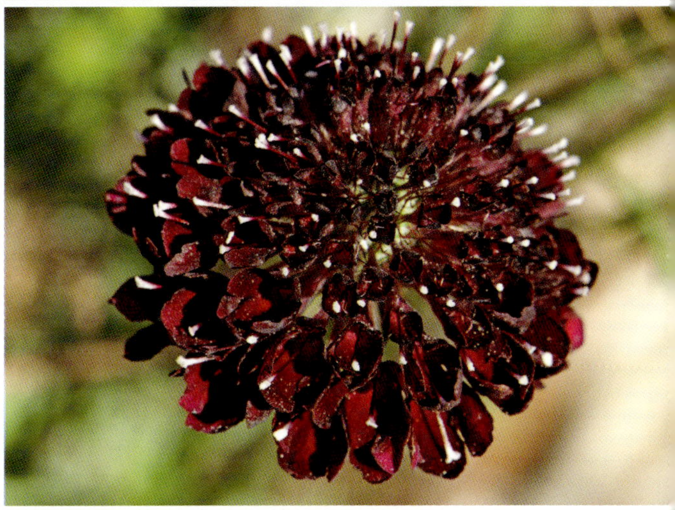
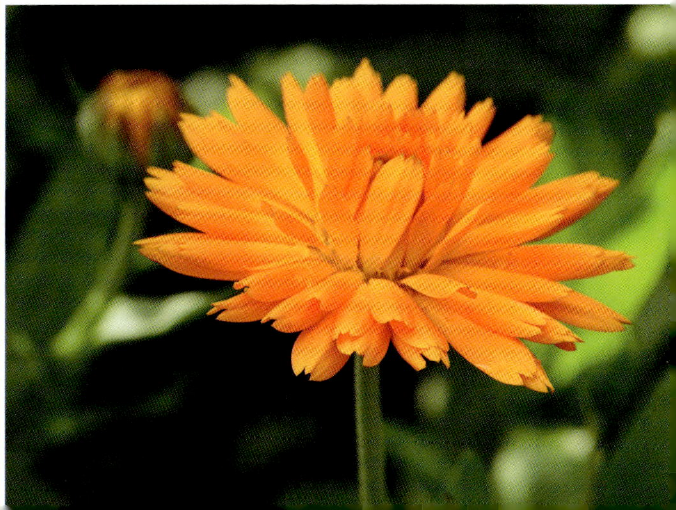

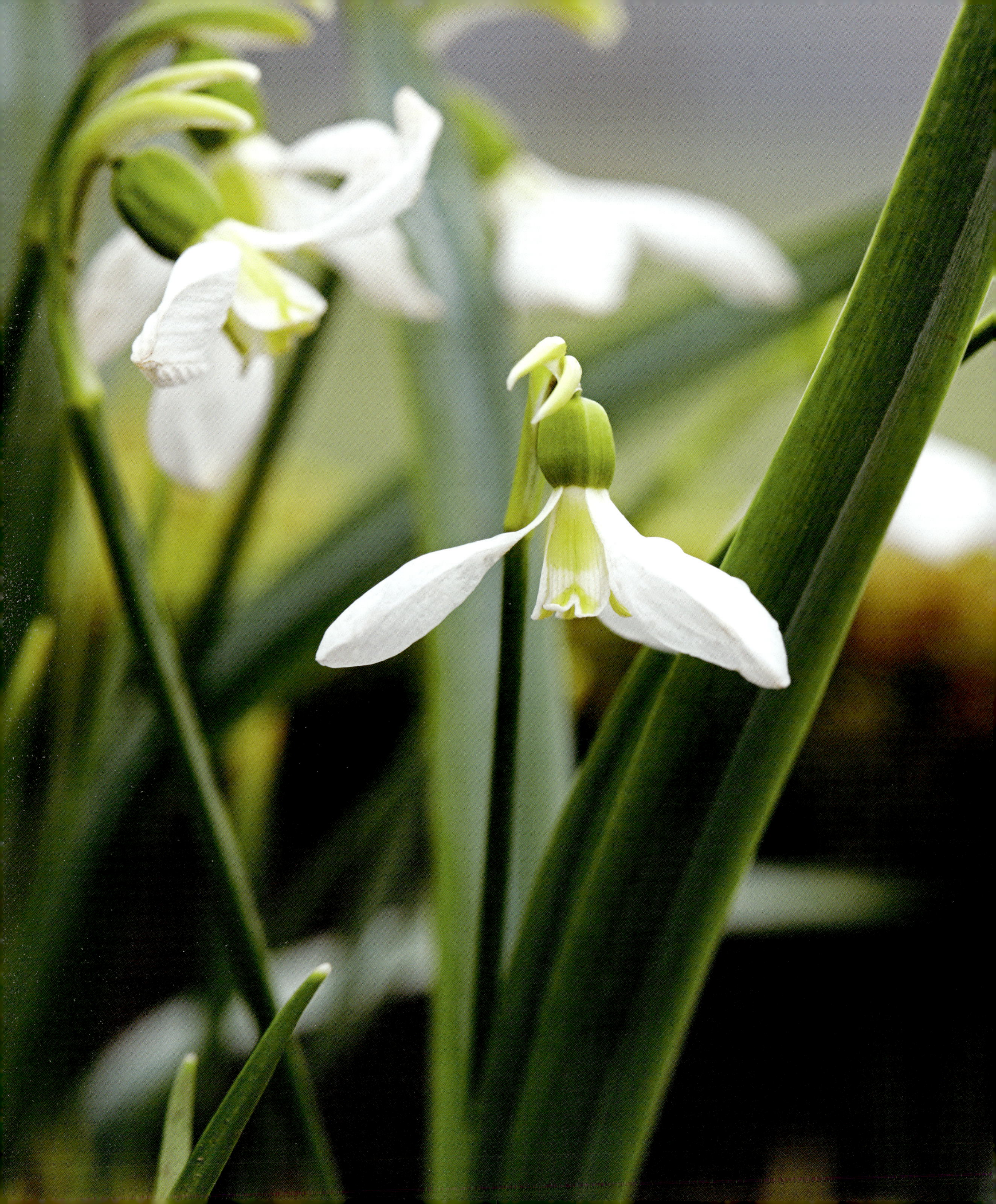

6 Colesbourne Park

Colesbourne

ALS IM FEBRUAR 2012 eine seltene Schneeglöckchenzwiebel bei einer Internetauktion für 890 Euro den Besitzer wechselte, sorgte das englandweit für Schlagzeilen. So erhielten die Zeitungsleser einen Einblick in eine fremde Welt – die der Galanthophilie. Bei den Schneeglöckchensammlern lösen die verschiedenen Sorten von *Galanthus* eine Begeisterung aus, die an Besessenheit grenzt.

Einer der wichtigsten Wallfahrtsorte für Schneeglöckchenliebhaber ist Colesbourne Park, seit 1600 Wohnsitz der Familie Elwes. Derzeit sind Sir Henry Elwes und seine Frau Carolyn für das Anwesen verantwortlich. Colesbourne ist berühmt für die Einführung des köstlich nach Honig duftenden Großblütigen Schneeglöckchens *(G. elwesii)*. Sir Henrys Urgroßvater, Henry John Elwes (1846–1922), entdeckte diese Art 1874 in der Türkei. Heute beherbergt Colesbourne viele Cultivars, die von dieser Pflanze abstammen, etwa *G. elwesii* 'Comet'.

„Meine Frau und ich teilen die Leidenschaft für die Gärten und die Schneeglöckchen. Aber es geht auch darum, das Vermächtnis meines Urgroßvaters zu verwalten", sagt Sir Henry Elwes. Er ist sehr stolz darauf, dass die Zeitschrift *Country Life* Colesbourne als „Englands bedeutendsten Schneeglöckchengarten" bezeichnet hat.

Henry John Elwes interessierte sich auch für Lilien und andere Zwiebelpflanzen. Bäume waren eine weitere große Liebe. Eine Sicheltanne *(Cryptomeria)*, die er laut seinen Aufzeichnungen in Colesbourne „vor dem Eishaus" pflanzte – und die noch heute dort steht –, brachte

LINKE SEITE *Galanthus elwesii* 'Carolyn Elwes', das erste gelb gezeichnete *G.-elwesii*-Cultivar, ist eine der Raritäten von Colesbourne. Eine Zwiebel kostet über hundert Euro.
RECHTS Sir Henry Elwes' Urgroßvater führte *Galanthus elwesii* aus der Türkei in Großbritannien ein.

„Meine Frau und ich teilen die Leidenschaft für die Gärten und die Schneeglöckchen. Aber es geht auch darum, das Vermächtnis meines Urgroßvaters zu verwalten."

SIR HENRY ELWES

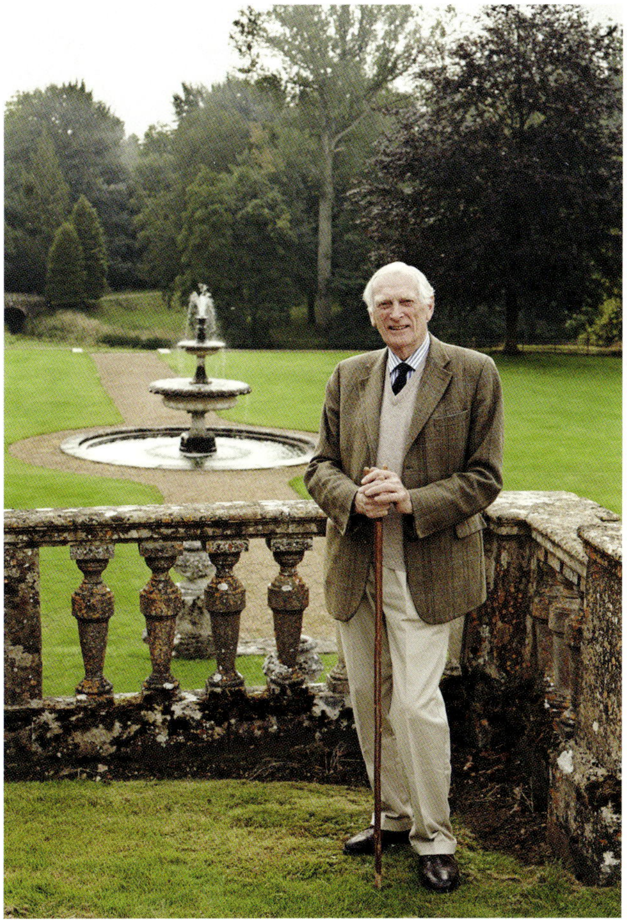

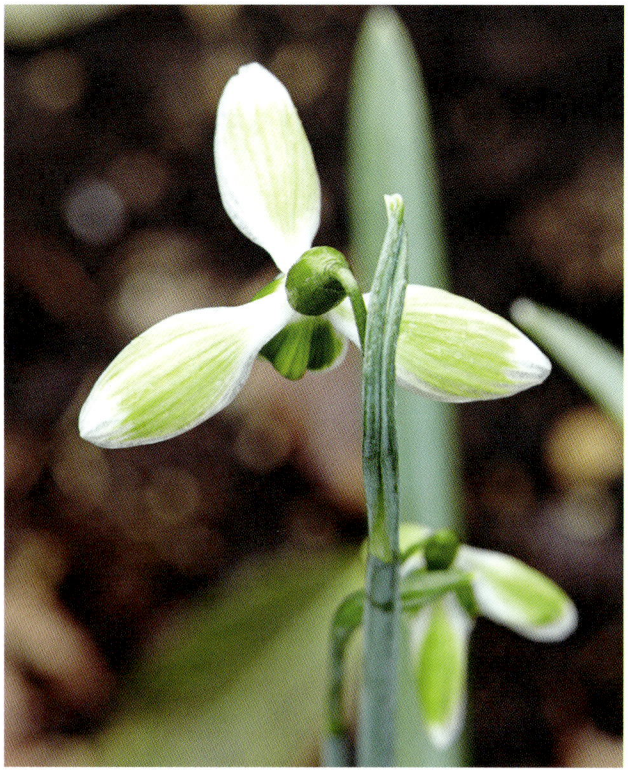

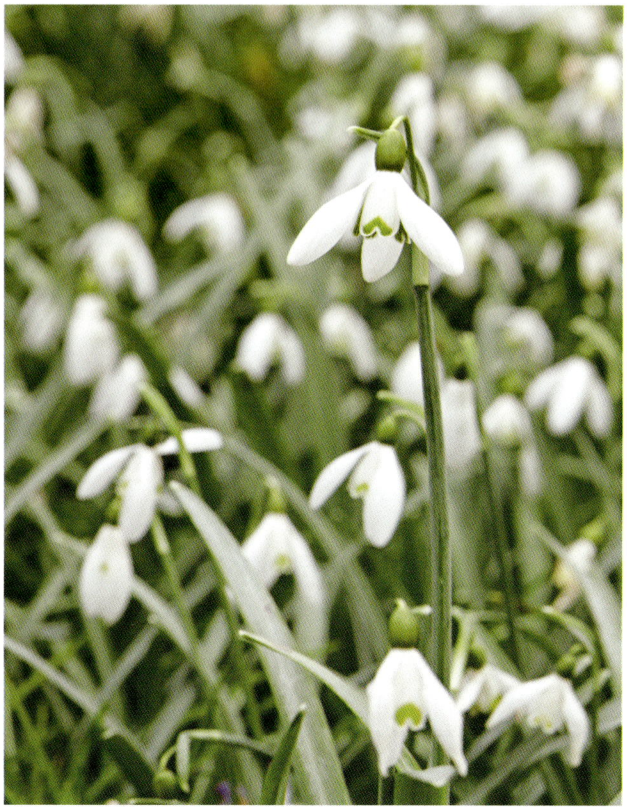

er einst als winzigen Sämling in einer Zigarettenschachtel aus Blech hierher.

Zusammen mit Augustine Henry verfasste Henry John Elwes *The Trees of Great Britain and Ireland*; das 1906 erschienene Buch wird noch immer gedruckt. Die darin aufgeführten Exemplare hat er größtenteils selbst in Augenschein genommen und gelistet, wobei er zwei Automobile verschliss. Kein Wunder, dass er 1897 als einer der Ersten die Victoria-Ehrenmedaille der Royal Horticultural Society erhielt – wie Joseph Hooker, Gertrude Jekyll und andere Berühmtheiten der britischen Gartenbaukunst.

Im Jahr 1914 hatte Henry John in Colesbourne eine bedeutende Pflanzensammlung geschaffen. Zehn Gärtner betreuten 14 Gewächshäuser, von denen jedes ein anderes Klima hatte. Bedauerlicherweise interessierte sich Henrys Sohn nicht im Geringsten für Botanik, und als er das Anwesen erbte, verkaufte er alles – bis auf die Schneeglöckchen, die sich tief in der Erde befanden.

Der jetzige Sir Henry erbte Colesbourne im Jahr 1956. Damals war das Haus, das während des Zweiten Weltkriegs beschlagnahmt worden war, halb verfallen. Sir Henry war 22 Jahre alt und noch auf der Landwirtschaftsschule, daher beschloss er, das alte Gemäuer abzureißen, ein kleineres Haus zu bauen, das sich leichter instand halten ließ, und das Anwesen selbst zu bewirtschaften.

Es war seine Frau Carolyn, die sich als Erste für Schneeglöckchen interessierte. Sie hatte zufällig welche unter einem Brombeerstrauch entdeckt, als in den 1980er-Jahren das Arboretum gerodet wurde. Diese Pflanzen bildeten den Grundstock für den heutigen Bestand. Durch regelmäßiges Teilen und Neuanpflanzen sind es nun rund 350 Cultivars – und der Tauschhandel mit anderen Sammlern setzt eine Tradition fort, die begann, als der schottische Gärtner Samuel Arnott ein paar von seinen Schneeglöckchenhybriden an Sir Henrys Urgroßvater schickte.

Gestohlene Schneeglöckchen

Es gibt zwanzig anerkannte Arten von *Galanthus* und Hunderte Cultivars. *G. panjutinii*, heimisch in Georgien und Russland, wurde erst 2012 von Aaron Davis (Kew Gardens) und dem russischen Botaniker Dmitriy Zubov entdeckt. Sie kommt nur an fünf Standorten vor. Einer davon ist Sotschi. Dort haben die Bauarbeiten für die Olympischen Winterspiele 2014 einen Großteil des Wuchsorts zerstört.

Das Kleine Schneeglöckchen *(G. nivalis)* ist seit Beginn des 16. Jahrhunderts in Großbritannien eingebürgert. Die Hybridisierung, die zu der großen Anzahl von Cultivars führte, fand in den vergangenen zweihundert Jahren statt und ist noch längst nicht abgeschlossen. Colesbourne glänzt beispielsweise mit *G.* 'S. Arnott', einer Kreuzung aus *G. nivalis* und *G. plicatus*.

Das allererste gelb gezeichnete Cultivar von *G. elwesii*, passenderweise 'Carolyn Elwes' benannt, ist eine heiß begehrte Rarität: Eine Zwiebel kostet über hundert Euro. 1997, als Colesbourne erstmals anlässlich eines Schneeglöckchentags öffentlich zugänglich war, wurde das ursprüngliche Büschel gestohlen und trotz landesweiter Berichterstattung nie gefunden.

Wenn Colesbourne in seiner Hochsaison, dem späten Winter, seine Tore öffnet, kann man Seltenheiten wie *G. elwesii* 'Green Tear' kaufen. Aber Achtung: Eine einzige Zwiebel dieses Cultivars wurde im Jahr 2011 für stattliche 440 Euro ersteigert. Nun ist es – zum Glück für den Hobbygärtner – nicht so, dass ein seltenes Schneeglöckchen notwendigerweise ein besseres wäre.

Im September 2012 trat Chris Horsfall die Nachfolge des britischen Schneeglöckchenexperten Dr. John Grimshaw als Chefgärtner von Colesbourne an. Er weist darauf hin, dass die Raritäten oft aus einem besonderen Grund selten sind: Sie brauchen viel mehr Pflege, und ihre Schönheit liegt, trotz ihrer hohen Preise, nur im Auge des Betrachters. Wenn man Schneeglöckchen im eigenen Garten ansiedeln will, sollte man lieber ein Cultivar wählen, das mit dem Award of Garden Merit (AGM) der Royal Horticultural Society ausgezeichnet ist. Außerdem sollte man darauf achten, dass die Sorten zueinanderpassen. Das blaugrünblättrige Kleine Schneeglöckchen etwa lässt sich sehr schön mit *G. plicatus* 'Colossus' ergänzen, das zartgrünes Laub hat. Ebenfalls empfehlenswert ist *G. elwesii* 'Comet', denn bei dieser Sorte „stimmt das Verhältnis von Blättern zu Blüten". Bei manchen Cultivars ist das Laub so blaugrün, dass es sich schlecht mit anderen Pflanzen kombinieren lässt.

In den vergangenen zwanzig Jahren ist man dazu übergegangen, Schneeglöckchen nicht im Herbst einzusetzen, sondern wenn sie im Laub stehen, also im Winter oder gegen Ende des Winters. Angeblich wachsen sie dann besser an. Dazu bemerkt Horsfall:

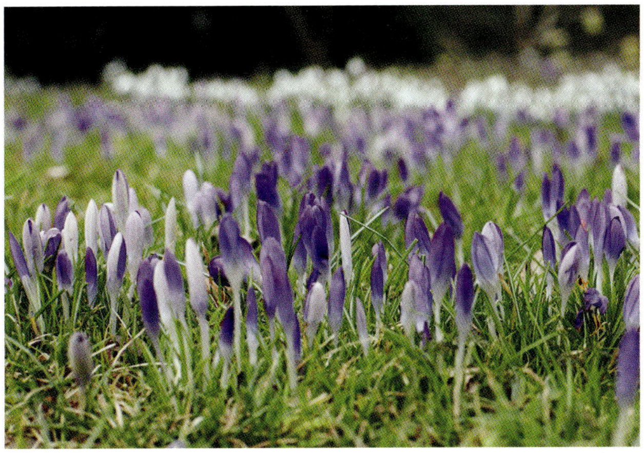

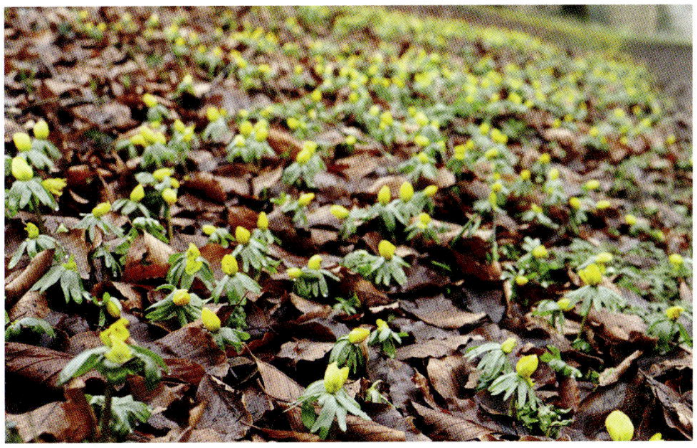

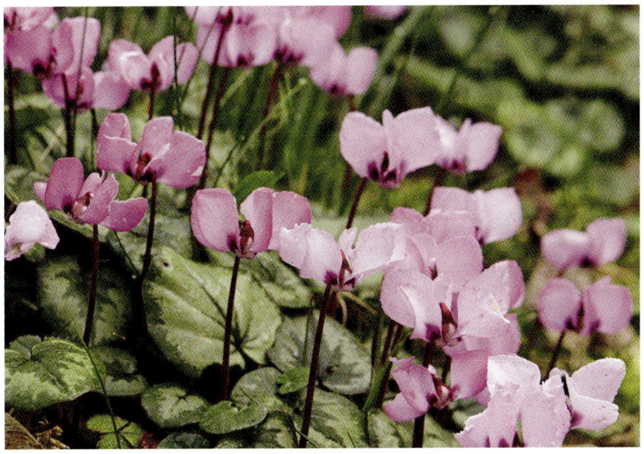

LINKE SEITE OBEN *Galanthus elwesii* 'Green Tear' hat grüne, tränenförmige Flecken an den Blütenblättern.
LINKE SEITE UNTEN *Galanthus nivalis* wächst in Großbritannien wild in Wäldern oder am Straßenrand.
OBEN Weitere Frühblüher in Colesbourne: Krokusse, Winterlinge *(Eranthis hyemalis)* und Alpenveilchen *(Cyclamen coum)*.

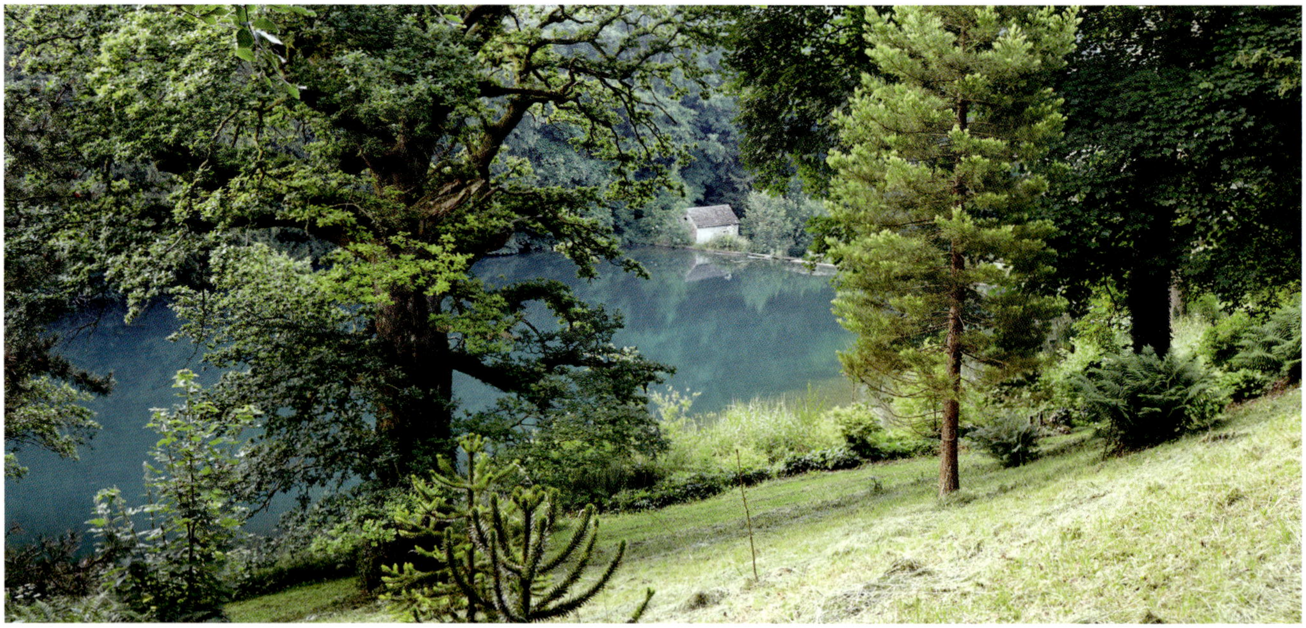

OBEN Der türkisfarbene See erhält seine Farbe durch Schwebeteilchen.
RECHTE SEITE Im Hochsommer, wenn die Schneeglöckchen verschwunden sind, haben Prächtige Türkenbund-Lilien, Kornblumen und Etagen-Primeln ihren großen Auftritt.

„Der Trend geht stark dahin zurück, die Schneeglöckchen einzusetzen, wenn sie ruhen. Es funktioniert auch, wenn sie im Laub sind, aber das heißt nicht, dass diese Methode grundsätzlich besser ist. Wenn ein trockenes Frühjahr folgt, werden die Pflanzen leiden. Die meisten Pflanzen bevorzugen es, wenn man sie während ihrer Ruhephase umsetzt. Das Problem ist, dass viele Zwiebeln importiert werden und man nur ein Zeitfenster von sechs bis acht Wochen hat, um sie während der Ruhephase zu pflanzen. Wenn sie zu lange im Regal gelegen haben oder auf dem Weg hierher zu sehr ausgetrocknet sind, dann wachsen sie nicht an. So sind die Zwiebeln in Verruf gekommen."

Der türkisblaue See

Horsfall würde Colesbourne gern so umgestalten, dass der Garten rund ums Jahr etwas bietet, aber eine derart bedeutende *Galanthus*-Sammlung verlangt, dass die übrige Bepflanzung gut durchdacht sein will. Während der Schneeglöckchensaison bilden die magentafarbenen Blüten von Alpenveilchen *(Cyclamen coum* und *C. hederifolium)* genau wie die feurigen Farben der Hartriegelzweige *(Cornus)* einen lebendigen Kontrast zu dem türkisblauen See. Neben den Schneeglöckchen gibt es auch Krokusse und Christrosen, und zu Beginn des Frühjahrs folgen Narzissen sowie Schachblumen.

Was macht der Chefgärtner eines Schneeglöckchengartens den Rest des Jahres? „Man legt nicht unbedingt die Füße hoch", sagt Horsfall. „Sobald die Schneeglöckchen im zeitigen Frühjahr abgeblüht sind, fangen sie an zu wachsen, bis in den frühen Hochsommer. Im späten Frühjahr und im Spätsommer kann es mal ruhiger sein, aber den Rest des Jahres haben wir gut zu tun."

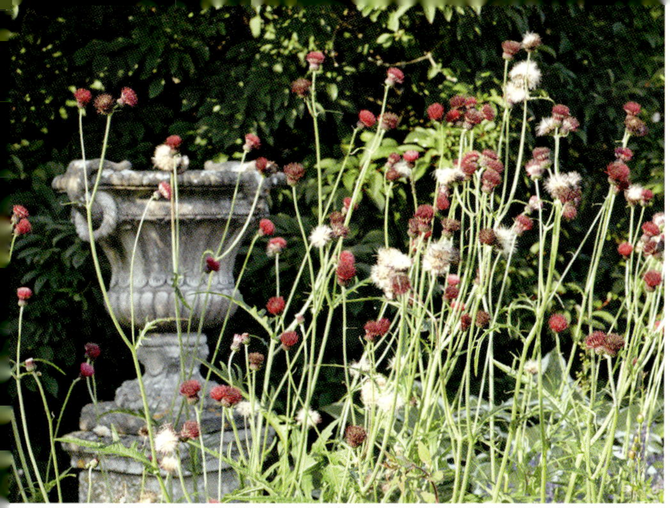
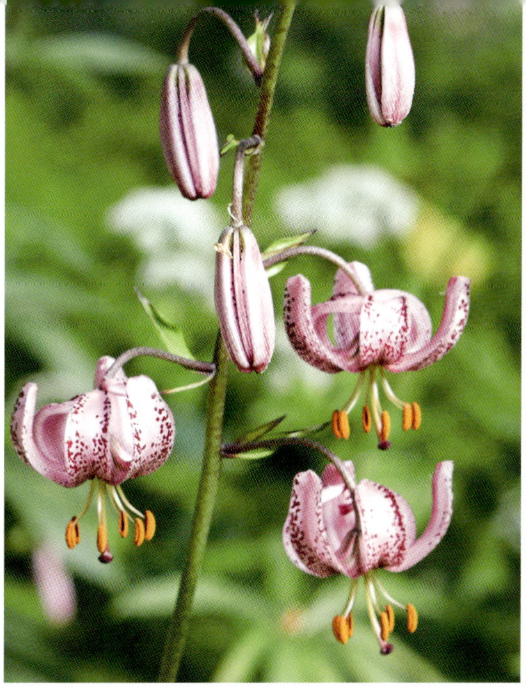
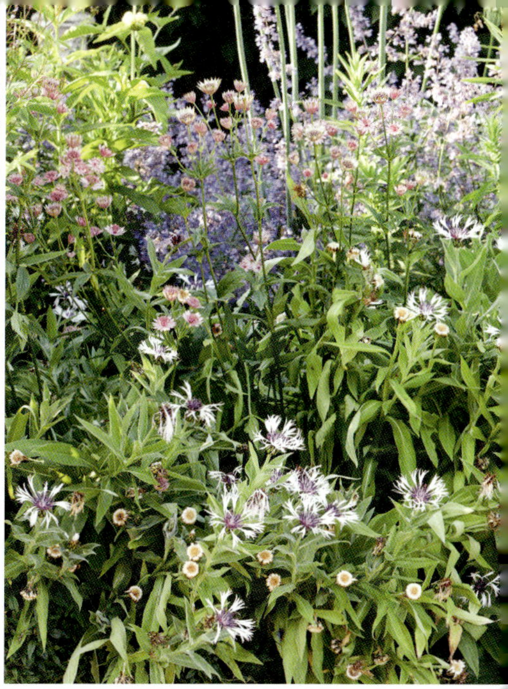
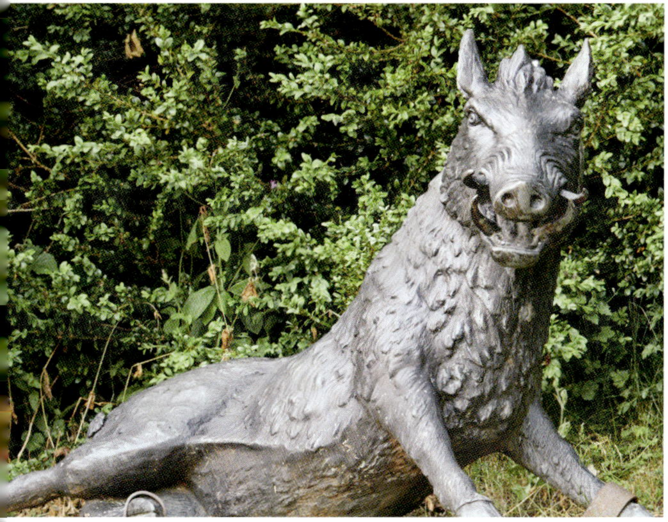
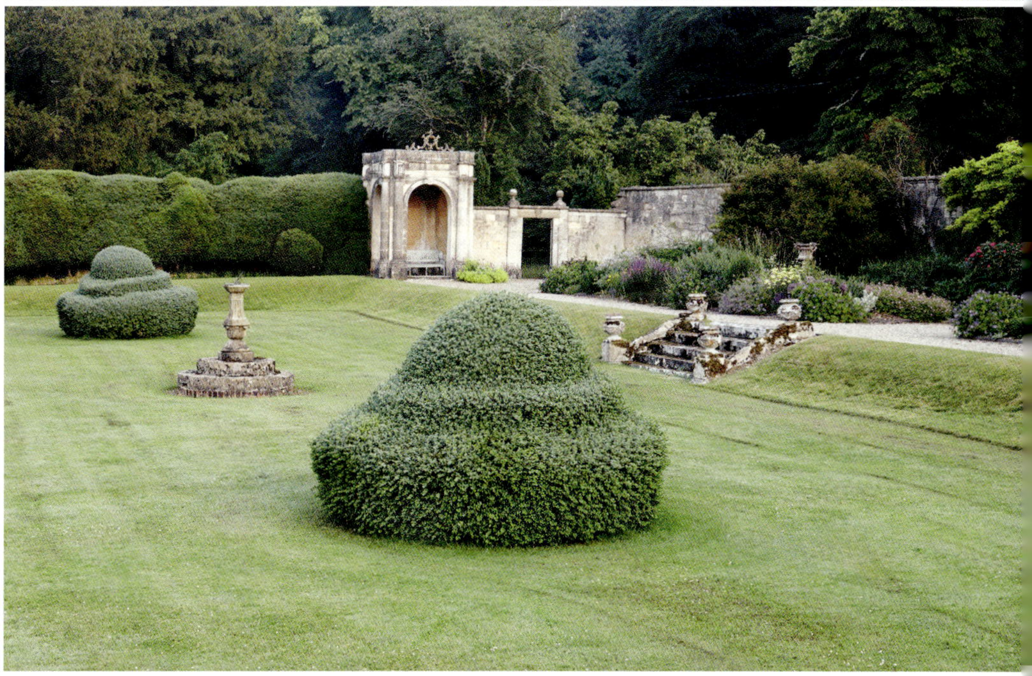
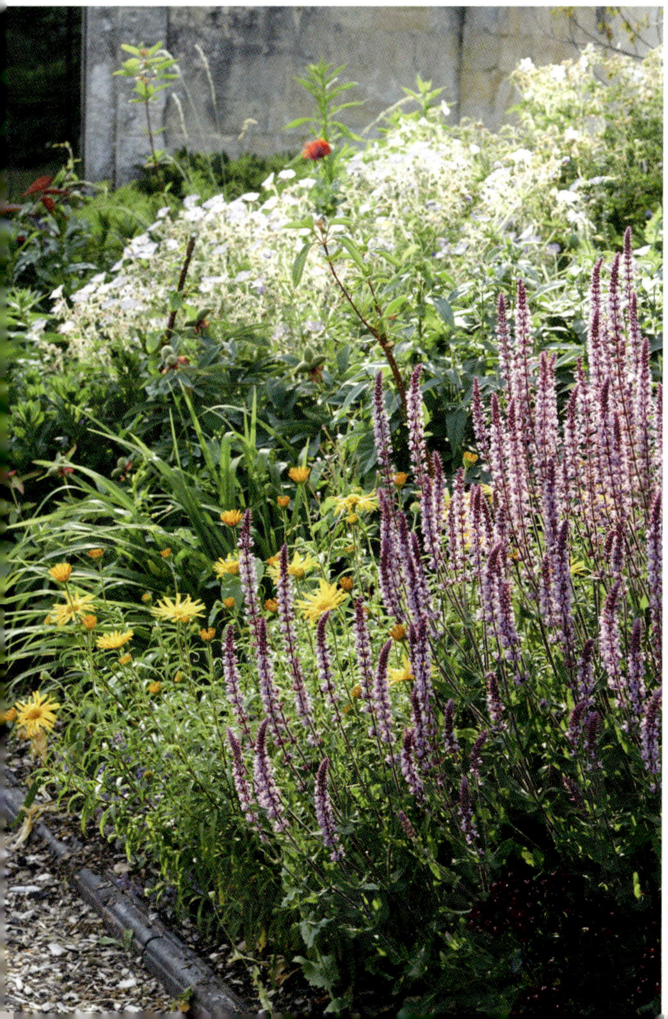
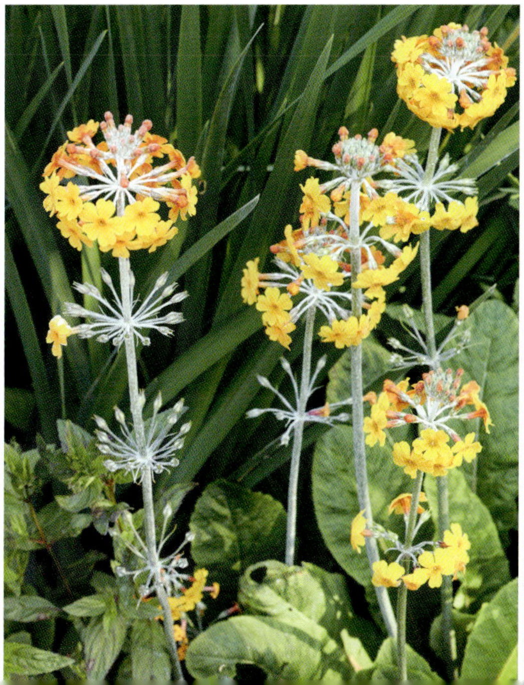
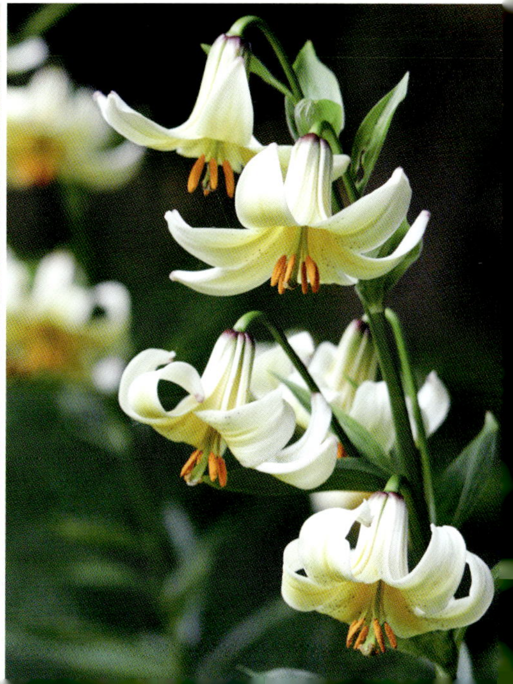

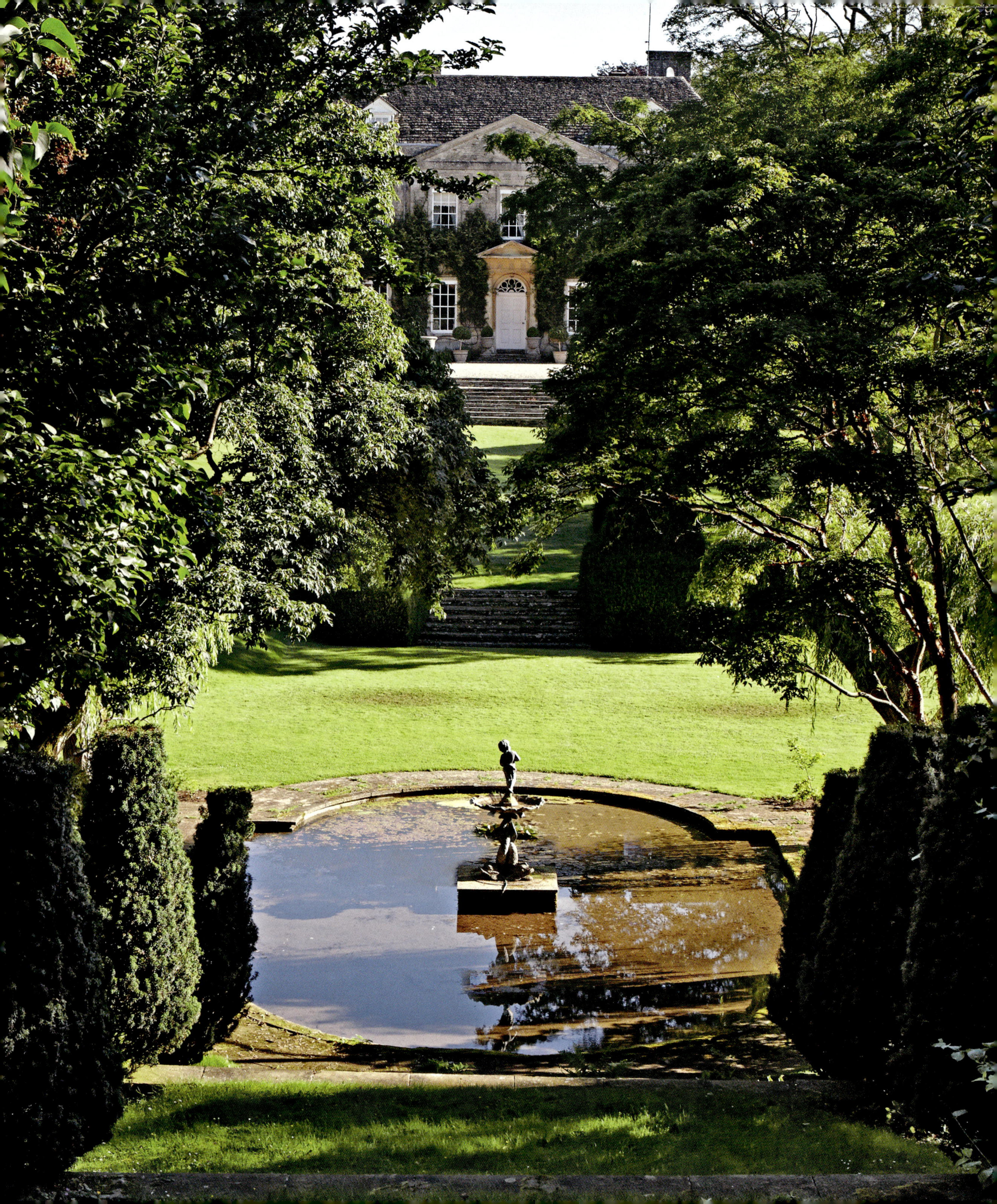

7
Cornwell Manor
Cornwell, Chipping Norton

DAS DORF PORTMEIRION in Nordwales ist ein beliebtes Ziel für Touristen. Der britische Architekt Clough Williams-Ellis hat es nach dem Vorbild malerischer Städtchen wie Portofino an der italienischen Riviera entworfen. Cornwell im Westen der Grafschaft Oxford ist indes ein ruhiges Dörfchen vier Kilometer von Chipping Norton entfernt. Obsthaine trennen hübsche Cottages vom Herrenhaus, und der Fluss, der das Dorf durchfließt, ist dort, wo er den Herrenhausgarten erreicht, zu einem formalen Kanal gebändigt. Auch dies ist ein Werk von Williams-Ellis. Hier herrscht die Atmosphäre eines Landguts, wo nichts zu hören ist außer dem Klipp-Klapp der Pferdehufe oder dem Ruf eines Fasans.

Das Herrenhaus von Cornwell ist jakobinischen Ursprungs, aber die Fassade stammt aus dem 18. Jahrhundert. 1939 hat es ein junges Paar gekauft. Anthony Gillson kam aus einer britischen Soldatenfamilie, Mrs Gillson, geborene Priscilla Ogden Dickerson, war eine amerikanische Erbin: Ihr Großvater war der Anwalt von Samuel Colt und hatte dessen Patent auf den Colt-Revolver gegen konkurrierende Hersteller verteidigt. Sie war nicht nur entsetzt über den Zustand des Hauses, sondern auch über den der Cottages ringsum. Von der Straße aus war das Haus nicht zu sehen, weil hohe Bäume es verbargen, und viele der Menschen, die auf dem Anwesen arbeiteten, lebten in Unterkünften ohne sanitäre Einrichtungen.

Priscilla Gillson beauftragte Williams-Ellis damit, vor dem Herrenhaus einen formalen Garten anzulegen und sich der Cottages anzunehmen, die komplett modernisiert wurden. Am Herrenhaus kanalisierte Williams-Ellis den Fluss, einen Nebenarm des Evenlode, und schuf einen formalen Teich. Treppen führen vom Haus hinab dorthin und jenseits des Teichs zu den schmiedeeisernen Toren hinauf. Im Dorf ersetzte Williams-Ellis die kleinen jakobinischen Fenster durch georgianische. So kam der ehemalige Dorfladen zu einem Erkerfenster im georgianischen Stil.

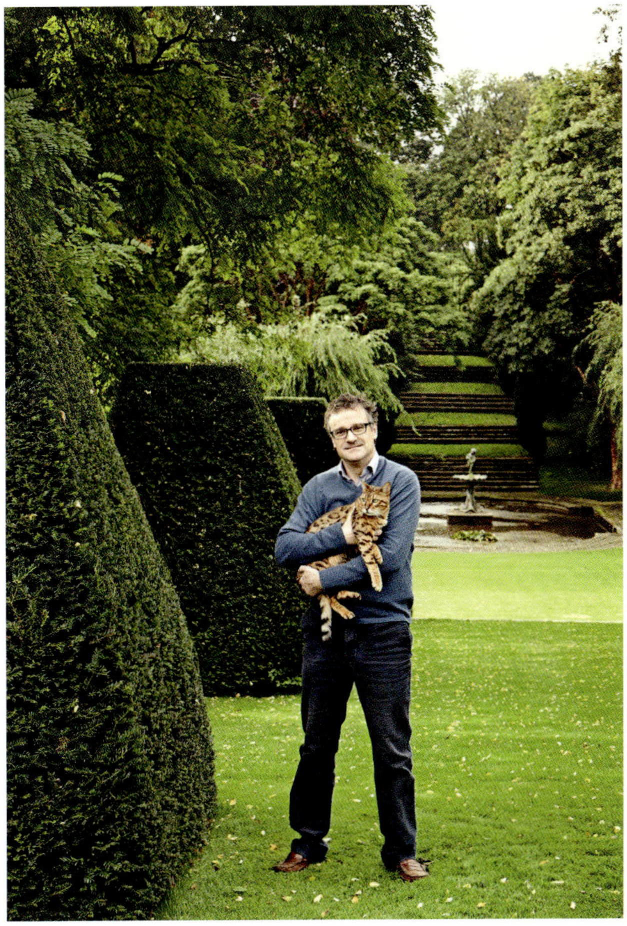

LINKE SEITE Formschnitteiben säumen die Treppen, die vom Haus zum formalen Teich hinab- und zum Haupttor hinaufführen. RECHTS Alexander Ward, der Besitzer des Anwesens, posiert mit seiner Bengalkatze. Seine Eltern kauften Cornwell Manor 1962.

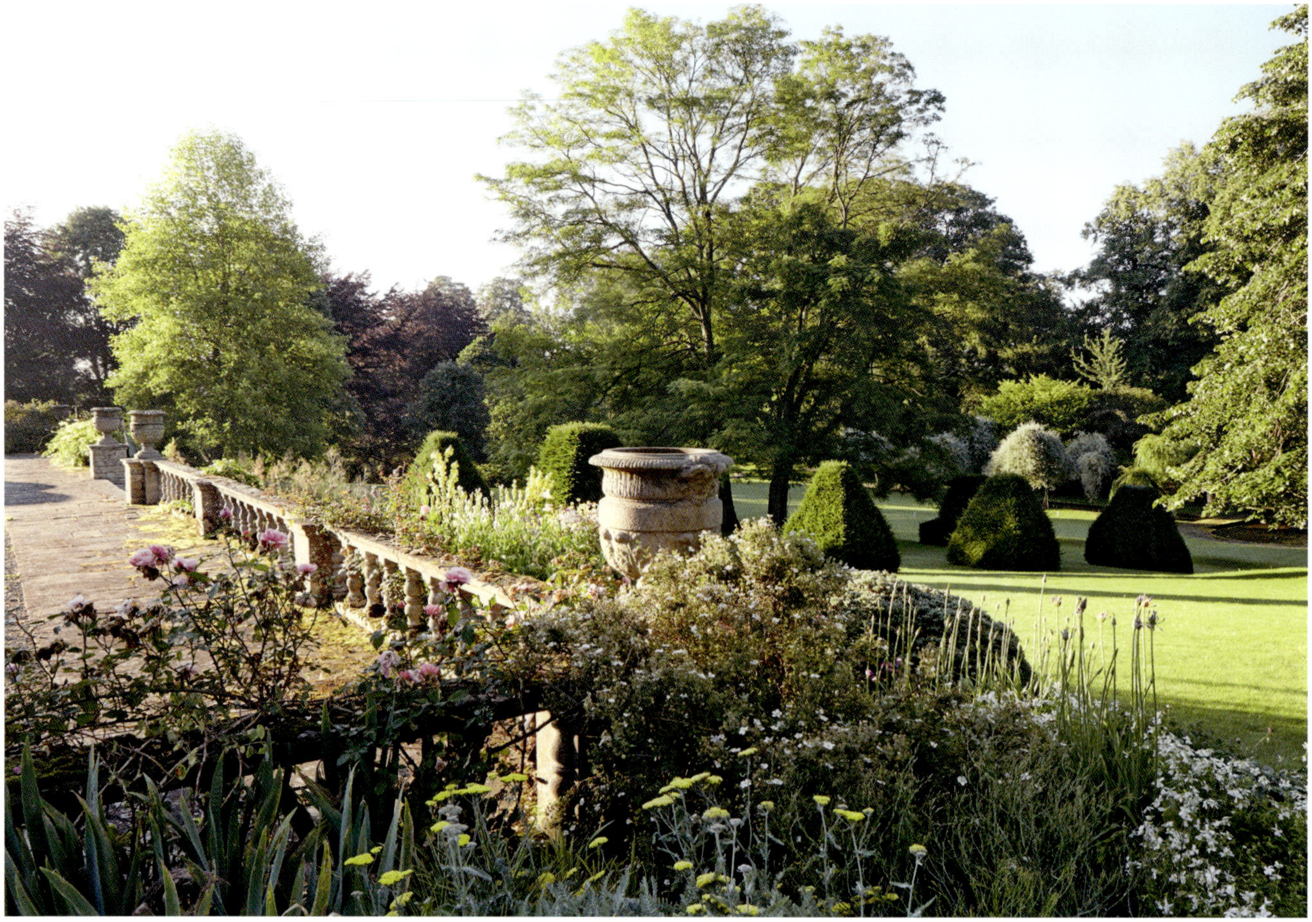

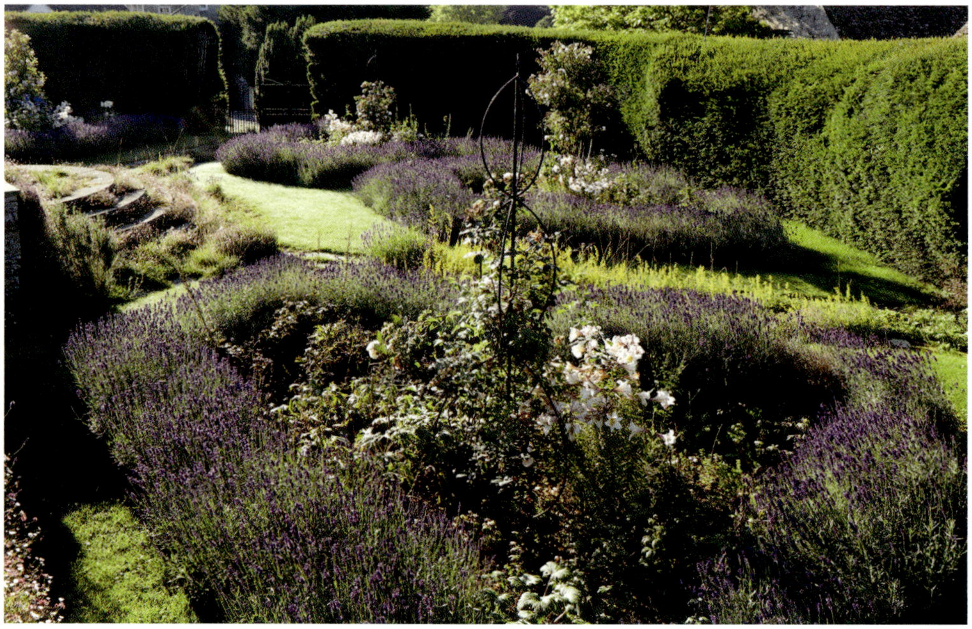

OBEN Die formalen Gärten am Haus und an der Terrasse gestaltete Claire Ward.
RECHTS Lavendelhecken rahmen die Rosenbeete im sonnigen Teichgarten.
RECHTE SEITE Die Skulptur „The Fiddler" bildet den Mittelpunkt eines mit Buchsbaum, Pfingstrosen und Portugiesischen Lorbeerkirschen bepflanzten Parterres. Dahinter sieht man den Frühlingsgarten und die mächtige Buche (oben rechts im Bild), die zweihundert Jahre alt sein soll.

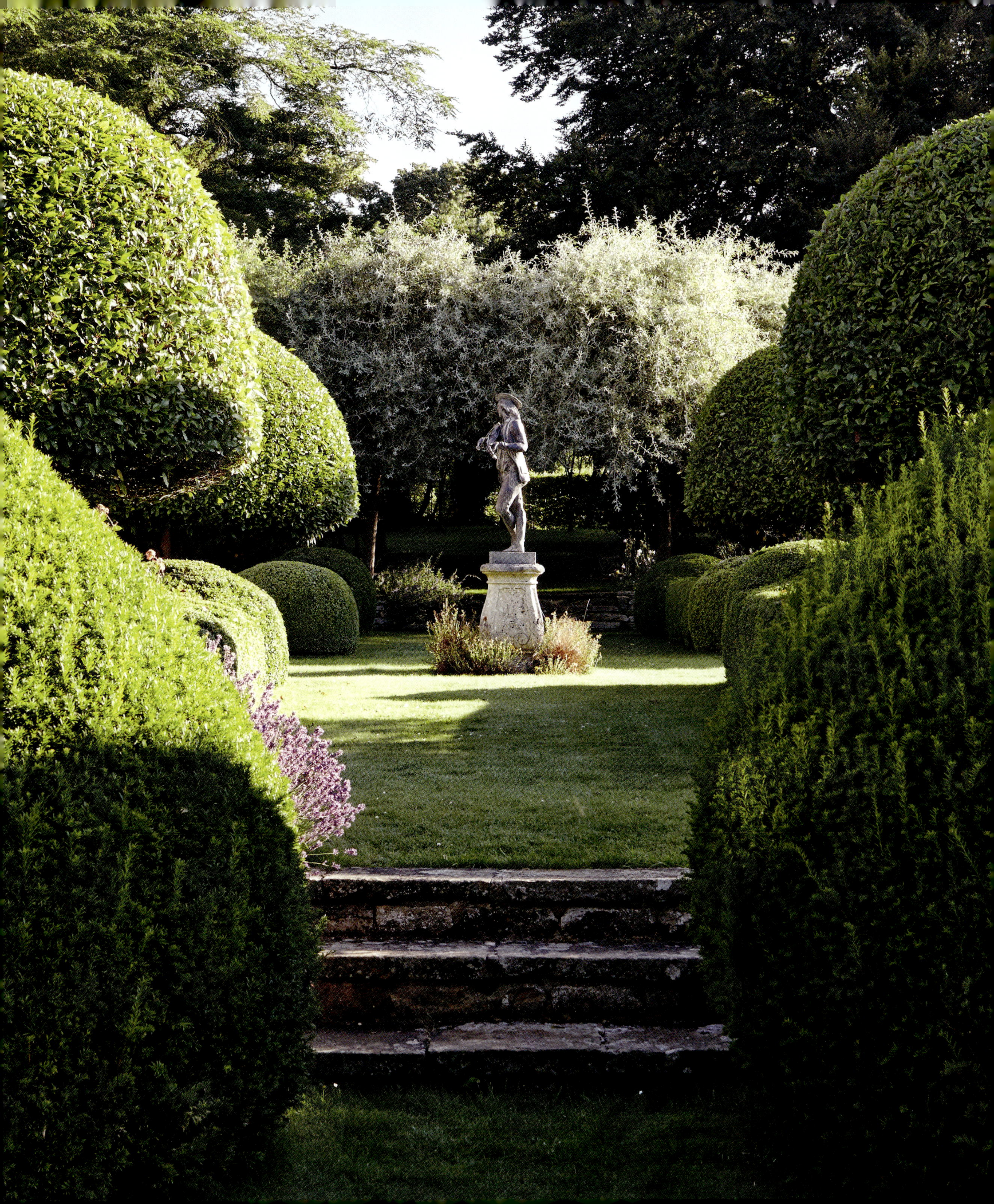

Pevsner bezeichnete Clough Williams-Ellis' Gestaltung abfällig als kulissenhaft, doch er musste schließlich nicht in einem Cottage ohne Strom und fließend Wasser leben.

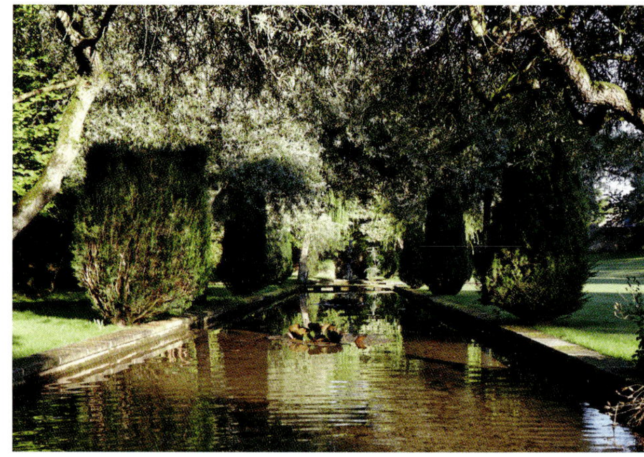

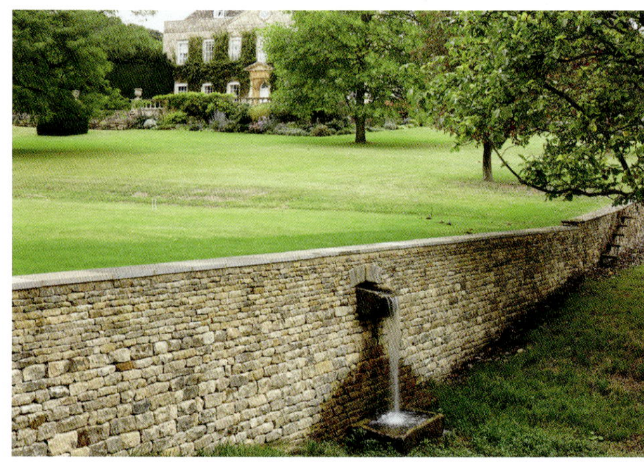

Die Dorfschule bekam einen Glockenturm, und der Fluss, der ungezähmt mitten durchs Dorf floss, wurde auch hier kanalisiert. Hier ist die Gestaltung nicht ins Fantastische übersteigert wie in Portmeirion, aber Williams-Ellis' Handschrift ist dennoch unverkennbar: eine schmiedeeiserne Veranda hier, ein exzentrisches rundes Fenster dort. Sir Nikolaus Pevsner bezeichnete Williams-Ellis' Gestaltung in *The Buildings of England* abfällig als „ziemlich kulissenhaft", doch das schreibt sich leicht, wenn man nicht in einem Cottage ohne Strom und fließend Wasser leben muss.

Im Zweiten Weltkrieg gestattete Priscilla Gillson der Frauenabteilung der britischen Armee, Cornwell als Erholungsheim zu nutzen; sie selbst fuhr in London Rettungswagen während des Blitzkriegs. Ihr Mann fiel 1944 mit nur 35 Jahren in Birma, und sie kehrte nie in die Cotswolds zurück. 1962 erwarben Peter Ward und seine Frau Claire das Haus. Heute gehört es ihrem Sohn Alexander.

Magnolienduft

Claire Ward war eine leidenschaftliche Gärtnerin. Sie schuf die formalen Terrassen am Haus. Die oberste ist der Frühlingsgarten, den eine mächtige Buche *(Fagus)* beherrscht. Sie soll zweihundert Jahre alt sein und breitet ihre Äste über den Graben, einen sogenannten Ha-Ha, und die angrenzende Wiese aus. Unter den Bäumen wachsen früh blühende Zwiebelpflanzen wie Blaustern, Schneeglanz und Narzissen.

Die zweite Terrasse, an der Ostseite des Hauses, ist ein formales Parterre. Sie ziert eine Statue, die den Spitznamen „The Fiddler" trägt. Hochstämmige Portugiesische Lorbeer kirschen *(Prunus lusitanica)* überragen von Buchshecken umgebene Beete mit Pfingstrosen. Die Hauptterrasse ist mit einer gemischten Strauch- und Staudenrabatte, üppig bepflanzt mit Lavendel, Rosen und Storchschnabel, weniger formal gestaltet.

Alex Ward sagt, das Lob für den Garten gebühre allein seiner Mutter, doch offensichtlich verfügt auch er selbst über gestalterisches Talent. So hat er etwa einige Manierismen des ursprünglichen Williams-Ellis-Entwurfs beseitigt: Er hat den vom Wesentlichen ablenkenden (und heute völlig unmodernen) Steingarten am Teich entfernt und den Ha-Ha zu einem trocken gemauerten Damm erhöht. Aus einer in die Mauer eingelassenen Rinne fällt das Wasser in den Fluss, der sich nun wieder frei durch die Wiese jenseits des Gartens schlängeln darf. Es ist eine zeitgemäße Version von Williams-Ellis' Wasserbaukunst.

Neben der Kaskade zieht ein Prachtexemplar der in Japan beheimateten *Magnolia obovata* mit ihren riesigen Blättern und großen cremefarbenen, stark duftenden Blüten den Blick auf sich. Entlang des Kanals stehen Weiden-Birnen (*Pyrus salicifolia* 'Pendula'), und der zentrale Teich ist von Trauer-Weiden *(Salix babylonica)*

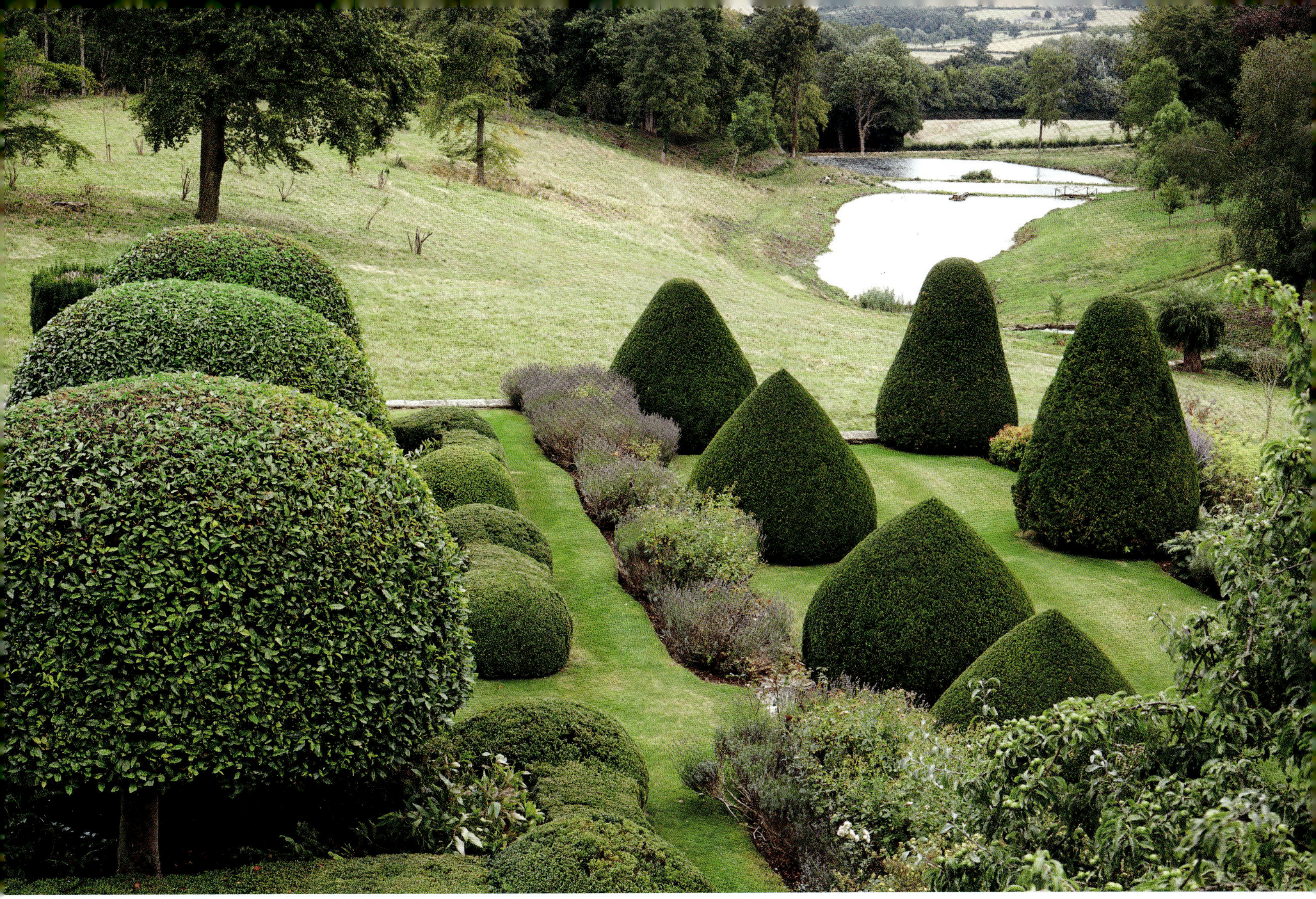

umgeben. Sie sind kräftig gekappt, damit sie nicht mehr Raum einnehmen, als ihnen zugedacht ist. Cornwell Manor hat zudem einen großen ummauerten Küchengarten vorzuweisen, aber da hier auf dem Anwesen nur zwei Gärtner beschäftigt sind, hat man einen Teil davon Gras und Obstbäumen überlassen.

Stuart Macdonald, seit 35 Jahren Gärtner in Cornwell Manor, erinnert sich, dass es zu der Zeit seines Vorgängers, David Hatchett, zehn bis zwölf Gärtner gab. Heutzutage haben er und sein Kollege Alan Webb mit Schneiden und Graben rund um die Uhr volles Programm, aber man spürt, dass sie sich auf diesem Anwesen mit Leib und Seele als Teil der Familie fühlen.

Das Haus selbst ist in erster Linie ein Familienwohnsitz. Alex Ward erinnert sich an ein Weihnachtsfest, an dem ein paar Cousins und Cousinen zu Besuch waren und die Kinder Pfeil und Bogen geschenkt bekamen. Prompt wiesen einige der durchaus wertvollen Gemälde Einschusslöcher auf.

Seine elegante georgianische Fassade hat dem Haus 2006 einen kleinen Gastauftritt in der romantischen Komödie *Liebe braucht keine Ferien* mit Cameron Diaz und Jude Law beschert. Was würde Priscilla Gillson wohl denken, wenn sie wüsste, dass sich ihr Herrenhaus, das einst ein hässliches Entlein war, zu einem Filmstar-Schwan gemausert hat?

LINKE SEITE OBEN Clough Williams-Ellis kanalisierte den Fluss, der durch das Dorf strömte. Er ist ein Nebenarm des Evenlode.
LINKE SEITE UNTEN Alexander Ward erhöhte den Ha-Ha zu einer Trockenmauer und ergänzte einen Abfluss, sodass sich das Wasser über das ganze Gelände verteilen kann.
OBEN Jenseits des Ha-Ha wird Clough Williams-Ellis' formaler Kanal zu einem breiten Fluss, während die Topiari der formalen Terrassen Wiesen und Wäldern weicht.

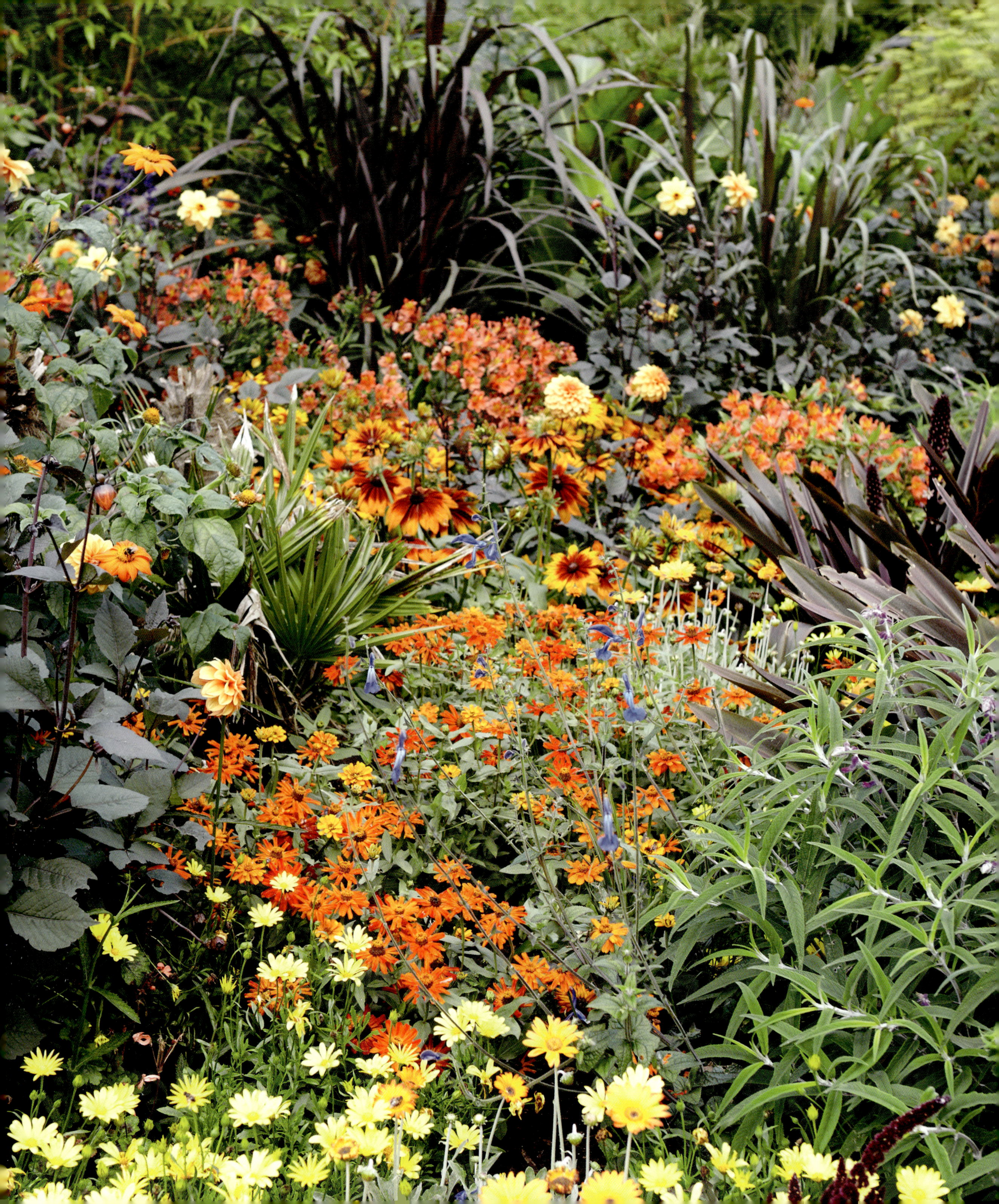

8

Cotswold Wildlife Park

Bradwell Grove, Burford

EIN NASHORN SIEHT MAN nicht allzu oft in einem Cotswolds-Garten. In den Grafschaften Gloucester und Oxford zerbricht man sich kaum den Kopf darüber, wie eine Bepflanzung aussehen müsste, die vor dem Appetit von Lemuren sicher ist, und die hiesigen Gartenbauarchitekten sind es eher gewohnt, Buchsparterres anzulegen als eine ostafrikanische Landschaft. Daher suchten John Heyworth und sein Sohn Reggie, die Besitzer des Cotswold Wildlife Parks, nach einem Chefgärtner, der nicht nur Erfahrung mit exotischen Pflanzen hatte, sondern auch mit Zooarchitektur. Sie fanden Tim Miles – er war ehemals verantwortlich für The Lost Gardens of Heligan und den Londoner Zoo.

Exotische Gärten machen einfach Spaß. Die riesigen, paddelähnlichen Blätter der winterharten Bananen *(Musa)* haben etwas Prahlerisches, genau wie die reptilienartige Struktur des Mammutblattlaubs und die grotesken Blumenrohrblüten, die sich wie frivole Tänzerinnen an der Spitze von anderthalb Meter hohen Stängeln zur Schau stellen. Im Cotswold Wildlife Park sind große Blätter mit den tropischen Farben von Dahlien, Montbretien und Taglilien kombiniert, und der gute Geschmack – der natürliche Feind von Fantasie und Einfallsreichtum – tritt höflich beiseite, um schließlich dem „Wow!"-Effekt Platz zu machen.

Im Park gibt es aber auch formale, traditionell englische Gärten mit Buchshecken und Clematis. Sie liegen

LINKE SEITE Die dunklen Blätter des Neuseelandflachs (*Phormium* 'Platt's Black') und der Dahlien bringen die Orange- und Gelbtöne der Zinnien, Inkalilien und des Sonnenhuts (*Rudbeckia hirta* 'Cappuccino') zum Leuchten.
RECHTS Reggie Heyworth studierte Geschichte in Oxford. Seit 1995 half er seinem Vater bei der Leitung des Zoos.

In dem exotischen Garten sind große Blätter mit tropischen Farben kombiniert, und der gute Geschmack – der natürliche Feind von Fantasie und Einfallsreichtum – tritt höflich beiseite, um dem „Wow!"-Effekt Platz zu machen.

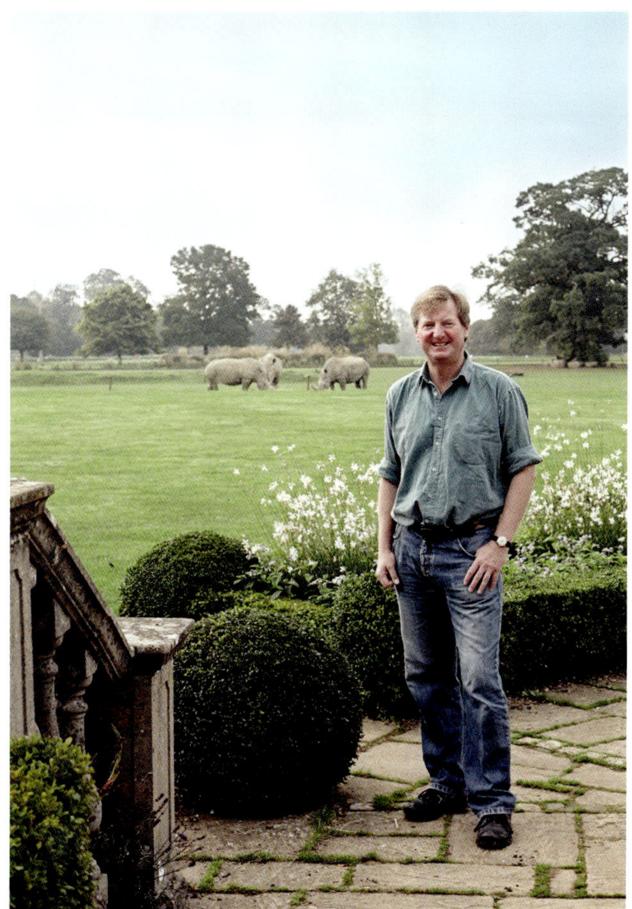

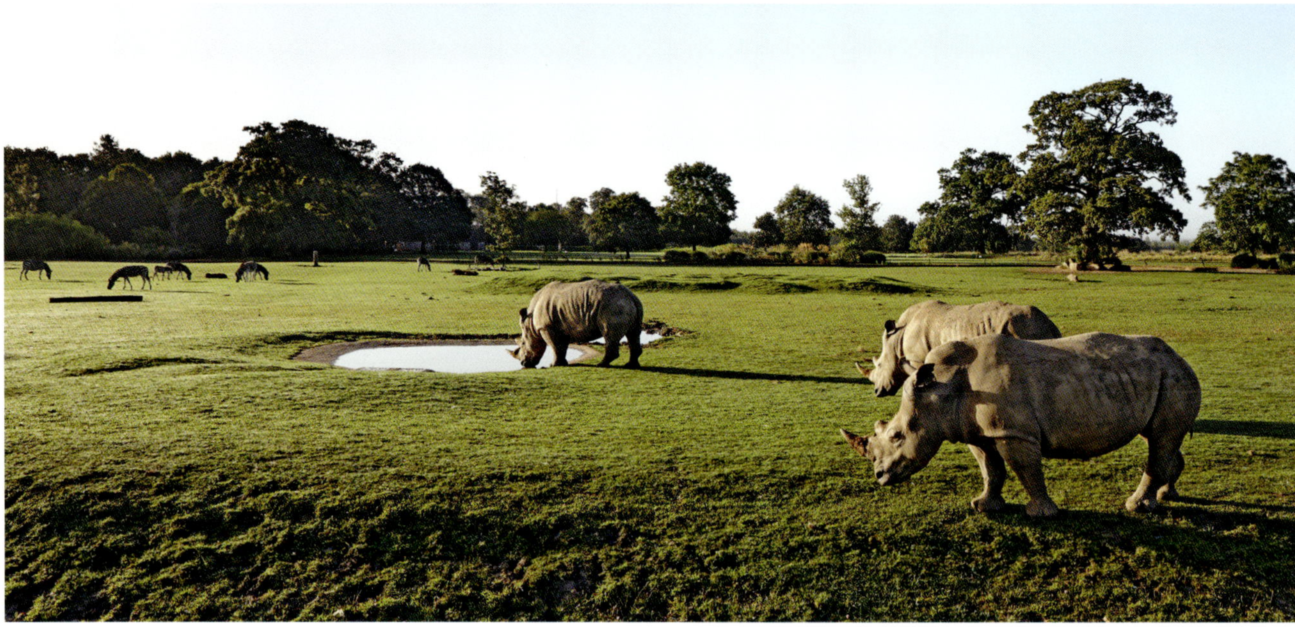

dicht an Bradwell Grove, dem Herrenhaus in der Mitte des Anwesens. Es wurde 1804 im gotischen Strawberry-Hill-Stil gebaut und ist üppig mit Zinnen und Türmchen bestückt. Da es kein sehr großes Haus ist, wirkt das eher verspielt als pompös.

Nashörner und Zebras

John Heyworth interessierte sich schon immer für wilde Tiere. Als Junge hielt er Ringelnattern, und als er zu Beginn des Zweiten Weltkriegs in Eton war, hatte er einen Käfig mit Wellensittichen sowie ein paar Reptilien in seinem Zimmer. Er bat sogar die britische Pilzgesellschaft um Tipps, wie er unter seinem Bett Pilze züchten könne. Leider ist nicht überliefert, was der Hausmeister zu diesen Hobbys sagte.

Nachdem sein Vater 1941 gefallen war, trat John 1943 selbst in die Armee ein und hatte Einsätze in Dänemark und Deutschland. 1948, kurz nach seiner Entlassung aus dem Kriegsdienst, starb sein Großvater, und John, der lediglich einen Fernkurs in Landwirtschaft absolviert hatte, musste sich nun um ein mehr als 1200 Hektar großes Anwesen kümmern. Extrem hohe Erbschaftssteuern zwangen ihn, Bradwell Grove zwanzig Jahre lang an das Gesundheitsamt zu vermieten – der Garten verwilderte, das Haus verfiel.

Als sie 1968 das Anwesen wieder übernahmen, wollten John und seine Frau Susan es unbedingt restaurieren, und sie beschlossen, nach dem Vorbild von Woburn und Longleat einen Safari-Park anzulegen. Doch anders als in Woburn und Longleat sollten die Besucher des Cotswold Wildlife Park im Park umherspazieren und so dichter an die Tiere herankommen können.

John und Susan eröffneten den Cotswold Wildlife Park zu Ostern 1970 mit vierzig Tierarten, darunter Kängurus und Flamingos. Heute gibt es auch Löwen, Giraffen, Nashörner und Zebras, und es soll sich um den größten Privatzoo Großbritanniens handeln.

Im Dezember 2012 starb John Heyworth nach langer Krankheit. Sein Sohn Reggie hatte in Tansania Safaris geführt, bevor er 1995 begann, seinen Vater bei der Leitung des Zoos zu unterstützen. „Ich war acht, als es anfing", sagt er, „und da ich mit *Daktari* und *Frei geboren* aufgewachsen bin und immer von Tieren umgeben war, habe ich die Leidenschaft meines Vaters geerbt. Meine Eltern

OBEN Friedlich weidende Nashörner mitten in einem Cotswolds-Idyll – ein ungewöhnlicher Anblick.
RECHTE SEITE Jedes Gehege ist den Bedürfnissen seiner Bewohner angepasst, seien es nun Pinguine, Erdmännchen oder Trampeltiere. Überall herrscht eine entspannte Atmosphäre.

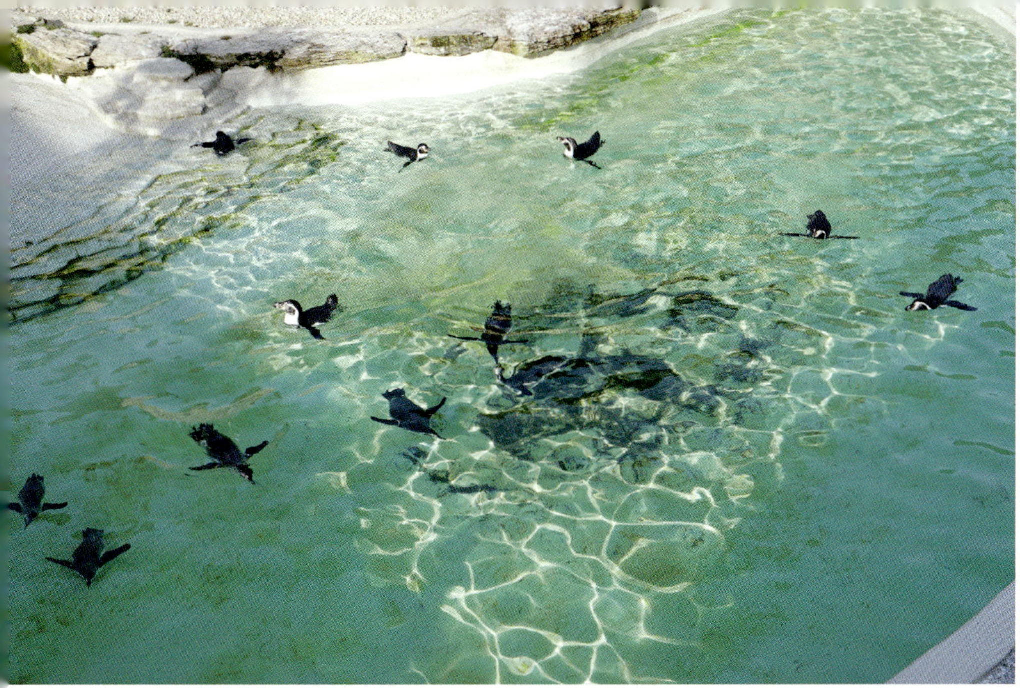
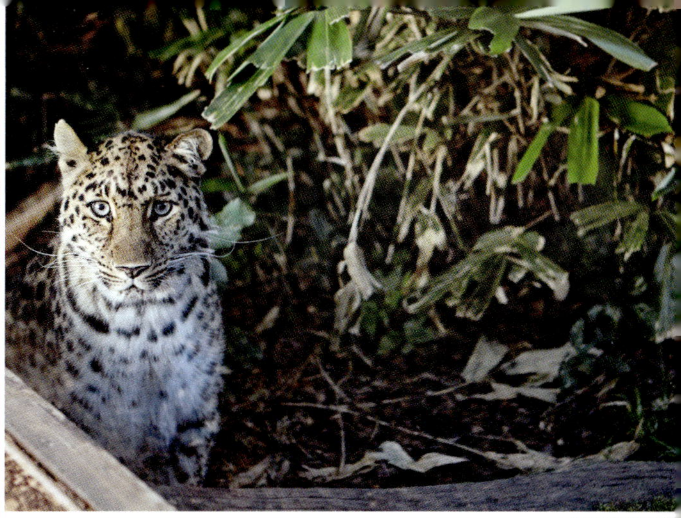
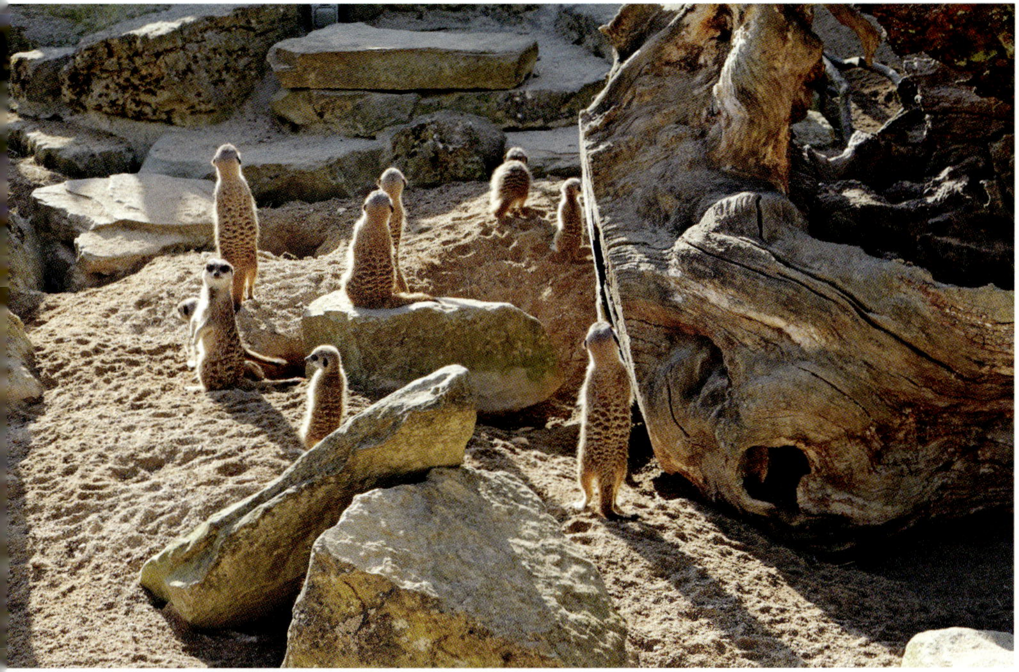
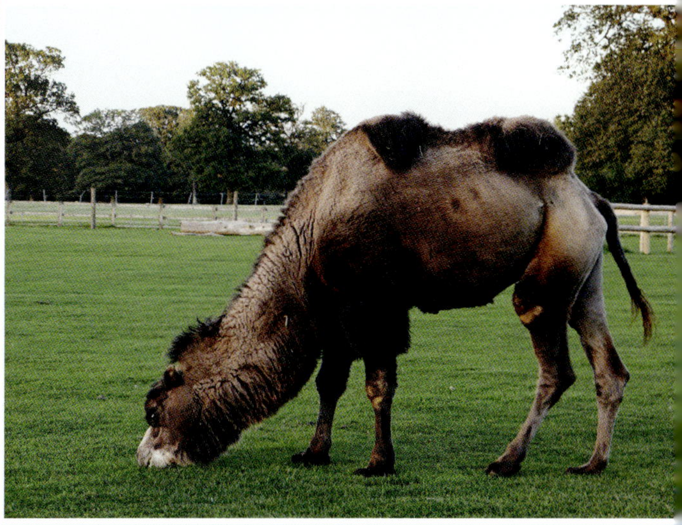
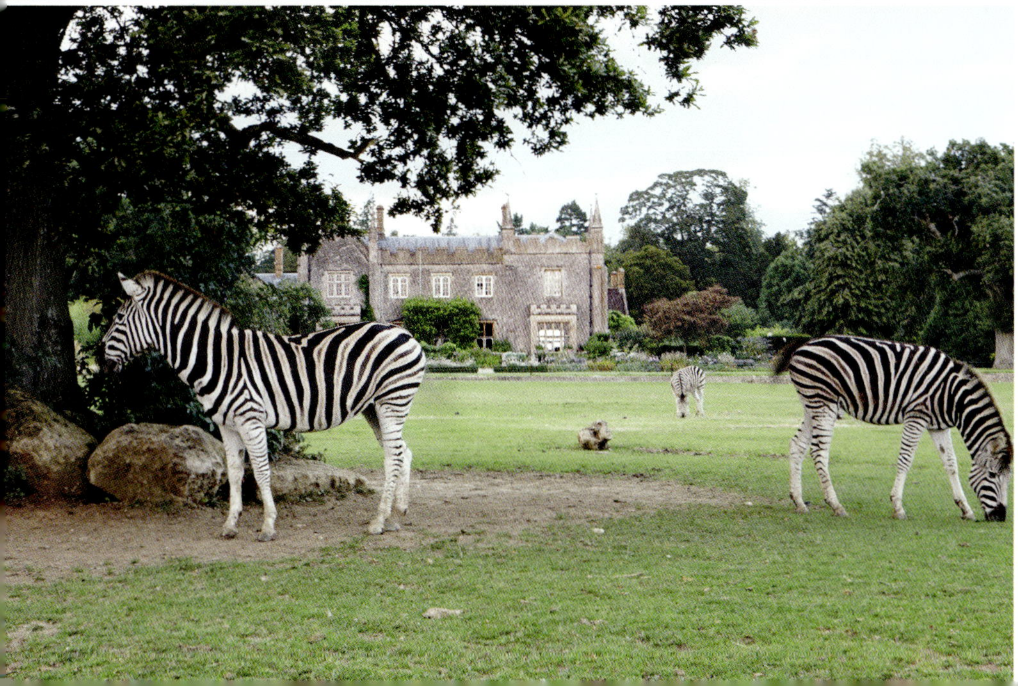
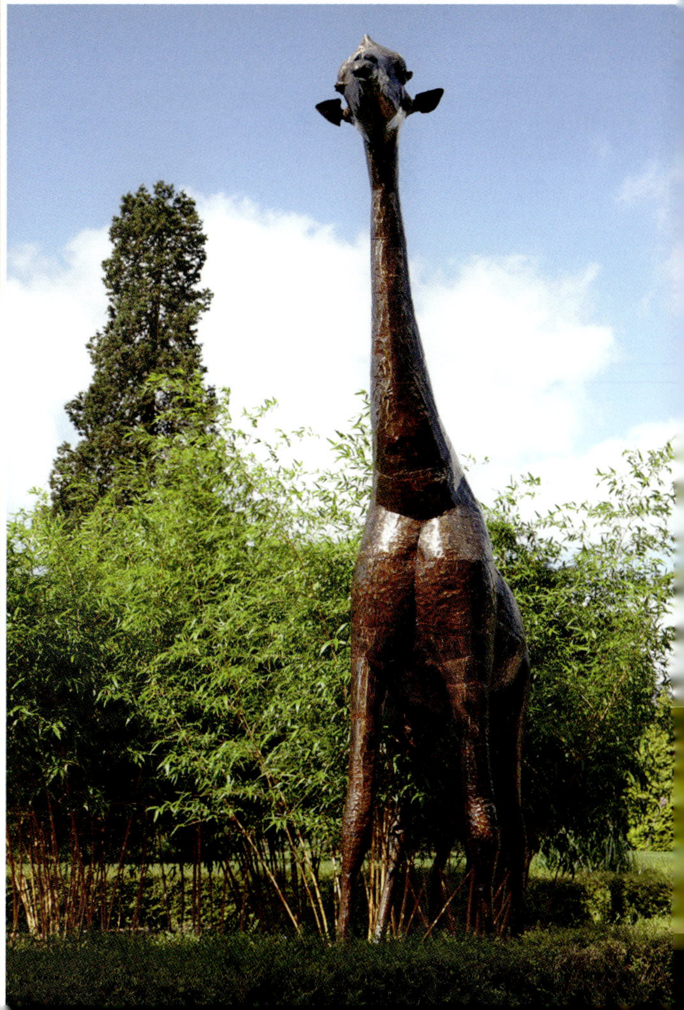

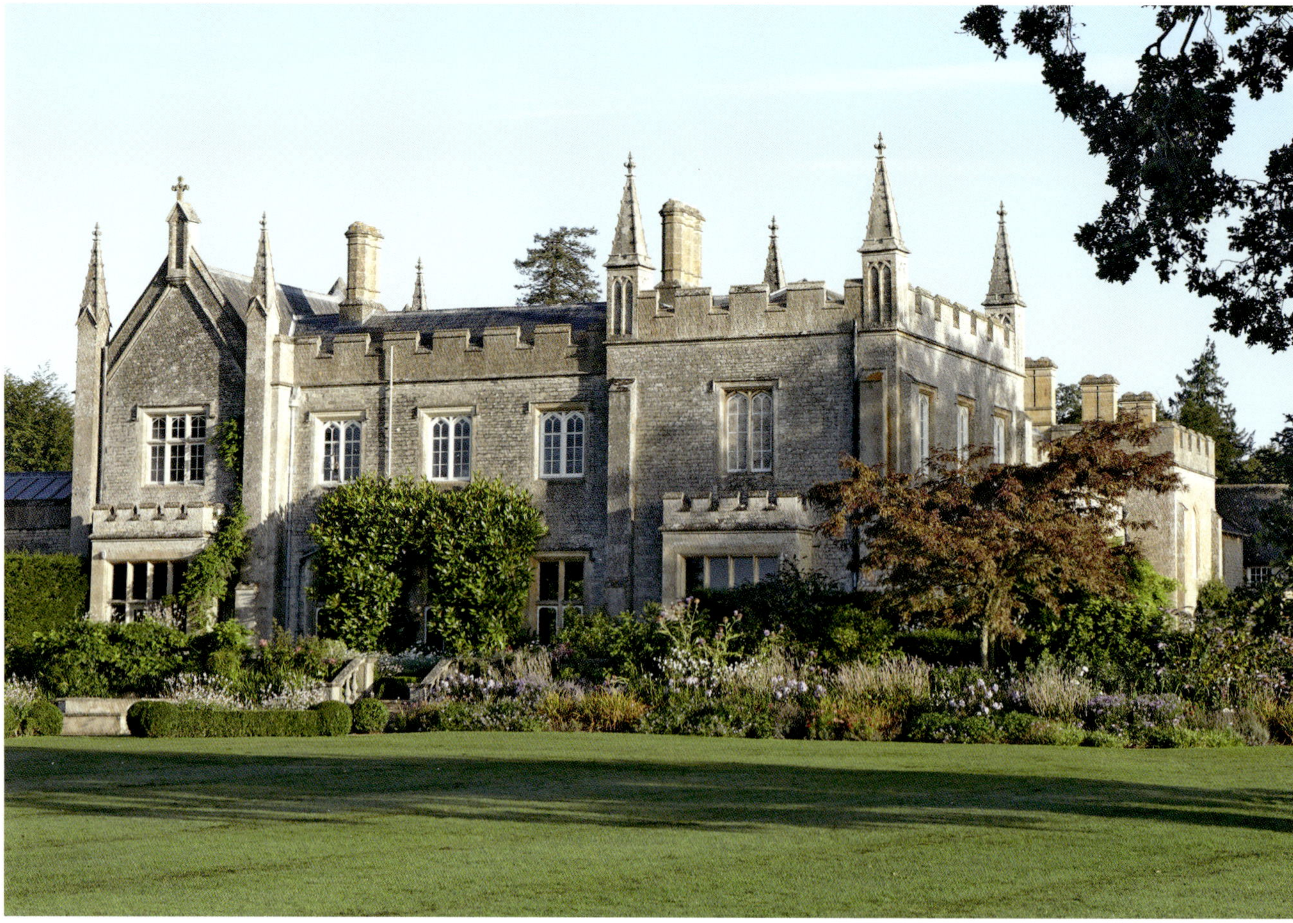

OBEN Das Herrenhaus Bradwell Grove stammt aus dem Jahr 1804.
RECHTS Die einfallsreiche Bepflanzung an der Strecke der Mini-Eisenbahn wirkt fast wie ein Bahndamm.
RECHTE SEITE Die Palmlilie (*Yucca rostrata*, oben links) mag empfindlich aussehen, verträgt aber Frost bis zu −15 °Celsius. Andere exotische Pflanzen wie Bananen (oben rechts) haben winterharte Wurzeln. Sarrazenien (unten links) mögen die feuchte Wärme in ihrem Gewächshaus. Das passend gestaltete Geländer (unten rechts) unterstreicht die Dschungelatmosphäre.

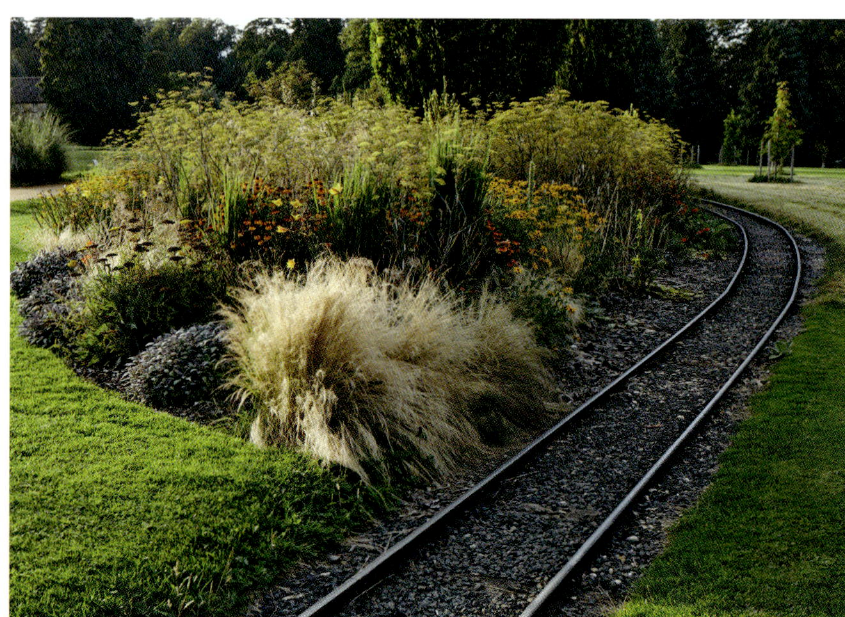

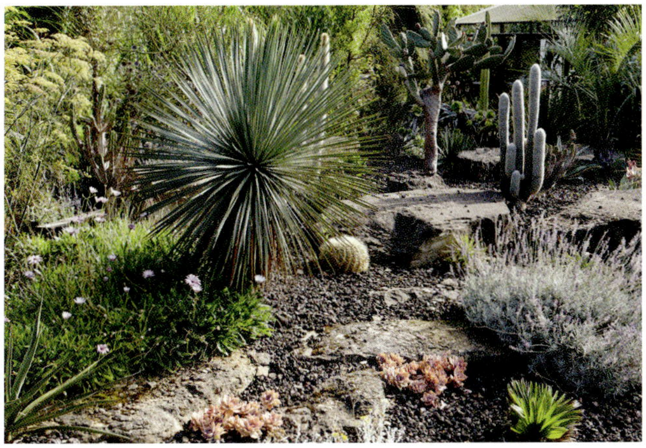

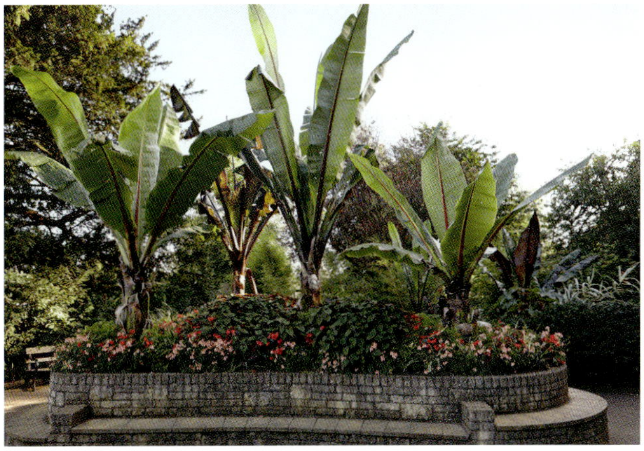

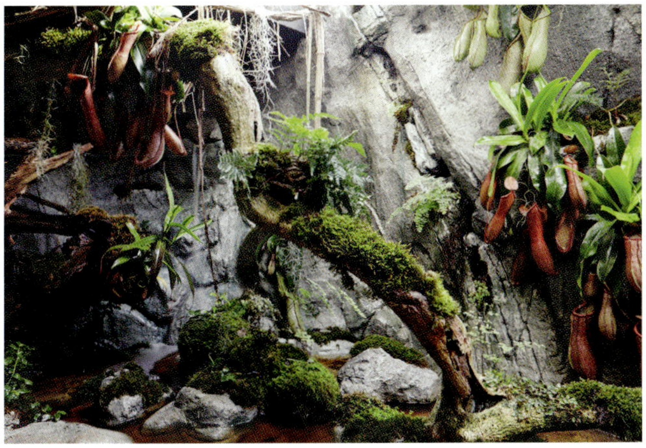

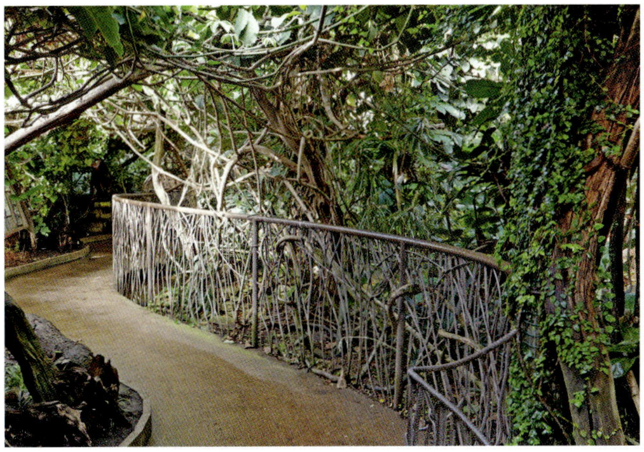

waren beide begeisterte Gärtner und immer sehr darauf bedacht, dass die Bepflanzung und das Design der Gehege die viktorianische Parklandschaft, die viele außergewöhnliche Bäume enthält, unterstreicht."

Die Bepflanzung betont zudem die Atmosphäre eines natürlichen Lebensraums, wenngleich sich manches, was auf den ersten Blick exotisch aussieht, als weniger empfindliche Alternative entpuppt. So sind etwa die Lianen neben dem Ara-Gehege keine Rarität vom Amazonas, sondern eine winterharte Kiwi-Sorte. Bambus – winterhart und unverwüstlich – kommt fast überall zum Einsatz, wenngleich Chefgärtner Tim Miles berichtet, der Appetit der Lemuren mache auch davor nicht halt.

Gärtner, die exotische Gärten pflegen, sagen, viele Pflanzen seien erstaunlich robust. Wenn die winterharte Banane *Musa basjoo* einen Frostschaden hat, wachsen im späten Frühjahr aus dem Wurzelstock neue Triebe. Hanfpalmen *(Trachycarpus fortunei* und *Trachycarpus wagnerianus)* lassen sich mit ihren Blattfächern auch von ziemlich kalten Wintern nicht beeindrucken. Ist es lange nass und kalt, kann das allerdings für die Keulenlilien zu viel sein. Doch wie in den meisten exotischen Gärten werden auch hier alle empfindlichen Pflanzen in der Herbstmitte in Gewächshäuser gebracht. Zum Glück hat Miles ein Team von sechs in Vollzeit beschäftigten Gärtnern.

Die Pflanzen sind nicht nur zur Zierde da. Sie bieten auch Schatten und Rückzugsmöglichkeiten für die Tiere – bei 350000 Parkbesuchern im Jahr macht das den eher dünnhäutigen Nashörnern, die Fremden stets mit Argwohn begegnen, sicher das Leben leichter.

9
Daylesford House
Kingham

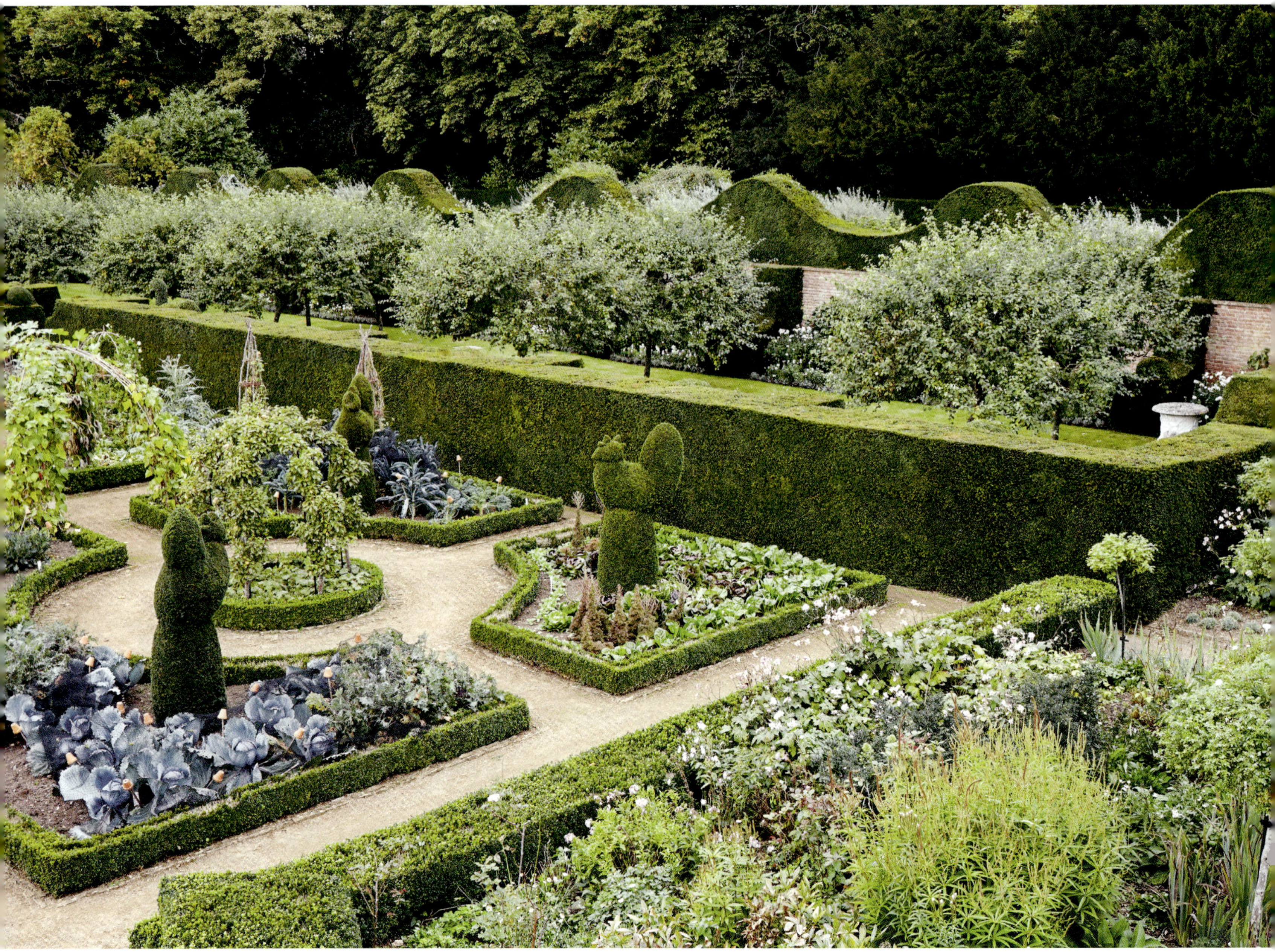

Ein Herrenhaus aus goldenem Stein, eingebettet in eine Parklandschaft des 18. Jahrhunderts, dazu der Geheime Garten, der ummauerte Küchengarten, der Rosengarten und eine Orangerie im „Gothick"-Stil – die perfekte Kulisse für ein Kostümdrama. Doch ein Glanzlicht von Daylesford bleibt wohl von den Tausenden Besuchern, die den Garten im Rahmen des National Gardens Scheme alljährlich im Frühjahr besichtigen, unbemerkt: die riesigen Komposthaufen. Sechs gewöhnliche, drei nur für Laubkompost. „Wenn ich einen Teil des Gartens als meinen Lieblingsort auswählen müsste", sagt Chefgärtner Dustin Hamilton, „dann wären es die Haufen."

Guter Kompost kann unter Gärtnern Neid entfachen. Taucht man die Hände in den ältesten Laubkomposthaufen von Daylesford, sind sie mit einer dunklen, speckigkrümeligen Substanz bedeckt, die so appetitlich wirkt, dass man sie glatt essen würde. Im Grunde könnte man das auch. Dieses „schwarze Gold" ist der Lebenssaft des Gartens, und es fasst die Philosophie dahinter zusammen: heimisch und nachhaltig.

In Großbritannien ist Daylesford ein Synonym für Bioproduktion. Lady Bamford, die seit 1974 mit ihrem Mann hier lebt, eröffnete 2002 einen Hofladen und ein Café. Sie ließ sich von den hiesigen Küchengärten und jenen auf dem Anwesen der Bamfords in Staffordshire inspirieren, die seit dreißig Jahren biologisch bewirtschaftet werden. 2008 präsentierte Daylesford einen Schaugarten auf der Chelsea Flower Show, und mittlerweile gibt es zwei Daylesford-Läden: in London und in der Grafschaft Gloucester.

Ironischerweise ist es auf dem Lande nicht einfach, Bioanbau zu betreiben. Wenn man verkündet, man werde auf Schneckenkorn und all die anderen Produkte aus dem Waffenarsenal der agrarchemischen Industrie verzichten, wird man angesehen, als sei man verrückt. Lady Bamford musste – ähnlich wie Prinz Charles in Highgrove – mit Spott und Skepsis fertigwerden, aber daran ist sie gewöhnt: Sie bemüht sich seit Jahrzehnten, Menschen davon zu überzeugen, auf – stilvolles – grünes Wirtschaften umzusteigen.

Von Mauern umgeben

Als die Bamfords einzogen, wies der ummauerte Küchengarten nur eine spärliche Bepflanzung auf: „Er war verwahrlost. Es gab nur ein paar Weihnachtsbäumchen und kaum einen Pfad." Der Küchengarten ist oval geformt und mit seinen 1,4 Hektar zu groß für den heutigen Bedarf. Deshalb wurde ein Großteil zum Obsthain umfunktioniert, und nur der innere Teil des Gartens ist weiterhin dem Gemüseanbau gewidmet. Interessanterweise wurde der ummauerte Garten noch vor dem Bau des Hauses angelegt, das in den 1790er-Jahren von Samuel Pepys Cockerell im Auftrag von Warren Hastings, dem ersten Generalgouverneur Indiens, entworfen wurde.

In seinen Gewächshäusern, erzählt Lady Bamford, konnte Hastings die Früchte anbauen, an denen er in Indien Geschmack gefunden hatte: Mangos, Papayas und andere Exoten. „Er liebte den ummauerten Garten.

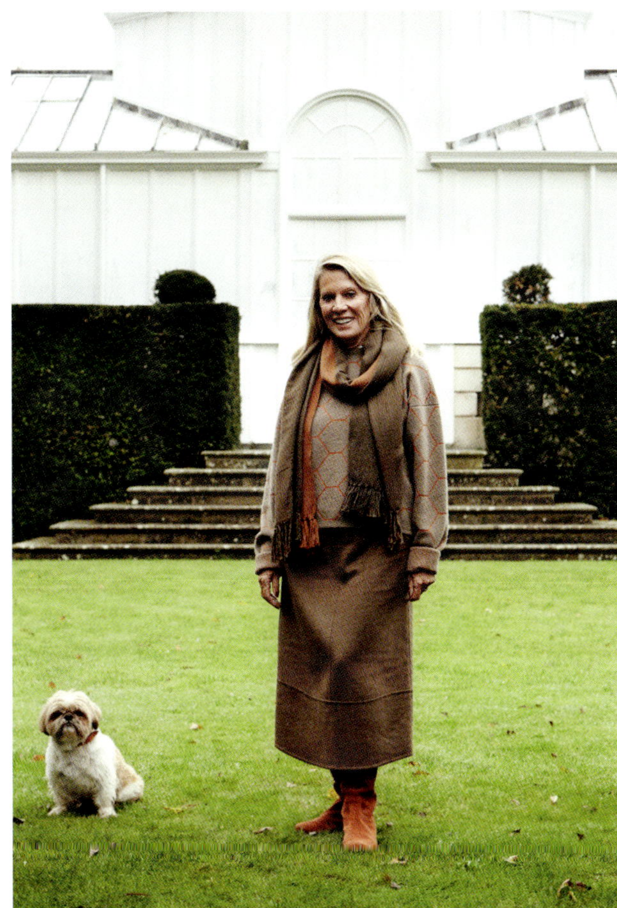

LINKE SEITE Der Küchengarten ist als Parterre angelegt. Darin wachen Topiari-Hühner über ordentlich angeordnete Gemüsebeete.
RECHTS Carole Bamford, eine engagierte Umweltschützerin, bewirtschaftet den Garten seit dreißig Jahren rein biologisch.

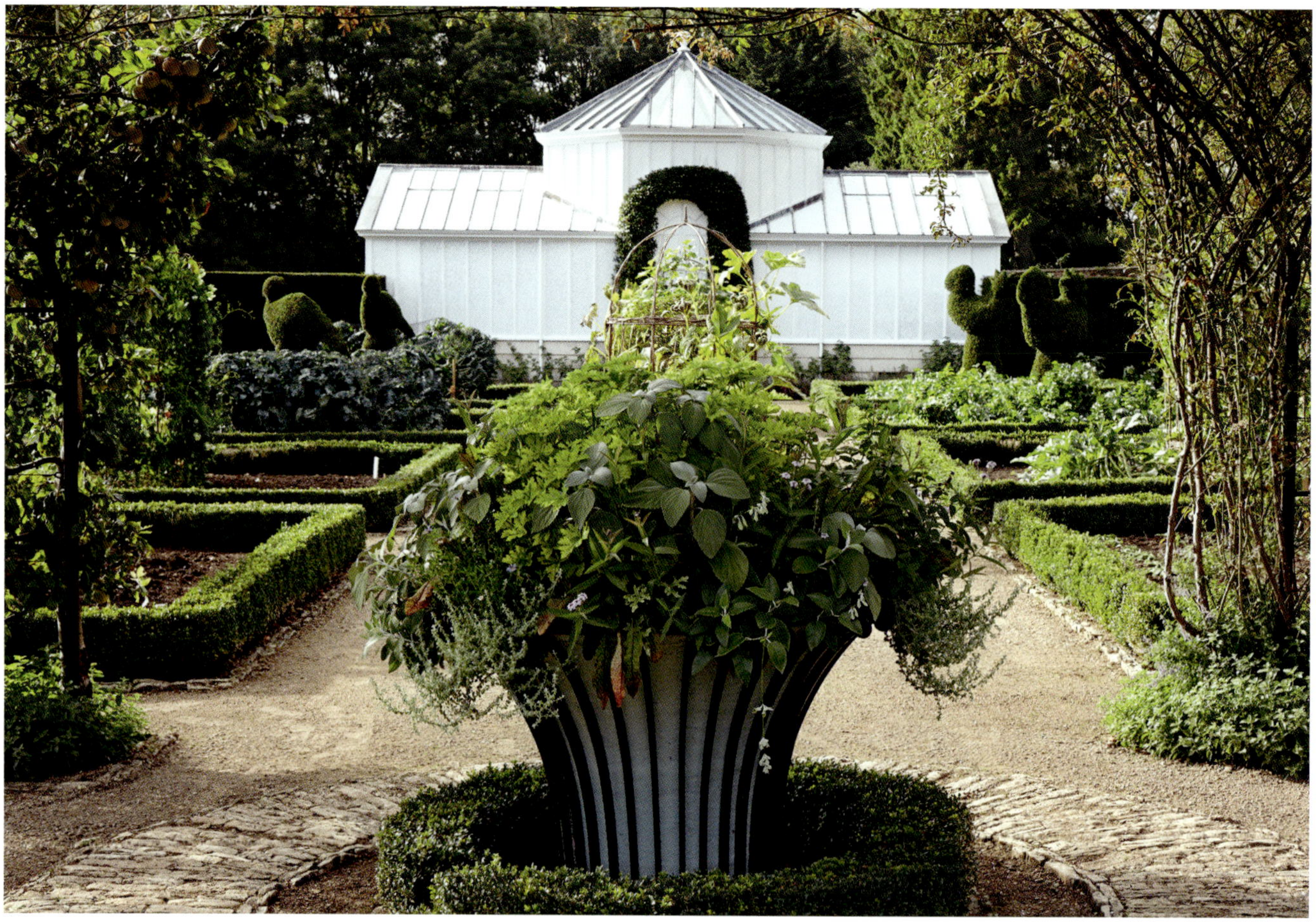

„Regelmäßig umrundete [Warren Hastings] das Anwesen auf seinem Araberpferd, und man spürt, dass er diesen Ort einfach liebte.“

LADY BAMFORD

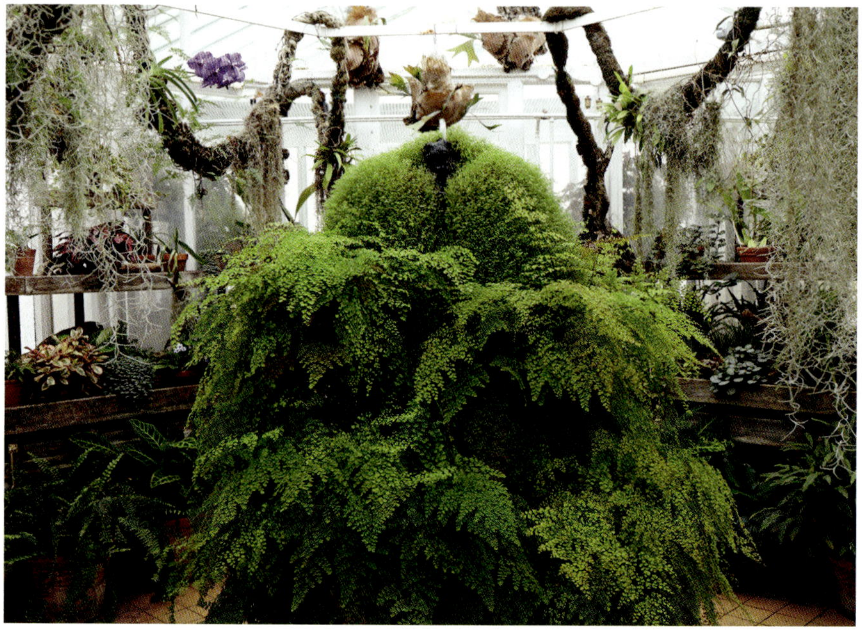

OBEN Das Orchideenhaus in der Mitte des Küchengartens entwarf Philip Jebb.
RECHTS Die Farne und Orchideen im Orchideenhaus sollen durch verschiedene Nelkensorten ersetzt werden.
RECHTE SEITE Die Liebe zum Detail im Küchengarten und in den Nebengebäuden ist äußerst beeindruckend.

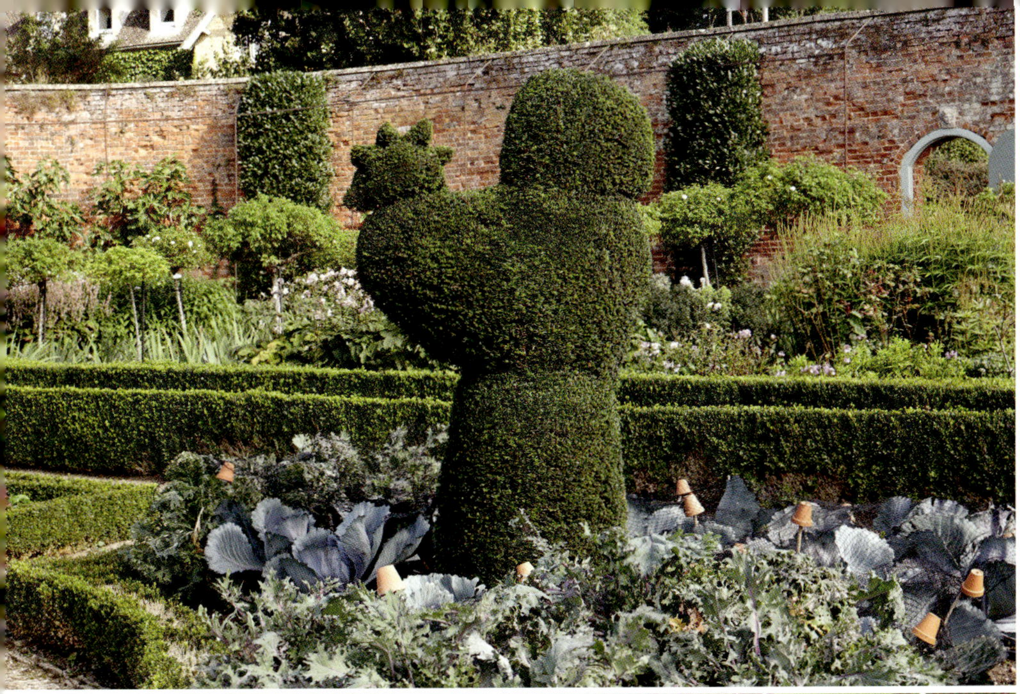

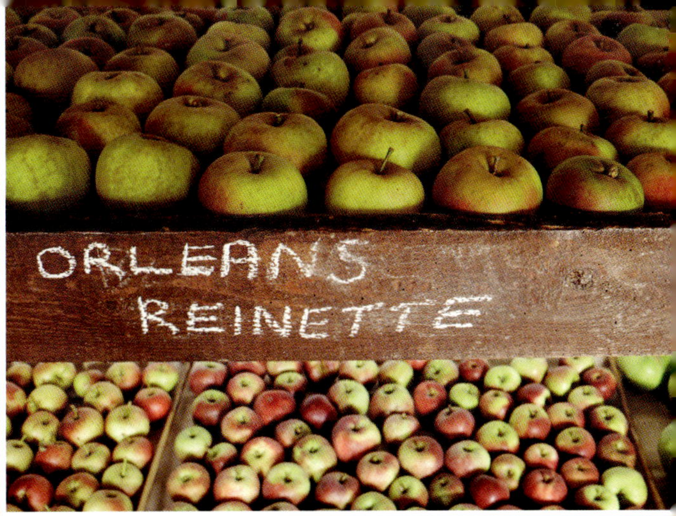
ORLEANS
REINETTE

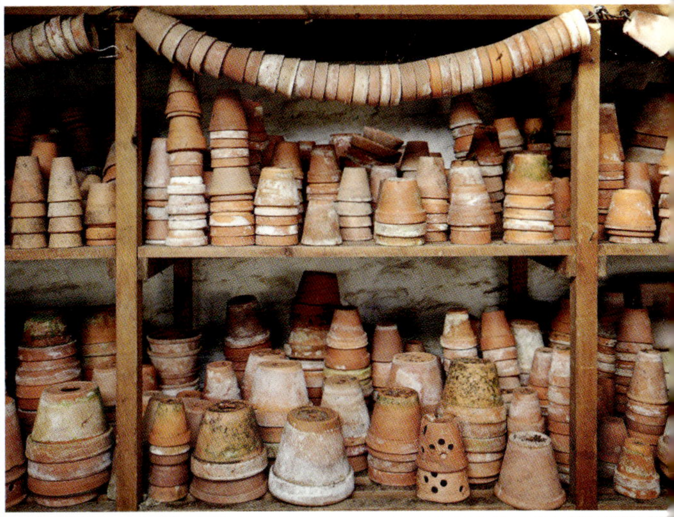

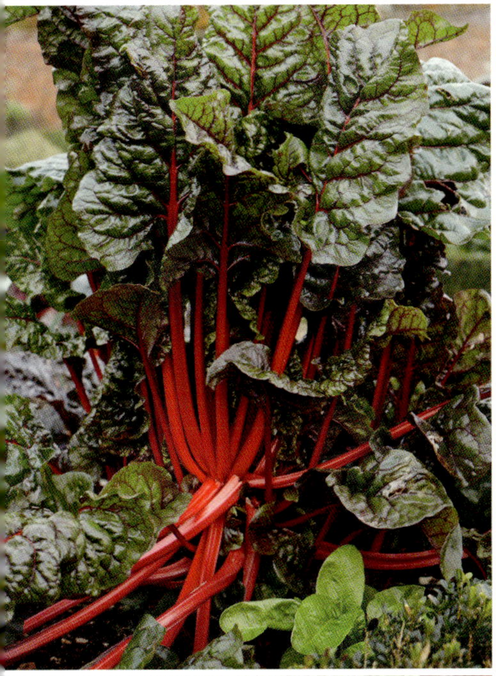

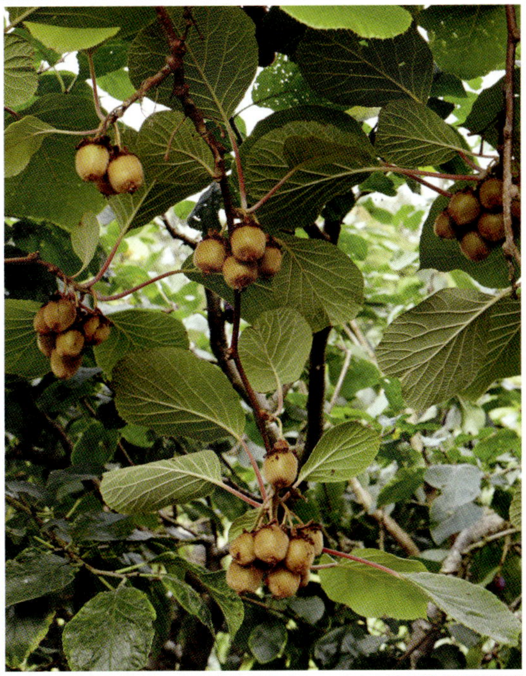

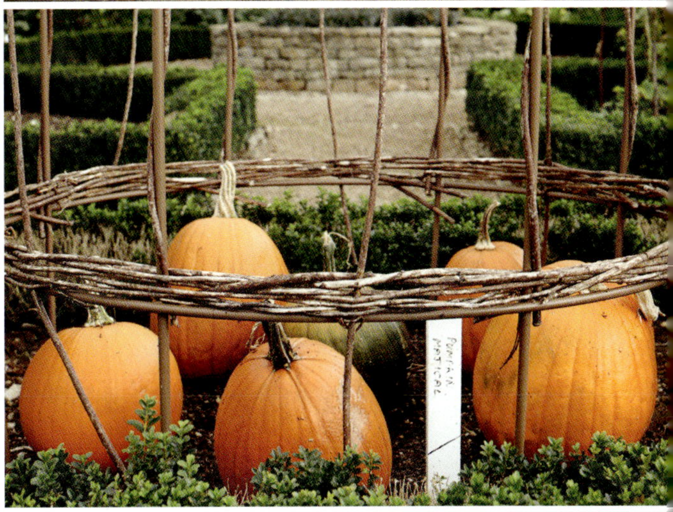

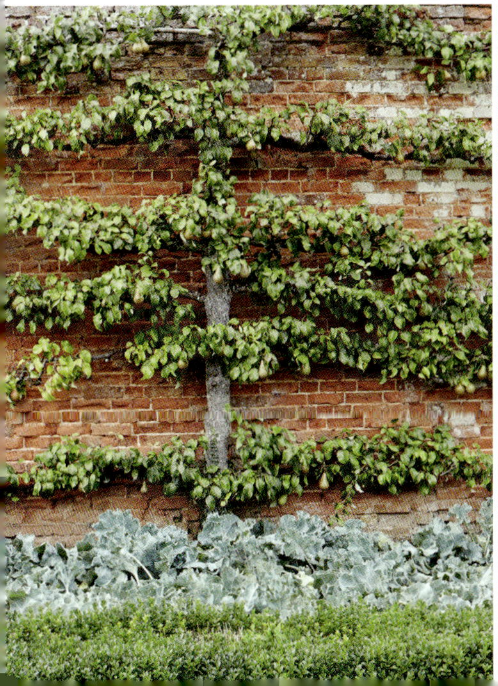

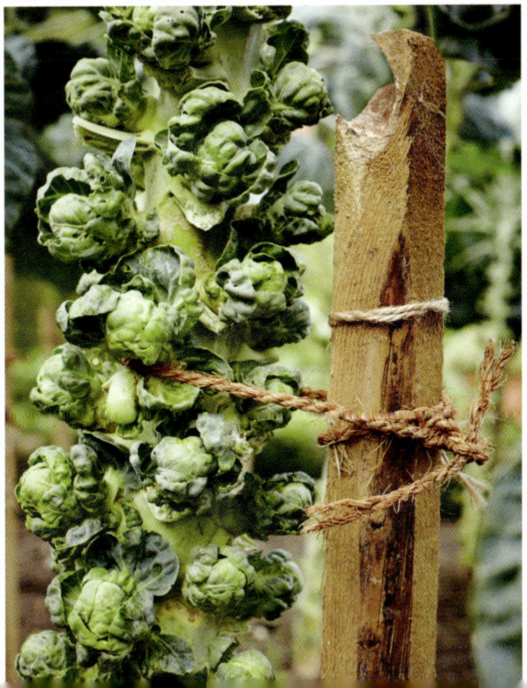

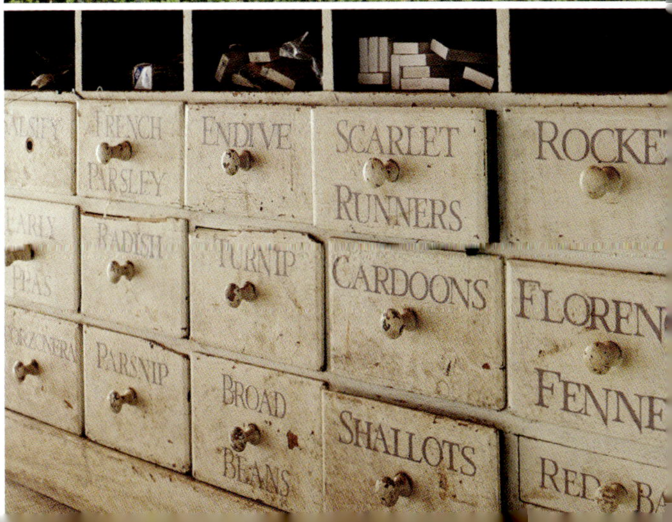
FRENCH PARSLEY
ENDIVE
SCARLET RUNNERS
RADISH
TURNIP
CARDOONS
PARSNIP
BROAD BEANS
SHALLOTS

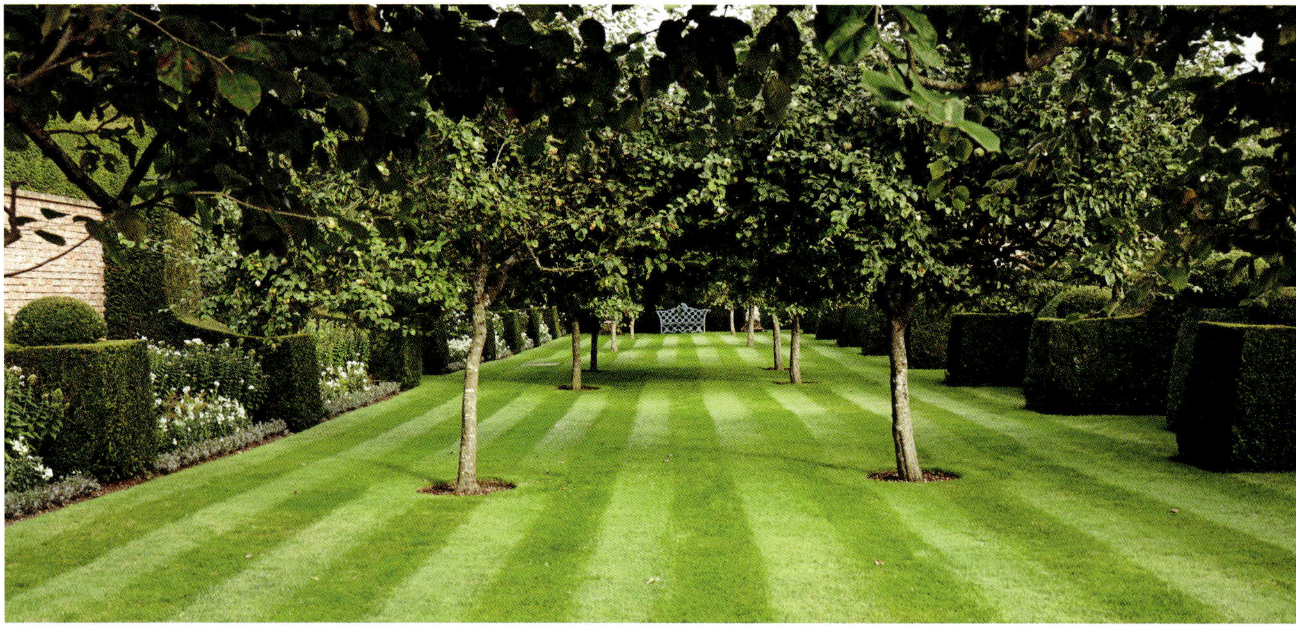

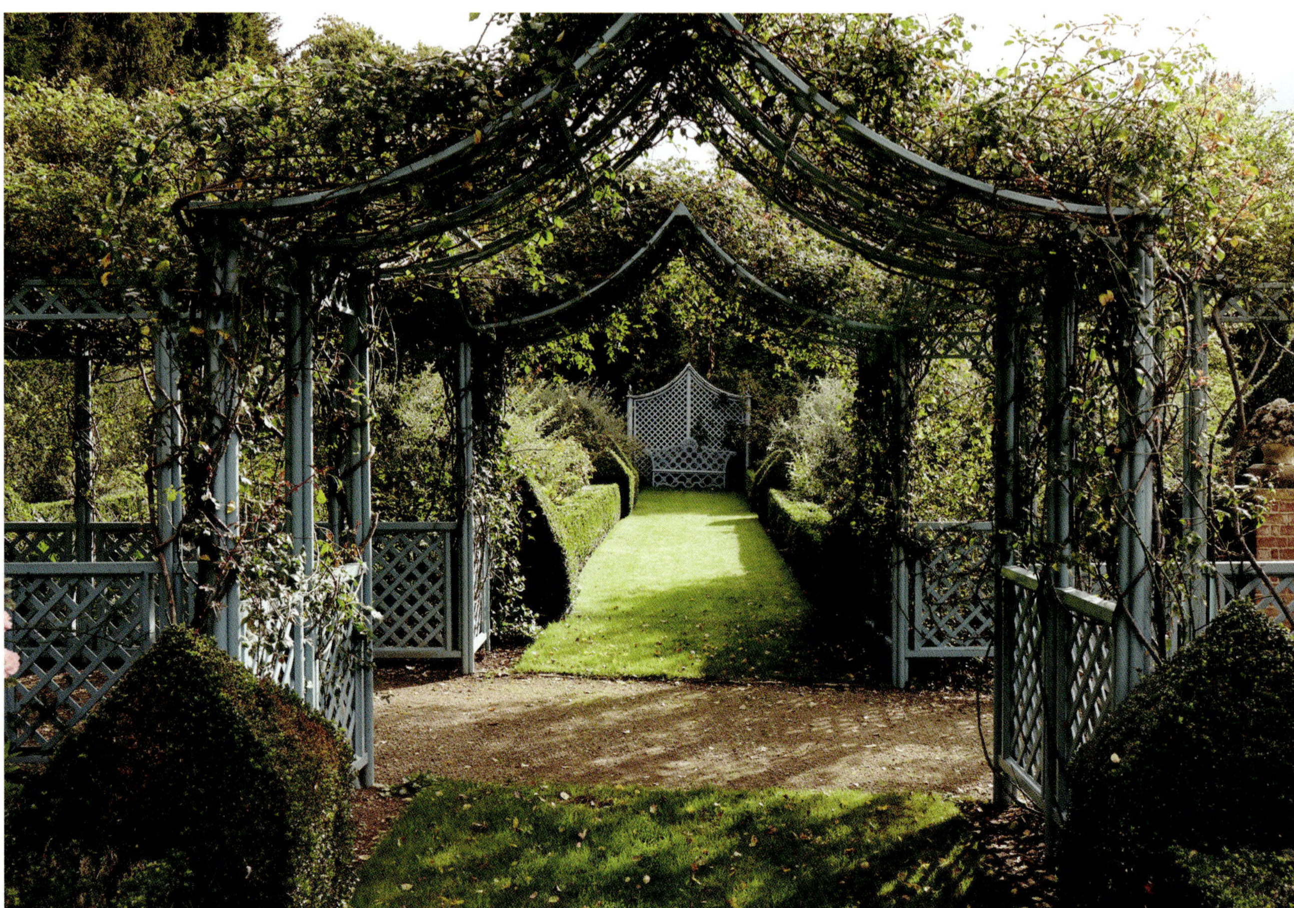

Regelmäßig umrundete er das Anwesen auf seinem Araberpferd, und man spürt, dass er diesen Ort einfach liebte."

In der Mitte des ummauerten Gartens steht das vom Architekten Philip Jebb entworfene Orchideenhaus. Dazu Lady Bamford: „Er konnte nur schöne Dinge entwerfen. Er kritzelte einen Entwurf auf die Rückseite eines Briefumschlags oder auf einen Papierfetzen, und es war immer ganz wunderbar."

In heutiger Zeit haben die Gartenarchitekten Mary Keen und Rupert Golby zu der Gestaltung von Daylesford beigetragen, wobei Mary für die Grundrisse des Gemüse- und des Rosengartens mit seiner von *Rosa mulliganii* berankten Pergola verantwortlich zeichnet. Die Parklandschaft und die Orangerie legte John Davenport, ein Landschaftsarchitekt aus Shropshire, im späten 18. Jahrhundert an. Bei der Gestaltung der Fenster der Orangerie orientierte er sich an den Kupferstichentwürfen von Batty Langley, jenem Londoner Gartenbaukünstler, der Pläne für Bauten im „Gothick"-Stil anfertigte. Davenport gestaltete das Grundstück im englischen Landschaftsstil, mit einem See und einer Brücke. Das wurde ihm zum Verhängnis: 1795 wurde er wegen der hohen Kosten gefeuert. Er starb noch im selben Jahr.

LINKE SEITE OBEN Rabatten mit Rosen und Fingerhut werden am Quittenrasen durch in Form geschnittene „Strebepfeiler" voneinander getrennt.
LINKE SEITE UNTEN Die orientalisch anmutende Pergola im von Mary Keen gestalteten Rosengarten ist mit *Rosa mulliganii* bepflanzt.
UNTEN Der See und die Wiesen im Landschaftsstil des 18. Jahrhunderts stehen in Kontrast zu den formalen Gärten.

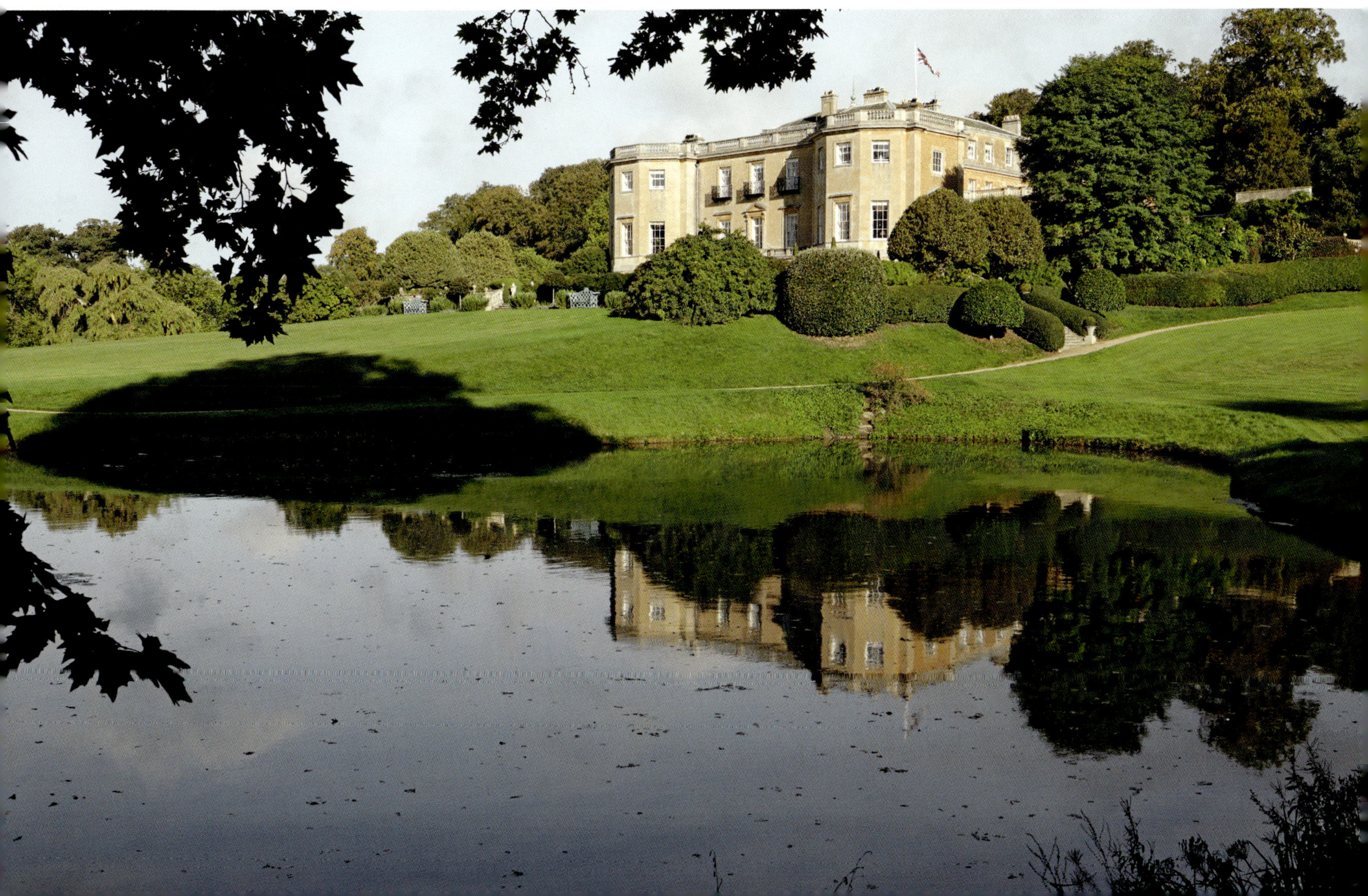

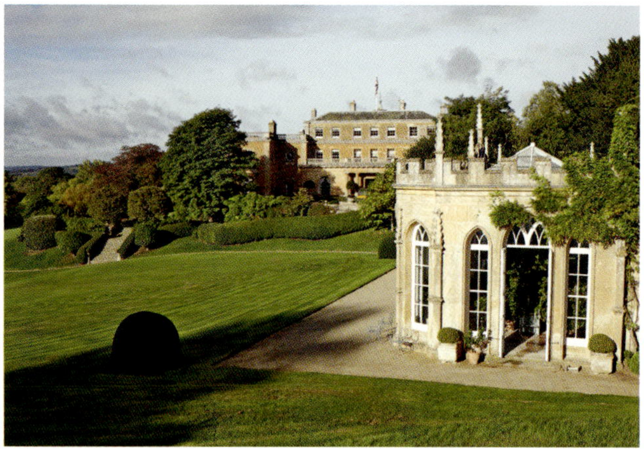

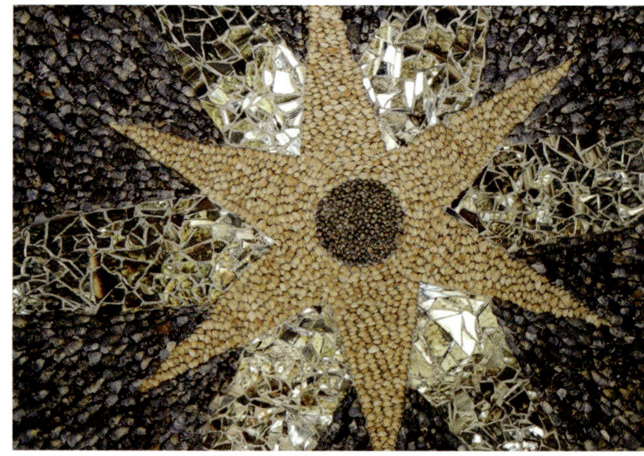

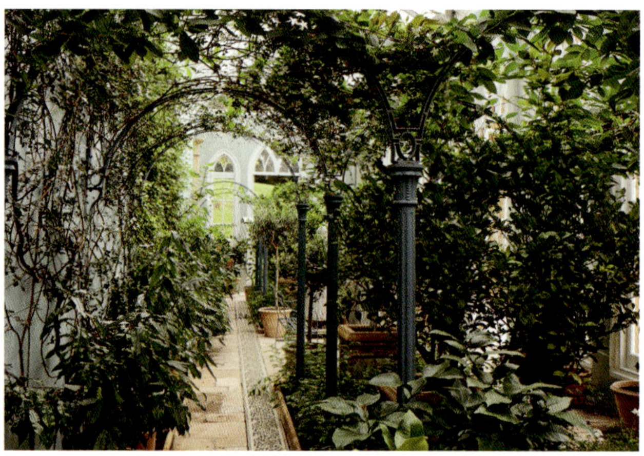

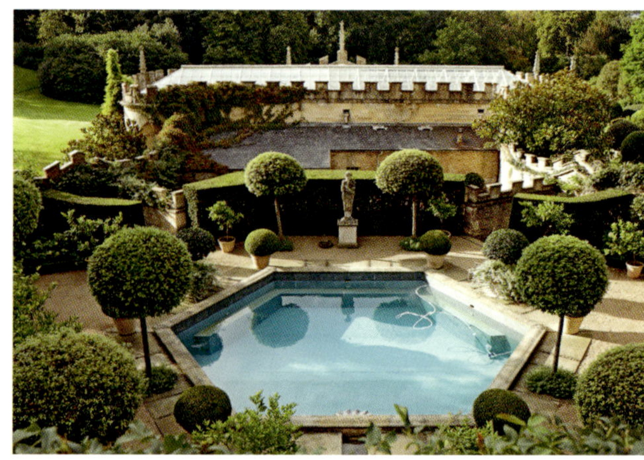

2009 übernahm Dustin Hamilton die Gestaltung des Gartens und vergrößerte Davenports See. Sein Entwurf bezieht den alten Baumbestand mit ein, sodass der Blick auf eine Wasserfläche, die sich bis in die Ferne erstreckt, sehr natürlich wirkt.

In Hamiltons Büro stapeln sich sorgfältigst gezeichnete Pläne von jedem Bereich des Gartens. Der jüngste Plan sieht vor, das Orchideenhaus in ein Nelkenhaus umzuwandeln und verschiedenste Sorten von *Dianthus* darin zu ziehen. Davor sollen eingetopfte Pfirsichbäumchen stehen.

In der Orangerie weisen unauffällige, an den Zitrusbäumen befestigte Päckchen auf biologische Schädlingsbekämpfung hin. Dahinter liegt der Geheime Garten, den man zur Feier der Jahrtausendwende angelegt hat. Der achteckige Teich entpuppt sich als Swimmingpool, und neben der Muschelgrotte befindet sich ein Pizzaofen. Zwei Parterres, bepflanzt mit kegelförmig geschnittenen Hainbuchen *(Carpinus)* und im Frühjahr mit 'White Triumphator'-Tulpen und Vergissmeinnicht *(Myosotis)*, flankieren den Pool. Die Rosen, die üppig an den Bögen ranken, sind *Rosa* 'Snow Goose', die, wie *R. mulliganii*, cremeweiße Blüten hat. Sie blühen öfter, wenn man die abgeblühten Blüten regelmäßig entfernt. Das sei zwar viel Arbeit, sagt Hamilton, aber es lohne sich.

Das gilt auch für das Ausbringen des Komposts bei Frühjahrsbeginn. Eine dicke Schicht wird unter den Sträuchern und auf den Beeten verteilt. Sie sorgt dafür, dass sogar die Kalk liebenden Skimmien im Duftgarten kerngesund aussehen.

GANZ OBEN LINKS, OBEN LINKS UND RECHTE SEITE Die Orangerie setzt ganz auf biologische Schädlingsbekämpfung.
GANZ OBEN UND OBEN Der Geheime Garten mit der Grotte wurde anlässlich der Jahrtausendwende angelegt.

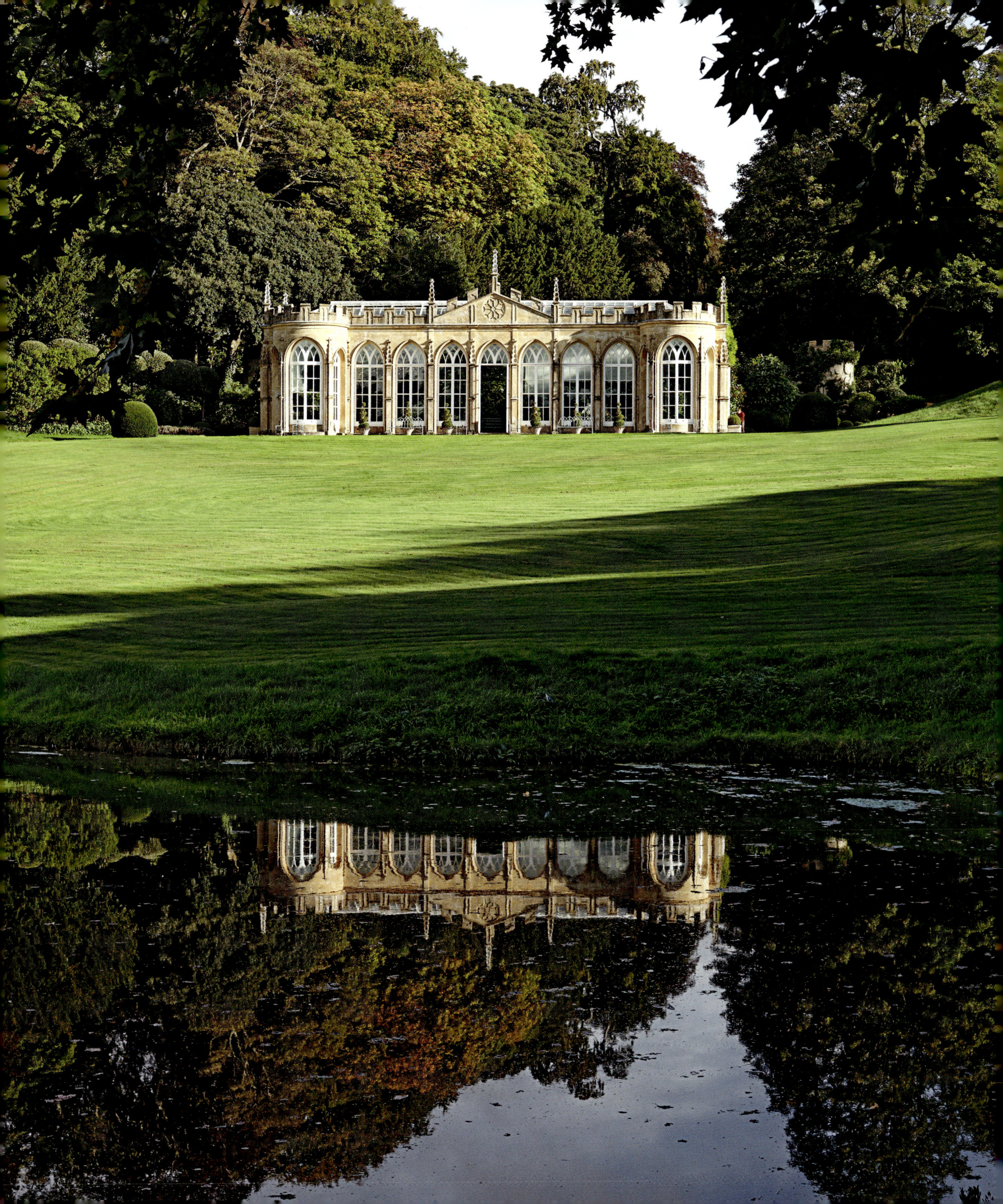

10
Dean Manor
Chadlington

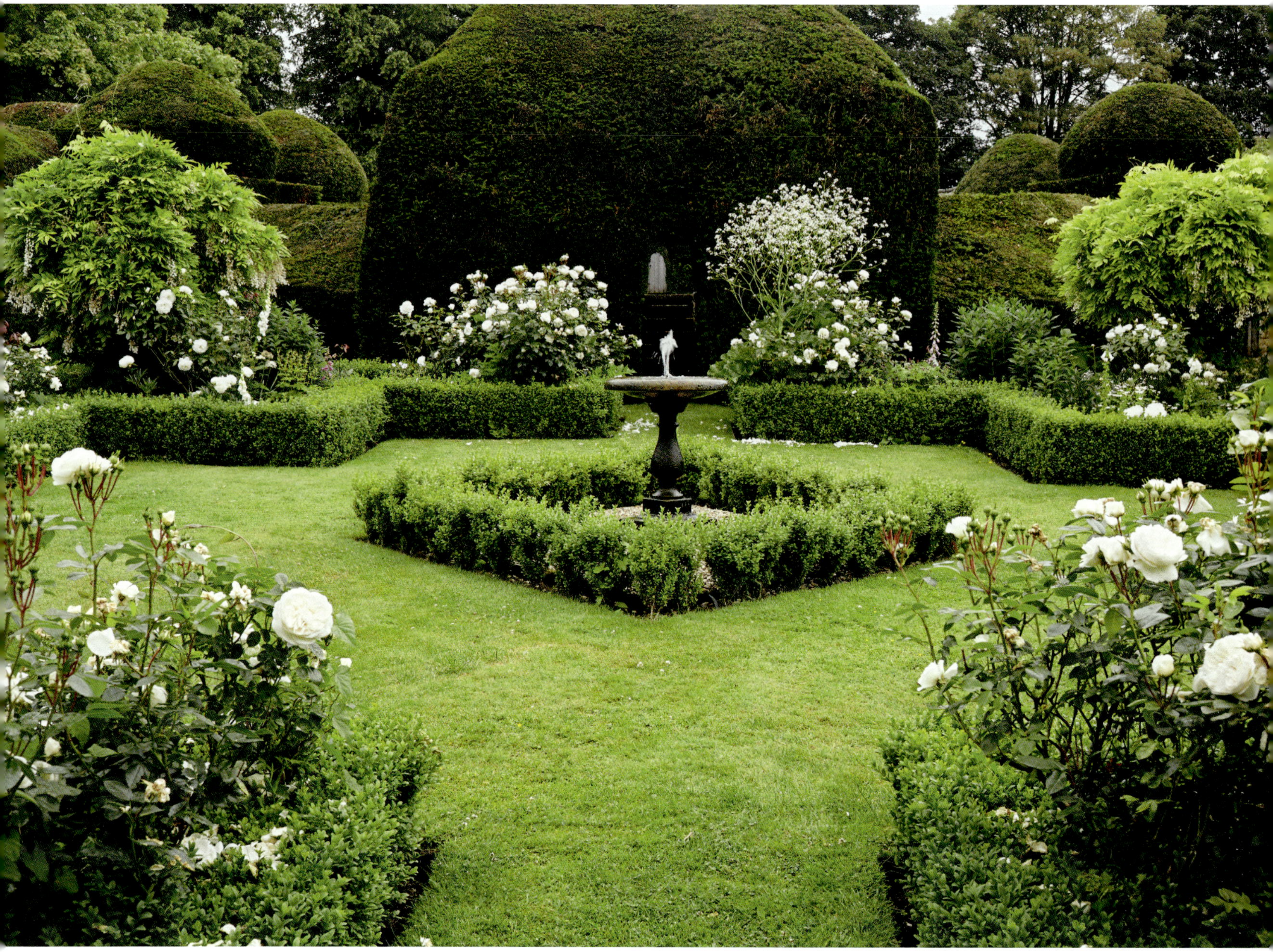

Britische Landschaftsarchitekten, von Lancelot „Capability“ Brown bis Sir Geoffrey Jellicoe, waren alle darum bemüht, Blickachsen zu schaffen oder zu erhalten. Sei es der Blick in die umgebende Landschaft oder auf eine neoklassizistische Skulptur am Ende eines grasbewachsenen Pfades – die Blickachse ist ein unverzichtbares Gestaltungselement. Es rückt jeden Bepflanzungsbereich ins rechte Licht und macht den Unterschied zwischen einfachem Gartenbau und echter Landschaftsarchitektur aus.

In Dean Manor bei Chadlington ist der interessanteste Blick der vom Küchenfenster auf das Sprungbrett am Swimmingpool. Das scheint zunächst nichts Besonderes zu sein, wenngleich es natürlich für die Momente, wenn der Nachwuchs „Guck mal, Mami!“ ruft, einen praktischen Nutzen hat. Stellt man aber fest, dass der Blick, um zum Sprungbrett vorzudringen, durch drei Eibenhecken und über einen Springbrunnen wandern muss, ist man durchaus beeindruckt.

Niemand weiß genau, wem die Ehre für diesen Geniestreich gebührt. Die derzeitigen Besitzer von Dean Manor glauben, es sei das Werk der Gartenarchitektin Arabella Lennox-Boyd, die den Weißen Garten und die beiden Swimmingpools angelegt hat. Letztere sind durch einen Eibentunnel miteinander verbunden, unter dem man entlangschwimmen kann. Die Vorbesitzerin hingegen sagt, der Entwurf stamme von ihrem Vater. So viel steht fest: Es ist die clevere Lösung des Problems, einen leuchtend türkisfarbenen Swimmingpool zu verstecken und zugleich ein starkes zentrales Element für den Garten zu schaffen.

An einer Seite des Weißen Gartens haben die derzeitigen Besitzer einen zweiten Garten mit hohen Eibenhecken angelegt, in dem gekappte Linden *(Tilia)* Beete mit früh blühenden Zwiebelpflanzen überragen. Am Ende eines Grasweges zwischen den Hecken der beiden Gärten hält die Skulptur eines Hirtenjungen Wache.

An der anderen Seite ist eine gut zwanzig Meter lange Staudenrabatte mit Katzenminze, Storchschnabel, Mohn und Bartfaden bepflanzt, und sorgfältig geschnittene Apfelbäume formen auf dem Rasen eine Allee – eine aufgeräumte Version des alten Obsthains. Viele Gärten in den Cotswolds haben einen Obsthain oder zumindest ein paar Apfelbäume und bewahren damit einen bedeutenden Teil des britischen Pflanzenerbes. Schon die Druiden und die Wikinger feierten den Apfel als Symbol für Fruchtbarkeit

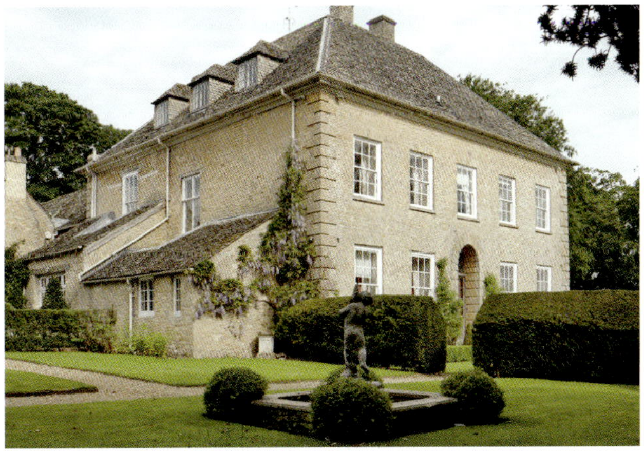

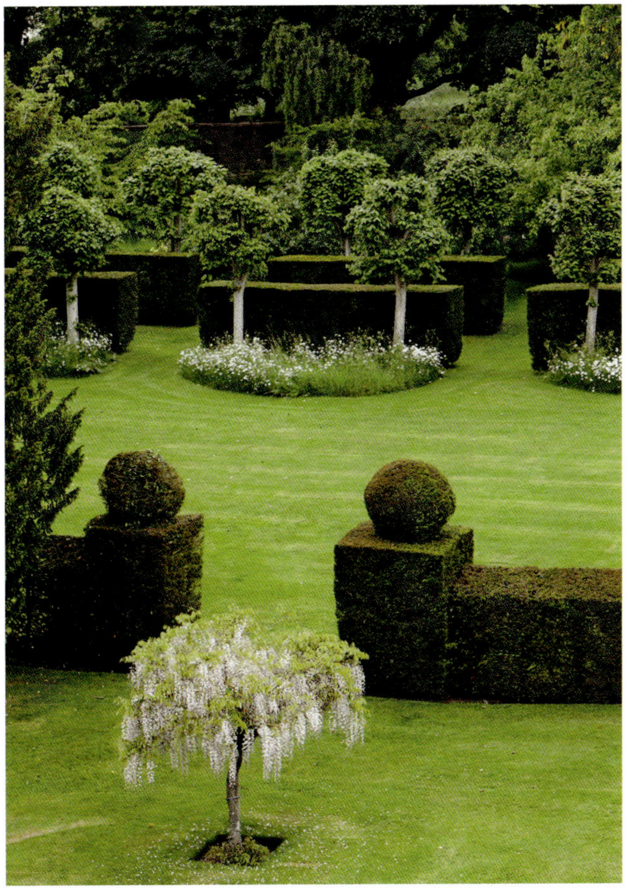

LINKE SEITE Den Weißen Garten gestaltete Arabella Lennox-Boyd. Eine Lücke in der Eibenhecke führt zum Swimmingpool.
GANZ OBEN Das Haus ist von mehreren Gartenräumen umgeben, und jeder hat seinen eigenen Blickfang.
OBEN Eine hochstämmige Glyzinie markiert den Eingang zu dem Garten, in dem Linden über Wildblumen wachen.

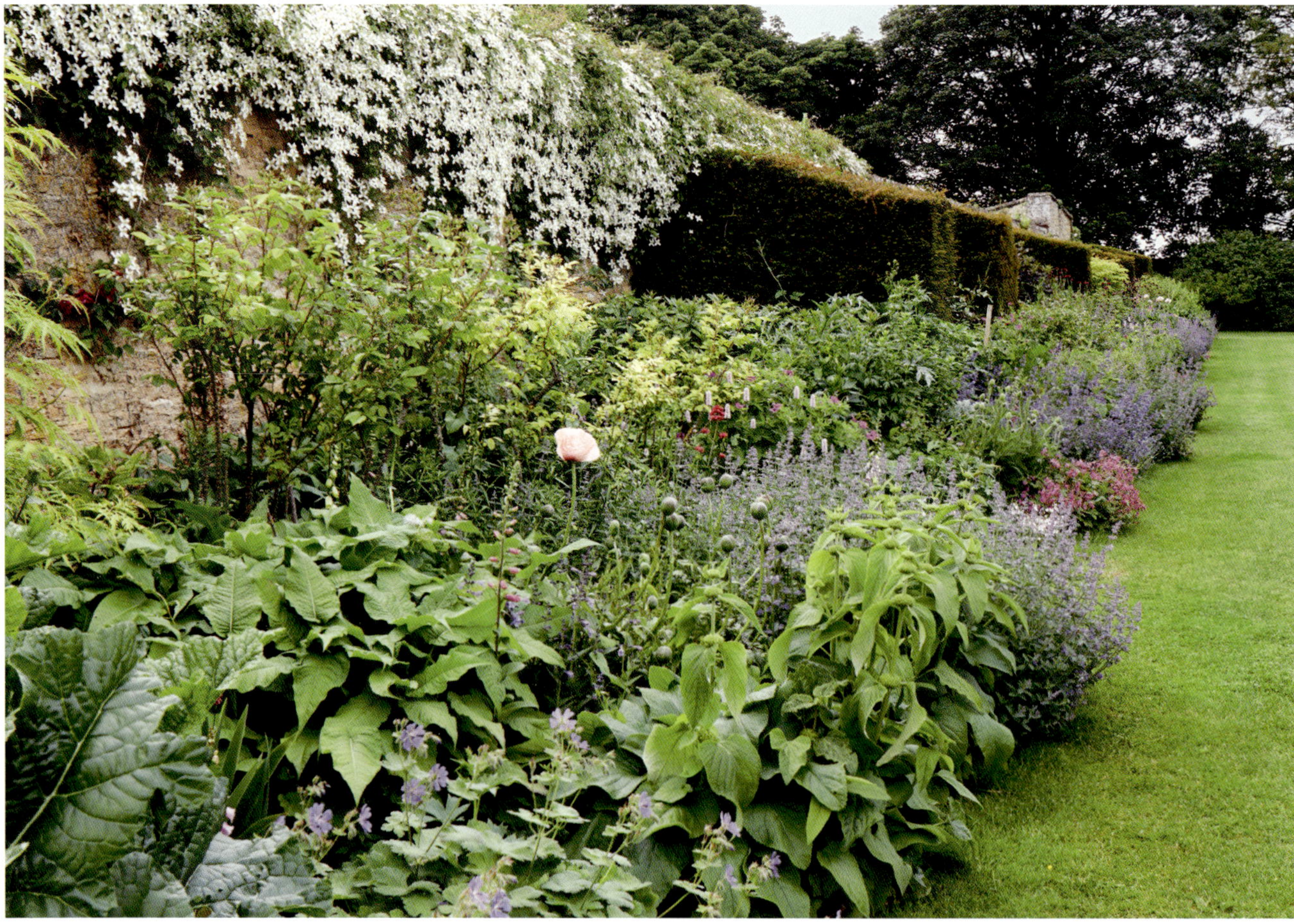

Im Sommer unterstreichen hohe Gräser und Wildblumen das Flair einer geheimen Zuflucht.

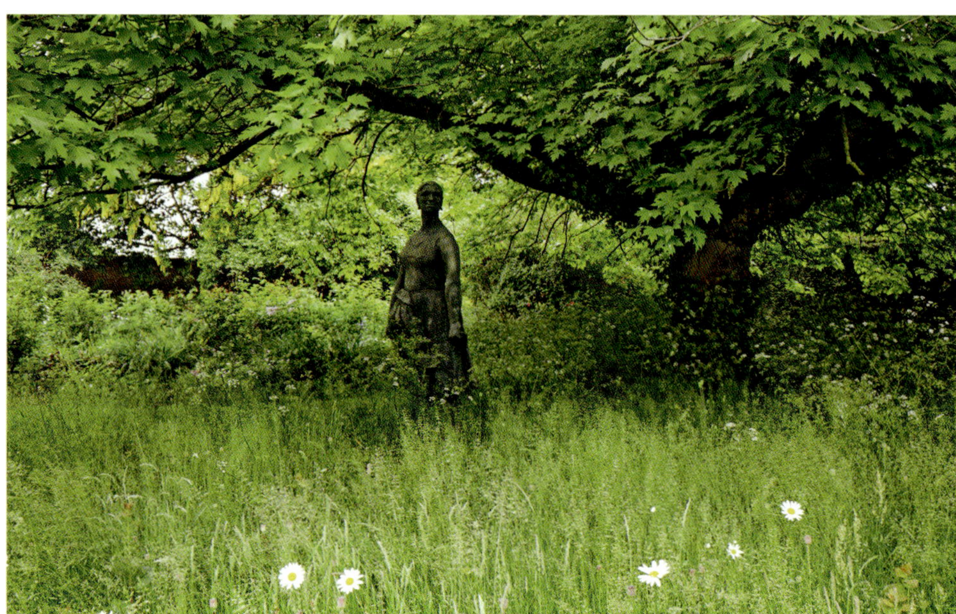

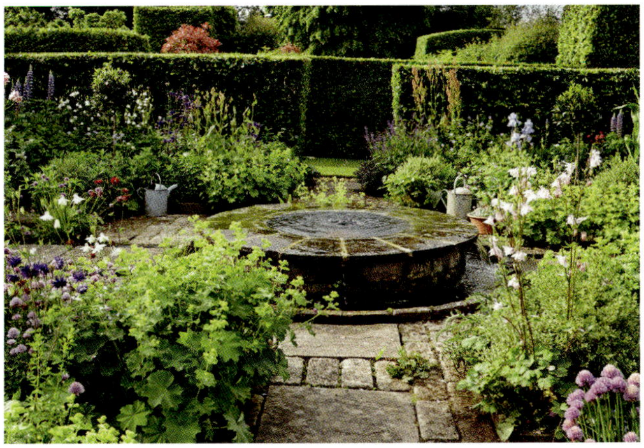

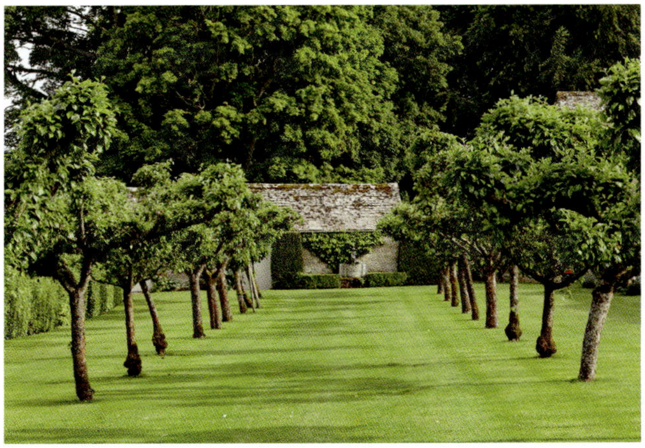

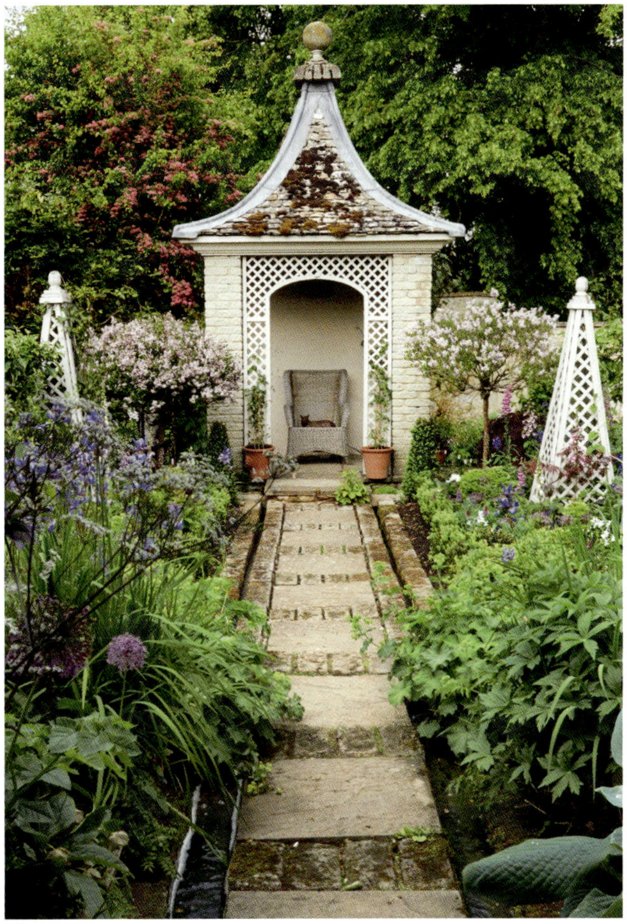

und ewiges Leben. Doch es gibt immer weniger Obsthaine. Seit den 1950er-Jahren sind über sechzig Prozent verschwunden, was auch zu einem Verlust der Sortenvielfalt führt. Obsthaine brauchen viel Pflege – wovon die makellosen Bäume in Dean Manor zeugen –, daher ist es für die Bauern lukrativer, sie durch Weide- und Ackerland zu ersetzen. Das macht Obsthaine in Gärten heutzutage noch wertvoller – abgesehen davon, dass sie einfach schön anzusehen sind.

Hinter dem Obsthain liegt der von einer Hainbuchenhecke *(Carpinus)* eingefasste Rosengarten, früher der einzige Garten in diesem Bereich. Der Symmetrie zuliebe haben die derzeitigen Besitzer den Gemüsegarten angelegt, der hauptsächlich Kräuter enthält. Schmale Wasserläufe führen von dem Mühlsteinbrunnen zu einem kleinen Pavillon, wo ein Rattansessel zum Verweilen einlädt. Im ebenfalls von den jetzigen Besitzern geschaffenen Wildgarten kreieren ein Dickicht aus *Rosa* 'Cerise Bouquet' und Parrotien das, was Jane Austens Lady Catherine de Bourgh als „eine ganz nette Laube" bezeichnen würde. Im Sommer unterstreichen hohe Gräser und Wildblumen das Flair einer geheimen Zuflucht.

In der Gelb-Weißen Rabatte gedeiht *Rosa xanthina* 'Canary Bird' üppig unter Goldregen und weißem Flieder *(Syringa)*. Die nach Osten gelegene Terrasse

LINKE SEITE OBEN In der üppigen Staudenrabatte buhlen Mohn und Katzenminze um Aufmerksamkeit.
LINKE SEITE UNTEN Die Skulptur im Wildgarten trägt den Spitznamen „Svetlana".
GANZ OBEN LINKS Der Mühlsteinbrunnen speist die Wasserläufe beidseits des Wegs durch den Gemüsegarten.
OBEN LINKS Der Apfelhain verläuft parallel zu der Staudenrabatte.
OBEN RECHTS Der Pavillon im Gemüsegarten ist ein idyllisches Plätzchen, um sich an einem heißen Tag auszuruhen.

ist von Beeten mit *Rosa* 'Macmillan Nurse' umgeben, einer cremeweißen, duftenden Strauchrose aus der Zucht von Peter Beales.

Alte Rosen

Dean Manor soll für ein Parlamentsmitglied aus Oxford, Thomas Rowney, gebaut worden sein. Er schenkte es dem Radcliffe-Krankenhaus, das heute zu dem weltberühmten John Radcliffe Hospital in Oxford gehört. Spätere Veränderungen haben sich nicht auf die Fassade aus dem frühen 18. Jahrhundert ausgewirkt, aber dem Haus die formale Strenge genommen. Ähnliches gilt für den Garten.

Die Bepflanzung ist durchgängig traditionell englisch: weiße Glyzinien, Schneewittchen-Rosen, Meerkohl *(Crambe cordifolia)* und weißer Fingerhut im Weißen Garten sowie rosa blühende alte Rosen – *Rosa* 'Königin von Dänemark', *R.* 'Honorine de Brabant', *R.* 'Great Maiden's Blush' und 'Rosa Mundi' *(R. gallica* 'Versicolor') – im Rosengarten, dessen Unterpflanzung aus Bartfaden, Storchschnabel und Hornveilchen besteht. Eine neuere Rose, *Rosa* 'Phyllis Bide', klettert an den Mauern zu beiden Seiten des alten Eingangs. 1923 aus *R.* 'Perle d'Or' und *R.* 'Gloire de Dijon' gezüchtet, entstand eine Polyantha-Rose mit zartgelb-lachsrosa-cremefarbenen Blüten. Sie sieht zu dem traditionellen Cotswolds-Stein sehr schön aus, und obwohl sie ein Rambler ist, wird sie nicht allzu groß und ist öfter blühend.

Die derzeitigen Besitzer haben aber nicht nur neue Gartenräume geschaffen, sondern auch welche entfernt. Gleich hinter dem Haus etwa gab es eine Reihe von mit Hecken eingefassten Gärten – halb Gartenräume, halb Parterres –, die man zu wirr fand; außerdem störten sie den Blick auf den Garten dahinter.

Im Innern der von Eiben-, Buchen- oder Hainbuchenhecken umgebenen Gartenräume erwecken Pavillons, Sitzgelegenheiten, Springbrunnen und Wasserläufe den Eindruck, dass die Besitzer ihren Garten sehr genießen. Viele Elemente darin stammen von Auktionen oder Recyclinghöfen. Die stilistisch vage an den Sozialistischen Realismus erinnernde Skulptur einer stämmigen Frau im Wildgarten trägt den Spitznamen „Svetlana".

Zu den Gärten gehört auch Dean Manor Barn, eine umgebaute Scheune aus Cotswolds-Stein. Hier findet jedes Jahr im Juni das Dean and Chadlington Summer Music Festival statt. Die Darbietungen reichen von Lautenmusik über Jazz bis zu einem Gesangswettbewerb für junge Talente im Alter von 18 bis 28 Jahren.

Die Kinder der Besitzer von Dean Manor sind längst erwachsen und haben selbst schon Kinder. Doch von der Plattform an der Rückseite des Wildgartens, von der aus man den Sonnenuntergang genießen kann, bis zu der Skulptur des furchterregenden Bullen, der mit seinen Hufen jenseits des Rosengartens auf den Boden stampft – Verspieltes gibt es hier noch genug.

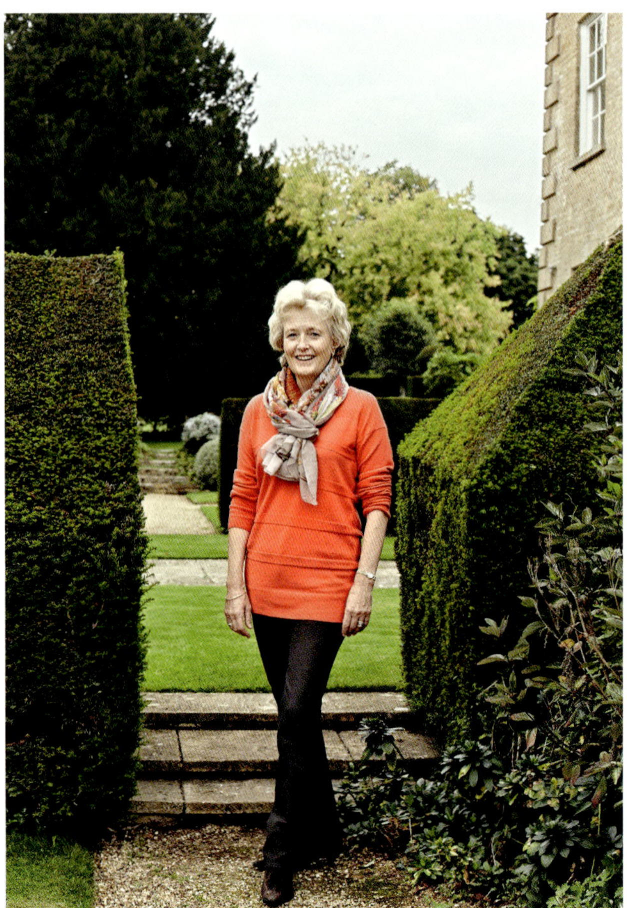

LINKS Lucy Chadlington und ihr Mann Peter haben neue Gartenräume in Dean Manor geschaffen, aber den urenglischen Charakter bewahrt.

RECHTE SEITE Die Rosen sind mit Zwiebelpflanzen und Stauden, z. B. Storchschnabel, unterpflanzt. So wird der Rosengarten auch außerhalb der Rosensaison nie langweilig.

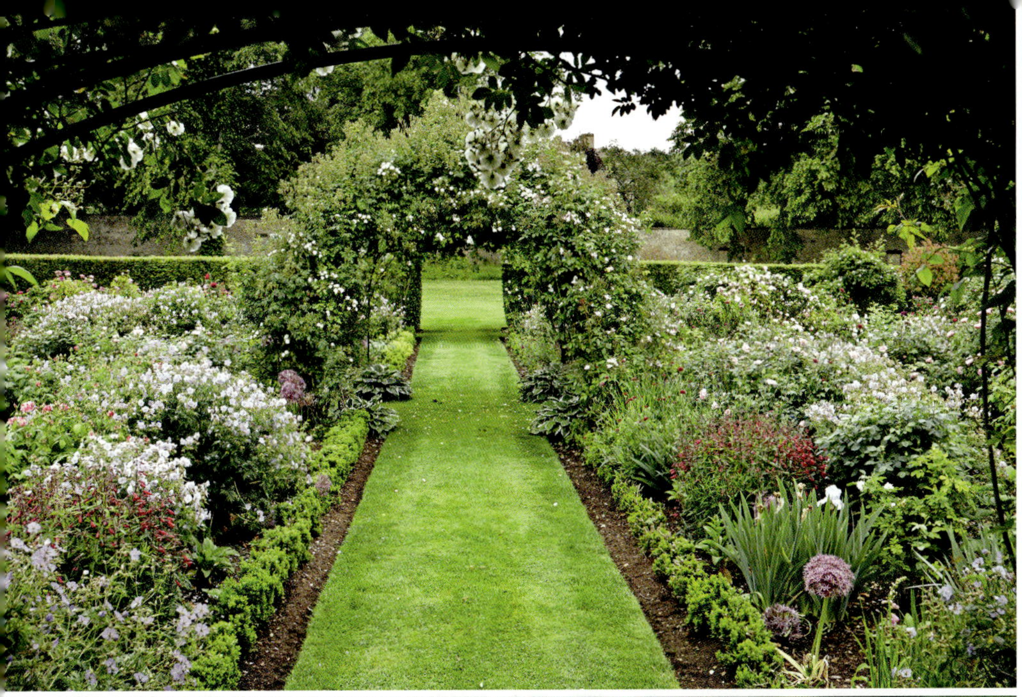
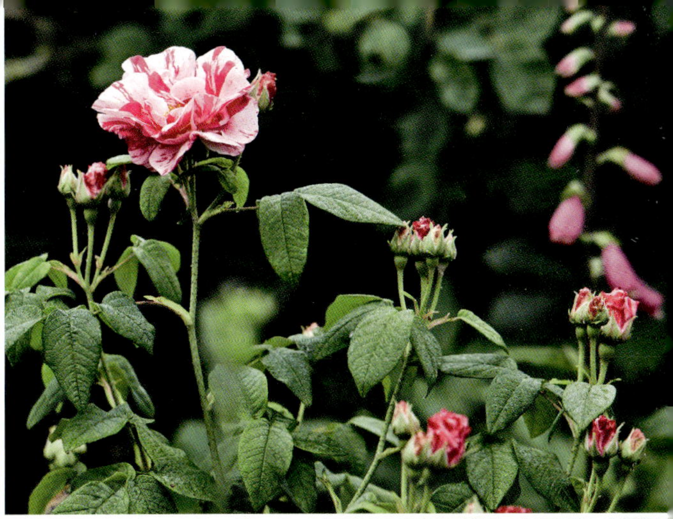
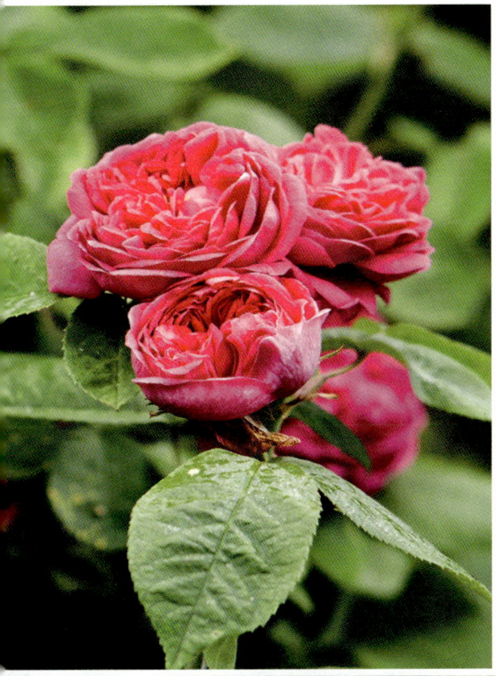
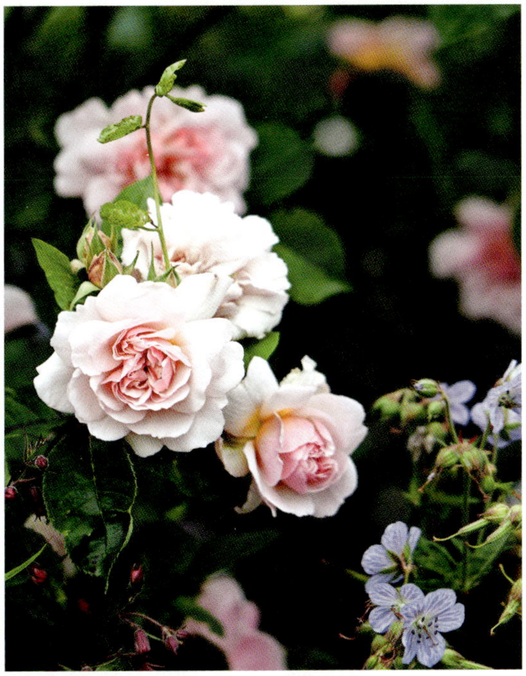
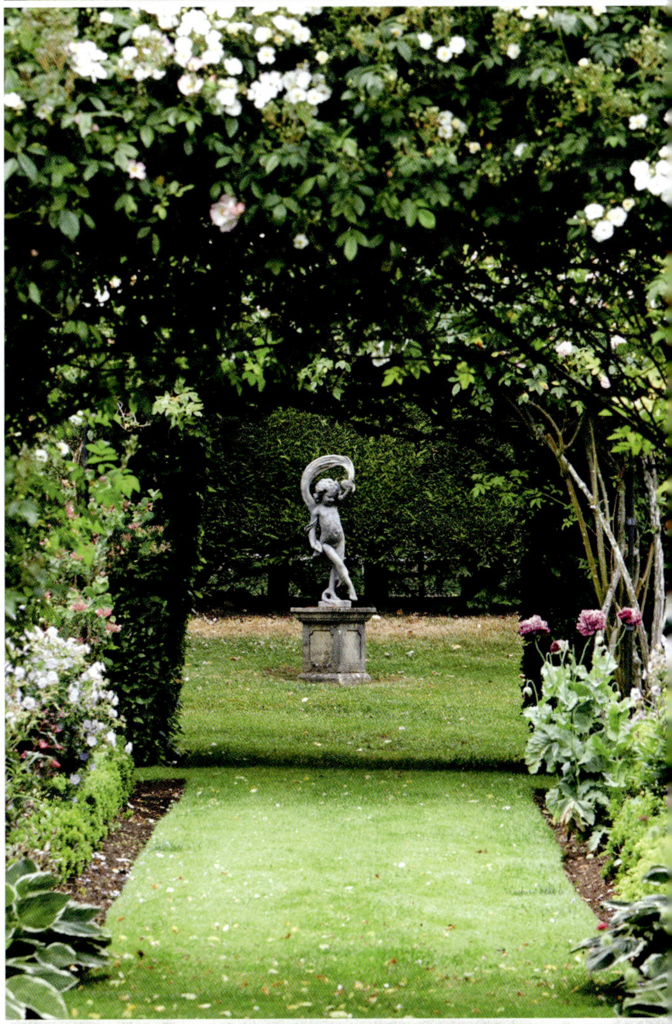
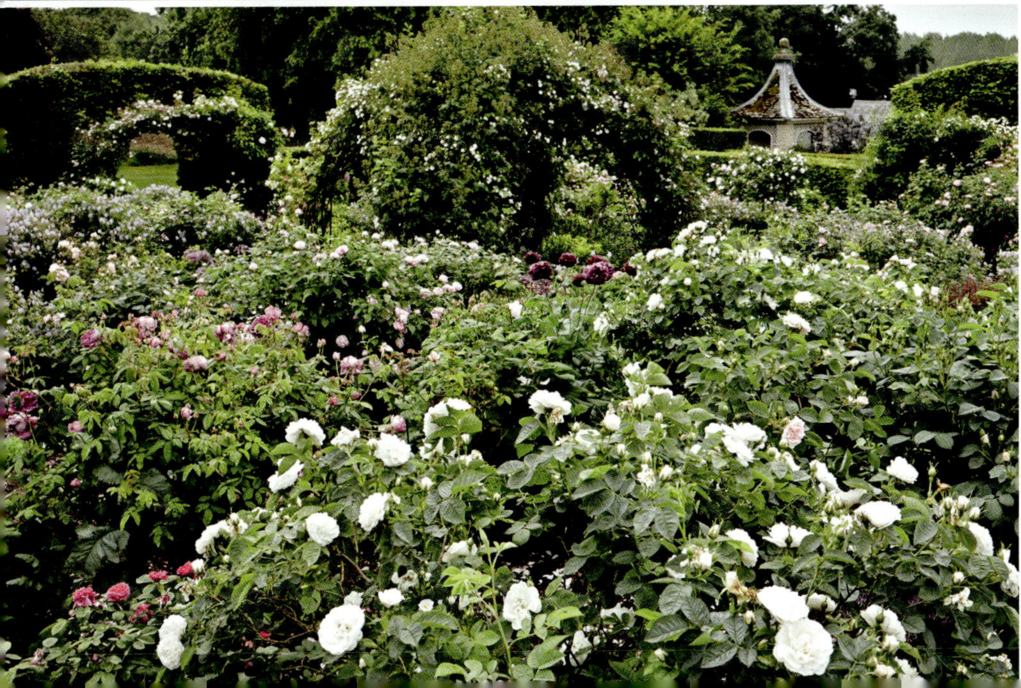
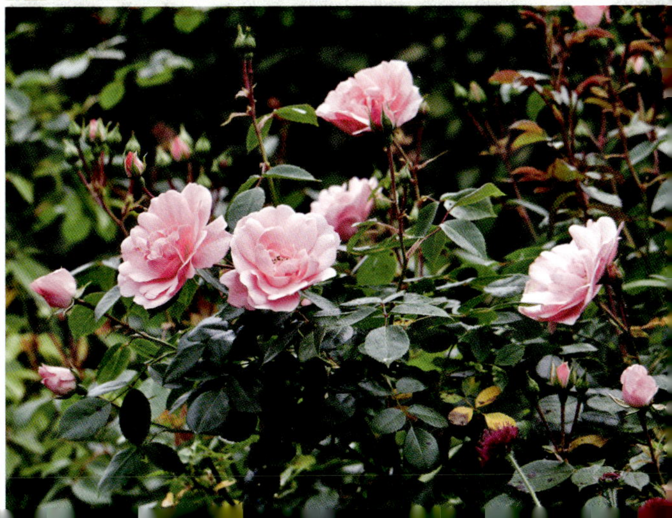

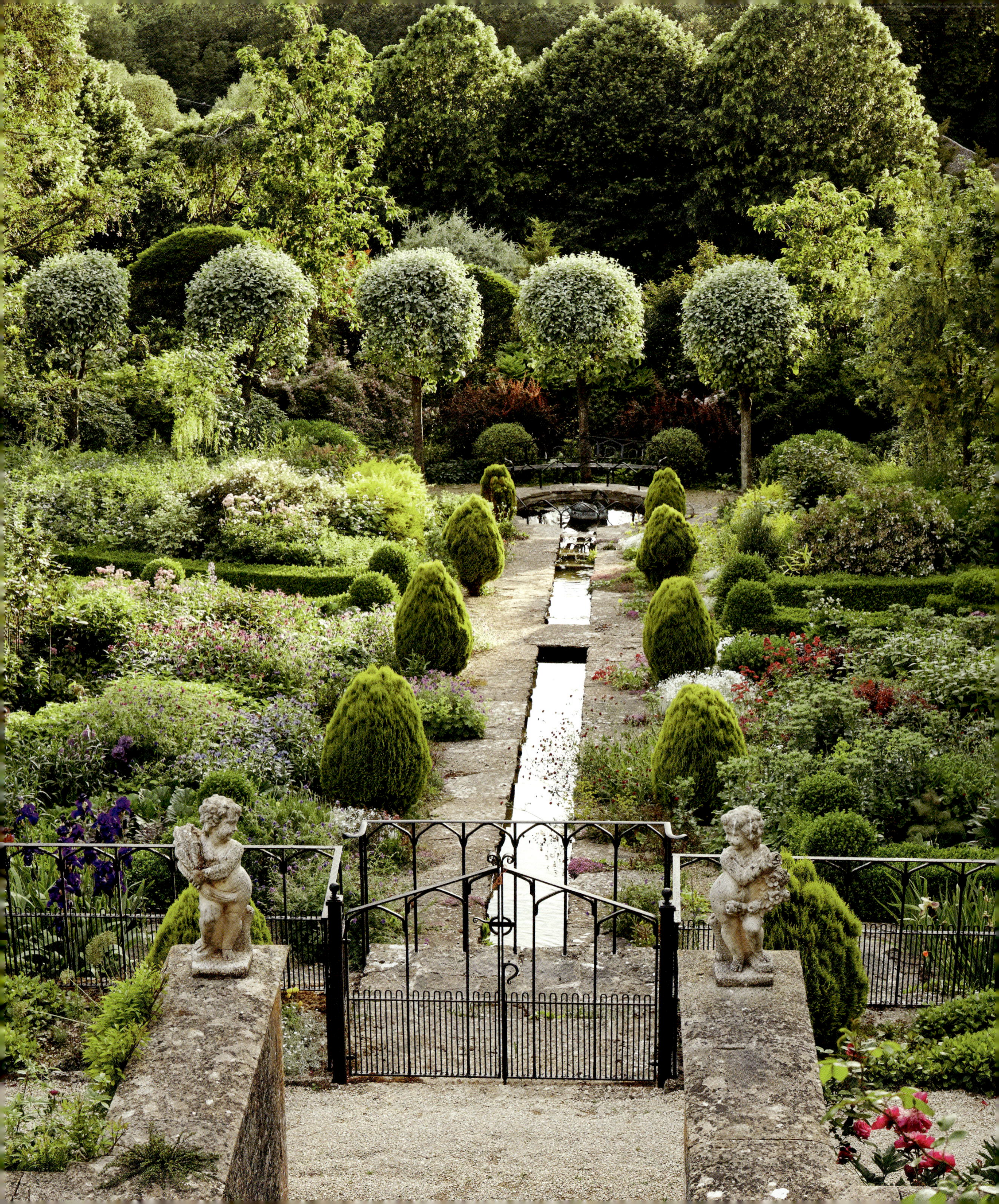

11
Eastleach House
Eastleach

ES WÄRE IRREFÜHREND, Eastleach House als einen „Garten Marke Eigenbau" zu bezeichnen, denn der Garten wirkt keineswegs laienhaft angelegt. Nichtsdestotrotz ist er größtenteils „selbst gebastelt", und vieles – etwa die blauen Gartenstühle, die aus dem Londoner Kricketstadion stammen, oder die Steine aus dem Kesselhaus, die man für die Terrasse verwendet hat – ist recycelt.

Vor 32 Jahren sind Stephanie und David Richards hier eingezogen. Ihr erster Eindruck muss niederschmetternd gewesen sein: Die ehemaligen Pächter hatten hier Enten und Perlhühner gehalten, der Garten war verwildert und mit Efeu überwuchert. In den ersten fünf Jahren waren die Richards damit beschäftigt, aufzuräumen.

Auf der Haben-Seite waren indes herrliche Ausblicke nach Westen auf das Dorf und nach Süden auf die Marlborough Downs zu verbuchen. Es war genug Platz, um einen Garten dicht am Haus anzulegen, und es gab bereits einen ummauerten Garten. „Die Lage des Hauses ist so wichtig", sagt Stephanie. „Man kann das Haus verändern, aber nicht das, was sich darum herum befindet."

Der ehemals „völlig verwahrloste Dschungel" ist mittlerweile in 5,6 Hektar formale Gärten und Parklandschaft verwandelt worden, aber noch immer ist von Weitem nicht zu erahnen, was einen bei der Ankunft in Eastleach House erwarten mag. Das Eingangstor liegt an der Hauptstraße, und die von Bäumen gesäumte Zufahrt windet sich steil bergauf. Selbst wenn man das Haus erreicht hat, ist

„Ich hatte immer Skizzen mit Ideen in meinem Notizbuch – den Entwurf für den Bachlaufgarten habe ich in dreißig Minuten im Auto auf der Fahrt zu einer Hochzeit gezeichnet."

STEPHANIE RICHARDS

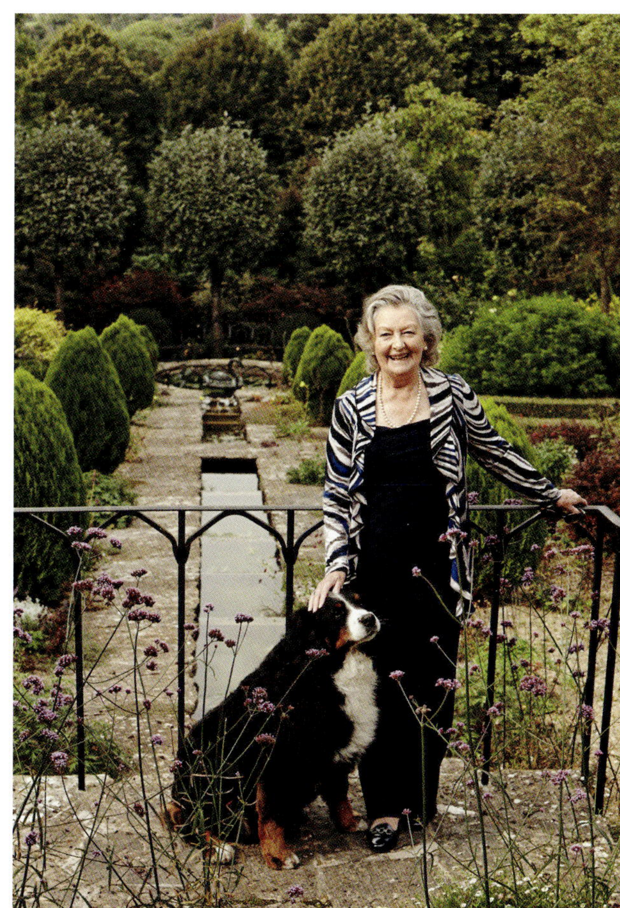

LINKE SEITE Dadurch, dass der Bachlaufgarten an einem Hang liegt, wirkt er kleiner, als er in Wirklichkeit ist. Seine wahre Größe offenbart sich, wenn man ihn durchquert.
RECHTS Stephanie Richards mit ihrer Berner Sennenhündin Lily. Stephanie und ihr 2003 verstorbener Ehemann David haben die Gärten selbst gestaltet.

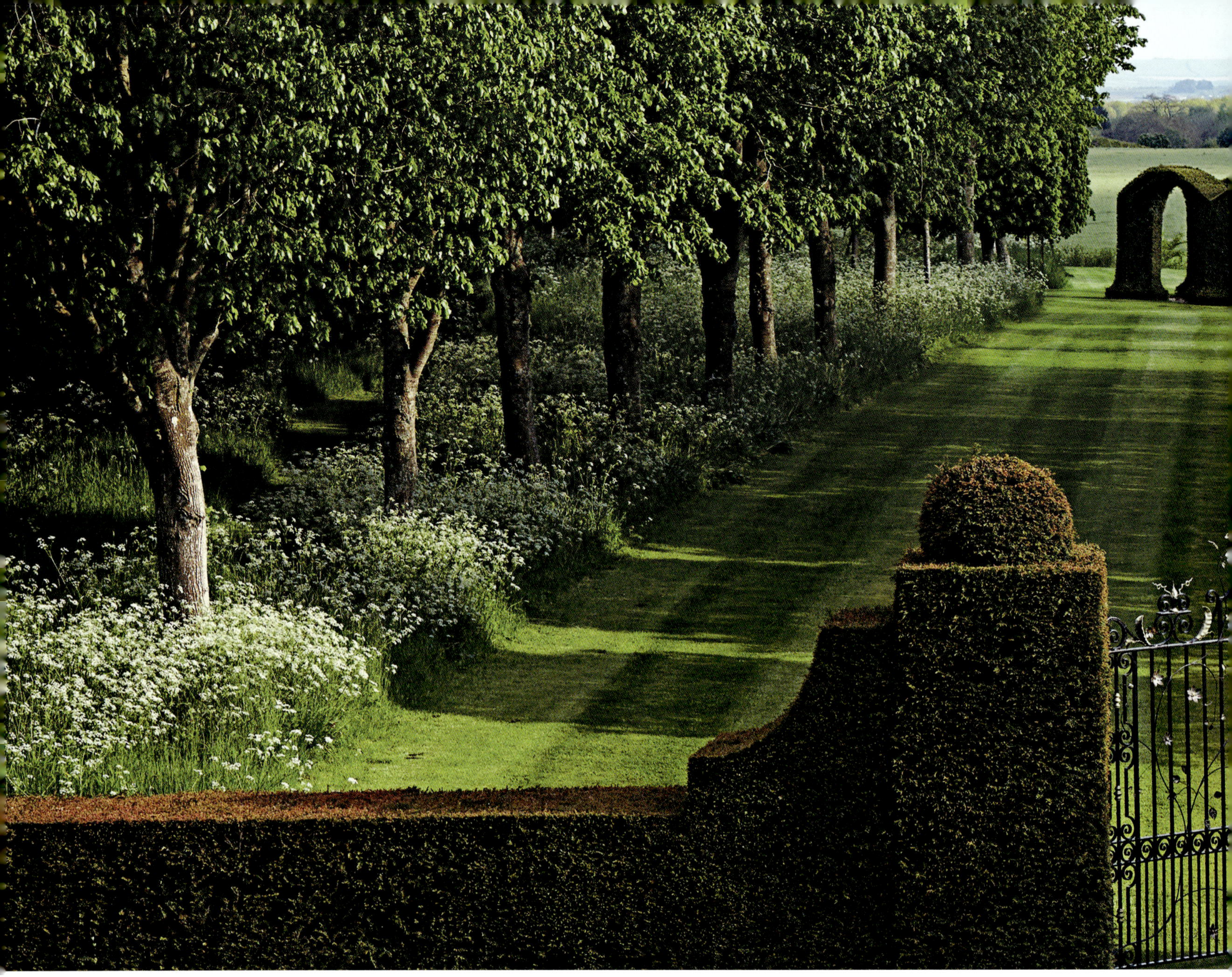

wenig zu sehen, weil die formalen Gärten größtenteils von Eibenhecken umgeben sind. Den Blick über die Parklandschaft hat man nur von der Rückseite des Hauses.

Die Richards hatten nie einen Gestaltungsplan für den Garten. Sie führten die Veränderungen nach und nach durch. Was Atmosphäre und Bepflanzung angeht, wollten sie Kontraste schaffen, doch gleichzeitig sollte jeder Bereich ganz selbstverständlich in den nächsten übergehen. Sie engagierten nie einen Gartenarchitekten, aber Rosemary Verey war sehr großzügig mit gutem Rat – und mit Stecklingen, erzählt Stephanie. Einige ihrer ersten Buchshecken sind aus Stecklingen aus Vereys Barnsley House gezogen.

Vielleicht hat Stephanie deshalb so viel Freude am Gestalten, weil sie malt: „Mit jedem Teil des Gartens habe ich versucht, ein Bild zu kreieren. Ich hatte immer Skizzen mit Ideen in meinem Notizbuch. Den Entwurf für den Bachlaufgarten habe ich in dreißig Minuten im Auto auf der Fahrt zu einer Hochzeit gezeichnet."

Es war allerdings David Richards, der die Lindenallee (*Tilia platyphyllos* 'Rubra') entwarf, die den Blick durch den Park bis zu den fernen Marlborough Downs lenkt. Auf halber Strecke der Allee befindet sich eine Kreuzung, hier treffen die Linden auf eine Buchenallee *(Fagus)*. Diese Kreuzung ist durch ein Rondell aus Eibenbögen betont,

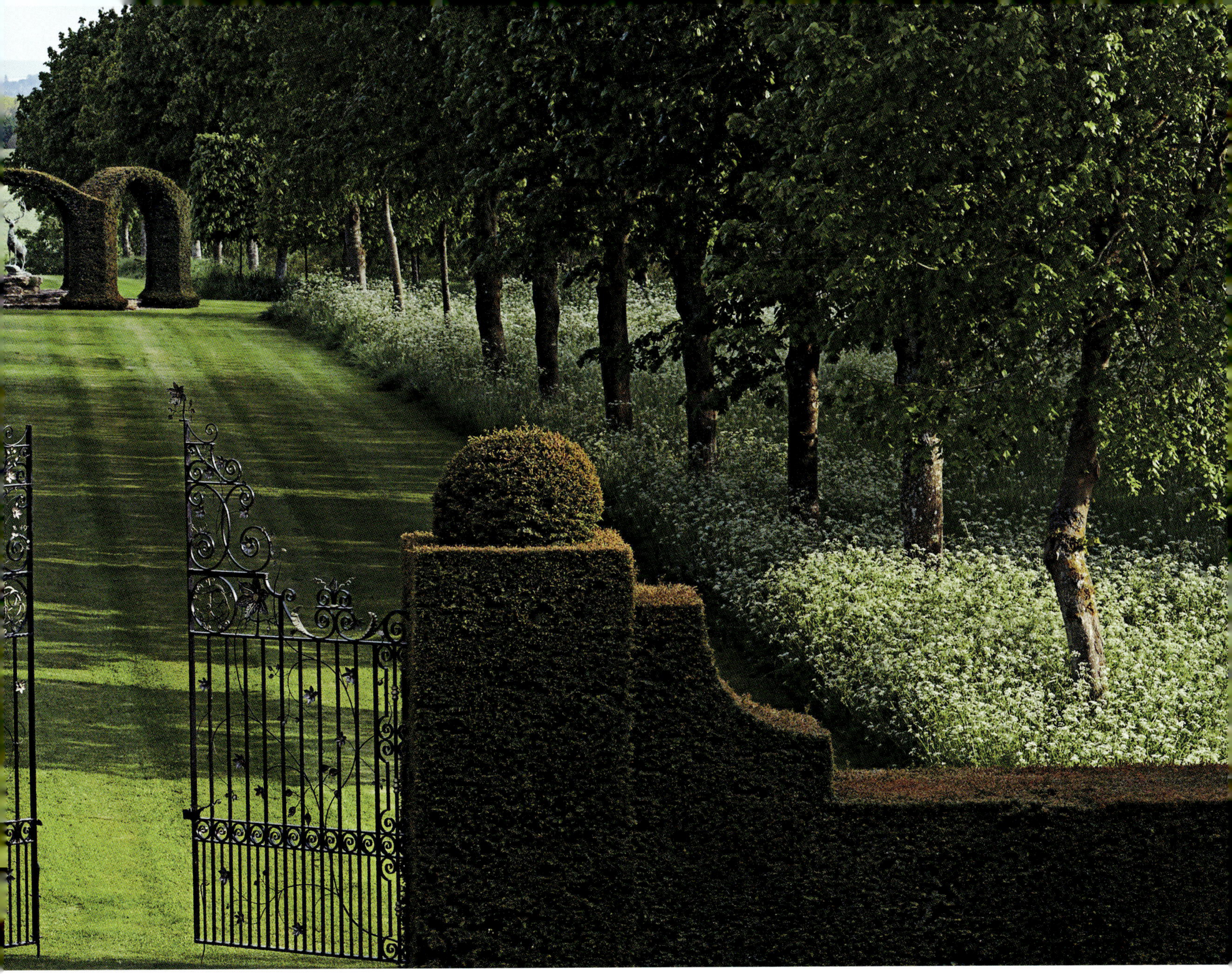

dessen Mitte ein bronzener Hirsch ziert. Das Rondell wird, in Anlehnung an Stonehenge, „Hedge-henge" genannt – ein Eindruck, der durch das Oval der Lindenhecke ringsum noch verstärkt wird. Der Sockel, auf dem der Hirsch steht, ist aus Steinen errichtet, die man hinter den alten Ställen gefunden hat.

Ein kleines Arboretum

In vielen Gärten der Cotswolds gilt es, ein Gleichgewicht zwischen Ausblicken und Windschutz zu schaffen. Der Blick in die grüne Landschaft soll nicht durch eine Baumreihe versperrt sein, aber genauso wenig soll ein kräftiger Sturm die schönen Solitärbäume umreißen. Ein Windschutzstreifen ist gut, sagt Stephanie, bietet aber keinen hundertprozentigen Schutz. Alles, was man tun kann, ist weiterhin Bäume zu pflanzen und sich mit dem Gedanken zu trösten, dass sich mögliche Unwetteropfer durch neue, noch schönere Exemplare ersetzen lassen.

Die Richards zogen 1982 nach Eastleach, und seitdem wurden über fünfhundert Bäume gepflanzt. Auch nach

Das in Anlehnung an Stonehenge „Hedge-henge" genannte Eibenrondell mit dem bronzenen Hirschen in der Mitte ist der Blickfang an der Lindenallee.

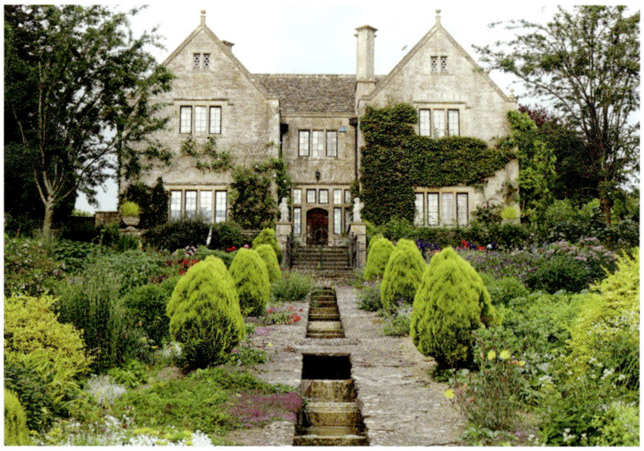

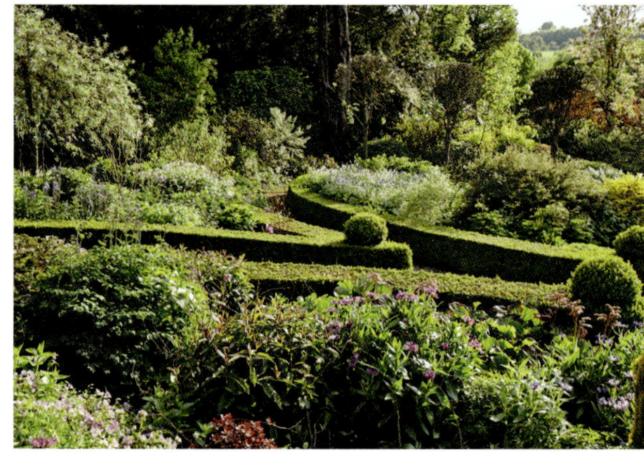

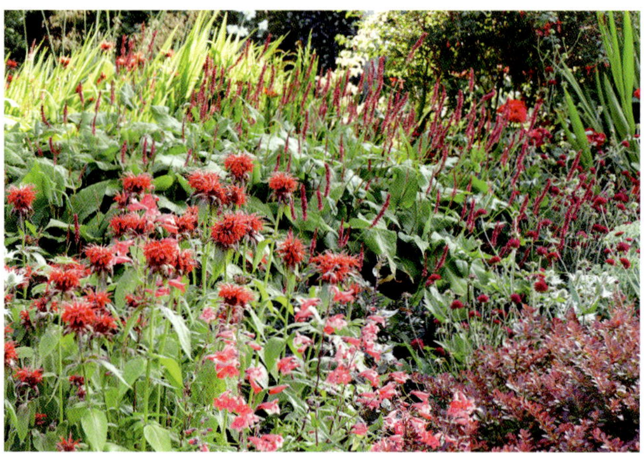

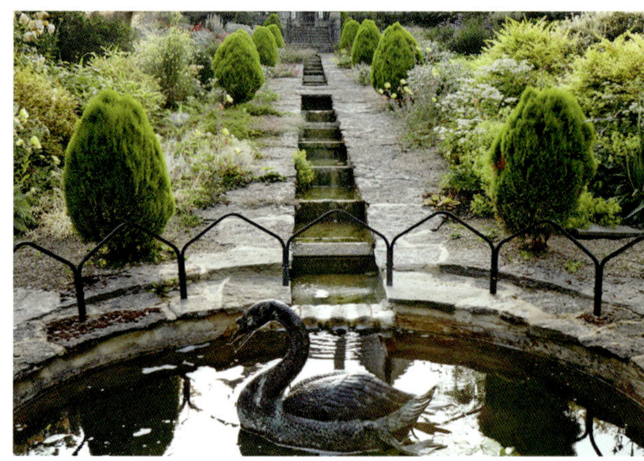

Davids Tod im Jahr 2003 wurde das kleine Arboretum erweitert. Insgesamt gibt es vier verschiedene Eichenarten *(Quercus)* und mehrere Sorten von Ahorn und Zedern, außerdem Exoten wie die aus dem Hindukusch stammende Gewöhnliche Tränen-Kiefer *(Pinus wallichiana)*, die Kanadische Fichte (*Picea glauca* 'Coerulea') und die Scheinbuche *(Nothofagus antarctica)*, die sogar auf Feuerland wächst. Dann wären da noch die Obstbäume und Blütensträucher – Kirschen *(Prunus)*, Äpfel *(Malus)* und Magnolien, darunter die wunderschöne *Magnolia* × *soulangeana* 'Brozzonii', die riesige weiße Blüten mit einem Hauch von zartem Rosa hat. Sie blüht sehr spät und hat oft im Hochsommer eine Nachblüte.

Wenn man den vier Hektar großen Park und das Arboretum erkundet, vergisst man leicht, dass es auch noch den Rest des Gartens zu sehen gibt. Dann entdeckt man den Bachlaufgarten, und schon denkt man nicht mehr daran, sich auf eine Bank zu setzen und auszuruhen. Der Bachlaufgarten liegt an einem ziemlich steilen Hang. Stephanie hat ihn 1997 gestaltet, um ihrem Mann zu ersparen, den bis dato dort befindlichen arg vermoosten Rasen zu mähen. Hinter einer Reihe von neun hochstämmigen Ebereschen am Fuß des Hanges geht es wieder steil bergauf. Man fühlt sich an die fantastischen, schwindelerregenden, detailreichen Landschaftsbilder des Renaissancemalers Joachim Patinir erinnert.

Der Wasserlauf strömt durch die Mitte des Gartens, flankiert von Morgenländischem Lebensbaum *(Platycladus orientalis* 'Aurea Nana'). Zu beiden Seiten befinden sich drei als Farbkreis bepflanzte und mit Buchsbaum eingefasste Rabatten. Blickt man von oben, wo die Rabatten mit Iris bepflanzt sind, auf den Garten hinunter, ist die Fläche optisch durch den Wasserlauf verkürzt, sodass man erst, wenn man unten ankommt, merkt, wie weit

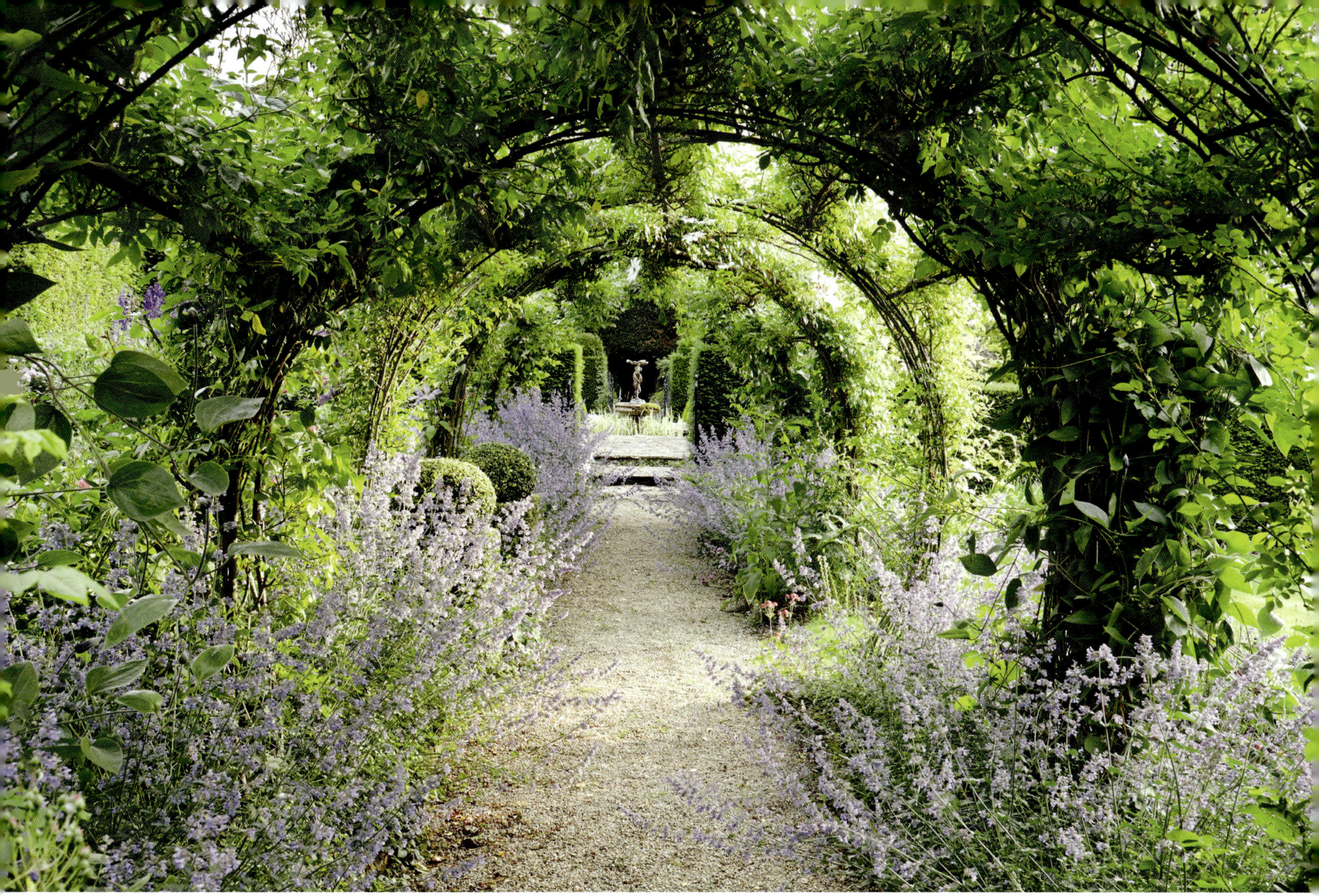

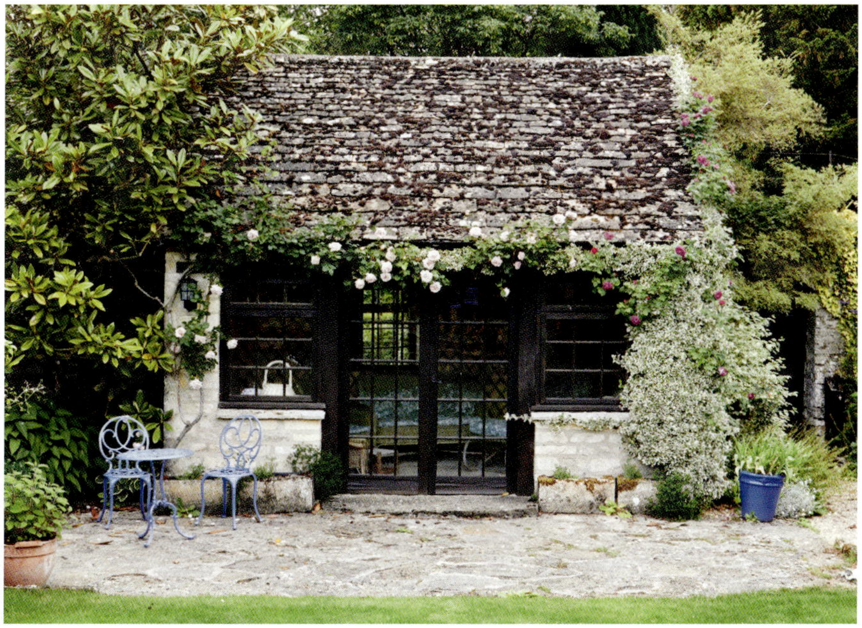

LINKE SEITE OBEN LINKS Blickt man vom Bachlaufgarten aus nach oben, beherrscht das Haus den Horizont.
LINKE SEITE OBEN RECHTS, UNTEN LINKS UND UNTEN RECHTS Der Bachlaufgarten ist wie ein Parterre angelegt, und jeder Bereich ist nach einem eigenen Farbschema bepflanzt. Den Wasserlauf flankieren Reihen von Morgenländischem Lebensbaum.
OBEN Das zarte Blau der Katzenminze greift die Blau- und Purpurtöne der Clematis an der Pergola auf.
LINKS Das Eichenholz für die Tür des Gartenhäuschens stammt von einem alten Wasserturm.

sich dieser Teil des Gartens erstreckt. Am Fuß des Bachlaufgarten befindet sich eine wellenförmige Eibenhecke, ein Gestaltungselement, das Stephanie in dem ummauerten Garten an der anderen Seite des Hauses noch einmal eingesetzt hat. Solche Hecken sind derzeit groß in Mode. Sie haben den Vorteil, dass sie Schutz bieten, ohne in einer harten, geraden Linie die Landschaft zu zerteilen, sondern im Gegenteil Durchblicke auf das, was hinter der Hecke liegt, gewähren.

Knotengärten

Der ummauerte Garten – ein echter *hortus conclusus* (geschlossener Garten) – spiegelt die Geschichte von Eastleach House. Das Haus ist ein Arts-and-Crafts-Bau im Stil des Tudor-Revival, entworfen von Sir Walter Cave und 1900 fertiggestellt. Der Arts-and-Crafts-Bewegung ging es darum, (Kunst-)Handwerkstechniken, die infolge der industriellen Revolution zu verschwinden drohten, wiederzubeleben. Für die Anhänger der Bewegung war das Mittelalter eine Zeit, in der traditionelle Handwerkskunst geachtet wurde. Deshalb kam alles, was mittelalterlich war, in Mode, auch der *hortus conclusus*, der einst die Jungfrau Maria symbolisierte. Ursprünglich war ein *hortus conclusus* nicht einfach ein umzäunter Garten, sondern ein sehr intimer, nach dem Vorbild alter islamischer Gärten gestalteter Ort mit vier bepflanzten Viertelkreisen und einem Brunnen in der Mitte.

Als sie mit der Gestaltung des ummauerten Gartens begann, wusste Stephanie nur, dass er von Pfaden durchzogen und mit rechten Winkeln versehen sein sollte. Nun blickt man von einer erhöhten Terrasse in der Mitte auf zwei Knotengärten hinab, und Rosenbögen rahmen die Pfade. Schaut man über den Garten hinweg auf das Haus zurück, stellt man fest, dass sich die Formen der Topiari an den von Sir Walter Cave entworfenen Giebeln und Schornsteinen orientieren.

Jeder englische Garten, der etwas auf sich hält, sollte mindestens ein wirklich verrücktes Element aufweisen. In dem ummauerten Garten ist dies das Fenster in der hinteren Mauer, durch das man in den Waldgarten hinabblickt. Mit seinem Seerosenteich ist er eine Oase für Wildtiere. Über den Teich spannt sich eine Brücke, die an jene von Giverny erinnert – Claude Monets Garten.

Eastleach mag ein Garten Marke Eigenbau sein. Doch alljährlich kommen viele Besucher hierher, um sich inspirieren zu lassen und „Bauanleitungen“ mitzunehmen.

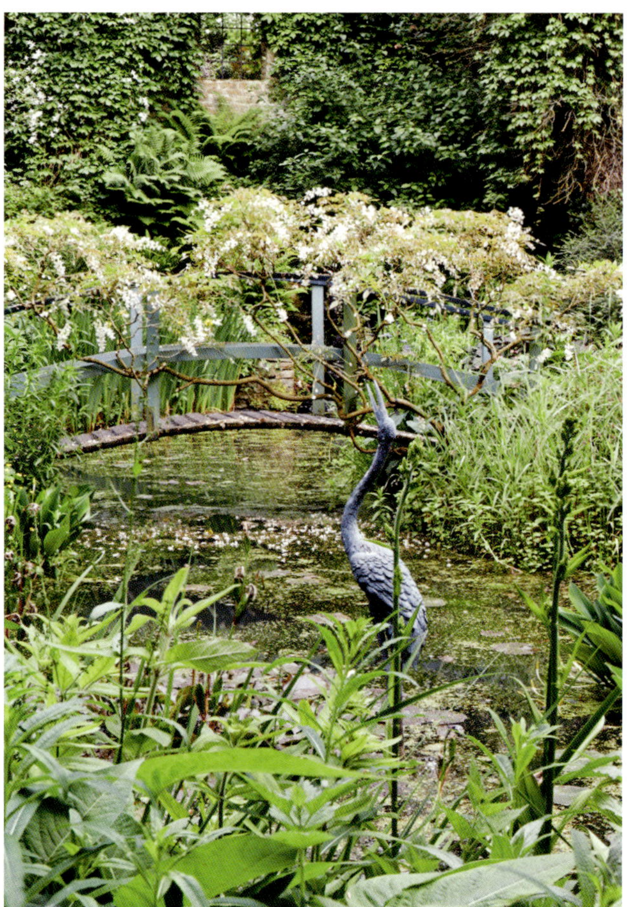

LINKS Die Brücke im Wildgarten ist der in Monets Garten in Giverny nachempfunden.
RECHTE SEITE Der ummauerte Garten enthält zwei Knotengärten und in der Mitte eine erhöhte Terrasse. Die Wege sind von Rosenbögen gerahmt.

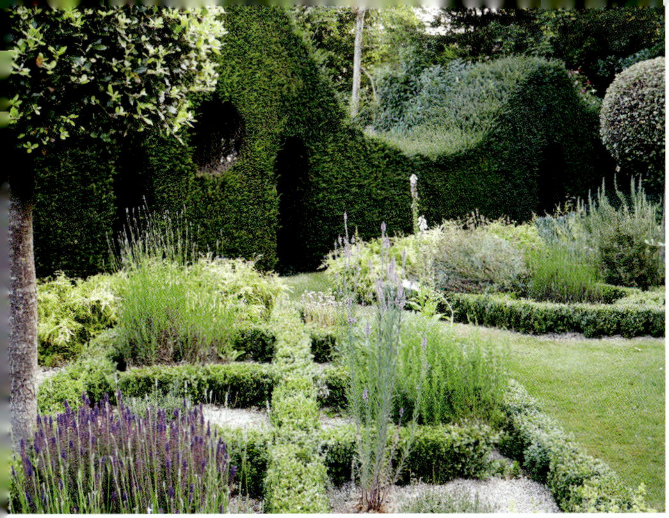
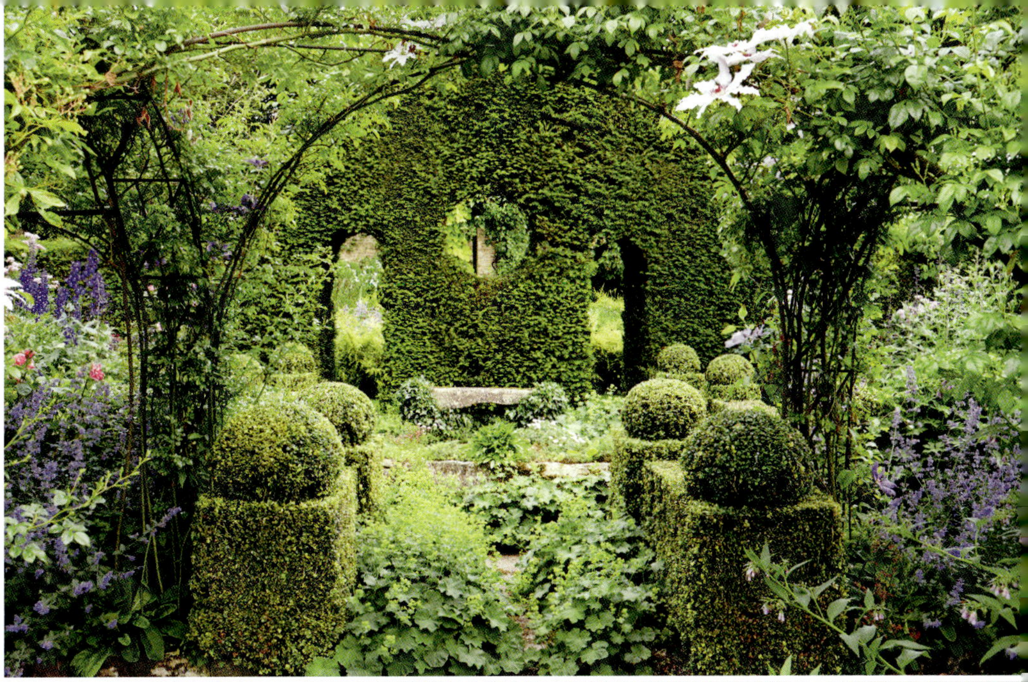
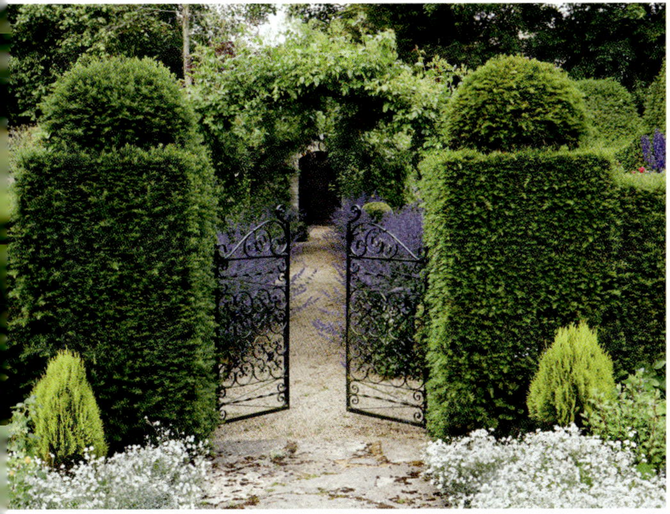
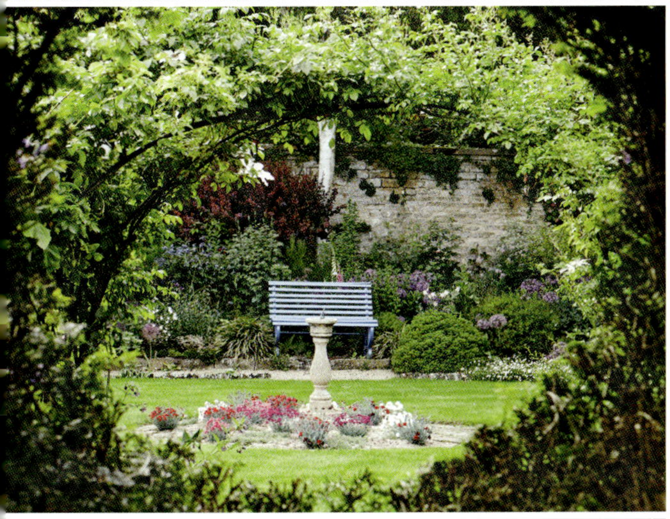
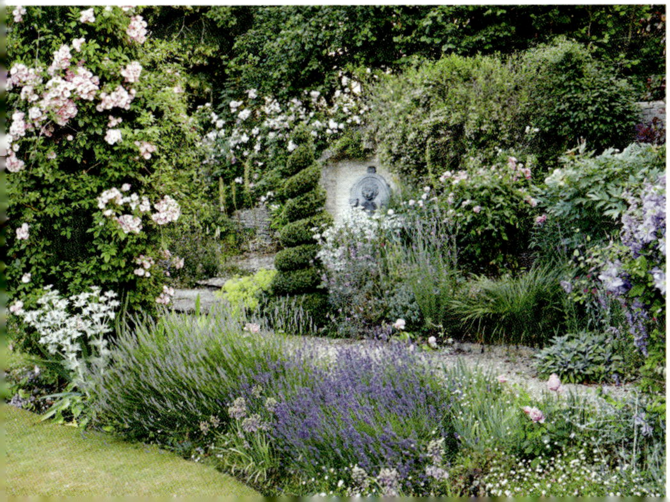
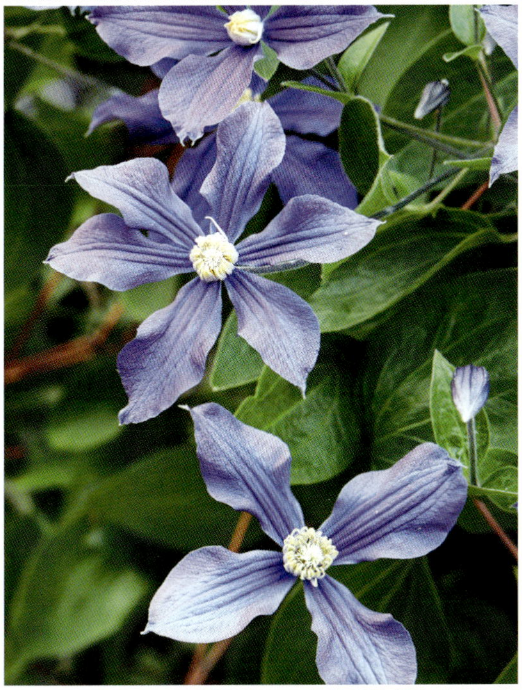
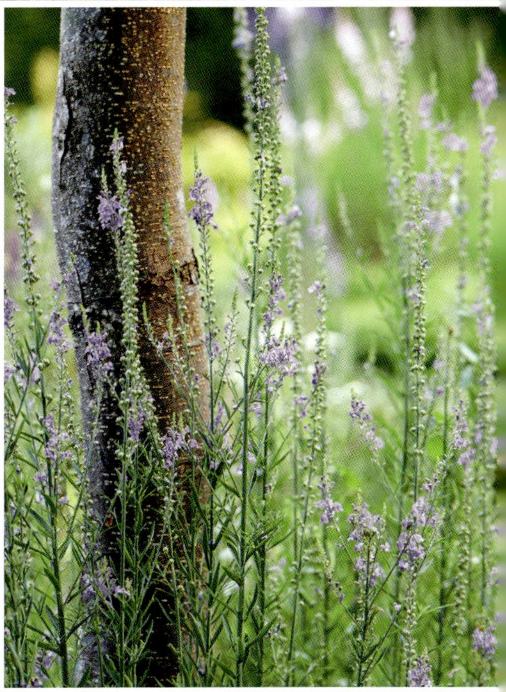
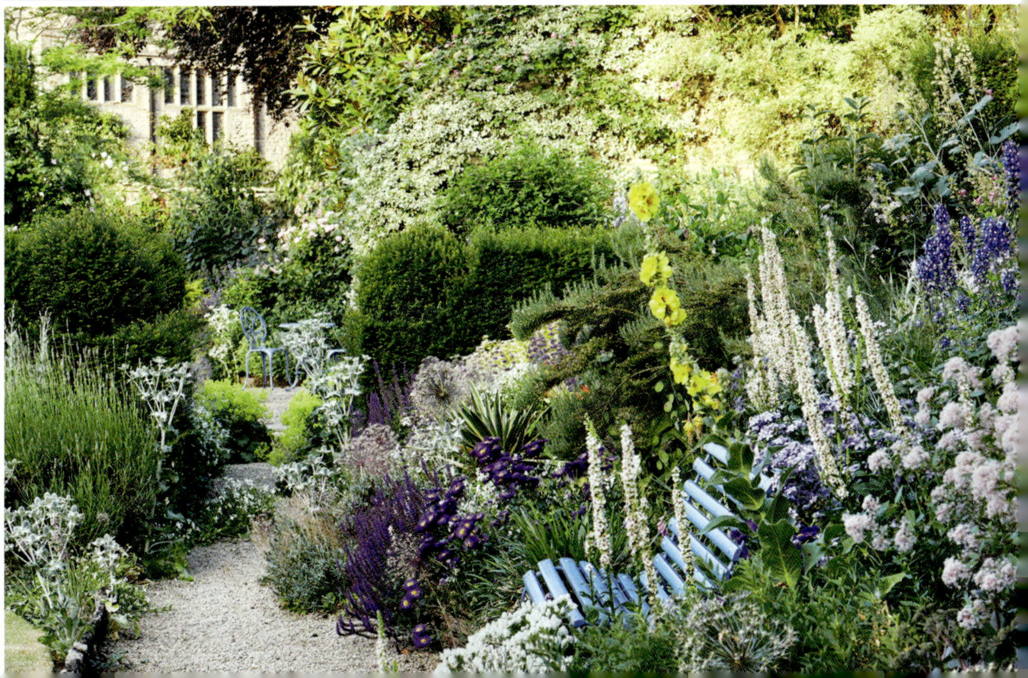

12
Eyford House
Upper Slaughter

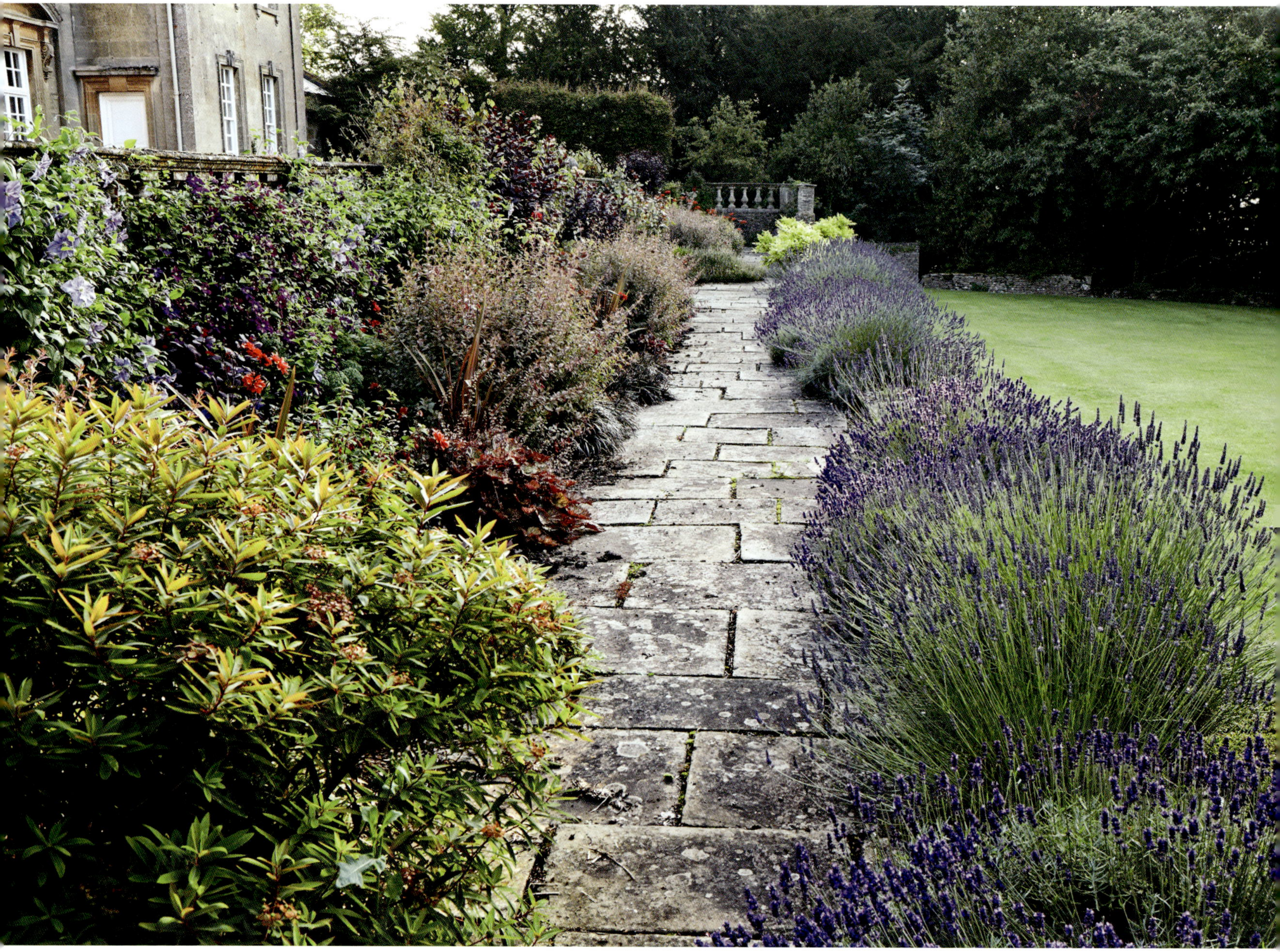

Eyford House liegt zwischen den trubeligen Touristenorten Bourton on the Water und Stow on the Wold, aber auf dem Grundstück selbst ist nichts davon zu spüren, dass sich nur wenige Kilometer entfernt Busreisegruppen tummeln. Die im 18. Jahrhundert gestaltete Parklandschaft ist eine sechzig Hektar große Pastoralidylle – da glaubt man gern die Legende, dass John Milton hier zu einem Teil von *Das verlorene Paradies* inspiriert worden sei.

Im Frühjahr 2011 wählte die Zeitschrift *Country Life* Eyford zum „Best Country Home" (Julian Fellowes, Schöpfer der TV-Serie *Downton Abbey*, saß in der Jury). Warum dies geschah, ist offensichtlich: Das 1910 im Queen-Anne-Stil erbaute Haus steht auf einem Grundstück, auf dem sich seit 1710 Wassergärten und Pleasuregrounds befanden, und die Puppenhausfassade aus goldenem Cotswolds-Stein hat etwas sehr Heimeliges. Der Architekt war Guy Dawber, der seine Ausbildung wie Edwin Lutyens bei Ernest George und Harold Peto absolvierte. Wie Lutyens hatte er sich auf den Arts-and-Crafts-Stil spezialisiert und war 1926 Mitbegründer des „Rats zur Erhaltung des ländlichen Englands" (heute Campaign to Protect Rural England). Er entwarf die das Haus umgebenden formalen Gärten. Letztere wurden in den 1970er-Jahren von Graham Stuart Thomas restauriert, zu dessen Arbeit für den National Trust sein Meisterwerk zählt – der Rosengarten der Mottisfont Abbey.

Tee und Krocket auf dem Rasen

1972 kaufte Sir Cyril Kleinwort, Partner bei der Bank, aus der die Kleinwort Benson Group hervorging, Eyford. 1944 hatten Sir Cyril und seine Frau Betty das exotische Sezincote (siehe Seite 112–117) erworben, das heute ihrem Enkel Edward Peake gehört, und sich an Graham Stuart Thomas gewandt, um sich bei der Restaurierung der Gärten beraten zu lassen. Die Zusammenarbeit dauerte dreißig Jahre an. Es lag wohl einfach nahe, auch für Eyford den führenden Fachmann seiner Zeit zu konsultieren.

Lady Kleinwort starb vor 17 Jahren nach langer Krankheit. Ihre Tochter Charlotte Heber-Percy erbte das Haus und bat Graham Stuart Thomas, sie erneut zu beraten. Die formalen Gärten von Eyford sind nicht übermäßig groß. Guy Dawber hat sie schnörkellos gestaltet, genau wie die Terrasse hinter dem Haus, von wo aus man den Rasen überblickt. An einer Seite ist sie von Lavendel gesäumt,

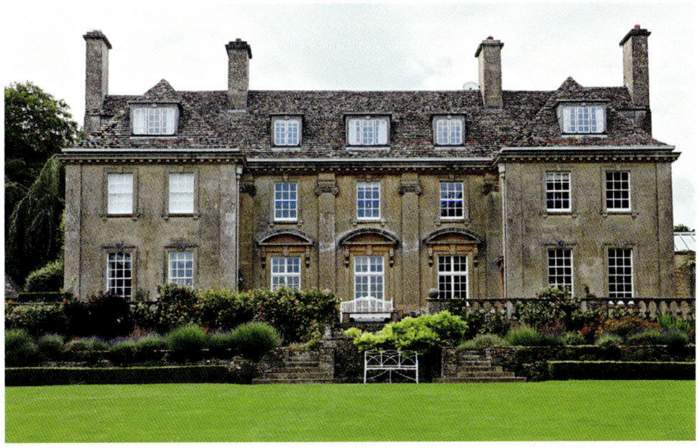

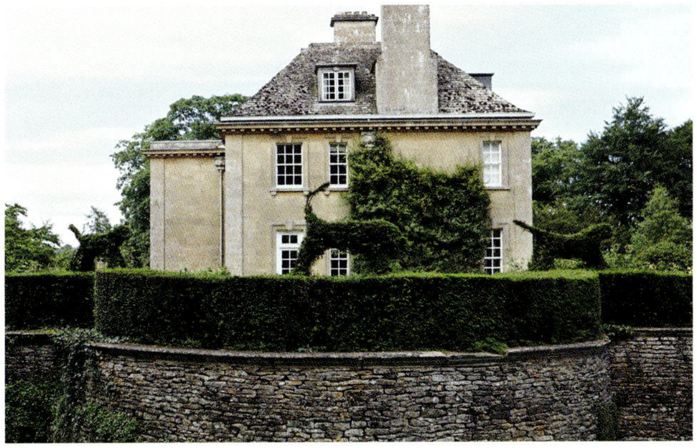

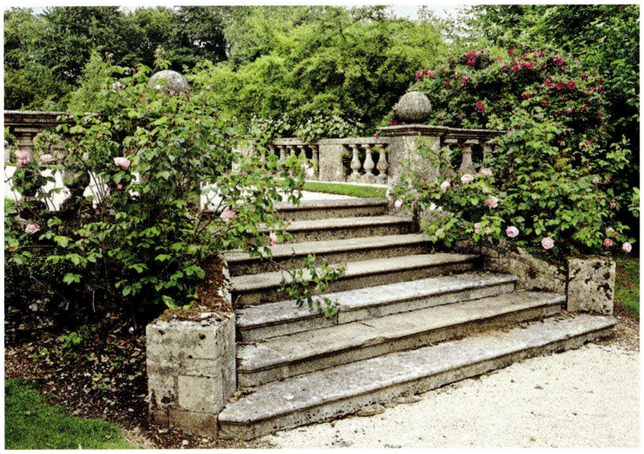

LINKE SEITE Rot- und Bronzetöne bestimmen die Rabatte an der Terrasse. Die andere Seite des Weges säumt Lavendel.
GANZ OBEN Das Haus wurde 1910 im Queen-Anne-Stil erbaut.
MITTE Die eigenwillige Topiari auf der Eibenhecke zeigt eine Hundemeute bei der Fuchsjagd.
OBEN Die formalen Gärten am Haus hat Graham Stuart Thomas in den 1970er-Jahren restauriert.

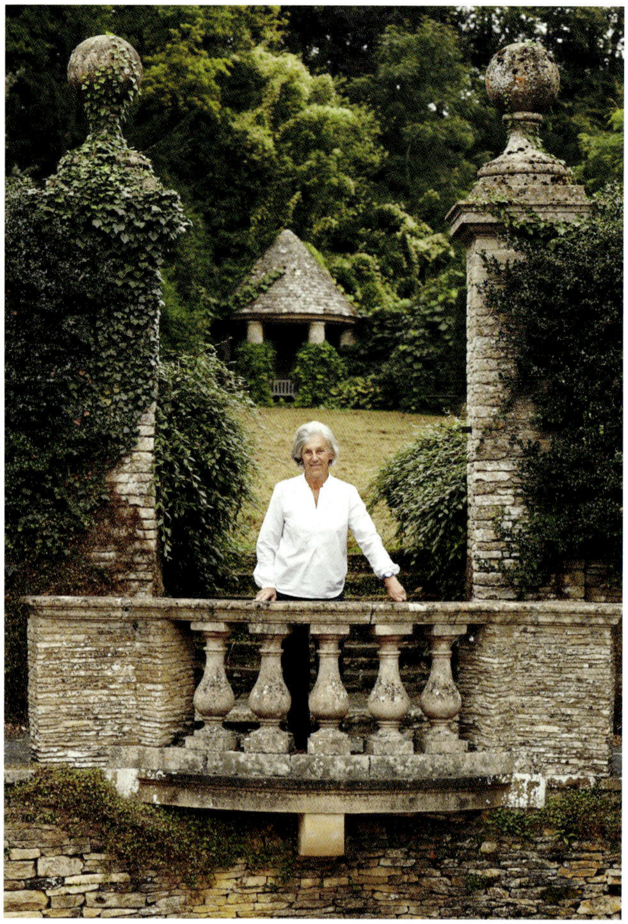

an der anderen Seite ist die Bepflanzung in Rot und Bronze gehalten, mit Rosen, Clematis und Neuseelandflachs.

Als das Haus gebaut wurde, diente der Rasen als Krocketfläche oder man trank dort den Tee. Heute wird er meist als Fußball- oder Kricketplatz genutzt. Es sei aber auch wunderbar, sagt Charlotte Heber-Percy, dort an einem sonnigen Sommerabend einen Drink zu genießen. Sie wohnt noch immer in Eyford, mittlerweile allerdings in dem umgebauten Stalltrakt: Das Haus hat sie ihrer Tochter Serena Prest überlassen, die dort mit ihrem Mann und den drei Kindern lebt.

Wenn man um das Haus herumgeht, durchquert man einen von einer Eibenhecke umgebenen Gartenraum. Oben auf der Hecke hetzt eine Meute Topiari-Hunde in ewiger Jagd einen Fuchs vorbei an einem steinernen Pavillon, dessen Baumaterial den Poloställen von Sezincote entstammt.

Die Skulptur eines Mauerseglers vor dem Haus war Charlottes Abschiedsgeschenk, als sie vor drei Jahren auszog. Dahinter liegen die von Guy Dawber gestaltete Treppe und das hohe steinerne Tor, die den Blick auf den Pavillon am Ende des Hauptgartens lenken. Es ist ohnehin ein wunderschöner Blick, doch die Wirkung wird durch zwei Eibenreihen noch verstärkt. Sie wurden auf den Rat von Graham Stuart Thomas hin gepflanzt und verleihen dem Garten eine klare architektonische Note.

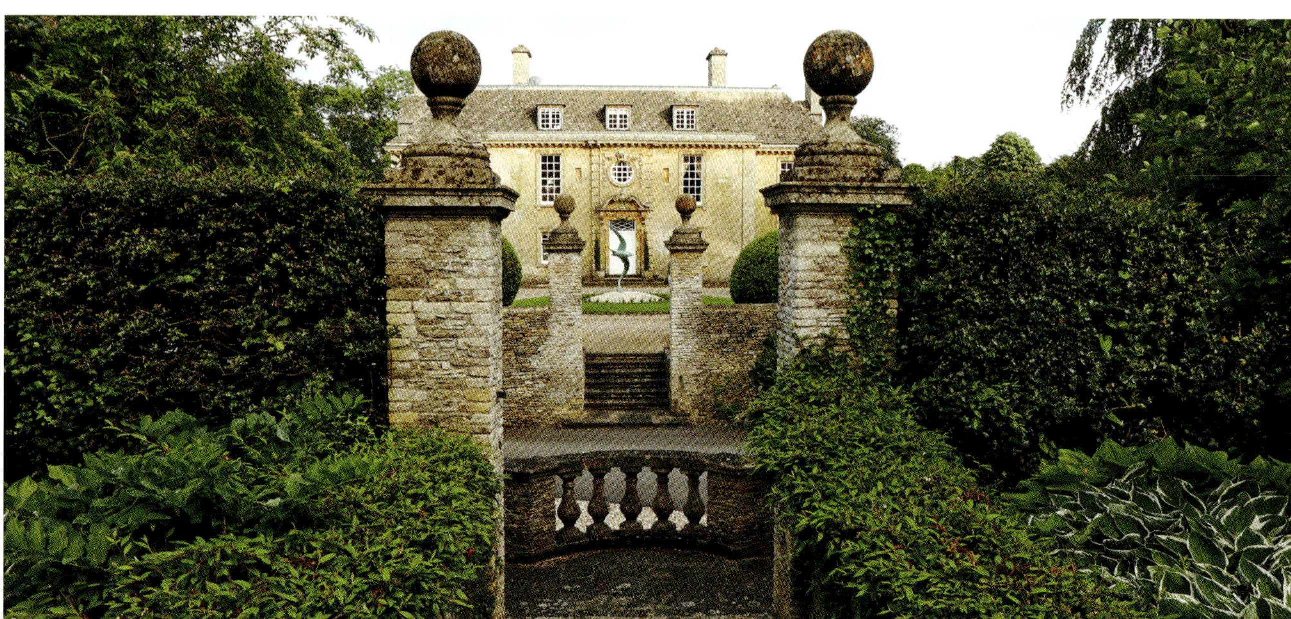

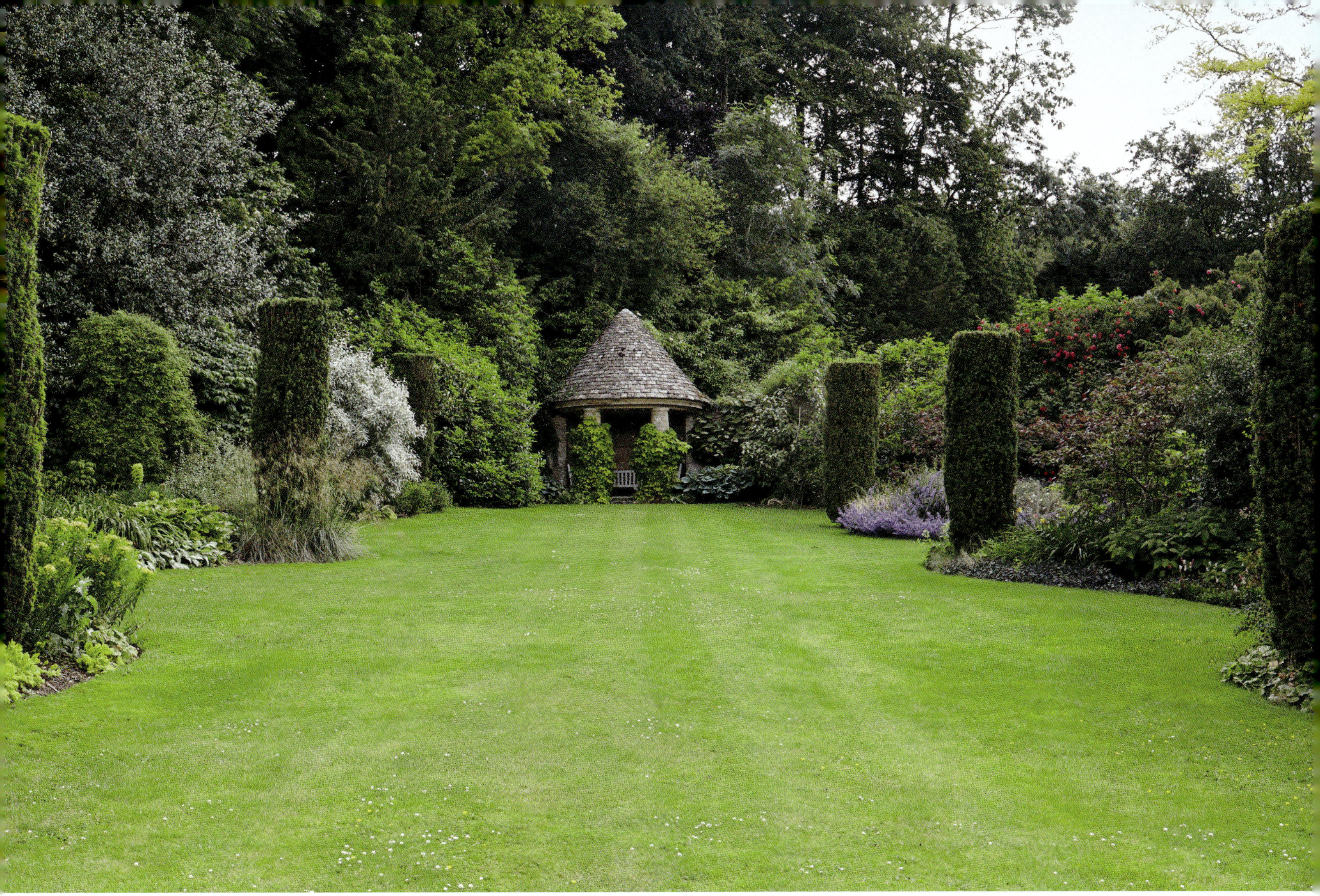

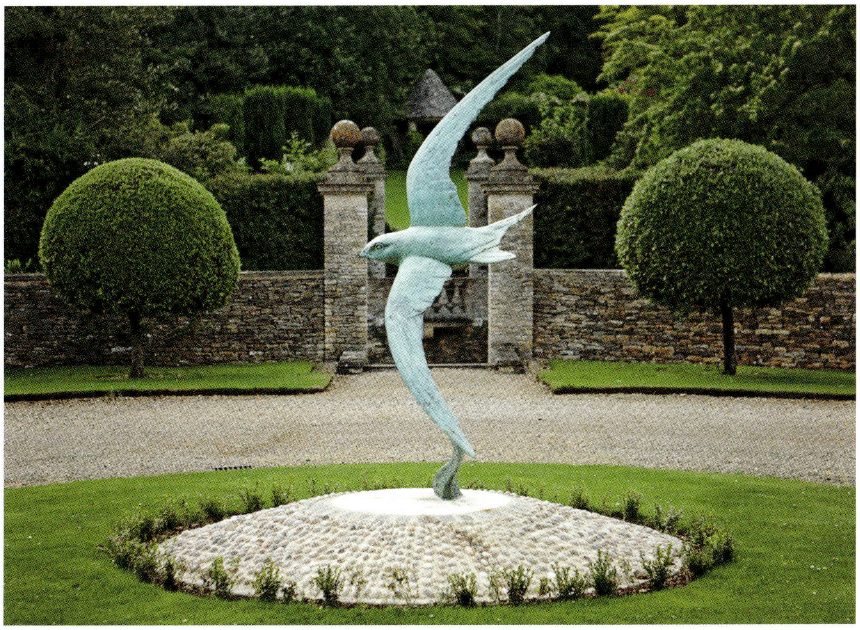

LINKE SEITE OBEN Charlotte Heber-Percy steht im Tor zum Hauptgarten.
LINKE SEITE UNTEN UND LINKS Die Skulptur eines Mauerseglers war das Abschiedsgeschenk von Charlotte Heber-Percy an das Haus, als sie es ihrer Tochter Serena übergab.
OBEN Die schlanken Eibensäulen wurden auf einen Vorschlag von Graham Stuart Thomas hin ergänzt. Die Inselbeete wirken wie gewundene Rabatten.

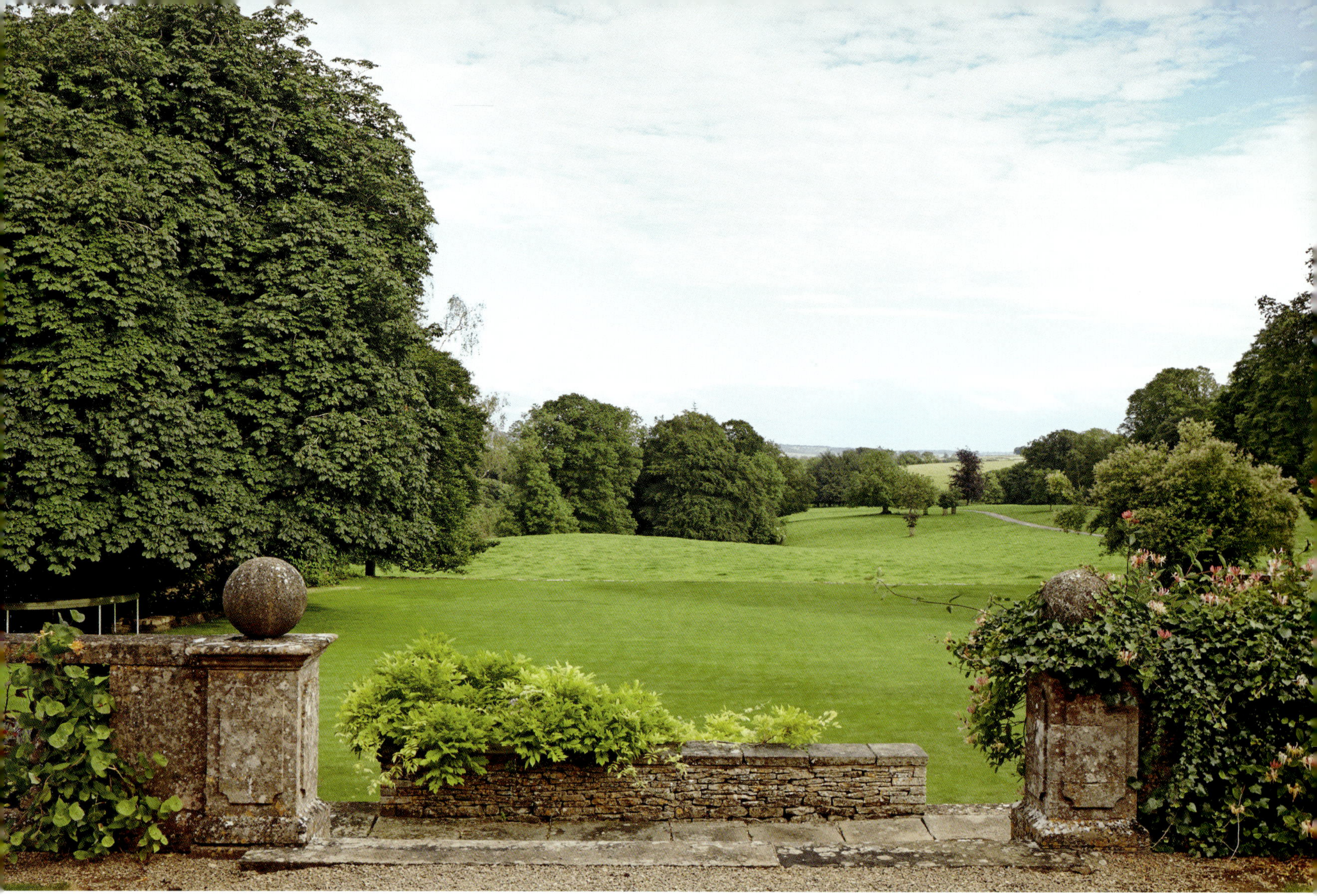

Man glaubt gern, dass John Milton durch einen Spaziergang über dieses Grundstück zu einem Teil von Das verlorene Paradies *inspiriert wurde.*

OBEN Von der Terrasse aus blickt man weit über die Wiesen und Wälder der Cotswolds.
RECHTE SEITE Das Eingangstor. Eyford House mag aussehen wie eine Postkartenidylle, aber es ist ein bewirtschafteter Bauernhof.

Jenseits des Tors liegen große Inselbeete. Links sind sie überwiegend in Gelbtönen, rechts größtenteils in Rosa- und Blautönen bepflanzt. Laut Charlotte Heber-Percy blüht in dem von Wald umgebenen Garten von Eyford alles immer drei Wochen später als in anderen Gärten, daher sollen gelber Liguster, goldener Hopfen, Bunte Schwertlilien und die glänzenden Blätter des Pracht-Akanthus (*Acanthus mollis* 'Hollard's Gold') warm und sonnig wirken.

Adam und Eva

Die Restaurierungsarbeiten gehen weiter: Der ummauerte Küchengarten wurde 2013 um Hochbeete ergänzt, die von niedrigen Spalierapfelbäumen umgeben sind, und es gibt Pläne, den Swimmingpoolbereich in einen weiteren Gartenraum umzugestalten.

Man nimmt an, dass das erste Haus in Eyford im 17. Jahrhundert für Charles Talbot, Herzog von Shrewsbury,

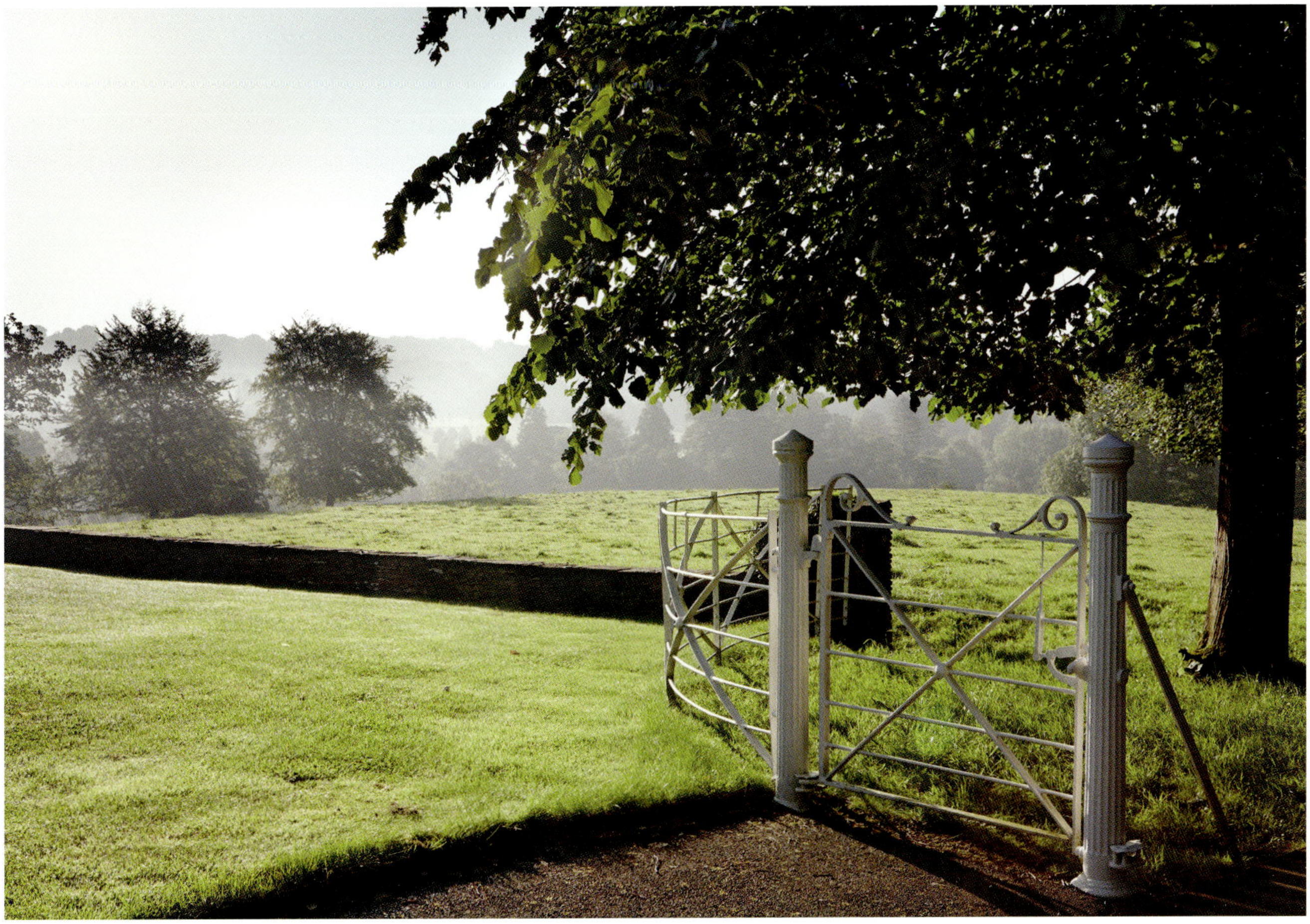

gebaut wurde, der dort König Wilhelm III. zu Gast gehabt haben soll. Das Gerücht über Milton hat wahrscheinlich eine frühere Besitzerin, Mrs D'Arcy Irvine, verbreitet. Sie ließ den Brunnen restaurieren, an dem der Dichter verweilt und geschrieben haben soll. Angeblich ließ sie eine Inschrift anfertigen: „An diesem Brunnen schrieb Milton *Das verlorene Paradies*."

Es ist nicht völlig abwegig, dass Milton Eyford besuchte – er lernte seine Frau Mary Powell kennen, als er in der Grafschaft Oxford zu Besuch war (allerdings von Eyford aus gesehen an der anderen Seite von Oxford) –, aber es gibt keine Beweise.

Nichtsdestotrotz ist es eine hübsche Vorstellung: Der Dichter lässt den Blick über eine der schönsten ländlichen Gegenden Englands schweifen, und vor seinem geistigen Auge sieht er Adam und Eva durch einen grünen Garten Eden in Gloucestershire wandeln:

„Denn Arges nimmer denkend, gingen sie,
Das liebevollste Pärchen, Hand in Hand,
Wie nimmer eines wieder sich umarmt:
Adam, der schönste von der Männerschar,
Eva, die lieblichste von allen Fraun!
Sie setzten unter laubigem Schattendach,
Das sanft auf grünem Felde säuselte,
Bei einem kühlen Brunnenquell sich nieder;
Nachdem sie in dem holden Garten sich
So viel gemüht als nötig, um der Ruhe,
Des Wests Erquickung reiner zu genießen
Und Durst und Hunger süßer zu befriedgen,
Vereinte sie der Nektarfrüchte Mahl,
Die ihnen freundlich tief die Zweige boten,
Als sie sich auf die Rasenbank gelehnt,
Die rings umgürtet war mit duftgen Blumen."
(*Das verlorene Paradies*, Vierter Gesang)

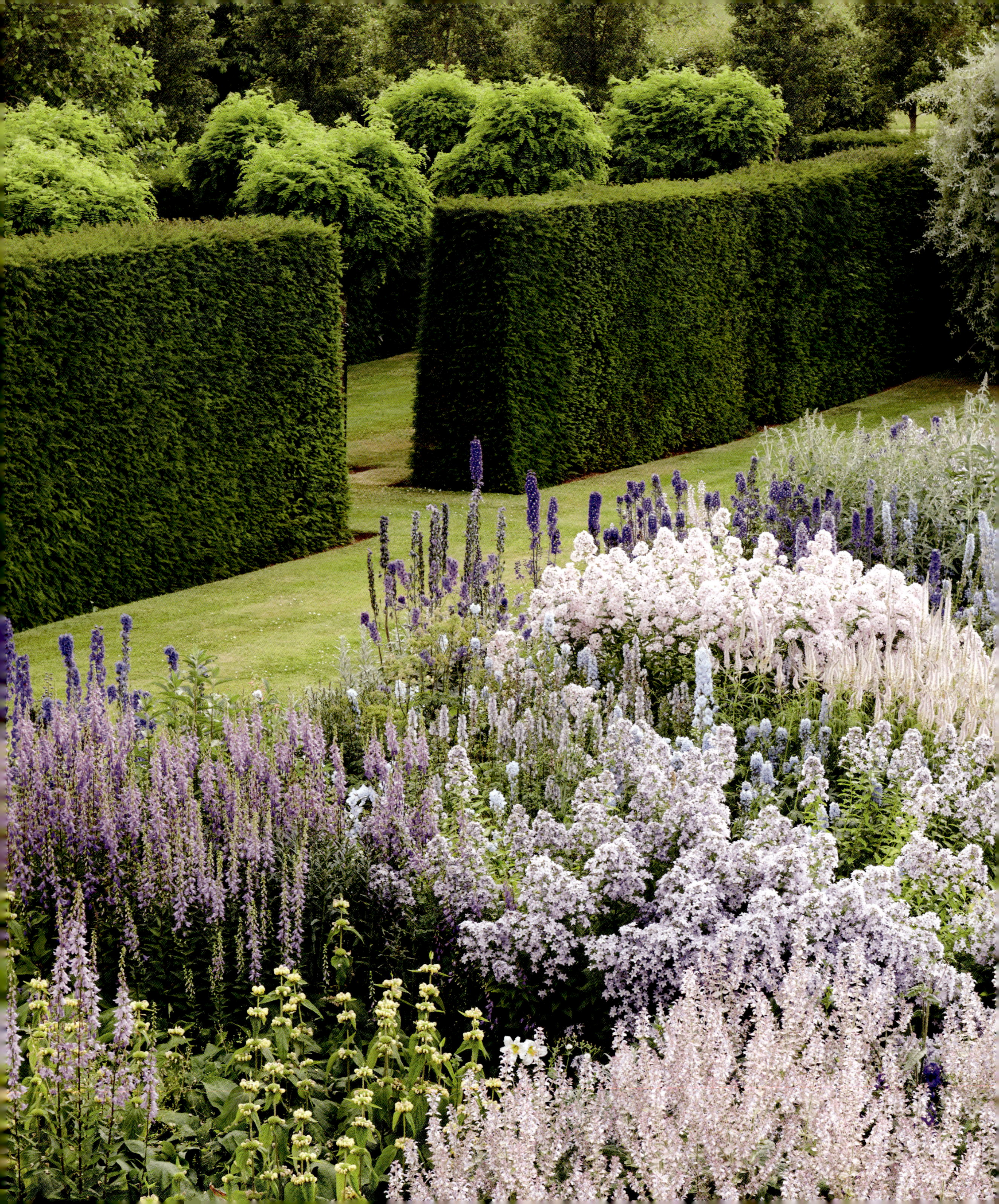

13 Kingham Hill House

Kingham

Wenn man sich auf einer Tour durch die Gärten der Cotswolds befindet, hört man immer wieder die gleiche Geschichte. Sie beginnt formelhaft wie ein Märchen. Allerdings lautet der Anfang nicht „Es war einmal“, sondern „Als wir hierherkamen, war hier nichts“. Im Märchen gibt es Prinzen und Prinzessinnen, hier gibt es Helden und Heldinnen – die Besitzer der Gärten und Landschaftsarchitekten wie Mary Keen, Rupert Golby und Rosemary Verey. Die Bösewichte sind Brombeeren, Giersch, Hallimasch und nährstoffarmer Boden. Doch wie im Märchen gibt es auch bei diesen Geschichten stets ein Happy End: Die Helden feiern den Triumph über alle Widrigkeiten und schaffen einen wunderschönen Ort. Dabei reicht es aber kaum, einen Frosch zu küssen; es braucht schon den Einsatz von Bagger und Kettensäge.

Kingham Hill House gehörte einst zur Kingham Hill School, die in Kingham noch immer als weiterführende Schule für Tages- und Internatsschüler betrieben wird. 1886 wurde sie von Charles Edward Baring Young als Selbstversorgergemeinschaft gegründet. Kingham Hill House, eines der Internatsgebäude, hatte einen der größten Küchengärten Großbritanniens; hier durften die Schüler eigene Beete bewirtschaften. Ursprünglich nahm die Schule über vierhundert Hektar ein (heute sind es noch knapp vierzig Hektar), und man ermutigte die Schüler, ein Handwerk zu erlernen und gab ihnen sogar die Gelegenheit, nach Kanada auszuwandern, wo Young einen Bauernhof betrieb. Heute ist der Lehrplan zeitgemäß, die Schule legt aber nach wie vor großen Wert auf Umweltbewusstsein und die Nähe zur Natur.

Seit den 1980er-Jahren ist Kingham Hill House in Privatbesitz. Die derzeitigen Besitzer erwarben es 1991. Damals war der Küchengarten ein Meer aus Brombeerranken, berichtet Chefgärtner Ashley Hetherington. Heute befindet sich hier eine stufenförmig angelegte, von Buchshecken und Doppelalleen aus Ahorn flankierte Rasenfläche. In der Mitte verläuft eine Kaskade, die in einen schilfgesäumten Teich mündet. Am oberen Ende des Wassergartens ranken Rosen an einer Mauer. Das Beet ist von Breitblättrigem Edel-Gamander *(Teucrium chamaedrys)* eingefasst, der wie eine Buchshecke geschnitten ist. Gamander ersetzt auch in Prinz Charles' Garten in Highgrove den Buchsbaum, und viele Cotswolds-Gärtner folgen seinem Beispiel, weil Buchsbaum so anfällig für Buchsbrand ist.

Eines der Glanzlichter von Kingham Hill House ist der Lavendelgarten, ein vorwiegend in Blau und Weiß bepflanztes Parterre. Rosemary Verey entwarf es 1995, nur

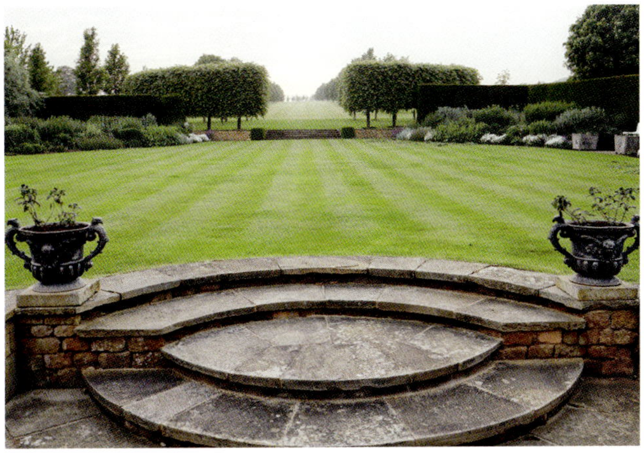

Linke Seite Die prächtigen Rabatten hinter dem Haus sind mit Rittersporn, Glockenblumen und Fingerhut bepflanzt.
Rechts Ein unterbrochener Halbkreis aus Hainbuchen betont den Blick Richtung Norden.
Folgende Doppelseite Den alten Küchengarten der Kingham Hill School, in dem die Schüler einst Gemüse anbauten, schmückt heute eine Kaskade samt Teich.

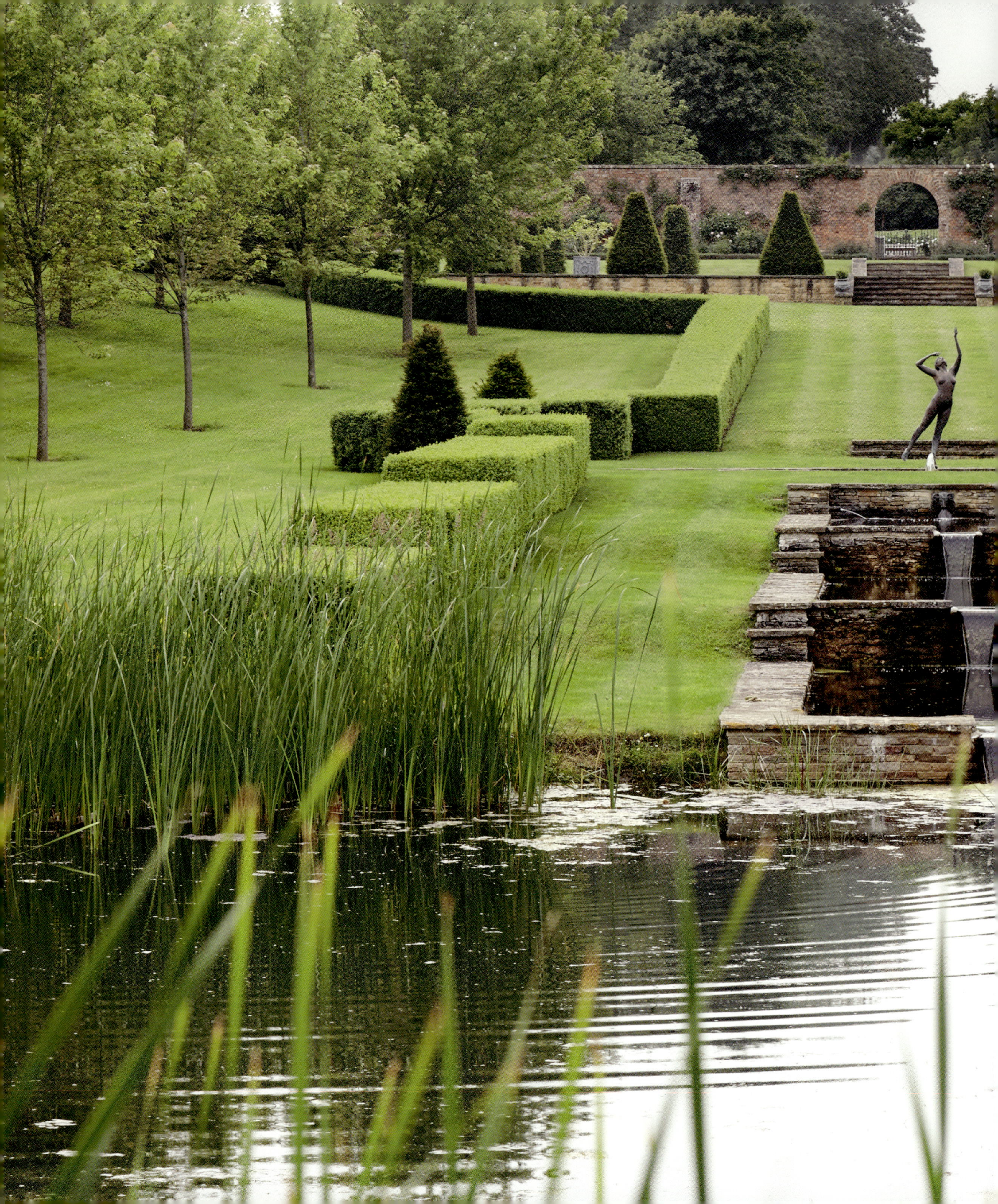

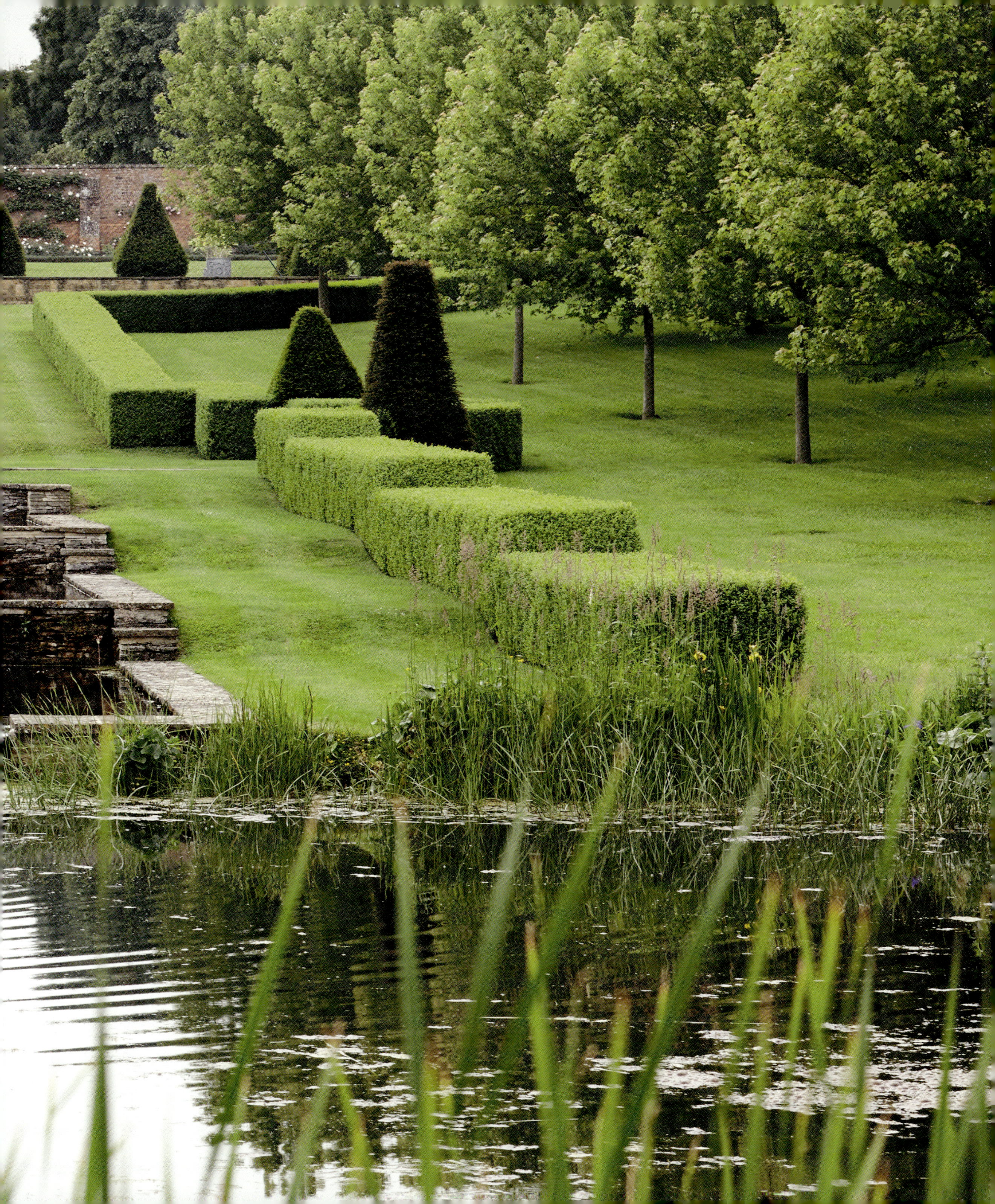

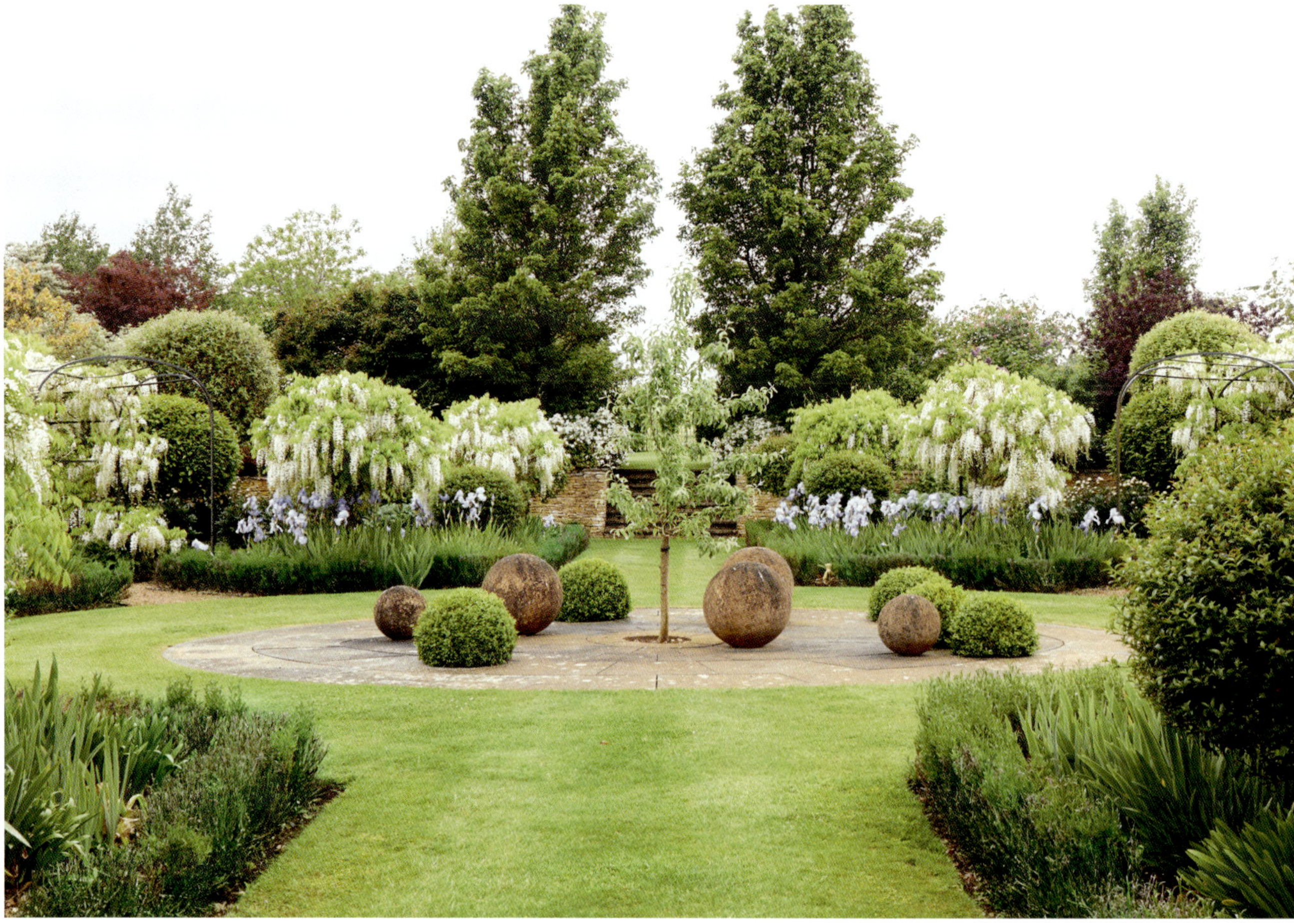

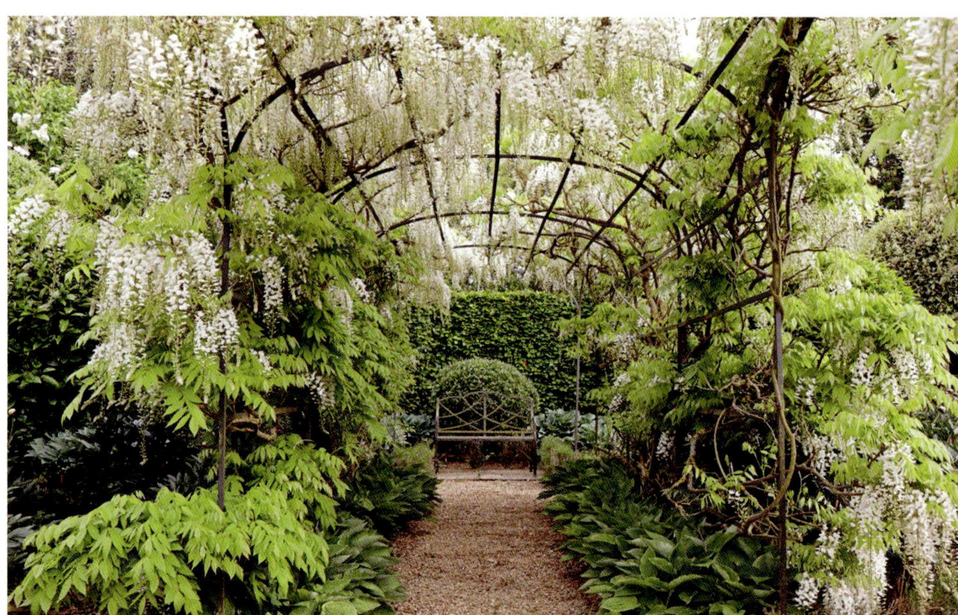

OBEN Rosemary Vereys Vierjahreszeitengarten hat man in Lavendelgarten umbenannt. Außer dem Lavendel finden sich darin weitere Markenzeichen Vereys: hochstämmige weiße Glyzinien, Pergolen und Buchsbaum-Topiari.
RECHTS Die Unterpflanzung der mit Glyzinien (*Wisteria floribunda* 'Alba') berankten Pergolen besteht aus Funkien.
RECHTE SEITE Üppige Strauchrabatten bieten rund ums Jahr einen schönen Anblick, von der Frühjahrsblüte bis zur Laubfärbung im Herbst.

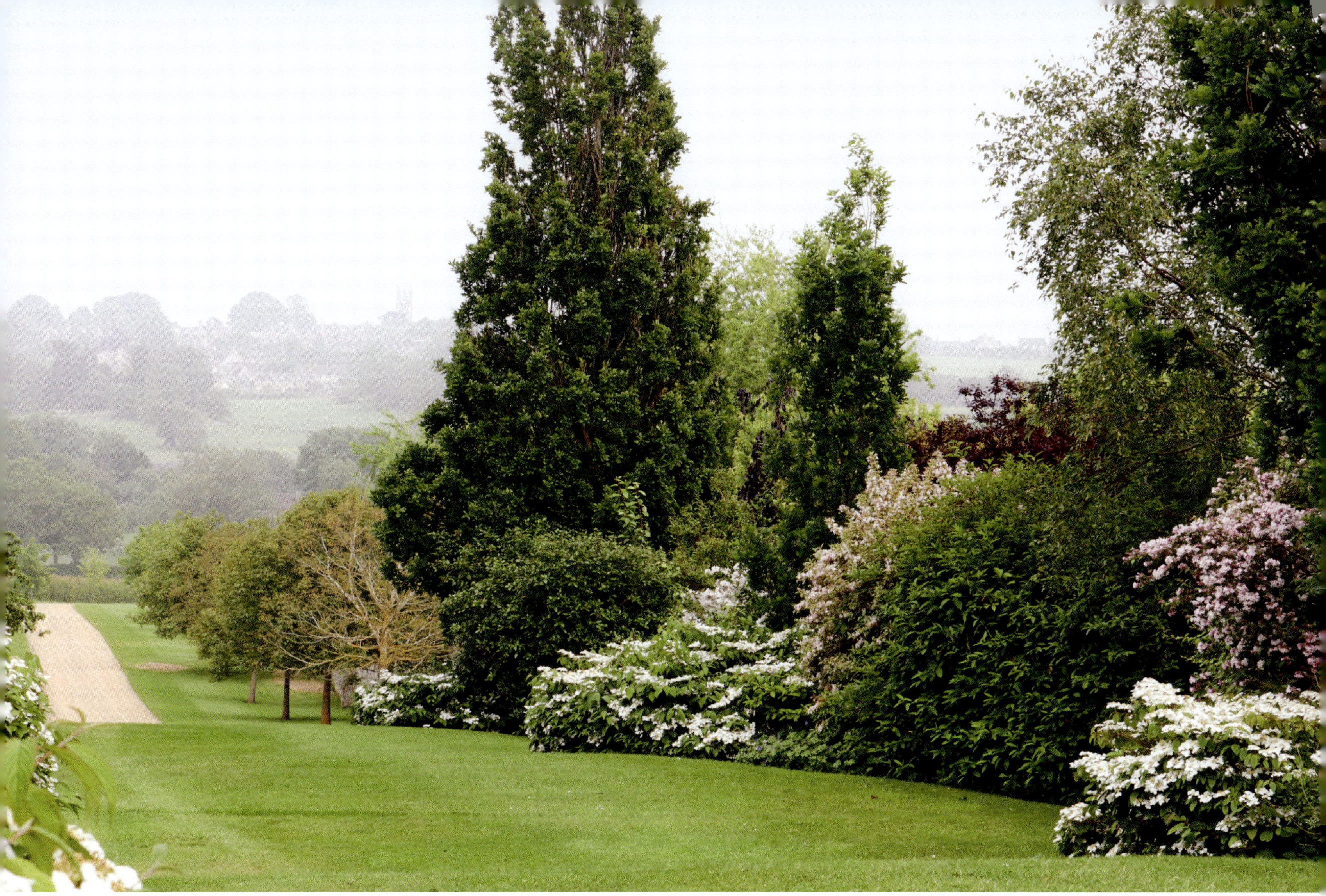

wenige Jahre vor ihrem Tod 2001. Sie hatte es Vierjahreszeitengarten getauft, weil es rund ums Jahr einen schönen Anblick bieten sollte. Das Parterre enthält ihre Lieblingspflanzen: Portugiesische Lorbeerkirschen *(Prunus lusitanica)*, hochstämmige Glyzinien *(Wisteria floribunda* 'Alba', auch als 'Snow Showers' bekannt) und Buchskugeln. Die Unterpflanzung besteht aus *Iris* 'Jane Philips', Pfingstrosen, Tulpen der Sorte 'White Triumphator' und natürlich aus Lavendel.

Heute kümmert sich Rupert Golby, der anfangs mit Rosemary Verey zusammengearbeitet hat, um die Gartengestaltung. Die von ihr favorisierte Farbpalette aus Pastelltönen hat er beibehalten, aber zugleich einen stärkeren architektonischen Schwerpunkt gesetzt, was insgesamt moderner und schlichter wirkt als das traditionelle Verey-Design. Hinter dem Haus winden sich üppig mit Rittersporn, Glockenblumen und Fingerhut *(Digitalis)* bepflanzte Rabatten. Deren Blau-, Malven- und Fliedertöne bilden einen lebendigen Kontrast zu den Eibenhecken ringsum.

Die Rasenterrassen lenken den Blick auf das Dorf Churchill mit seinem eleganten Kirchturm, der den Turm des Magdalen College in Oxford zum Vorbild hat. Sie sind von Strauchrabatten flankiert: Schneeball, Hortensien, Sommerflieder, Hartriegel und Spiersträucher, dazwischen hie und da Stiel-Eichen, sorgen mit Laub, Blüten, Beeren und Herbstfärbung rund ums Jahr für Abwechslung.

Golby ist der stille Held vieler Cotswolds-Gärten. Seine Ausbildung hat er in den Kew Gardens und in Wisley, dem Garten der Royal Horticultural Society in Surrey, absolviert. Heute lebt er in Oxfordshire. Er behauptet zwar, keinen markanten Stil zu haben, aber man könnte dem entgegnen, ebendies sei sein Markenzeichen: der Verzicht auf jegliche Manierismen. Seiner Meinung nach sollte jede Gartengestaltung vom Haus ausgehend beginnen. In seinem Buch

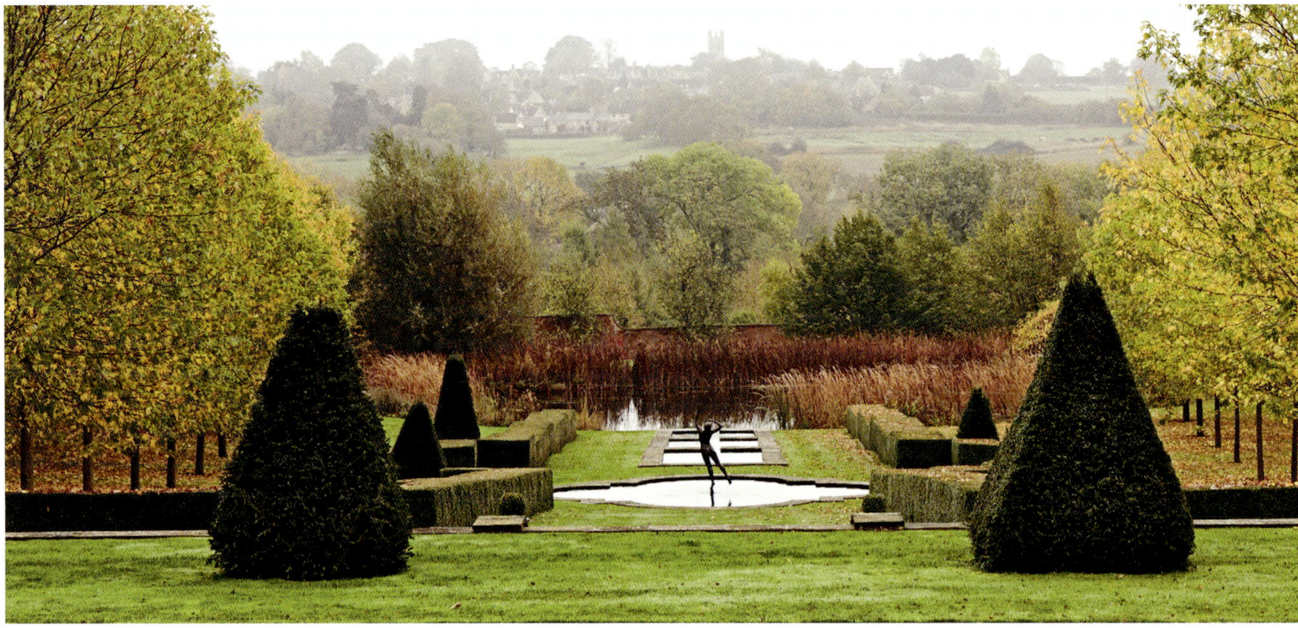

Der Küchengarten – einst ein Meer aus Brombeerranken – besteht heute aus einer stufenförmig angelegten Rasenfläche mit einer zentralen Kaskade, die in einen schilfgesäumten Teich mündet.

OBEN Die Alleen, die zu dem Teich im ehemaligen Küchengarten hinabführen, rahmen das Dorf Churchill mit seinem markanten Kirchturm. RECHTE SEITE Der Herbst ist eine besonders schöne Zeit in Kingham Hill House: Dann entfachen sowohl heimische Bäume wie Buchen als auch nichtheimische wie Japanischer Ahorn ein wahres Feuerwerk der Farben.

The Well-Planned Garden schreibt er: „Die Proportionen und die Fassade des Hauses geben vor, wie die Wege verlaufen sollten, wo sich das Tor befinden sollte und welche Proportionen eine Rabatte haben sollte. Ein gut geplanter Garten sollte dazu beitragen, dass sich ein Haus harmonisch in seine unmittelbare Umgebung einfügt und den Eindruck erweckt, es sei aus dem Garten herausgewachsen."

Man müsse aber nicht streng daran festhalten, wie der ursprüngliche Garten ausgesehen habe, erklärt Golby: „Einige der schönsten Gärten sind über einen langen Zeitraum entstanden und verdanken ihre Schönheit verschiedenen Phasen, die die Zeit schließlich zusammengefügt hat. Aber der einfühlsame Einsatz von jeweils zeittypischen Elementen trägt entscheidend dazu bei, dass ein neu oder umgestalteter Garten mit seiner Umgebung harmoniert."

Teil der Landschaft

Aus diesem Grund macht sich ein großer Teil des Gartens von Kingham Hill die Lage des Hauses hoch über der umgebenden Landschaft zunutze. Alleen aus Chinesischen Birnen *(Pyrus calleryana* 'Chanticleer') mit ihrer eleganten, aufrechten Form, Hainbuchen *(Carpinus betulus)* oder Linden *(Tilia)*, die den Blick vom Krocketrasen an der Westseite des Hauses über den Ha-Ha hinweg zum Horizont lenken, sind eben nicht nur Blickachsen, sondern in gewisser Weise auch eine formale Variante der Wälder und Hecken ringsum.

Die Terrasse an der Ostseite des Hauses zieren vier mit Gamander und Lavendel bepflanzte Buchsparterres. Hier fällt das Gelände ziemlich steil ab; so sind die Parterres eine ordentliche immergrüne Zierde, die nicht den spektakulären Blick auf die Cotswolds stört – ein „Gebiet von außerordentlicher natürlicher Schönheit" (Area of Outstanding Natural Beauty, AONB).

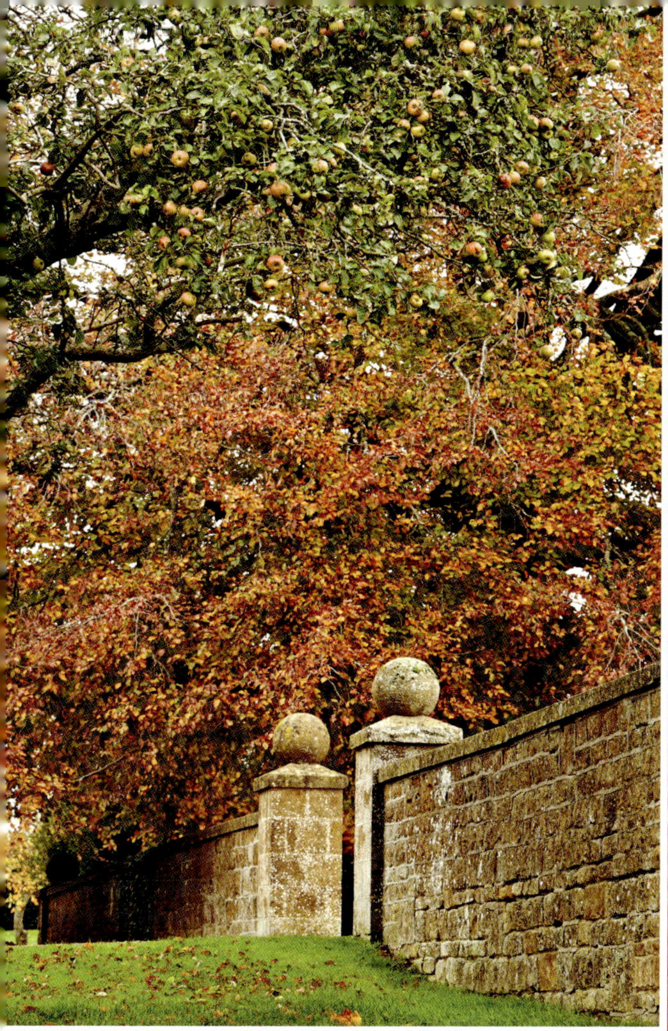
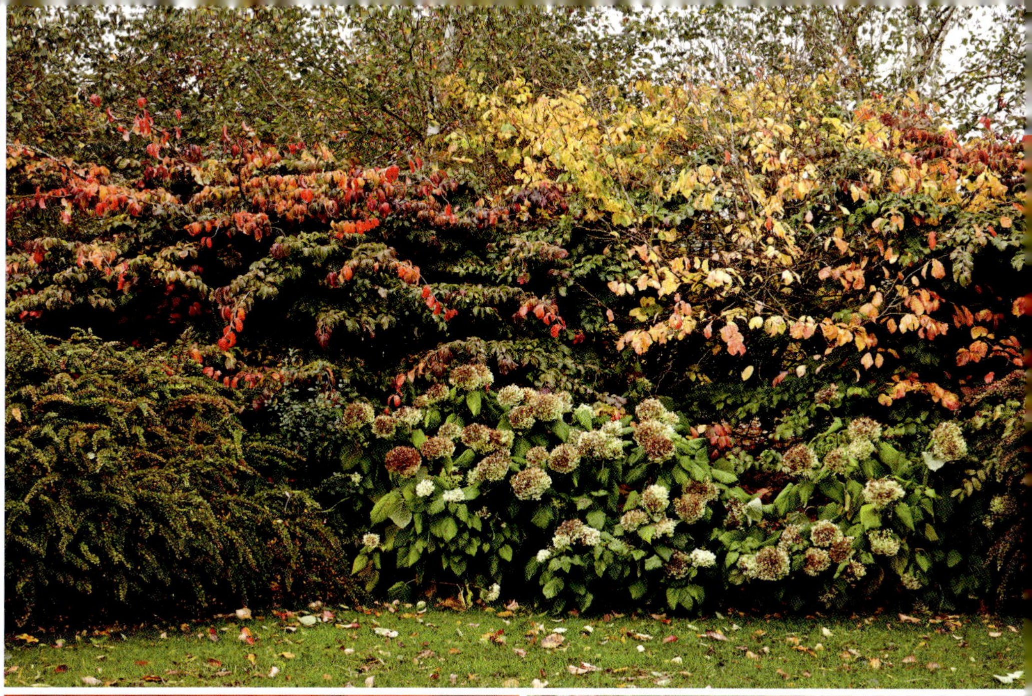
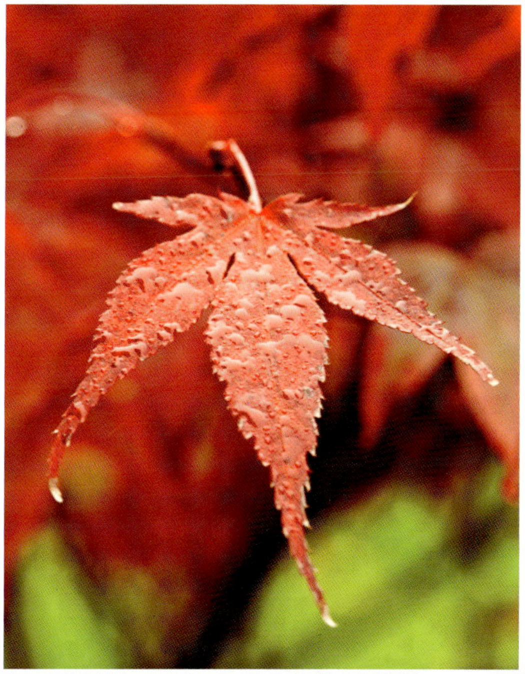
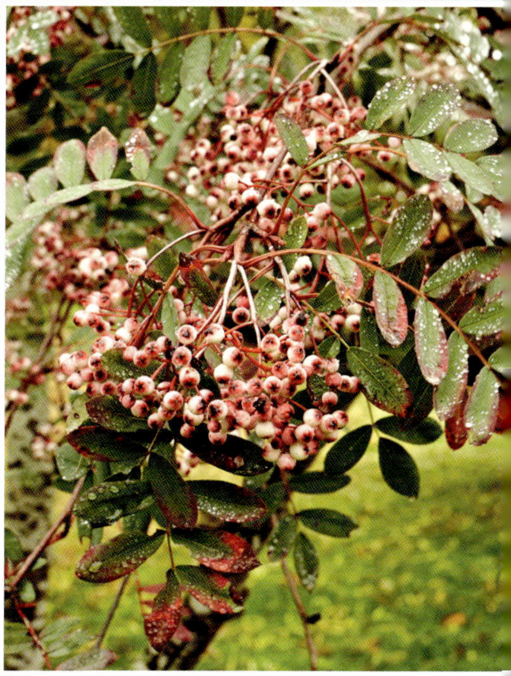
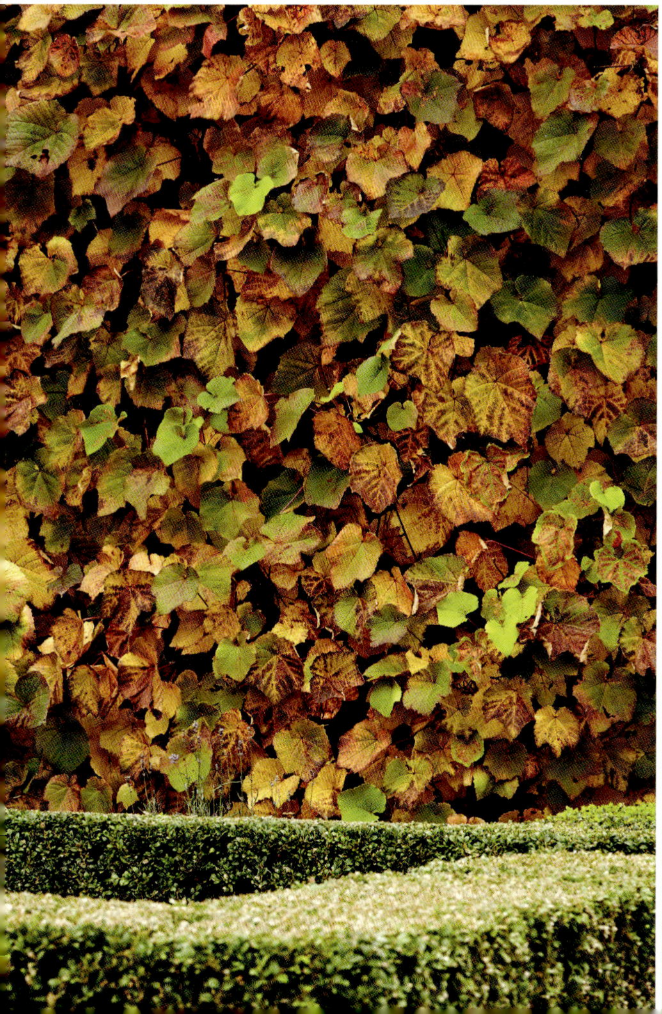
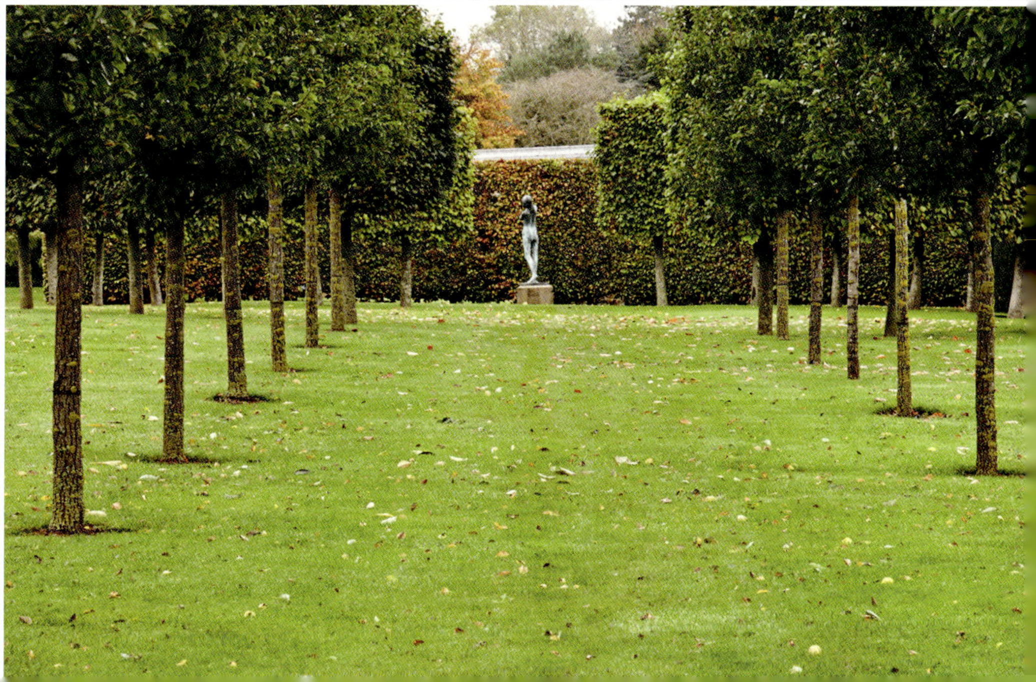

14
Rockcliffe
Upper Slaughter

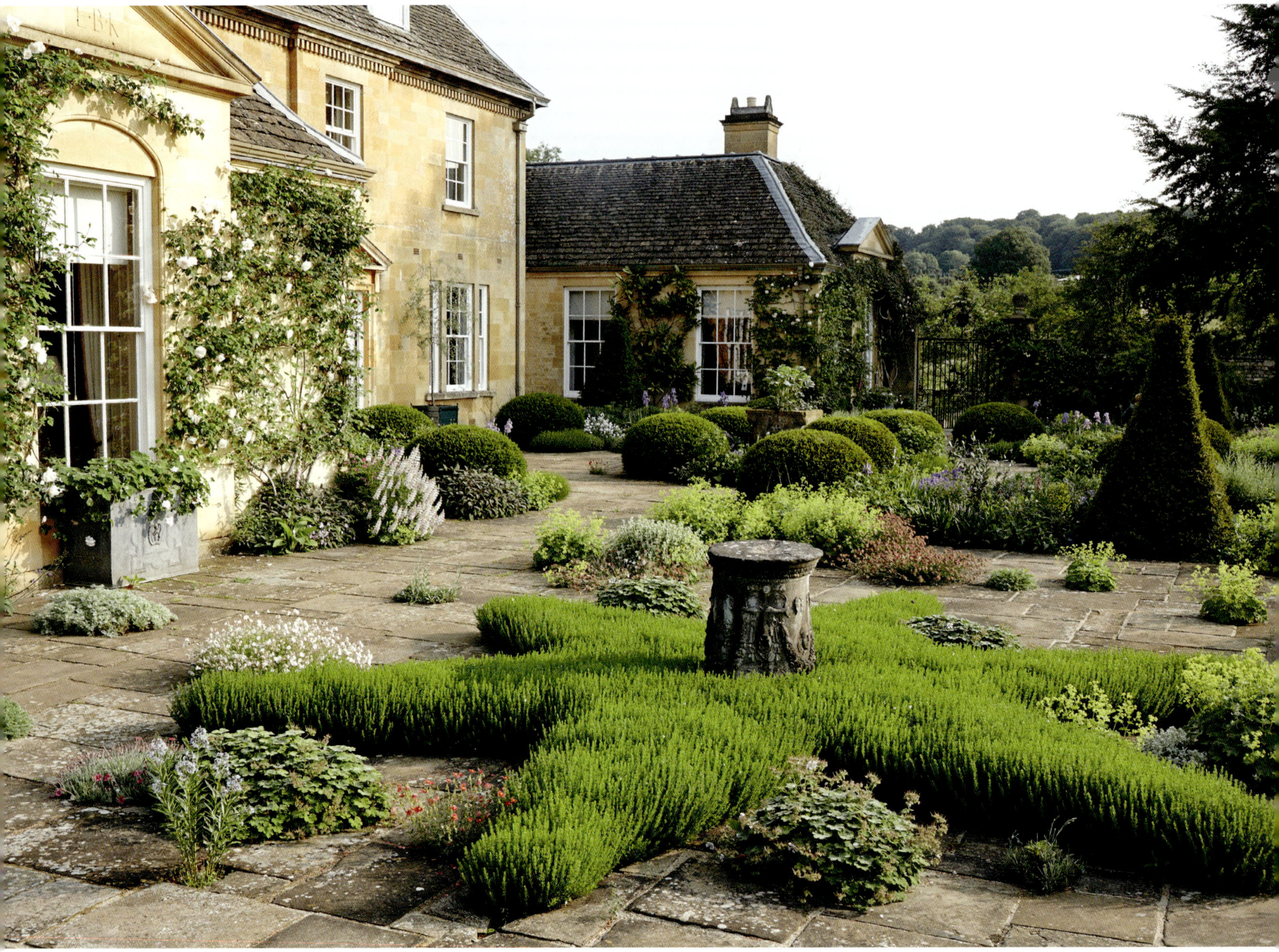

WER SCHON EINMAL außerhalb Großbritanniens einen als typisch englisch ausgewiesenen Garten besichtigt hat, weiß, wie schwierig es für Nichtbriten ist, das Urbritische nachzuahmen. Der klassische englische Garten ist eben mehr als nur die Summe seiner Teile. Rosen, Lavendel, Staudenrabatten, Buchshecken und Eiben-Topiari sind zweifellos die richtigen Zutaten. Aber nur wenn man sie stimmig anordnet, ist der Gesamteindruck „echt englisch". Paradoxerweise kann der Schlüssel zum Erfolg darin liegen, etwas ganz und gar Unenglisches hinzuzufügen. Ferner gehören zu einem typisch englischen Garten witzige und schrullige Elemente – diese Dinge lassen sich kaum imitieren. Jetzt fehlt noch das gesunde Selbstbewusstsein, das englischen Gärtnern nach jahrhundertelanger Gartentradition offenbar schon in die Wiege gelegt ist. All das ist der Grundstoff für Gärten, die zugleich klug gestaltet sind und sich gut in die jeweilige Landschaft einfügen.

Emma Keswicks Garten in Rockcliffe, gut drei Kilometer südwestlich von Stow on the Wold, gilt als traditioneller englischer Garten, und auf den gut drei Hektar Land finden sich in der Tat Eibenhecken und Topiari, genau wie der Rosa Garten, der Blaue Garten, der Küchengarten und der Krocketrasen.

Der Boden in Rockcliffe ist, wie der Name vermuten lässt, sehr steinig und wasserdurchlässig. Es sei typischer Cotswolds-Schotter, sagt Chefgärtner Thomas Unterdorfer. Der Boden ist „hungrig", nährstoffarm, was bedeutet, dass Moos (das sich gern dort ausbreitet, wo kein Gras wächst) ein Problem ist. Derlei Probleme überhaupt zu erwähnen erscheint indes kleinlich, denn dieser Garten ist mit großer Sorgfalt gestaltet. Betritt man die nach Südosten gelegene Terrasse vor dem Haus mit ihren mächtigen Eibenkugeln, bemerkt man nicht, dass die Terrassenbepflanzung an den aufgereihten Buchenpyramiden *(Fagus)*, die zu beiden Seiten des Rasens Spalier stehen, ausgerichtet ist. Das offenbart sich erst in der Aufsicht.

Ein weiteres großartiges Gestaltungselement ist der von sechs Pagoden-Hartriegeln (*Cornus controversa* 'Variegata')

Gesundes Selbstbewusstsein ist englischen Gärtnern nach jahrhundertelanger Gartentradition offenbar schon in die Wiege gelegt.

umgebene formale Teich westlich des Hauses. Die Mitte des Teichs ziert eine Statue des weißen Stiers Nandi, den der Gott Shiva in der Hindu-Mythologie reitet. Das Thema Indien setzt sich im Gemüsegarten fort, wo die Obstkäfige mit Laubsägearbeiten verziert sind, die an indische Teakschnitzereien erinnern.

Durch den Gemüsegarten wird der Blick zu einem Taubenhaus emporgelenkt, das weiße Tauben beherbergt; der Weg hügelaufwärts ist von Eiben gesäumt, die in Taubenform geschnitten sind. Das ist sehr theatralisch, sehr selbstbewusst und eine sehr witzige Pointe.

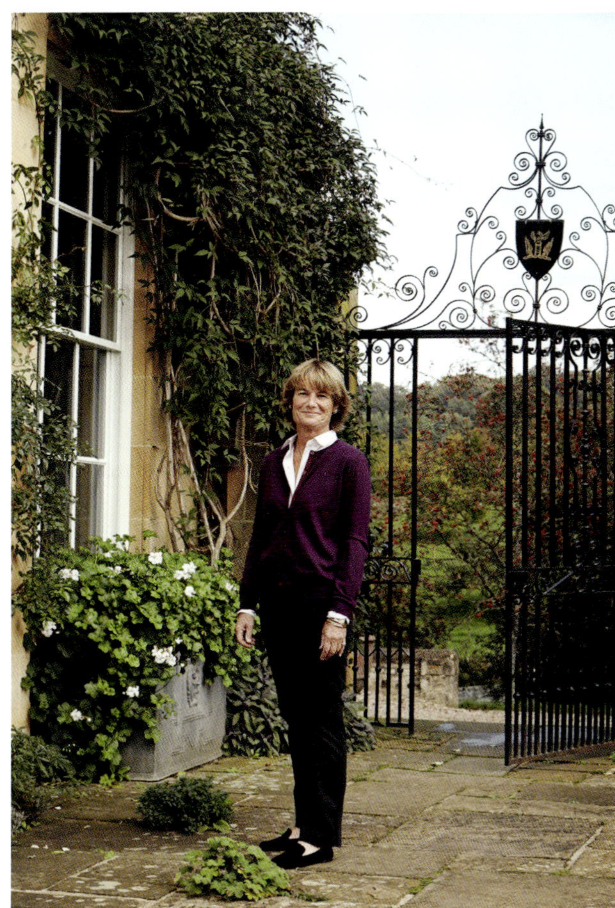

LINKE SEITE Auf der Terrasse von Rockcliffe wachsen Kräuter und Alpenpflanzen zwischen Pflastersteinen und Eibenkugeln. Der Topiari-Stern ist aus Ysop.
RECHTS Die Gartenarchitektin Emma Keswick hat Rockcliffe gestaltet. Sie wohnt hier mit ihrem Mann Simon.

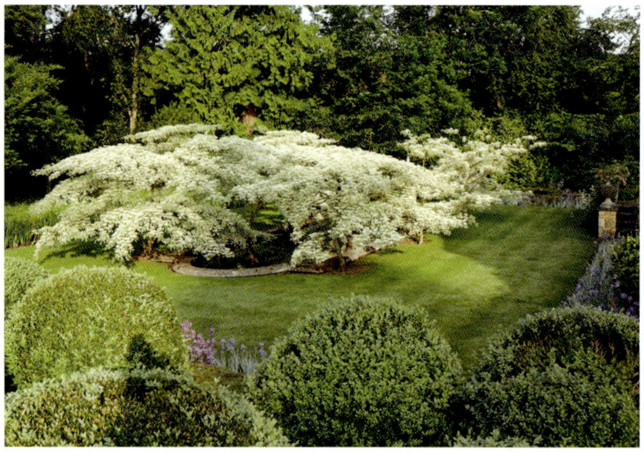
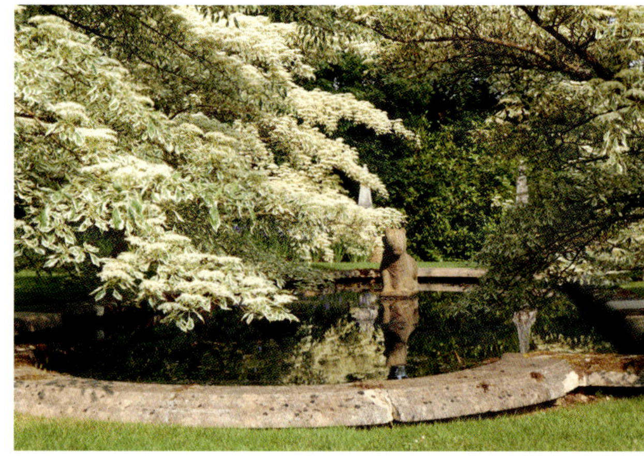
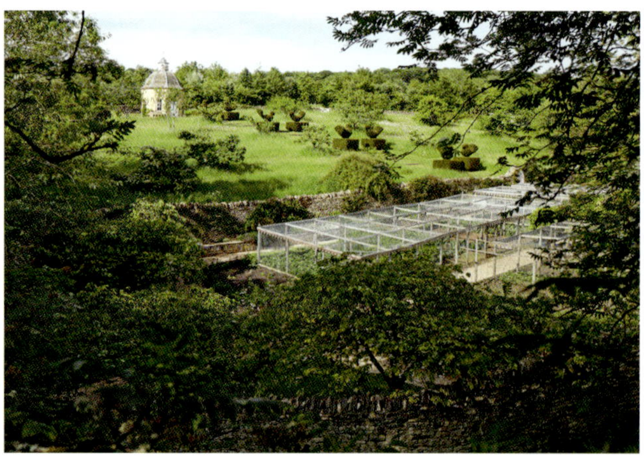
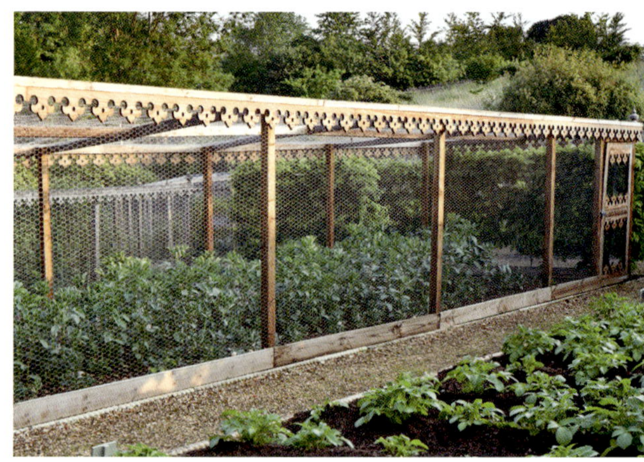

GANZ OBEN LINKS Die Pagoden-Hartriegel (*Cornus controversa* 'Variegata') am Teich gehören zu den besonders markanten Elementen des Gartens von Rockcliffe.
GANZ OBEN RECHTS Die Mitte des Teichs ziert der Stier Nandi aus der Hindu-Mythologie.
OBEN LINKS UND OBEN RECHTS Die Laubsägearbeiten an den Obstkäfigen verleihen sogar dem Gemüsegarten einen Hauch von Exotik.
RECHTE SEITE Topiari-Tauben säumen den Aufgang zum Taubenhaus.

Im Frühjahr und im Sommer ist das Taubenhaus von einer Wiese mit Magerwiesen-Margeriten *(Leucanthemum vulgare)* und anderen Wildblumen umgeben. Neben dem Taubenhaus nimmt das jüngste Projekt in Rockcliffe Gestalt an: Gewundene, von Buchsbaum gesäumte Pfade führen an weiteren, vor allem mit Ebereschen bepflanzten Wiesen vorbei. Zwischen den Bäumen gedeiht *Rosa* 'Cerise Bouquet', eine moderne Strauchrose von hohem, bogigem Wuchs. Im Frühjahr blühen darunter Zwiebelpflanzen.

Immergrüne Säuleneiben

Das Haus in Rockcliffe wurde 1890 im Stil des Queen-Anne-Revival gebaut. Die zwei symmetrischen Flügel kamen 1983 hinzu. Zur gleichen Zeit wurde der Dachfirst erhöht, damit die Proportionen wieder stimmten. 2012 wurde die Terrasse umgestaltet: Hier umgeben formale Beete einen großen Topf mit Echtem Honigstrauch *(Melianthus major)* und einen Stern aus Ysop *(Hyssopus)*. Im späten Frühling und im Sommer stehen eingetopfte Königs-Lilien *(Lilium regale)* vor der Orangerie; drinnen zeichnen die Triebe des Arabischen Jasmin *(Jasminum sambac)* Muster an die Wände.

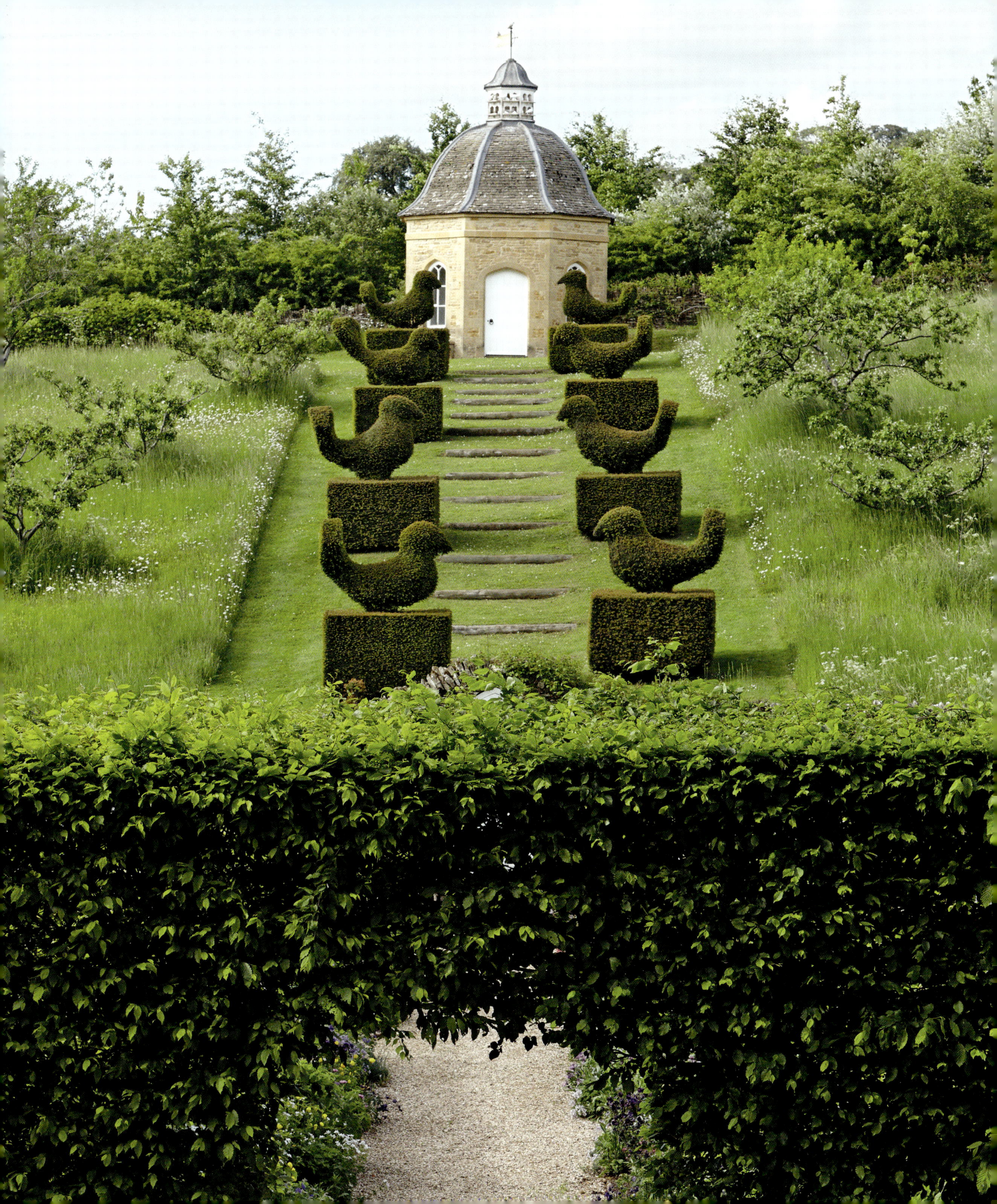

UNTEN Säuleneiben setzen in der Rosenrabatte Akzente.
RECHTE SEITE Topiari sind wichtige Gestaltungselemente in Rockcliffe. Sie setzen immergrüne Highlights, verleihen Struktur oder sehen einfach lustig aus.

Von der Terrasse führt ein Weg an einer Rosenrabatte vorbei. Zwischen Kletterrosen, Pfingstrosen und Stauden sind Säuleneiben (*Taxus baccata* 'Fastigiata') rund ums Jahr ein schöner grüner Anblick. Gegenüber wird der Krocketrasen von zwei formalen Teichen mit Steinbänken und einer Lindenallee flankiert.

Hinter der Säuleneibenhecke liegt der Rosa Garten mit rosa Lavendel, Essig-Rosen (*Rosa gallica* 'Versicolor') und der nach Orange duftenden *R.* 'Veilchenblau'. Daran grenzt der Weiße Garten an, mit *Iris* 'White Swirl', weißen Liebesblumen und weißen Lilien. Im Teichgarten steht ein schlichter Pavillon mit klassischen Säulen, an denen *R. filipes* 'Kiftsgate' im Frühsommer blüht.

Rockcliffe ist ein verblüffender Garten. Viele Dinge, die aussehen, als wären sie schon sehr alt, entpuppen sich als neu. Das Taubenhaus etwa wurde erst 2003 anlässlich der Jahrtausendwende gebaut. Aber die selbstbewusste Präsentation sowie Kunstwerke wie der Stier Nandi und die moderne Skulptur von Nigel Hall auf dem Rasen mit den Buchenpyramiden verhindern, dass Rockcliffe klischeehaft wirkt. Emma Keswick hat die klassischen englischen Gartenzutaten – Eibe, Buche, Rosen, Lavendel – verwendet, weil sie in diese Landschaft und in die Umgebung passen. Und das ist wahrlich eine sehr moderne Art der Gartengestaltung.

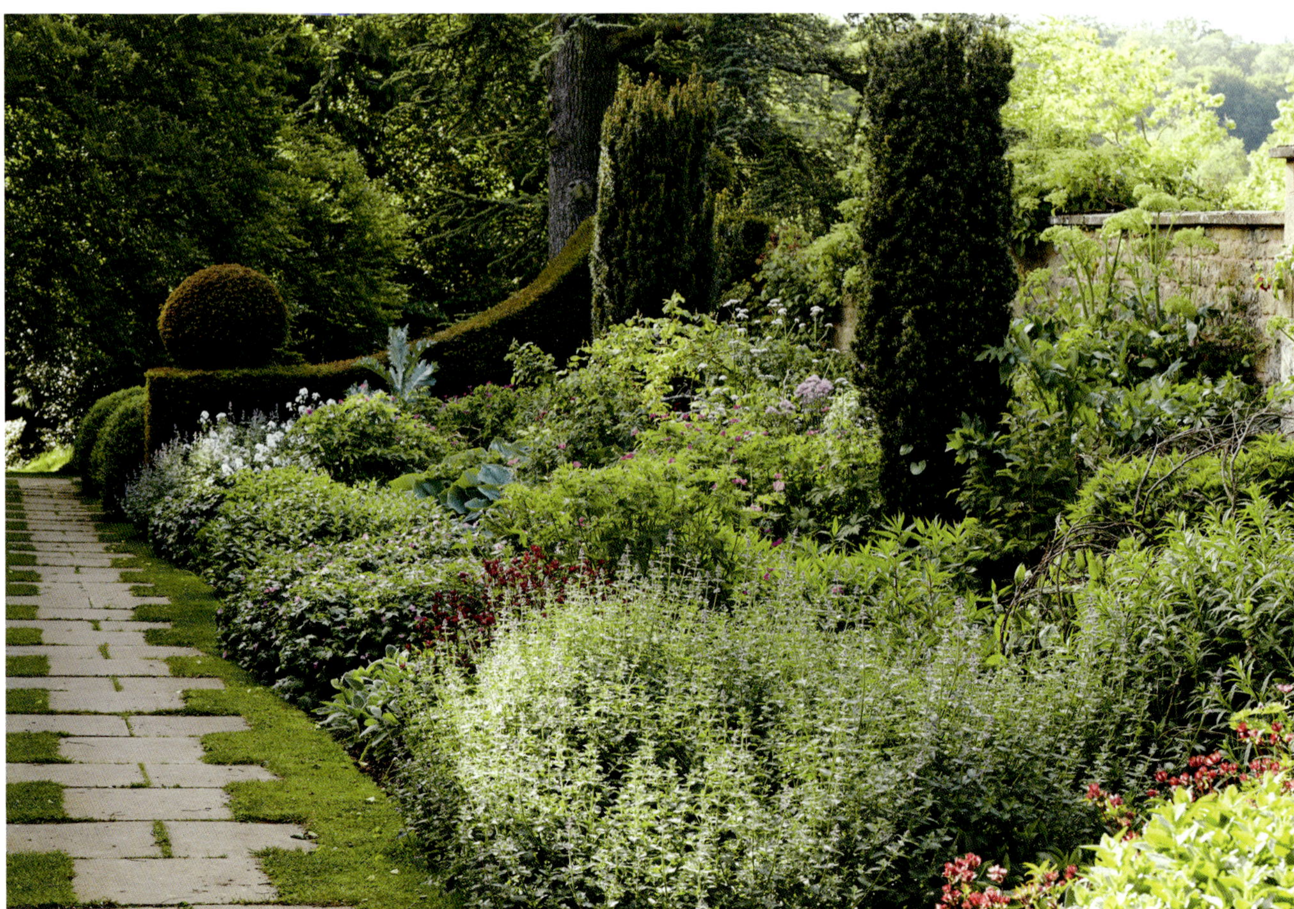

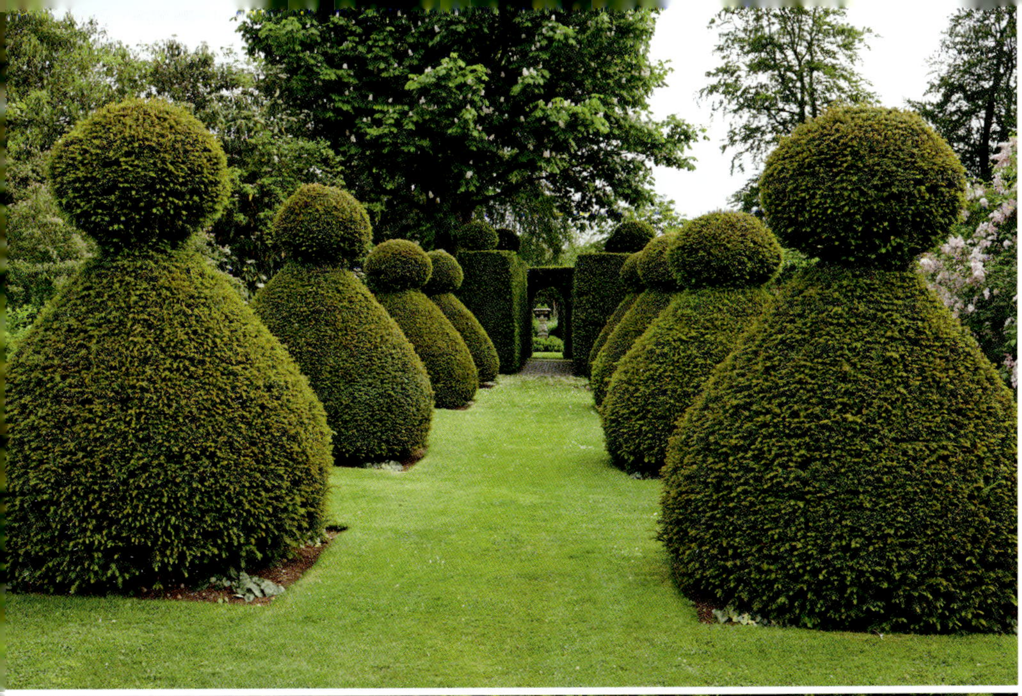
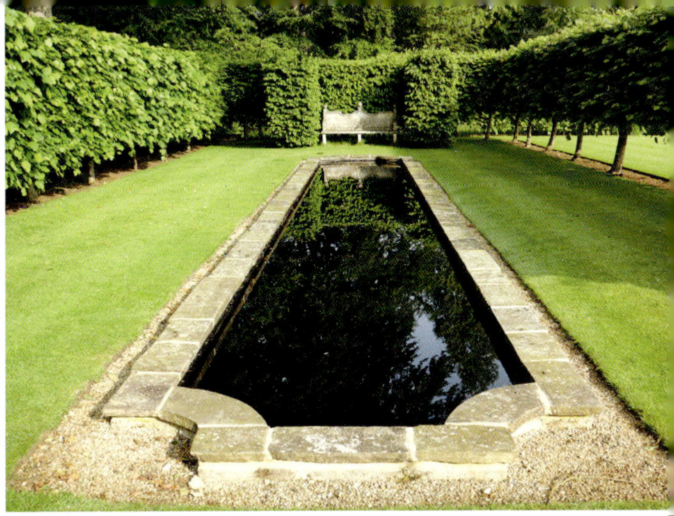
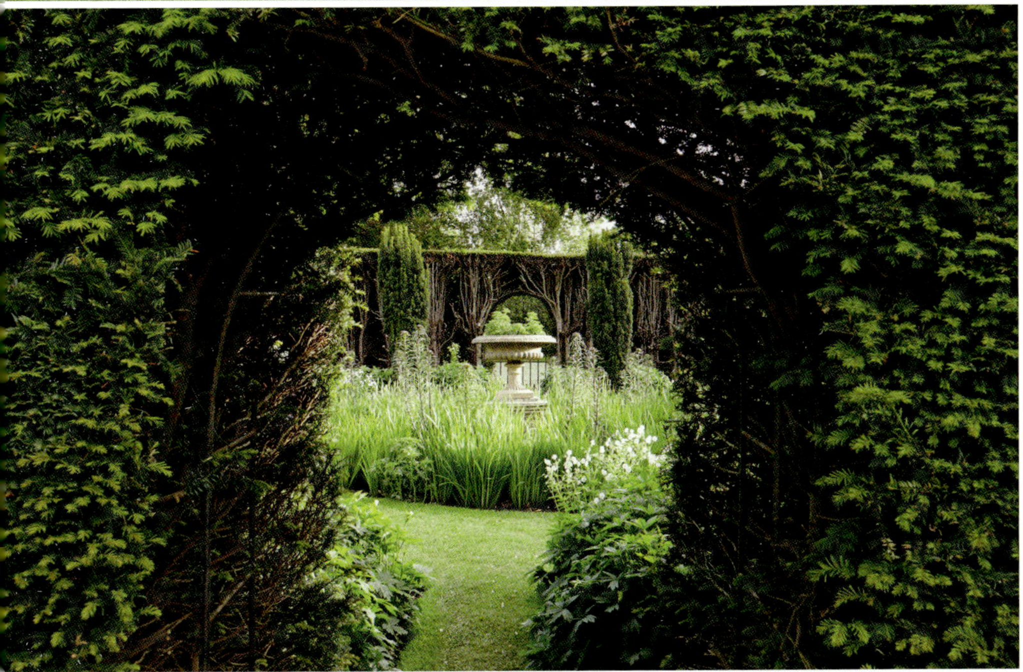
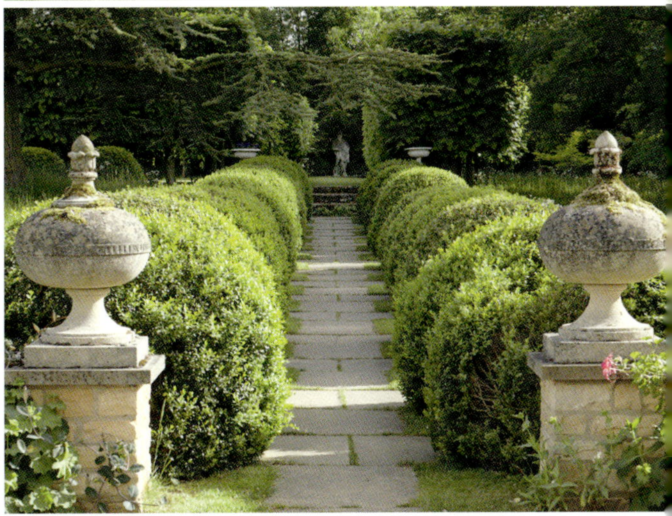
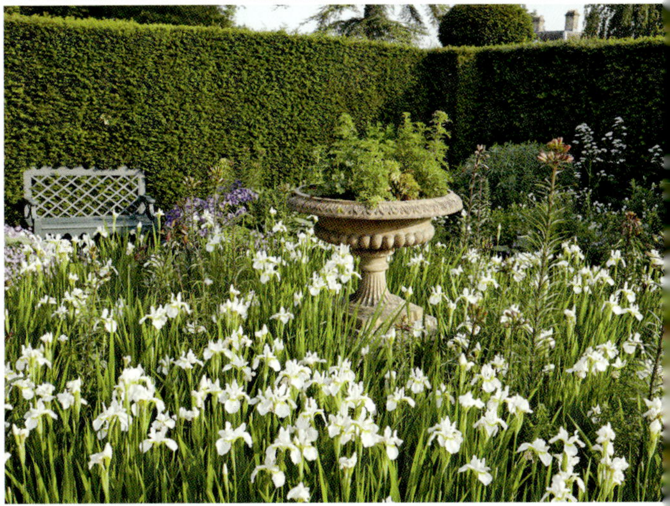
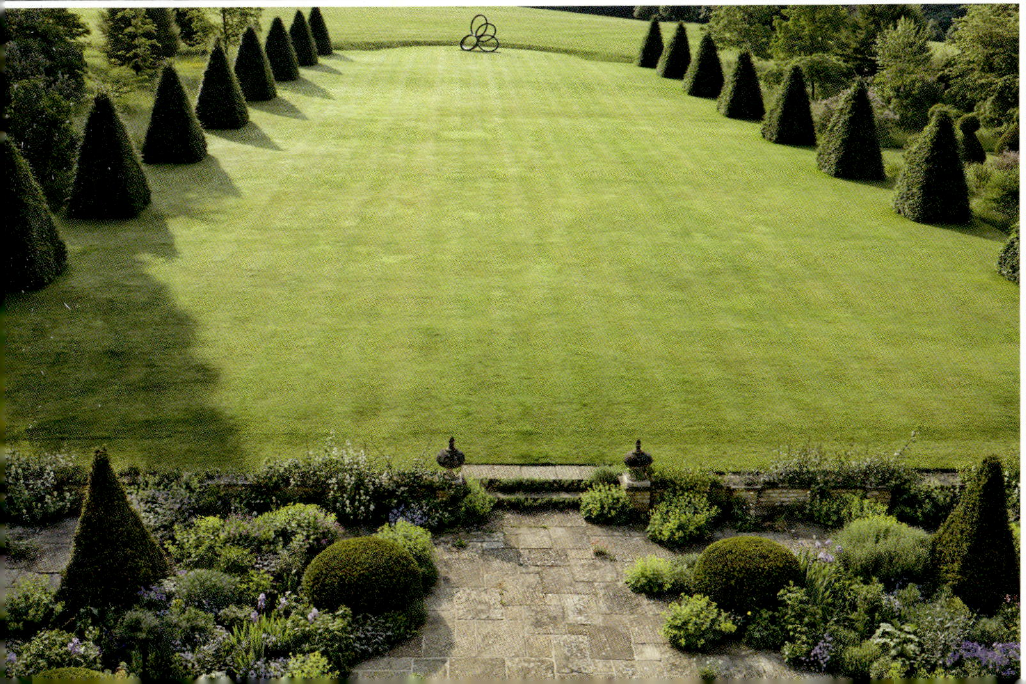
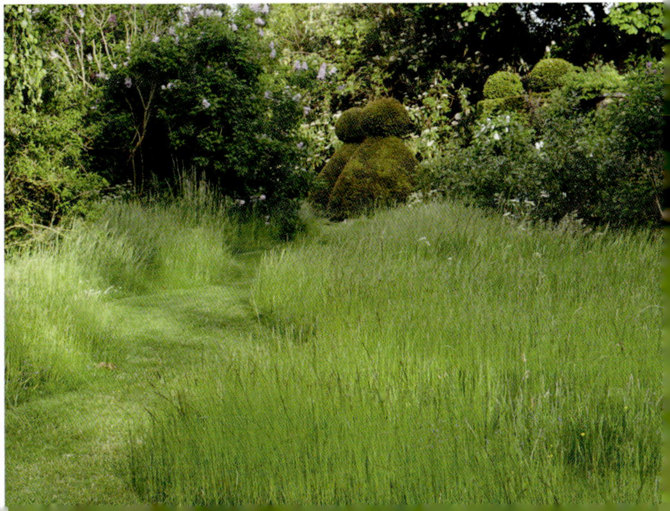

15
Sarsden
Sarsden

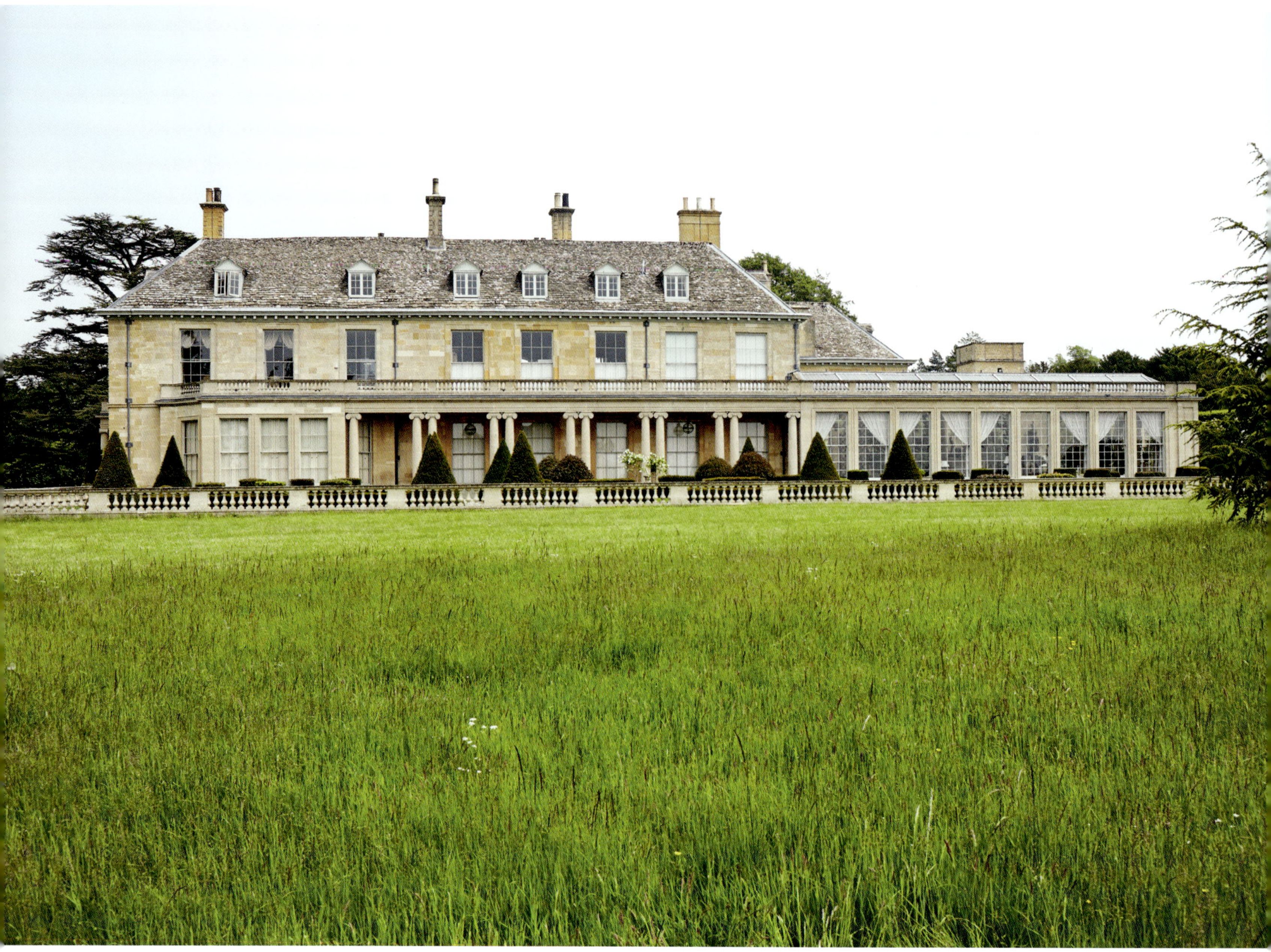

ES SAGT VIEL AUS über Englands – trotz der in zwei Weltkriegen erlittenen Verluste – überreiches architektonisches und landschaftsgestalterisches Erbe, dass ein Haus wie Sarsden einer größeren Öffentlichkeit noch immer ziemlich unbekannt ist. Seit der normannischen Eroberung 1066 steht hier ein Herrenhaus. Die Geschichte der Gärten in ihrem heutigen Erscheinungsbild beginnt aber erst im späten 18. Jahrhundert.

1792 kaufte der Handelsbankier James Haughton Langston das Anwesen Sarsden. Er starb drei Jahre später. Sein Sohn John erbte das von formalen Gärten umgebene Haus und beauftragte Humphry Repton, einen der berühmtesten englischen Landschaftsarchitekten, das Grundstück umzugestalten.

Im Frühjahr 1796 erstellte Repton ein „Rotes Buch", ein Planungsbuch, mit Vorschlägen für den Park und die Pleasuregrounds. Seine Roten Bücher enthielten erklärenden Text und Aquarelle, die „Vorher/Nachher-Ansichten" des Grundstücks zeigten. Reptons Rotem Buch ist es zu verdanken, dass wir noch wissen, wie die alten, formalen Gärten in Sarsden ausgesehen haben.

Repton war, wie Lancelot „Capability" Brown, ein Anhänger jener Form der Gartengestaltung, die wir heute als englischen Landschaftsstil bezeichnen. Dabei wird das Grundstück in eine Pastoralidylle mit Seen, Wiesen und Hainen verwandelt und mit kleinen Tempeln und künstlichen Ruinen im Stil der klassischen Antike geschmückt. Unmittelbar am Haus bevorzugte Repton jedoch später formale Gärten, weil er fand, dies schaffe einen weicheren Übergang von der Architektur zu der Natur in der Ferne. (Einer der Kritikpunkte an Browns Arbeit war, man betrete vom Haus aus direkt den Rasen.)

Damals war Landschaftsarchitektur eine langwierige Angelegenheit, und die Umgestaltung zog sich über Jahrzehnte hin. John Langston starb 1812. Sein Sohn, der wie sein Großvater James hieß, setzte Reptons Plan weiter um und engagierte in den 1820er-Jahren dessen Sohn George. Der vergrößerte u. a. die an das Haus angrenzende Kapelle und baute einen Portikus mit einer Balustrade, die auf vier Paaren ionischer Säulen ruht. An der Südseite des Hauses ergänzte er eine Orangerie mit einem doppelten Satteldach.

Hinter den formalen Gärten am Haus wurde das Grundstück im englischen Landschaftsstil gestaltet – mit majestätischen Libanon-Zedern *(Cedrus libani)* in Hausnähe und Wäldchen, die den Blick hinunter zu dem elegant gewundenen See führen. Eine rustikale Steinbrücke ist der Blickfang an der Westseite des Sees, an der Ostseite ist es ein Bootshaus in Gestalt eines antiken Tempels mit dorischen Säulen. Von Weitem sieht es so aus, als sei es aus Stein, doch wenn man näher kommt, bemerkt man, dass die Säulen und das Tempelinnere mit Rinde und Haselzweigen verziert sind.

Zeichnungen in der Sammlung der Standesvertretung britischer Architekten (Royal Institute of British Architects, RIBA) legen nahe, dass Repton plante, das Bootshaus

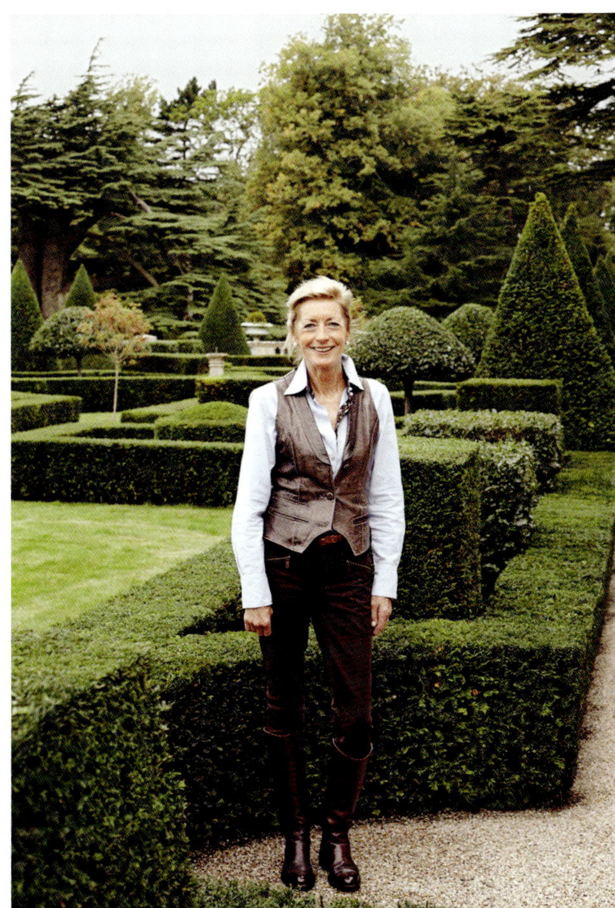

LINKE SEITE In den 1820er-Jahren gestaltete George Repton das Haus um und baute u. a. die Orangerie an.
RECHTS Rita Gallagher und ihr Mann, der Geschäftsmann Tony Gallagher, sind die derzeitigen Besitzer von Sarsden.

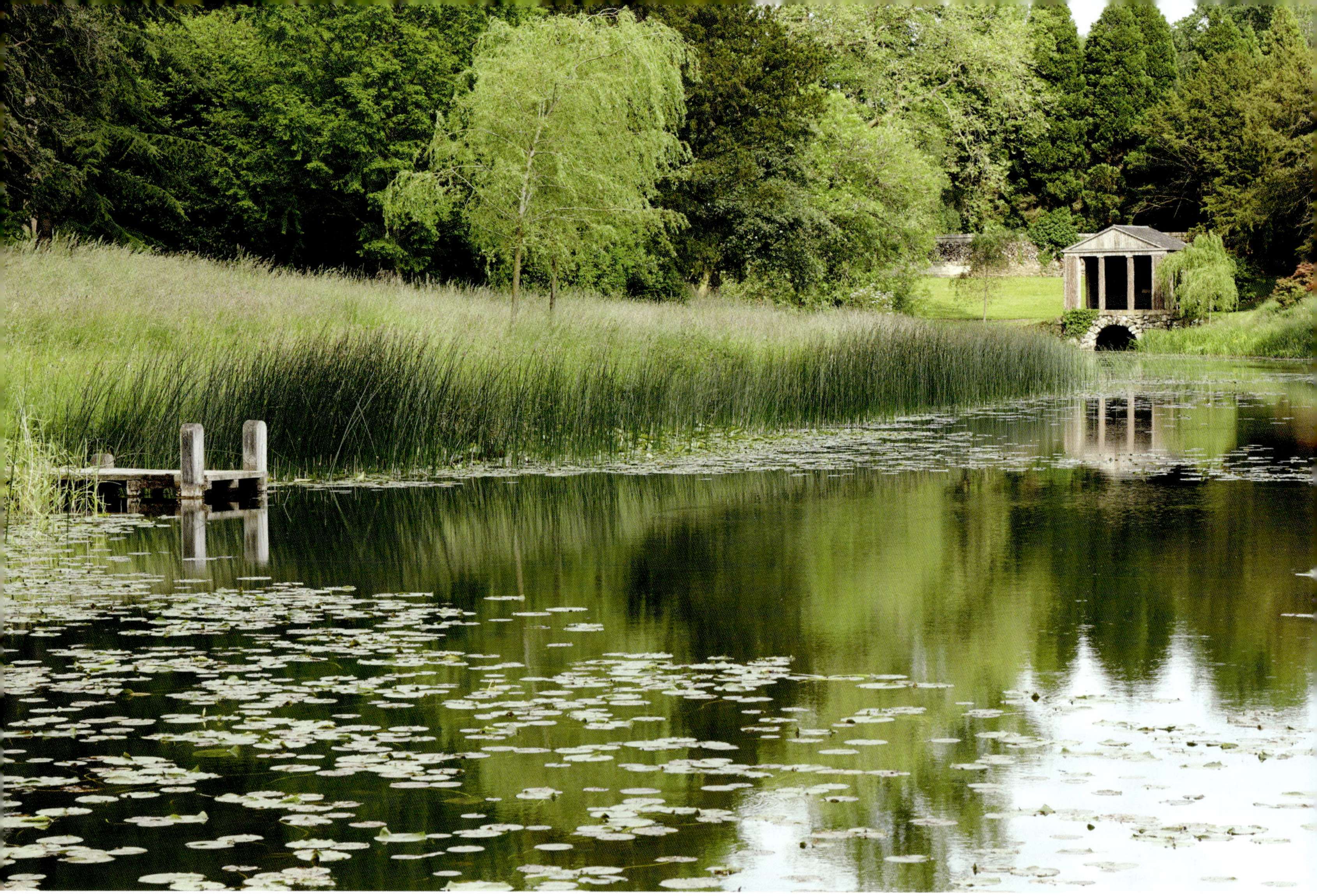

An der Ostseite des Sees steht ein Bootshaus in Gestalt eines antiken Tempels mit dorischen Säulen.

aus Stein mit ionischen Säulen zu bauen, doch aus Stein ist nur der untere Teil, wo sich ein Boot festmachen lässt.

Der Großteil von Reptons Arbeit fand während der Napoleonischen Kriege statt, was höhere Grundsteuern und eine neue Einkommensteuer zur Folge hatte. Möglicherweise hatten seine Kunden zu dem Zeitpunkt entschieden, in finanziellen Dingen Vorsicht walten zu lassen.

George Repton entwarf auch das 1817 als Pfarrhaus gebaute Sarsden Glebe, und man nimmt an, dass jenes Grundstück von William Smith gestaltet wurde, der heute als „Vater der englischen Geologie" bekannt ist. Der in Churchill geborene Smith erstellte die erste geologische Karte von England und Wales.

Nicht alle Umgestaltungen in Sarsden haben die Reptons durchgeführt. 1825 erhielt James Langston die Erlaubnis, die alte Pfarrkirche im nahe gelegenen Dorf Churchill abzureißen, und James Plowman, ein Architekt aus Oxford, entwarf eine neue Kirche, mit einem Turm, der eine um ein Drittel verkleinerte Kopie dessen vom Magdalen College in Oxford ist. Einer der schönsten Blicke von Sarsden ist der auf diese Kirche, wenngleich er heute an der Nordseite des Hauses durch alte Bäume versperrt ist.

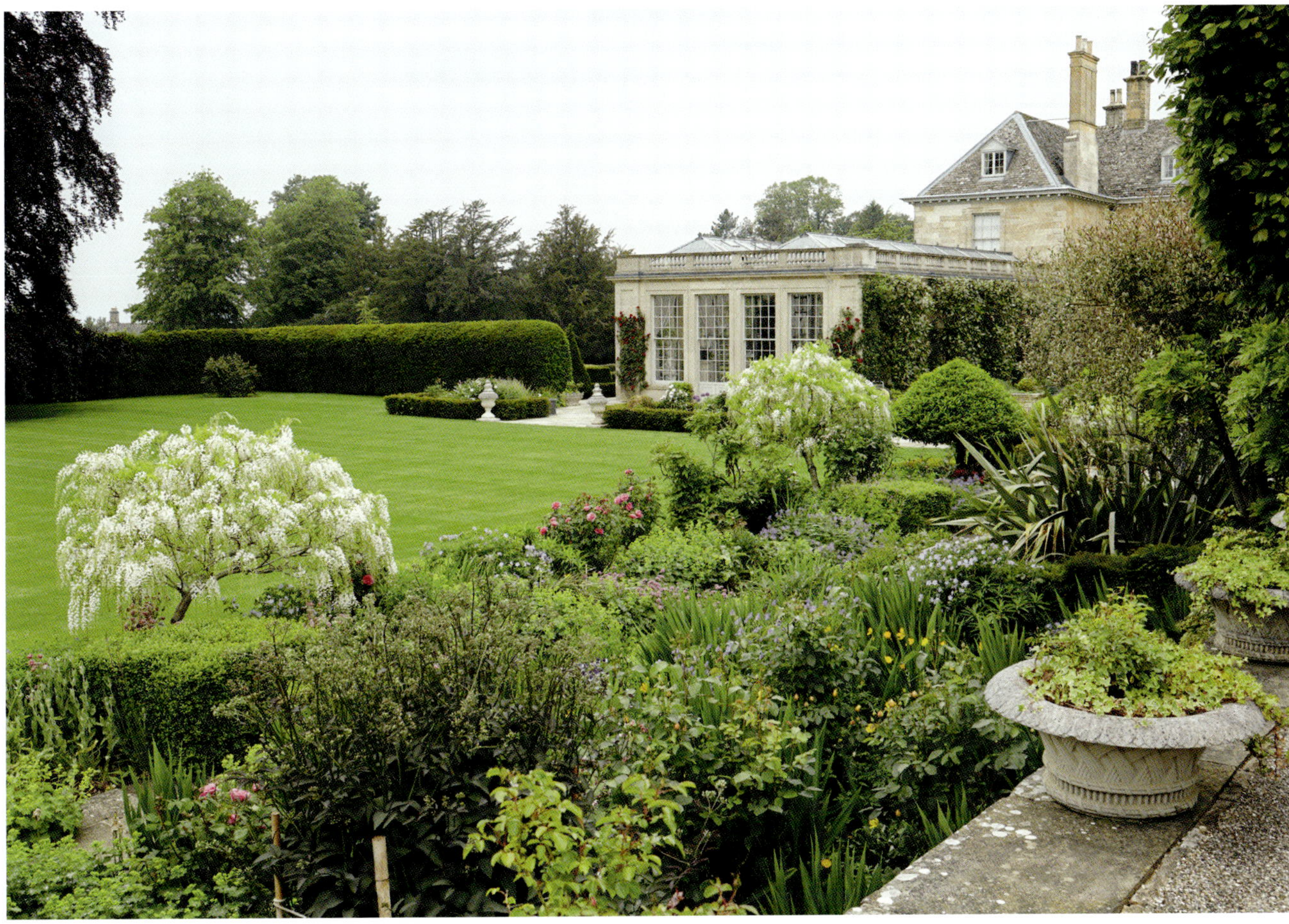

Zu Beginn des 20. Jahrhunderts fielen das Haus und die Gärten der Verwahrlosung anheim. 1922 wurde das riesige Anwesen aufgeteilt, und im Zweiten Weltkrieg waren amerikanische und britische Truppen in Sarsden einquartiert. (Viele Herrenhäuser in den Cotswolds mussten eine Zeit lang Truppen, die sich auf die Landung in der Normandie vorbereiteten, beherbergen.)

Geflochtene Linden

Seinen alten Glanz erhielt Sarsden erst wieder, als Shaun Woodward, einst konservatives Parlamentsmitglied, aber seit 1999 für die Labour-Partei aktiv, und seine Frau Camilla das Haus kauften und umfängliche Restaurierungsarbeiten in Angriff nahmen. Sie engagierten den Gartenarchitekten Christopher Masson. Er zeichnet verantwortlich für den Poolgarten mit seinen mächtigen Terracotta-Töpfen, den zu Woodwards vierzigstem Geburtstag gestalteten Weißen Garten und die formale Bepflanzung rund um das Haus, zu der neben Eiben-Topiari auch moderne Pflanzen wie Neuseelandflachs und Strauchehrenpreis gehören.

Der Weiße Garten ist, wie der Name nahelegt, als Parterre mit weiß blühenden Pflanzen gestaltet, darunter Liebesblumen, Christrosen und Rosen, flankiert

LINKE SEITE Der See ist, genau wie das dorische Bootshaus, Teil von Reptons Gestaltungsplan. Der Unterbau des Bootshauses, wo der Fluss in den See mündet, besteht aus Stein, die Säulen und der obere Teil sind hingegen aus Holz.

OBEN Die formalen Gärten am Haus mit den hochstämmigen weißen Glyzinien gestaltete Christopher Masson.

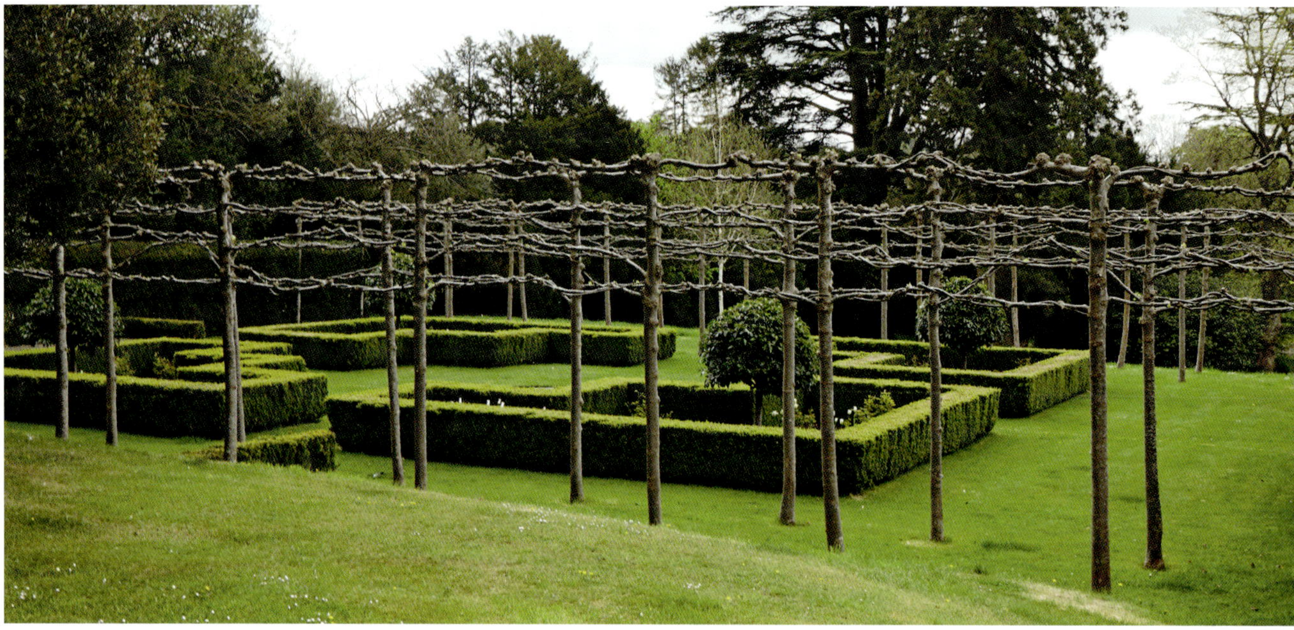

von Alleen geflochtener Linden *(Tilia)*. In der Mitte jedes Beets steht eine kunstvoll in Form geschnittene Portugiesische Lorbeerkirsche *(Prunus lusitanica)*. Diese Pflanze hat heute in den meisten formalen Gärten Großbritanniens ihren Platz, weil sie so robust, unempfindlich gegen Trockenheit und frosthart ist. Außerdem erweist sie sich als anspruchslos hinsichtlich des Bodens.

Den ummauerten Küchengarten haben die Woodwards anlässlich der Jahrtausendwende mit einem schmiedeeisernen Tor und hochstämmigen Rosen versehen. Wie viele jener einstigen großen Gemüseanbauflächen ist auch dieser alte Küchengarten heute in erster Linie ein Ziergarten mit Pergolen, Rosenbögen und Hainbuchen *(Carpinus)*. Die Woodwards haben auch den Rosengarten geschaffen: In zwei formalen Beeten gedeihen David-Austin-Rosen. Im Jahr 2006 verkauften die Woodwards das Anwesen, und seitdem sind die Rosenbeete – dem Vorschlag des Gartenarchitekten Rupert Golby, der die neuen Besitzer berät, folgend – mit Frauenmantel *(Alchemilla)*, Storchschnabel *(Geranium)* und Wolfsmilch *(Euphorbia)* unterpflanzt.

Chefgärtner Peter Simmons ist seit 1996 in Sarsden tätig. Er wuchs in Churchill auf und sammelte seine ersten Erfahrungen mit dem Garten im Rahmen eines Praktikums. Derzeit sind in Sarsden vier Gärtner beschäftigt, die sich um die Parklandschaft und die formalen Gärten kümmern, doch das Zurück- und In-Form-Schneiden findet nie ein Ende. Den jüngsten Teil des Gartens, den Kapellengarten, haben die neuen Besitzer gestaltet. Er beinhaltet vier Buchsparterres mit zartrosa Rosen und Eiben-Topiari. Dahinter trennt ein Eibenkorridor den Bereich rund ums Haus vom Pool und den Tennisplätzen.

Die Topiari schneidet Simmons gern selbst, und das Ergebnis zeugt von jahrelanger Erfahrung. Sein Lieblingsbereich ist jedoch der See, wo sich Eichenstämme *(Quercus)*, Buchen *(Fagus)* und Eiben wie mächtige Steinsäulen aus dem Waldboden erheben und die Luftblasen hungriger Schleien die Wasseroberfläche durchbrechen.

OBEN Auch den mit weißen Rosen und Liebesblumen bepflanzten Weißen Garten hat Christopher Masson gestaltet. Die strengen Linien der miteinander verflochtenen Bäume und der Buchsparterres bieten rund ums Jahr einen schönen Anblick.

RECHTE SEITE Gartenschmuck ist in Sarsden ein wichtiges Gestaltungsmotiv. Dafür sind die Bleiskulpturen eines Schäfers und seiner Liebsten an einem von Eibenhecken gesäumten Weg, die schön verzierte steinerne Brunneneinfassung und die Bronzerehe unter einer Libanon-Zeder am Parkeingang gute Beispiele.

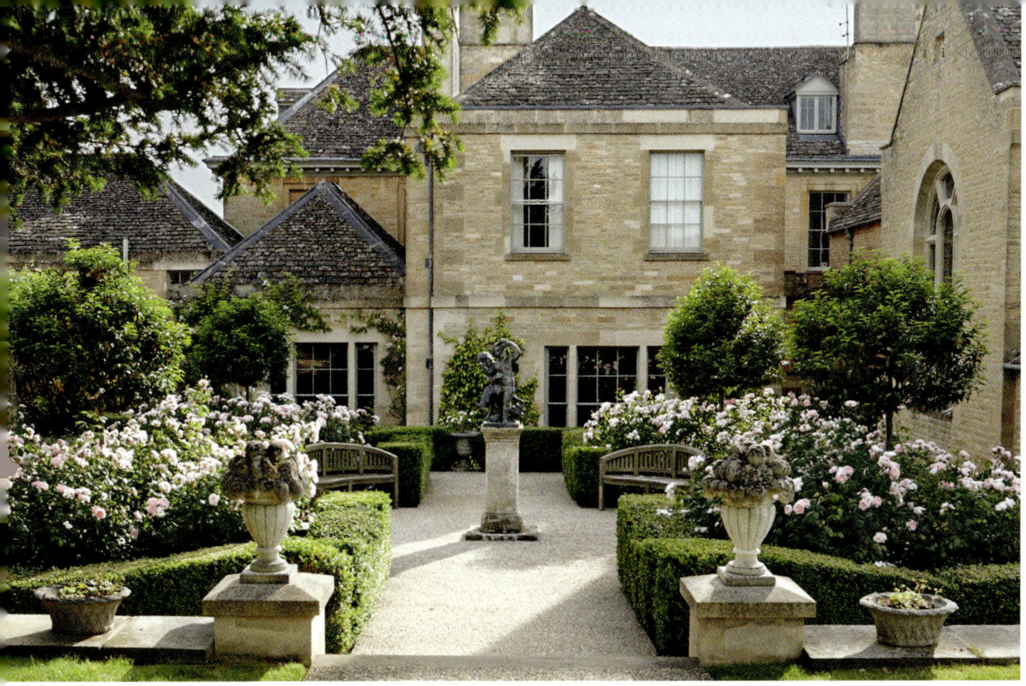
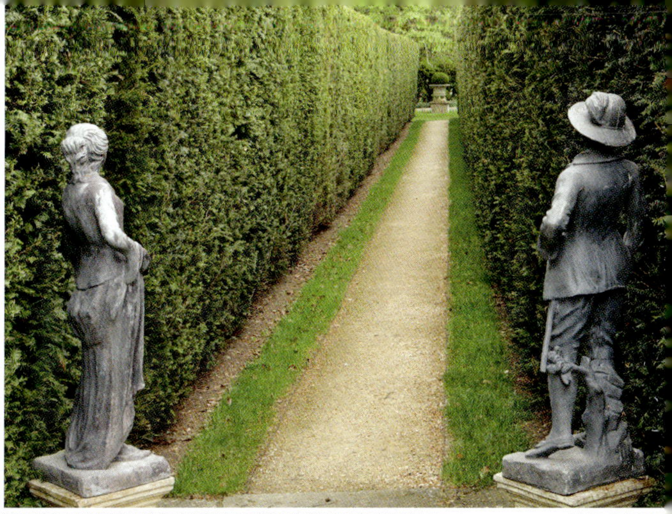
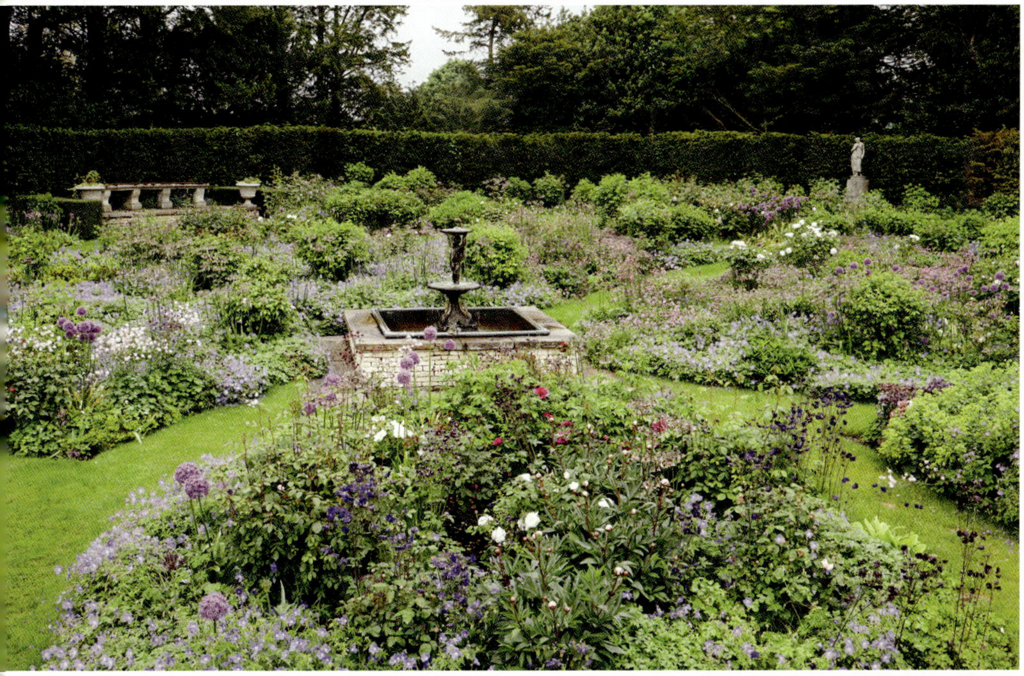
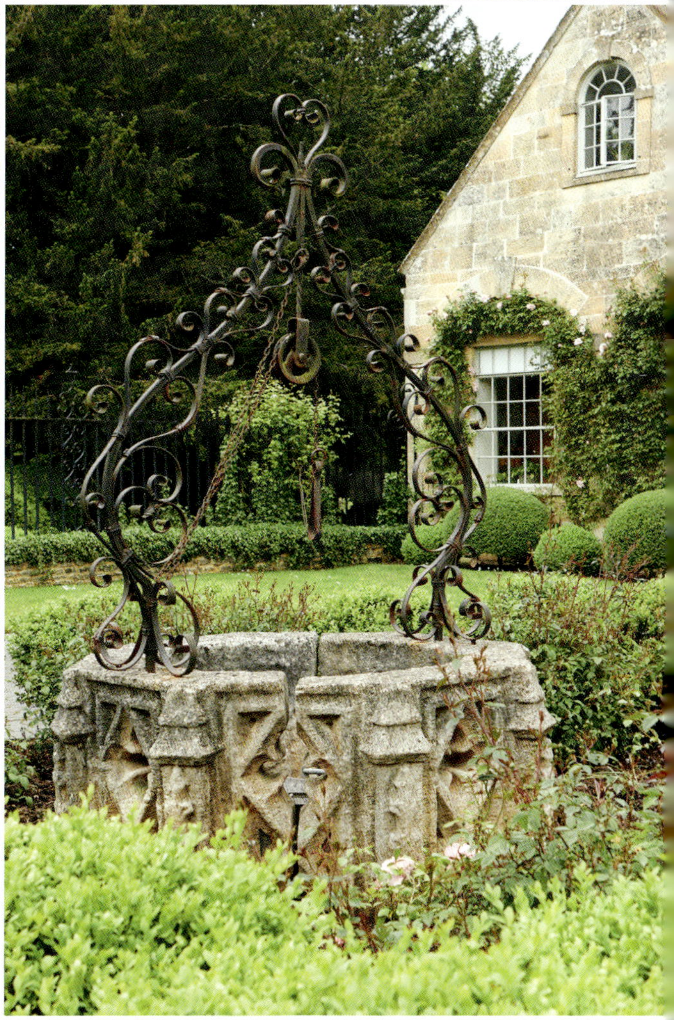
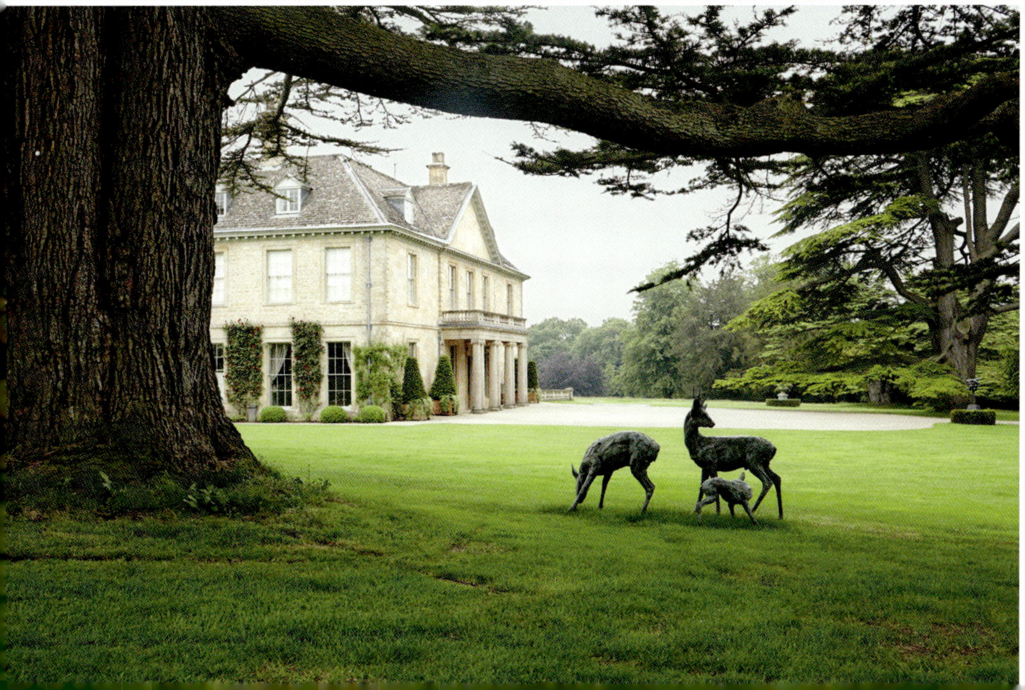
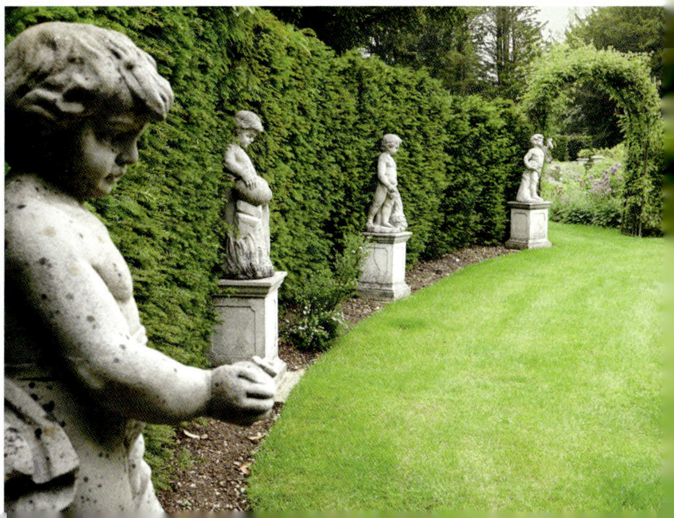

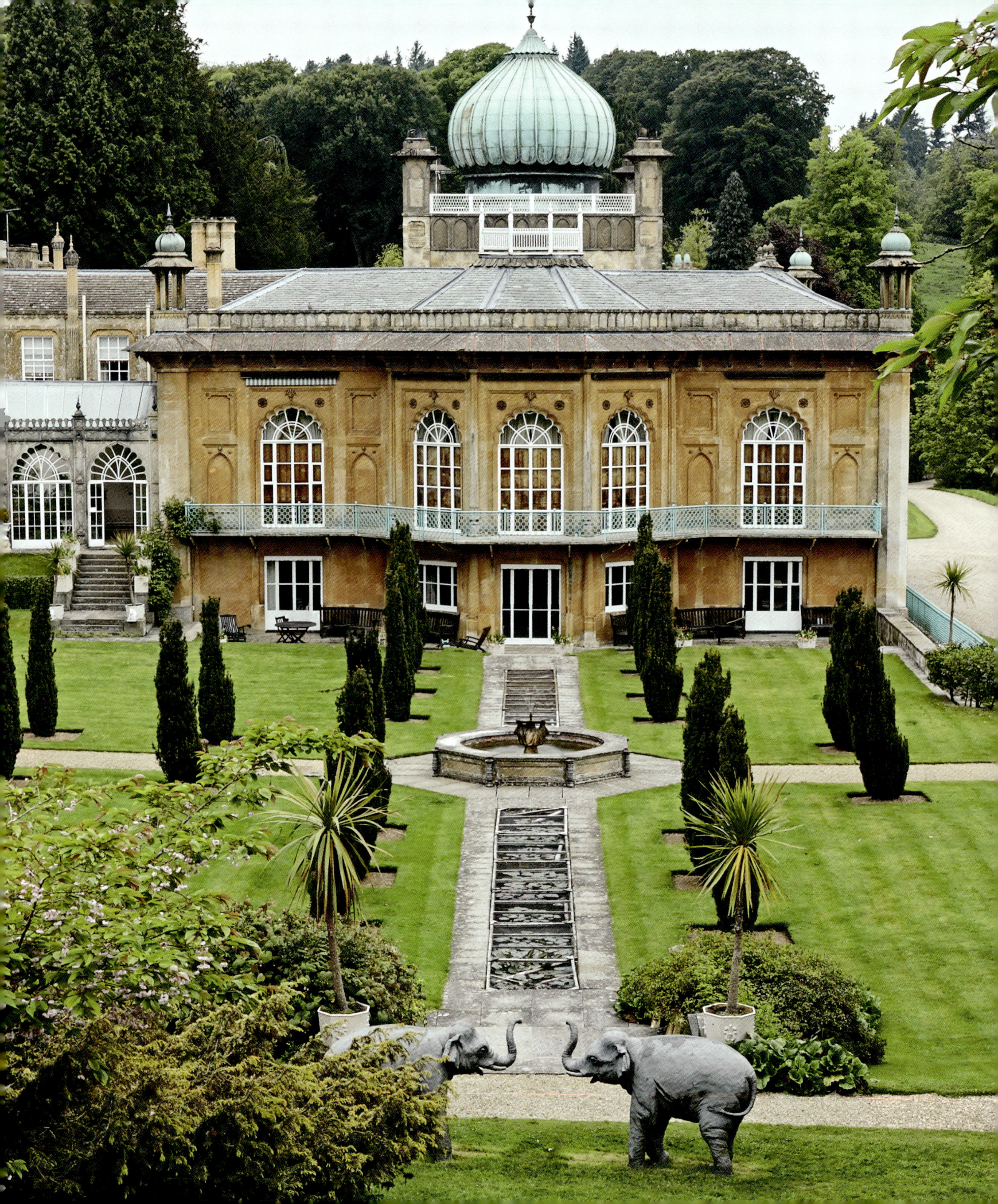

16 Sezincote

Moreton-in-Marsh

Sezincote wirkt in doppelter Hinsicht fremd in seiner Umgebung: Inmitten der grünen Hügel der Grafschaft Gloucester mit ihren Wäldern und Hecken erhebt sich der Palast eines indischen Moguls. Die Gestaltung des Grundstücks hingegen trägt die Handschrift Humphry Reptons, des großen Landschaftsarchitekten des 18. Jahrhunderts, und ist nicht indisch inspiriert.

Man fragt sich, ob der Garten von einem späteren Besitzer, der einen „englischeren" Stil der Landschaftsarchitektur bevorzugte, gänzlich umgestaltet wurde oder ob sich der Architekt bei der Gestaltung des Hauses bereits völlig verausgabt hatte und ihm keine orientalischen Elemente mehr einfielen. Weder noch, lautet die Antwort: Haus und Garten sollten sich von Anfang an stilistisch voneinander unterscheiden. Die Gründe dafür liegen in der Geschichte des Hauses und der Zeit, in der es gebaut wurde.

Sezincote setzt der Liebe der Briten zu Indien ein Denkmal. Diese Romanze hat Jahrhunderte überdauert: von 1757, als die Ostindien-Kompanie faktisch über große Gebiete Indiens herrschte, über die Gründung Britisch-Indiens 1858 und die indische Unabhängigkeit 1947 bis heute.

Die Familie Cockerell, die Sezincote gebaut hat, ist ein gutes Beispiel dafür, wie junge Männer im Indien des 18. Jahrhunderts zu Wohlstand kommen konnten. John Cockerell, ein entfernter Verwandter von Samuel Pepys, kaufte das Anwesen 1795. Er und sein Bruder Charles hatten für die Armee der Ostindien-Kompanie gearbeitet, und John hatte unter Lord Cornwallis, von 1786 bis 1792 Generalgouverneur von Indien, gedient und den Rang eines Colonels erreicht.

Colonel Cockerell starb 1798 unverheiratet und hinterließ Sezincote seinem Bruder Charles. Der beauftragte einen weiteren Bruder, den Architekten Samuel Pepys Cockerell, ein Haus im Mogulstil zu entwerfen. 1805 begannen die Bauarbeiten. Für Warren Hastings, Indiens ersten Generalgouverneur, hatte Samuel das gut 15 Kilometer von Sezincote entfernt gelegene Daylesford House (siehe Seite 64–71) entworfen. Er hatte Indien nie mit eigenen Augen gesehen, konnte sich aber auf das Fachwissen von Thomas Daniell, der mit seinem Neffen William zehn Jahre lang indische Gebäude und Landschaften gemalt hatte, stützen. Deren sechs Bände mit Aquatinta-Drucken trugen den Titel *Oriental Scenery* und waren damals sehr populär.

Als der spätere König Georg IV. 1807 in Sezincote weilte, war das Haus fast fertig. Der Prinz war beeindruckt, und es heißt, Sezincote habe für den von dem großen Regency-Architekten John Nash ebenfalls im indischen Stil gestalteten Brighton Pavilion als Vorbild gedient. Doch

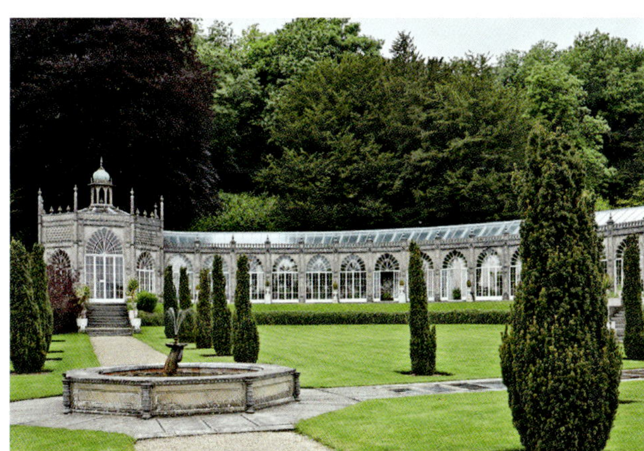

LINKE SEITE Der Persische Garten mit seinem achteckigen Teich in der Mitte wurde durch eine Indienreise inspiriert. Lady Kleinwort legte ihn 1965 an.

RECHTS Die Orangerie am Persischen Garten dient heute als Gewächshaus. Es beherbergt eine prächtige Fuchsiensammlung.

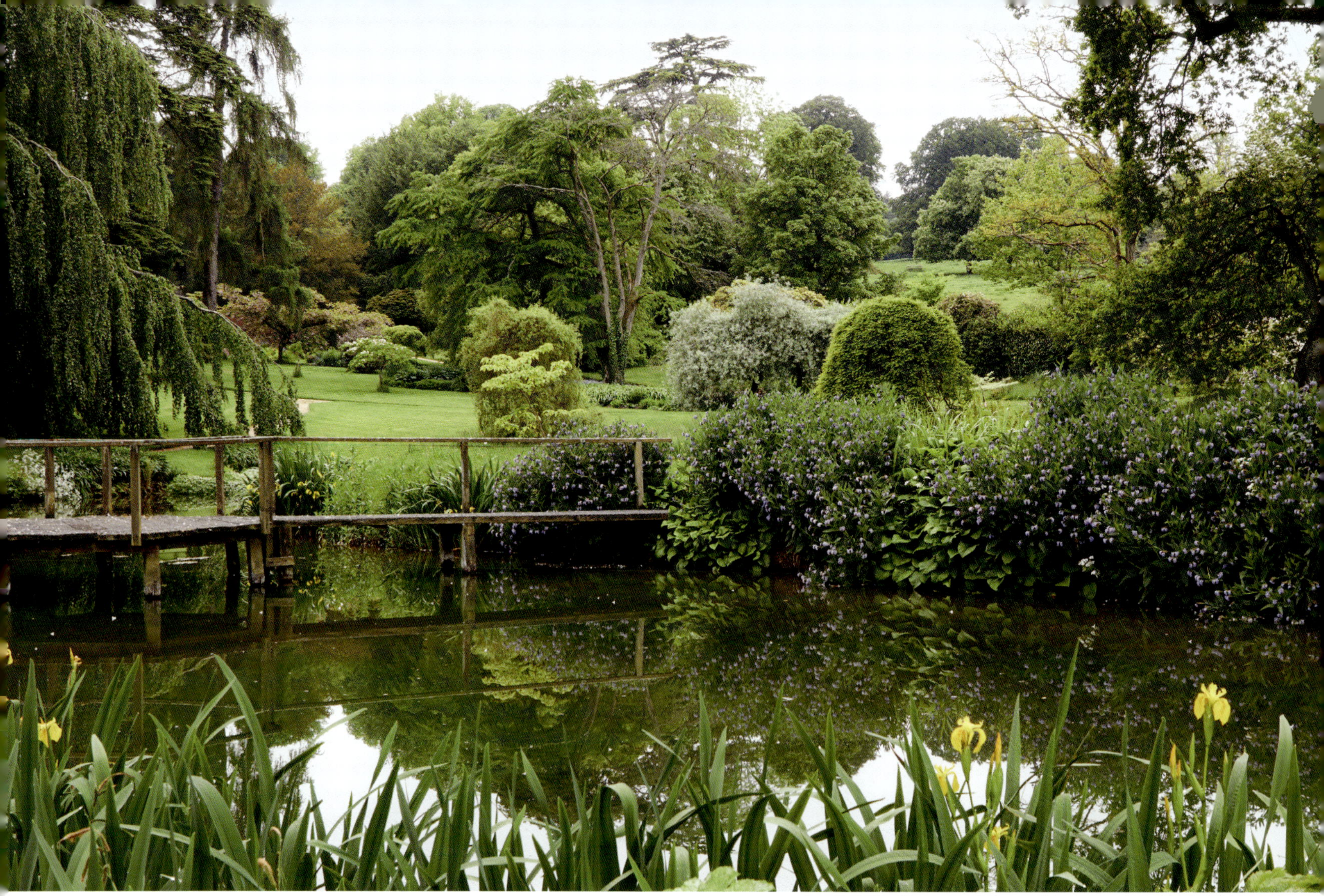

OBEN Im unteren Teil der Gärten von Sezincote spannt sich ein Netz von Holzbrücken kreuz und quer über die Teiche. Die Bäume und Sträucher ringsum verschmelzen mit der Landschaft dahinter.
RECHTE SEITE Um zu der steinernen Bank in der Mitte des Wasserlaufs zu gelangen, muss man eine Reihe von Trittsteinen überwinden.

die britische Öffentlichkeit betrachtete die „Nabobs", die ihr Geld in Indien gemacht hatten, zunehmend mit Argwohn. Man hatte das Gefühl, dass viele ihr im Ausland erworbenes Vermögen dafür einsetzten, um sich in der Heimat Macht und Einfluss zu kaufen – etwa Sitze im Parlament –, und dass sie ihren Reichtum Korruption und unseriösen Geschäften verdankten. Wie Edward Peake, der derzeitige Besitzer von Sezincote, in seinem Führer zum Anwesen schreibt: „Das erklärt vielleicht, warum das Innere [des Hauses] und die zum Haus gehörigen Bereiche des Gartens durch und durch englisch sein mussten, und auch, warum dieser Ausflug in die Mogularchitektur einzigartig war und manchen Besuchern im 19. Jahrhundert ‚grotesk' erschien."

1884 verkauften die Cockerells Sezincote an die Familie Dugdale aus Lancashire. Im Zweiten Weltkrieg verwilderten die Gärten stark, und als Sir Cyril Kleinwort das Anwesen 1944 erwarb, bedurften sowohl das Haus als auch der Garten einer Restaurierung.

Repton hatte die Cockerells bei der Gartengestaltung beraten, aber keines seiner berühmten „Roten Bücher" für Sezincote erstellt – ein Planungsbuch mit Entwürfen in Aquarelltechnik, die, wenn man sie übereinanderlegte, veran-

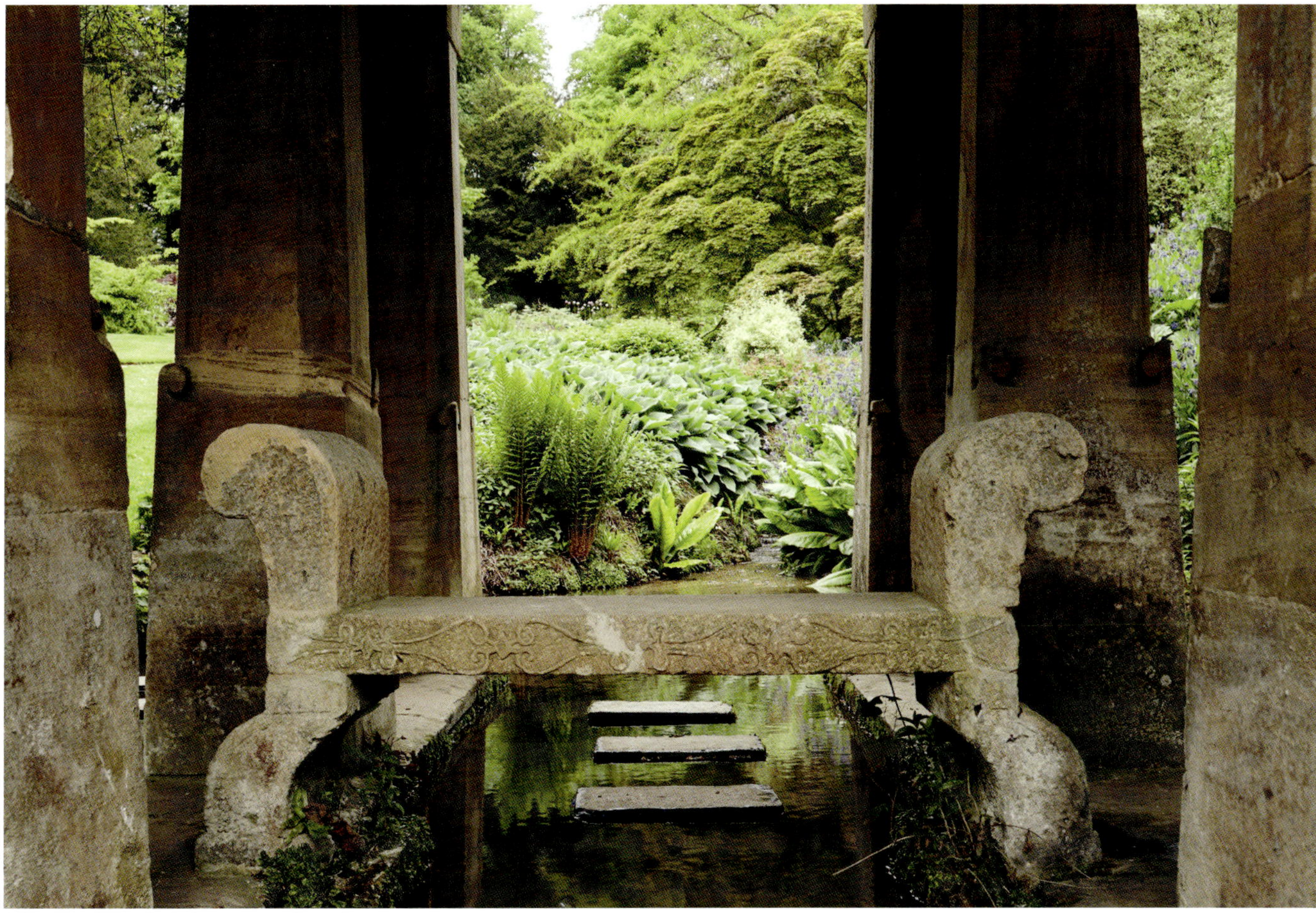

schaulichten, wie der Garten aussehen könnte. Er fertigte lediglich eine Skizze für den Südgarten an. Und dennoch sieht man, wenn man vom Haus auf die Gärten blickt, eine klassische Repton-Gestaltung.

Trotz der exotischen Elemente ist der Gesamteindruck des Gartens eindeutig englisch.

Indische Elemente

Nichtsdestotrotz gibt es auch dort unverkennbar indische Elemente. Die Indische Brücke mit ihren Buckelstieren aus der Hindu-Mythologie und den Tempel an einem runden Teich hat Thomas Daniell entworfen. Ihm schreibt man auch die Gestaltung der Thornery, der Dickichtgärten an der Nordseite des Hauses, zu, aber wahrscheinlich ist dieser Bereich zu Daniells Zeit eher eine Art Arboretum gewesen. Heute ist die Thornery eine Spielwiese für Pflanzenliebhaber: Es gibt Gewöhnliche Trompetenbäume *(Catalpa bignonioides)*, einen Hain mit Himalaya-Zedern *(Cedrus deodara)* und majestätische Libanon-Zedern *(Cedrus libani)*. Besonders charmant ist der Wassergarten, der vom Tempelteich durch eine ungeheure Vielfalt an Sträuchern und Bäumen hinunter zum Inselteich führt. Dort gibt es Ahorn, Bambus, verschiedene Sorten von Hortensien, Schneeball, Magnolien, Chinesische Pfingstrosen *(Paeonia lactiflora)* und Hartriegel. Üppige,

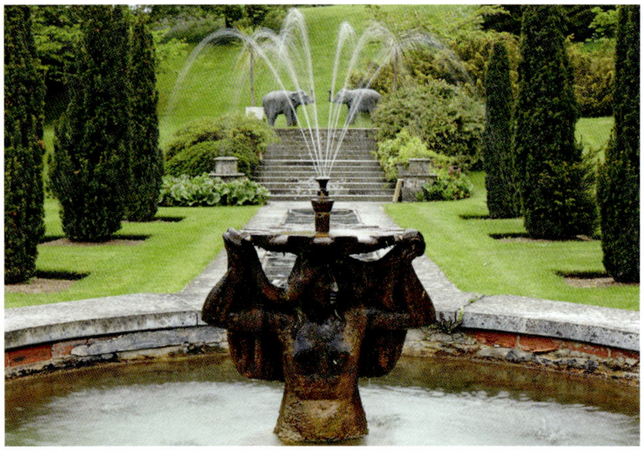

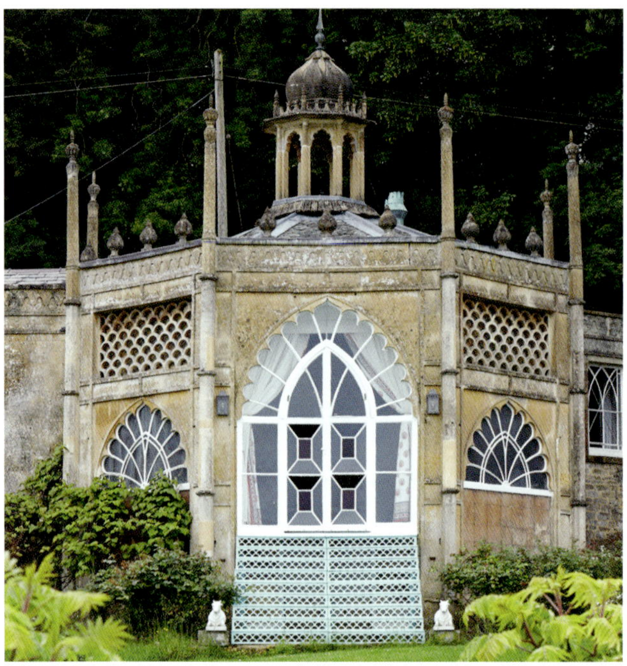

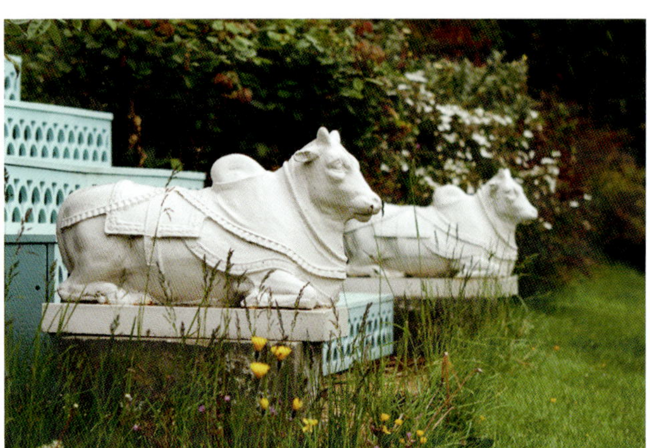

großblättrige Stauden schaffen lauschige Abgeschiedenheit: Weißer Germer *(Veratrum album)* und Gezähntes Schaublatt *(Rodgersia podophylla)* gesellen sich zu Funkien und Frauenmantel, während Schildblatt *(Darmera peltata)* am Fluss gedeiht.

Über Trittsteine gelangt man unter der Indischen Brücke hindurch (dort gibt es sogar eine steinerne Sitzbank) zum Schlangenteich, den ein Springbrunnen in Gestalt einer furchterregenden Schlange beherrscht. Trotz der exotischen Elemente ist der Gesamteindruck eindeutig englisch. Ironischerweise ist der Persische Garten, der am ehesten dem Mogulstil entspricht, erst 1965 hinzugekommen – Lady Kleinwort ließ ihn nach einer Indienreise anlegen. Sie befand, dass der Südgarten neben der Orangerie der richtige Platz für einen traditionellen Tschahar Bagh, einen Paradiesgarten, sei, und zog Graham Stuart Thomas, der so vielen Gärten des National Trust neues Leben eingehaucht hat, zu Rate.

Ein klassischer Tschahar Bagh wird durch vier Kanäle – ein Sinnbild für die vier Paradiesflüsse – in gleiche Teile geteilt. Er ist mit Zypressen *(Cupressus)*, ein Symbol für den Tod, und Obstbäumen, ein Symbol für das Leben, bepflanzt. Zugleich bewässern die Kanäle den Garten, und die Bäume bieten Früchte, Schatten sowie eine Zuflucht für Vögel. In Sezincote ist der Persische Garten mit Säuleneiben (*Taxus baccata* 'Fastigiata') bepflanzt, die das Klima der Cotswolds besser vertragen als Zypressen. Statt eines vierten Kanals führt ein Pfad zum Südpavillon der Orangerie, sodass die Aufteilung in Quadranten erhalten bleibt.

Sezincote ist ein faszinierender Garten, der seinen Besuchern manches Rätsel aufgibt. So mutet sein Name exotisch an, dabei ist es nur eine Verballhornung von „Cheisnecote" – „die Heimat der Eichen" (*chêne* ist das französische Wort für Eiche). Was könnte englischer sein als das?

LINKS OBEN Dieser Teich ist das Zentrum des Persischen Gartens.
LINKS MITTE Das Zeltgemach zieren indische Stoffe.
LINKS UNTEN Zwei Buckelstiere liegen am Fuß der Treppe, die zum Zeltgemach führt.
RECHTE SEITE Indische Elemente finden sich überall in Sezincote. Dazu gehören (im Uhrzeigersinn von oben links): das Folly, die Indische Brücke mit den Buckelstieren, der Springbrunnen in der Mitte des Tempelteichs, zwei Elefanten oben an der Treppe, die zum Persischen Garten hinabführt, die Schlangenskulptur am Schlangenteich und eine Darstellung der Hindu-Gottheit Krishna.

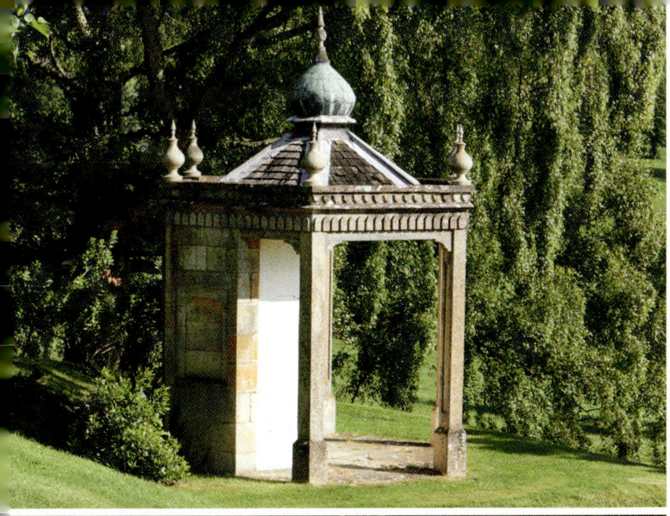
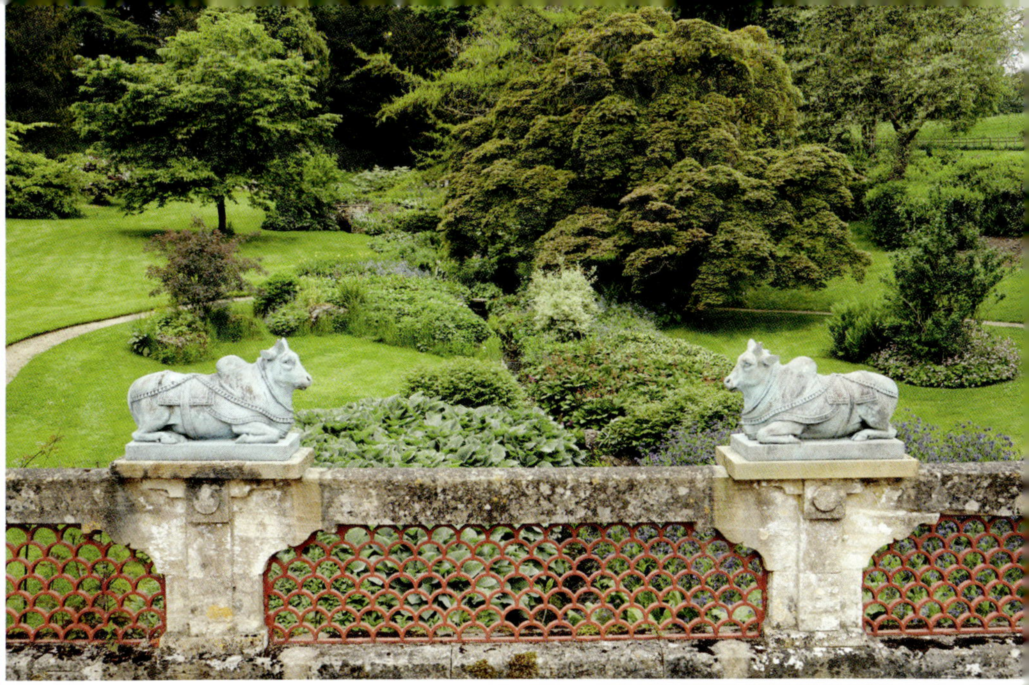
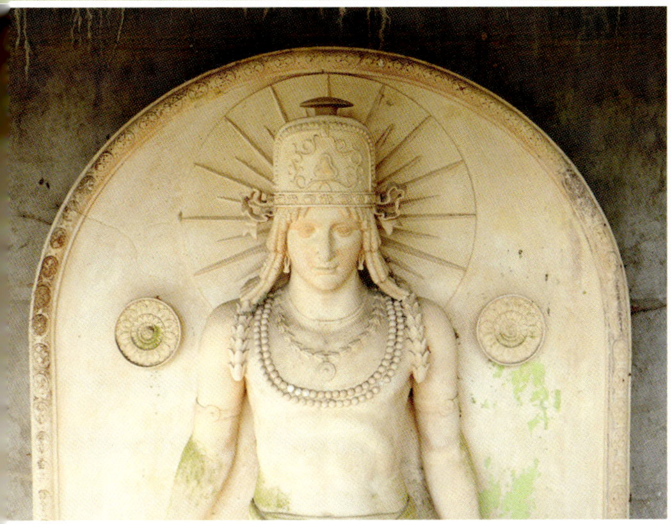
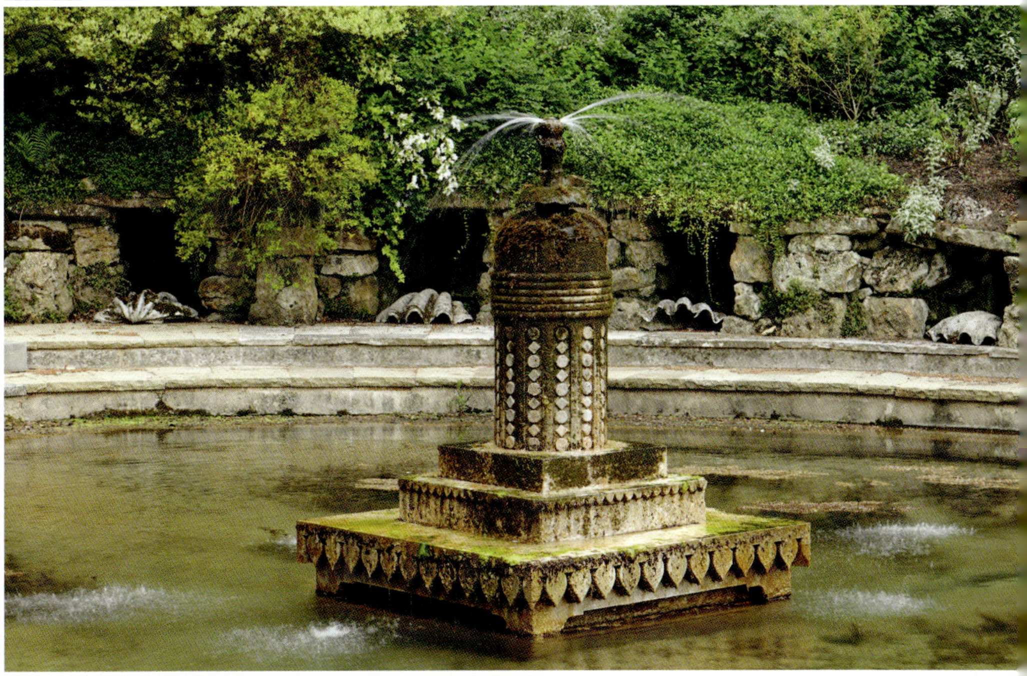
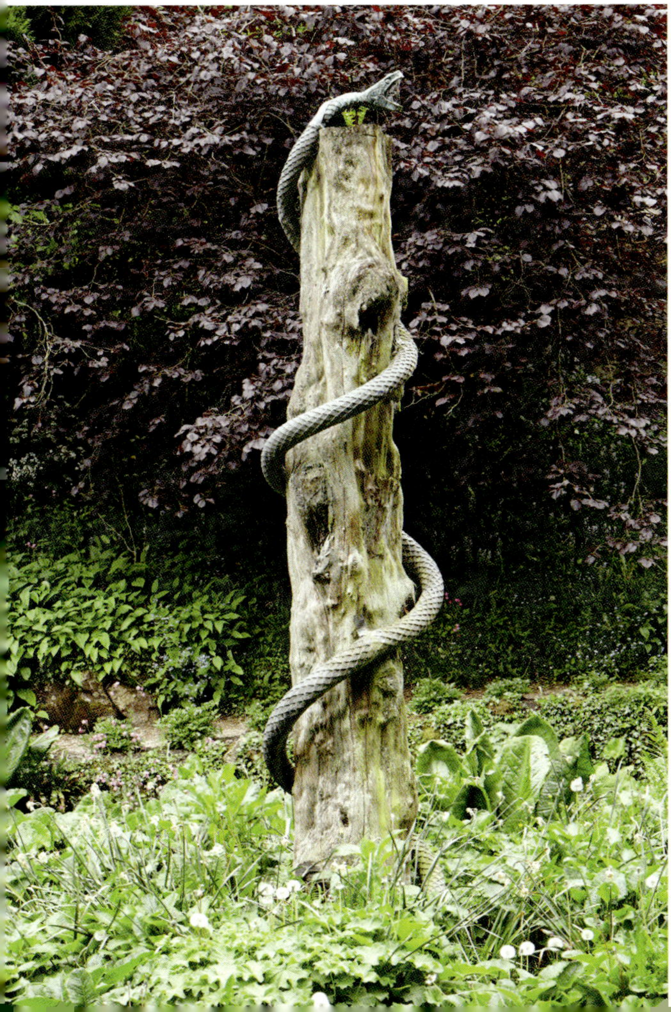
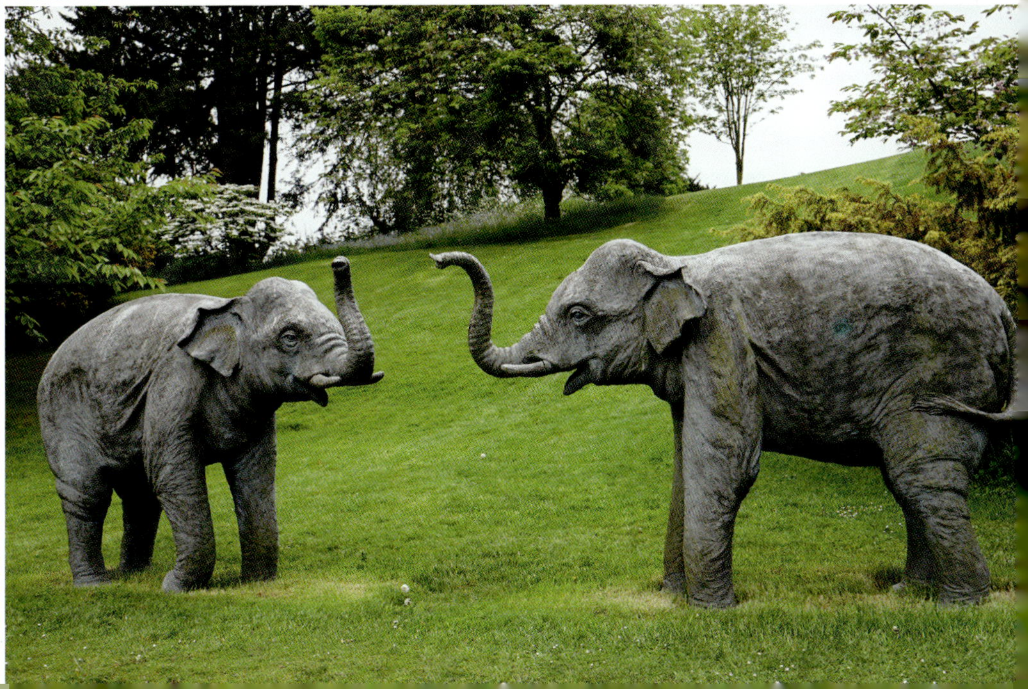

17
Stowell Park
Yanworth

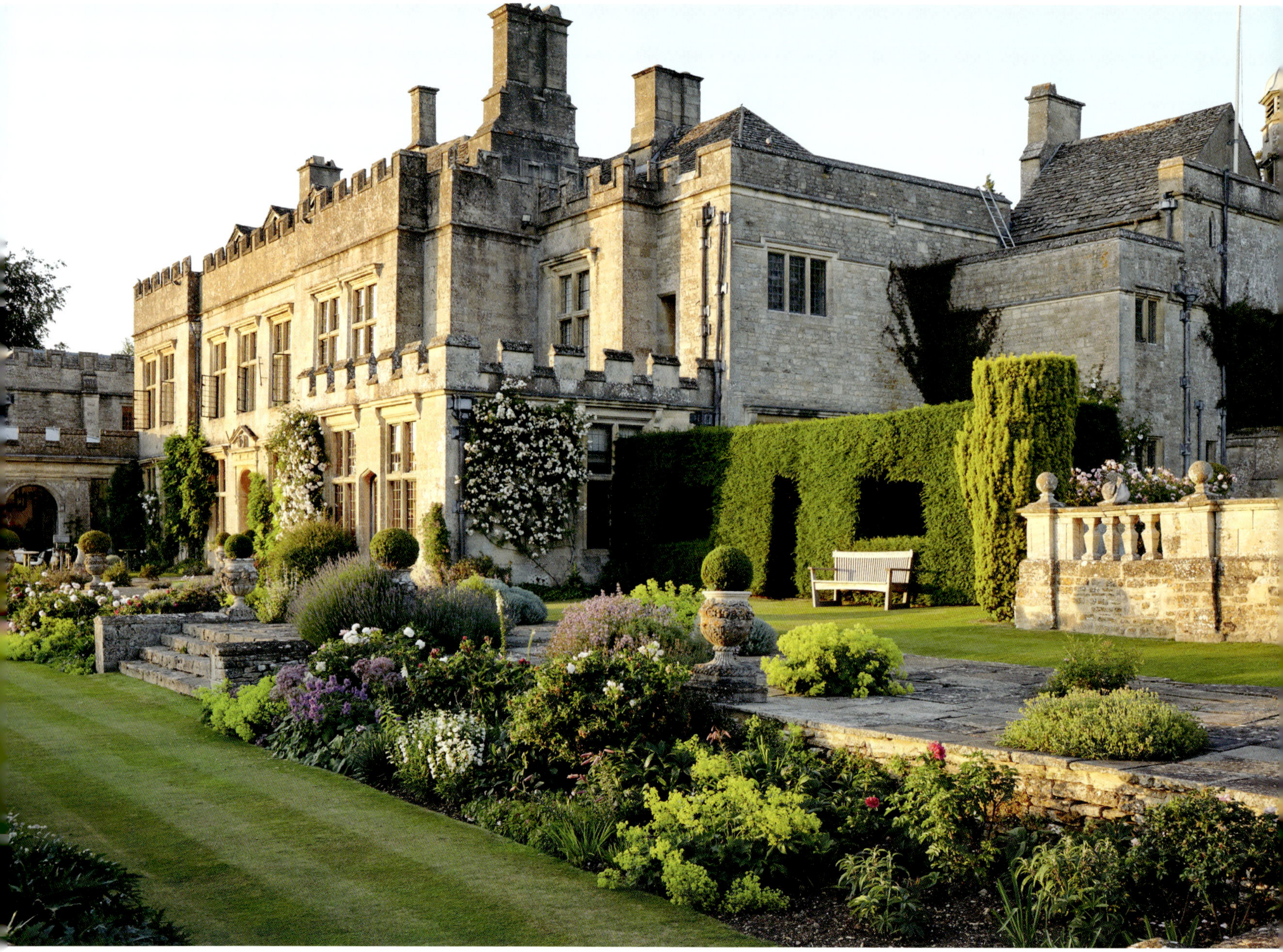

Geht man von den Küchengärten zur Hauptterrasse von Stowell Park, entdeckt man ein „Fenster", das in eine hohe Eibenhecke neben dem Haus geschnitten ist. Es rahmt einen fantastischen Blick in die Landschaft und fasst die Wirkung des Gartens in einem Rechteck zusammen: einfach bildschön.

Stowell Park ist ein Paradies für Perfektionisten. Die Rasenflächen an den Terrassen sehen aus wie kostbare Teppiche. Der Rasen ist so makellos fein, dass man jeden Halm durch ein Nadelöhr ziehen könnte. Chefgärtner Neil Hewertson lüftet das Geheimnis dahinter: sehr viel Arbeit und teurer Dünger. „Fred Nutbeam, der ehemalige Chefgärtner des Buckingham-Palastes, pflegte zu sagen, dass wenn man den Rasen und die Kanten in Ordnung hält", erzählt er, „der ganze Garten besser aussieht. Man braucht den richtigen Rahmen für das Bild."

Hewertson hat einen Studienabschluss in Botanik, aber auch eine Gärtnerausbildung absolviert. Er kam aus Hampshire, wo Fred Nutbeam sein Mentor war, in die Cotswolds. Auf dem Smartphone speichert er Bilder, wie der Garten im Vorjahr ausgesehen hat, schreibt aber außerdem alles – Notizen, Anweisungen, Pflanzenlisten – in ein zerschlissenes Notizbuch, das er in der Hosentasche trägt. Er ist seit dreißig Jahren in Stowell und hat in dieser Zeit den Besitzern, Lord und Lady Vestey, geholfen, Gärten zu schaffen, die auf betörende Weise formalen und lässigen Charme vereinen.

Während in Form geschnittene Eiben die exakten Linien der Steintreppen zur Hauptterrasse aufgreifen, nehmen die neugierig tastenden Ranken der Rostroten Rebe *(Vitis coignetiae)* mit ihren großen herzförmigen Blättern den Treppen selbst die Strenge. Zwischen den Eiben treffen im Hochsommer die mächtigen Blätter des Gefiederten Schaublatts *(Rodgersia pinnata)* auf Silberkerzen (*Actaea simplex*, Atropurpurea Group, 'Brunette') und tiefblaue Liebesblumen (*Agapanthus* 'Loch Hope'). Prächtiges Laub ersetzt hier die übliche Bepflanzung aus Rosen, Rittersporn und Lupinen.

Linke Seite Die Terrasse von Stowell Park liegt nach Westen. Im Sommer verstärkt die Spätnachmittagssonne den Honigton der Mauern aus Cotswolds-Stein.
Rechts Chefgärtner Neil Hewertson (rechts) ist seit dreißig Jahren bei Lord und Lady Vestey angestellt.

Der Garten besteht aus vier großen Bereichen: dem Küchengarten (samt Gewächshäusern, einem Obsthain und einer Staudenrabatte), dem ummauerten Garten, den formalen Terrassen und einem Bereich, der sehr bald ein Arboretum sein wird. Dort sorgen Sargents Ebereschen (*Sorbus sargentiana*) und Zimt-Ahorn (*Acer griseum*) für eine spektakuläre Herbstfärbung.

Bei den meisten Pflanzen kann sich Hewertson an den Tag erinnern, an dem sie gepflanzt wurden. Er glaubt an die richtige Pflanze am richtigen Standort, experimentiert aber auch. Im Herbst leuchtet vor der Mauer des Ballsaals das Laub der Fächertanne (*Ginkgo biloba* 'Autumn Gold'), wie ein Echo der welkenden Blätter der benachbarten Glyzinie. Ginkgo an einer Mauer? „Man sagte mir, das geht nicht", erzählt Hewertson, „aber wie man sieht, es geht."

Die Frühbeete, sagt er, seien nicht nur eine Quelle selbst gezogener Pflanzen, sondern auch der Inspiration:

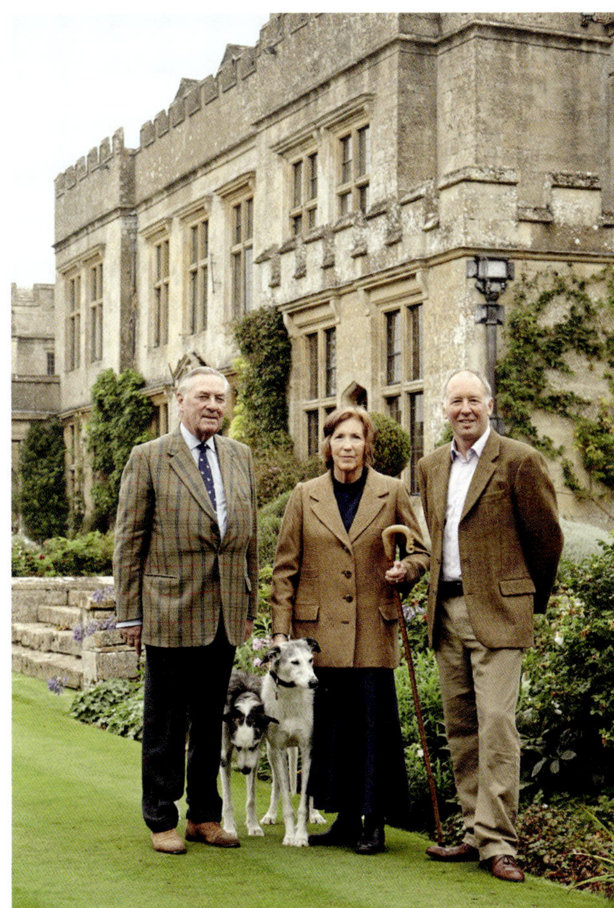

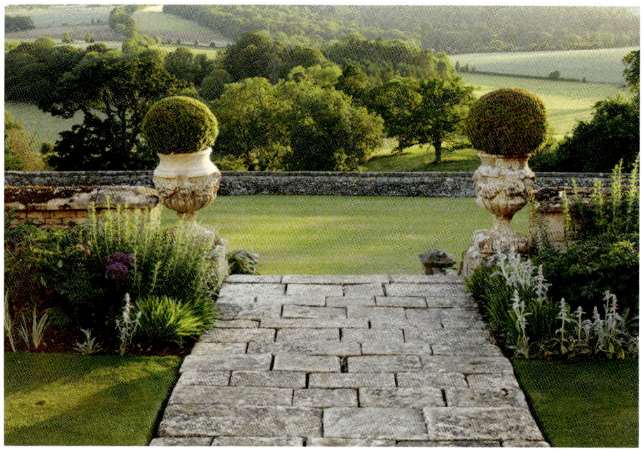

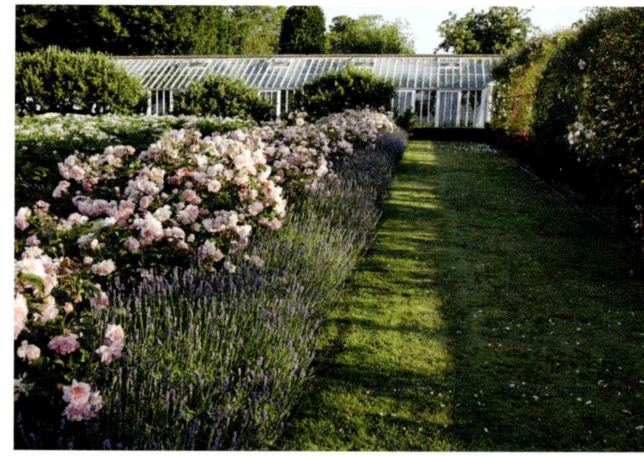

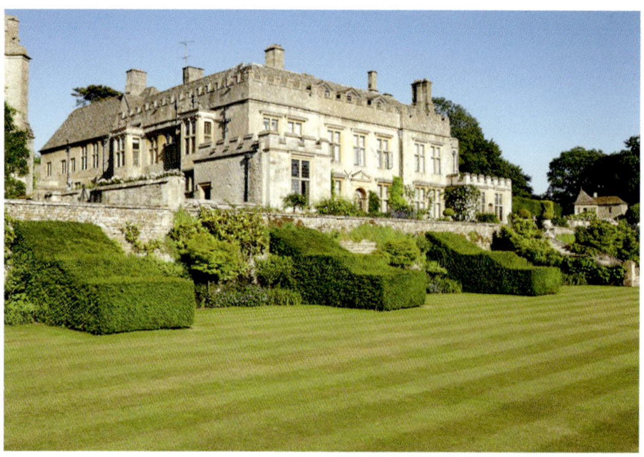

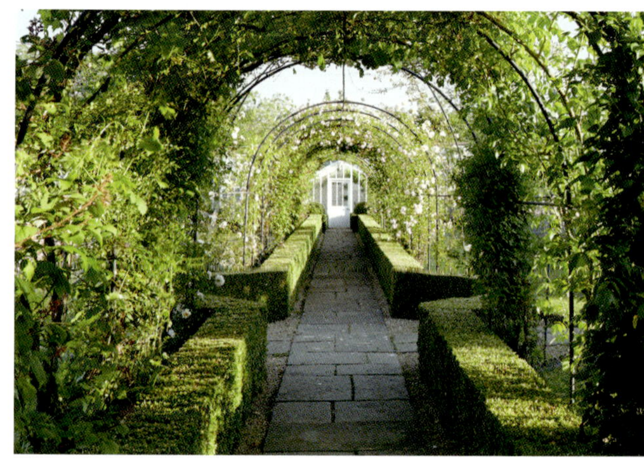

„Gertrude Jekyll schreibt in *Wood and Garden*, dass die besten Gärten allesamt Frühbeete haben. So hat man, wenn man etwa ein paar seltene Pfingstrosen gezogen hat, zwanzig und nicht nur zwei. Jetzt kommt man auf die Idee, sie mal an diesem oder jenem besonderen Standort auszuprobieren. Oder wenn man einen Bereich neu bepflanzen will, hat man die Pflanzen gleich zur Hand und muss sie nicht bestellen und kilometerweit transportieren lassen."

Jeder Bereich des Gartens geht sanft in den nächsten über. Das Anwesen ist nach wie vor eine Art Dorf und verfügt sogar über eine eigene normannische Kirche, die Überreste von Wandmalereien aus dem 12. Jahrhundert zu bieten hat. Bedauerlicherweise, erzählt Hewertson, fielen Gottvater, Sohn und Heiliger Geist in viktorianischer Zeit versehentlich einer „Restaurierung" zum Opfer.

In Stowell Park geht es durchaus geschäftig zu, aber in einem beschaulich-ländlichen Tempo. Hühner scharren unter den Bäumen, und neben den Ställen wartet Pferdemist darauf, zu den Küchengärten gekarrt zu werden.

Die Tour durch Stowell Park im Rahmen des National Gardens Scheme beginnt am Küchengarten. Dort gibt es so viel zu sehen, dass man sich mit Gewalt davon losreißen muss, um noch Zeit für die anderen Bereiche zu haben.

An einem Ende des Küchengartens ist eine Rabatte mit den rauchigen Purpurtönen von Zierlauch, Glyzinien und Hasel bepflanzt, die die Blütenfarbe der Clematis an einer der zahlreichen Pergolen im alten Obsthain aufgreifen. In den Schnittblumenbeeten am anderen Ende erhebt sich Akelei frech zwischen Pfingstrosen und Kräutern. Ein Torbogen führt in den ummauerten Garten, in dem im Frühsommer Iris mit Zierlauch vor einem Hintergrund aus Funkien und Topiari um Aufmerksamkeit buhlt.

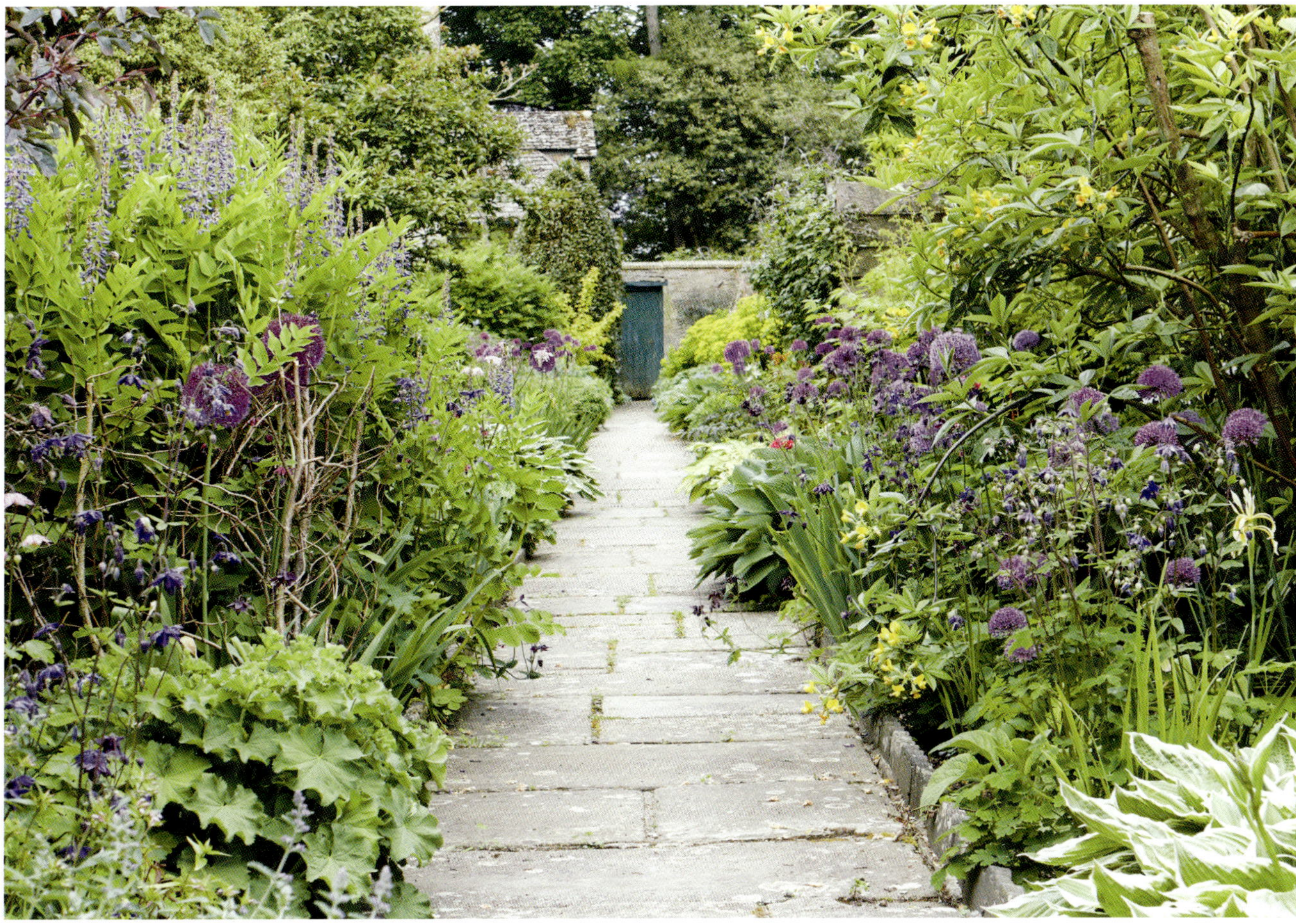

Nelken für Ascot

Seit 1923 befindet sich das Anwesen im Besitz der Familie Vestey. Im 14. und 15. Jahrhundert war es, wie so viele Herrenhäuser in den Cotswolds, das Domizil reicher Wollhändler. Zu seinen Bewohnern gehörte auch John Scott, der 3. Earl von Eldon, der von 1864 bis 1868 die Ausgrabung und Erhaltung der römischen Villa im benachbarten Chedworth finanzierte.

Der jetzige Lord Vestey verlangt fünf Dinge von seinem Garten: weiße Pfirsiche aus den 55 Meter langen, in den 1880er-Jahren gebauten Gewächshäusern, Weintrauben, Spargel, Feuer-Bohnen und die berühmten Nelken, die bei dem Pferderennen von Ascot und anderen zeremoniellen Pflichten, an denen die Königin teilnimmt, die Knopflöcher zieren.

Die Zweige der sorgfältigst geschnittenen Pfirsichbäume zeichnen Muster an die Wände der Gewächshäuser.

Hinter einem Torbogen liegt der ummauerte Garten, wo im Frühsommer Iris mit Zierlauch um Aufmerksamkeit buhlt.

LINKE SEITE OBEN LINKS UND UNTEN LINKS Steintreppen führen von der Terrasse auf die unteren Rasenflächen, wo Eiben die Form der Treppenstufen nachahmen.
LINKE SEITE OBEN RECHTS UND UNTEN RECHTS Die Gewächshäuser und der Rosengang befinden sich im Küchengarten. Die niedrigsten Metallstreben des Rankgerüsts dienen als „Höhenmesser" für die Buchshecken.
OBEN Lady Vestey und Neil Hewertson haben jede einzelne Pflanze im ummauerten Garten selbst gepflanzt.

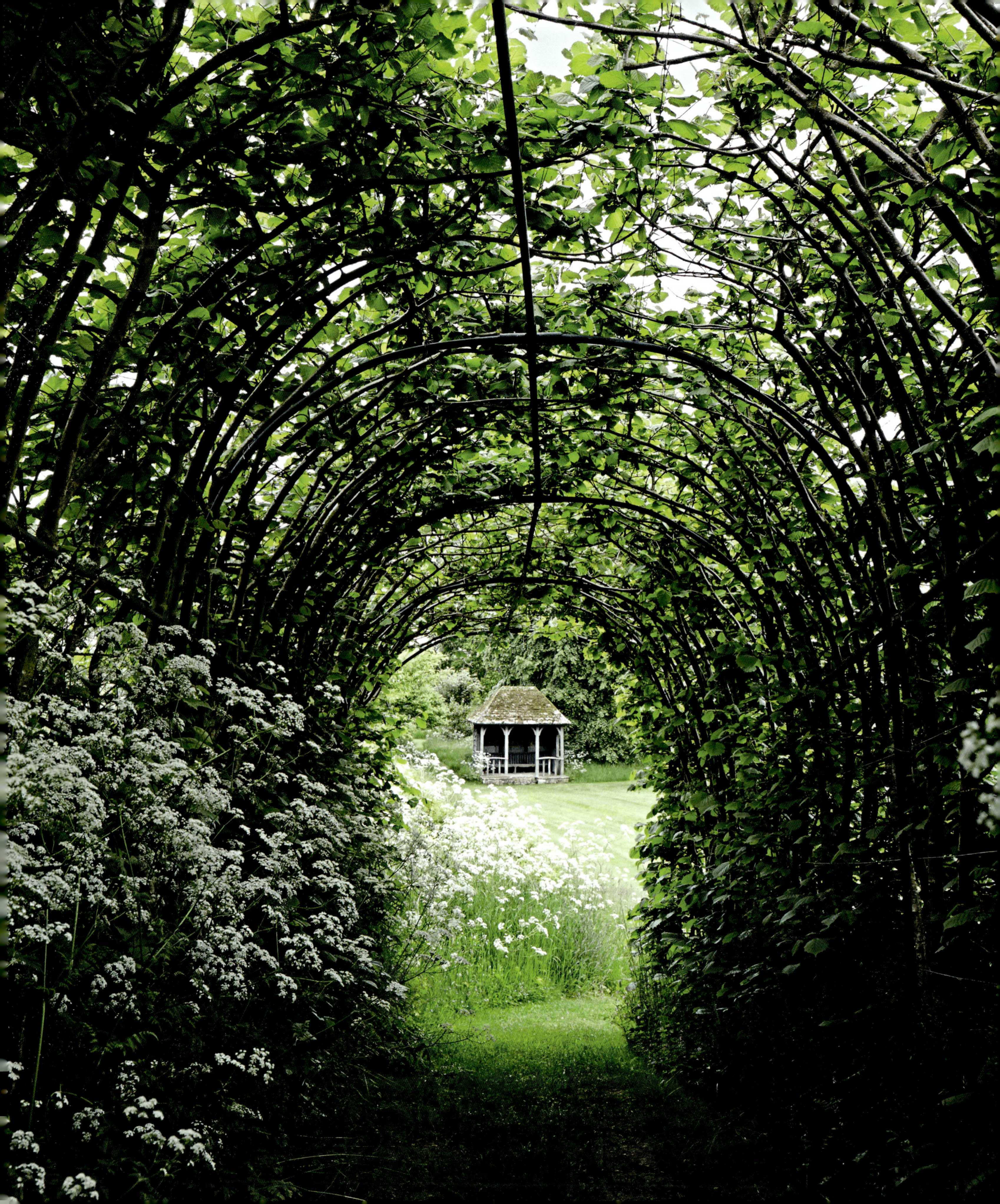

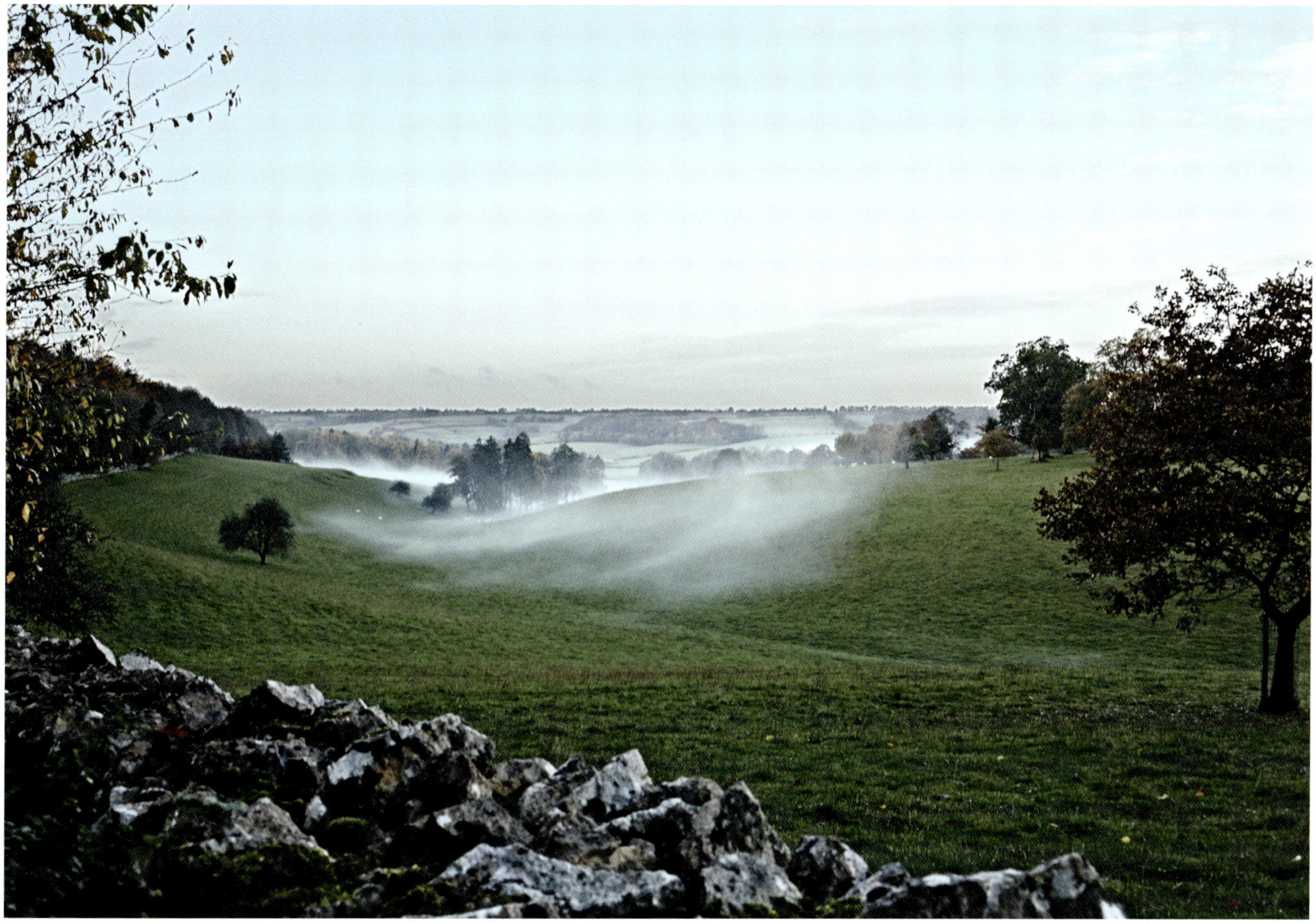

Draußen erstreckt sich eine rosenberankte Pergola über die gesamte Breite des Gartens. Lady Vesteys Leidenschaft für Rosen und Pfingstrosen ist in allen Bereichen des Gartens offensichtlich.

Wenn man die friedlichen Gärten der Cotswolds betrachtet, denkt man leicht, innerhalb ihrer Mauern und Eibenhecken stünde die Zeit still. Doch der Eindruck täuscht: Die meisten haben in den vergangenen hundert Jahren radikale Veränderungen erlebt. Die Armeen von Gärtnern, die einst die Staudenrabatten pflegten und Beetpflanzen pikierten, sind verschwunden. Heute liegt der Schwerpunkt auf Naturschutz und Nachhaltigkeit – man will nicht unbedingt in die Vergangenheit zurück, aber sicherstellen, dass Pflanzen und Wildtiere eine Zukunft haben.

In Stowell Park bieten dichte Sträucher jenseits des Ha-Ha Vögeln und anderen Wildtieren Unterschlupf, und in einer Ecke des Gartens stehen mehrere Bienenkörbe. Im Frühsommer ist das Gras mit Magerwiesen-Margeriten *(Leucanthemum vulgare)* übersät, wodurch die Landschaft fast an die Schwelle des imposanten Hauses heranreicht.

Als Nächstes wird die Blickachse entlang der formalen Terrassen und über eine Wiese, auf der im Sommer Schafe weiden, erweitert. Tonnen von Erde hat man bewegt, damit die Torfposten am Ende der Wiese Teil der Sichtachse werden, aber es sieht bereits so aus, als sei dies schon seit Jahren der Fall. Wie so vieles in Stowell Park ist auch dies eine moderne Variante eines schönen, alten Themas.

LINKE SEITE Wo heute der unterste Rasen ist, war während des Zweiten Weltkriegs, als das Haus als Schulgebäude diente, ein Swimmingpool. Jetzt wachsen hier Wildblumen.
OBEN Am frühen Morgen liegen Nebelschwaden über dem Coln-Tal unterhalb des Hauses.

18
Upton Wold
Moreton-in-Marsh

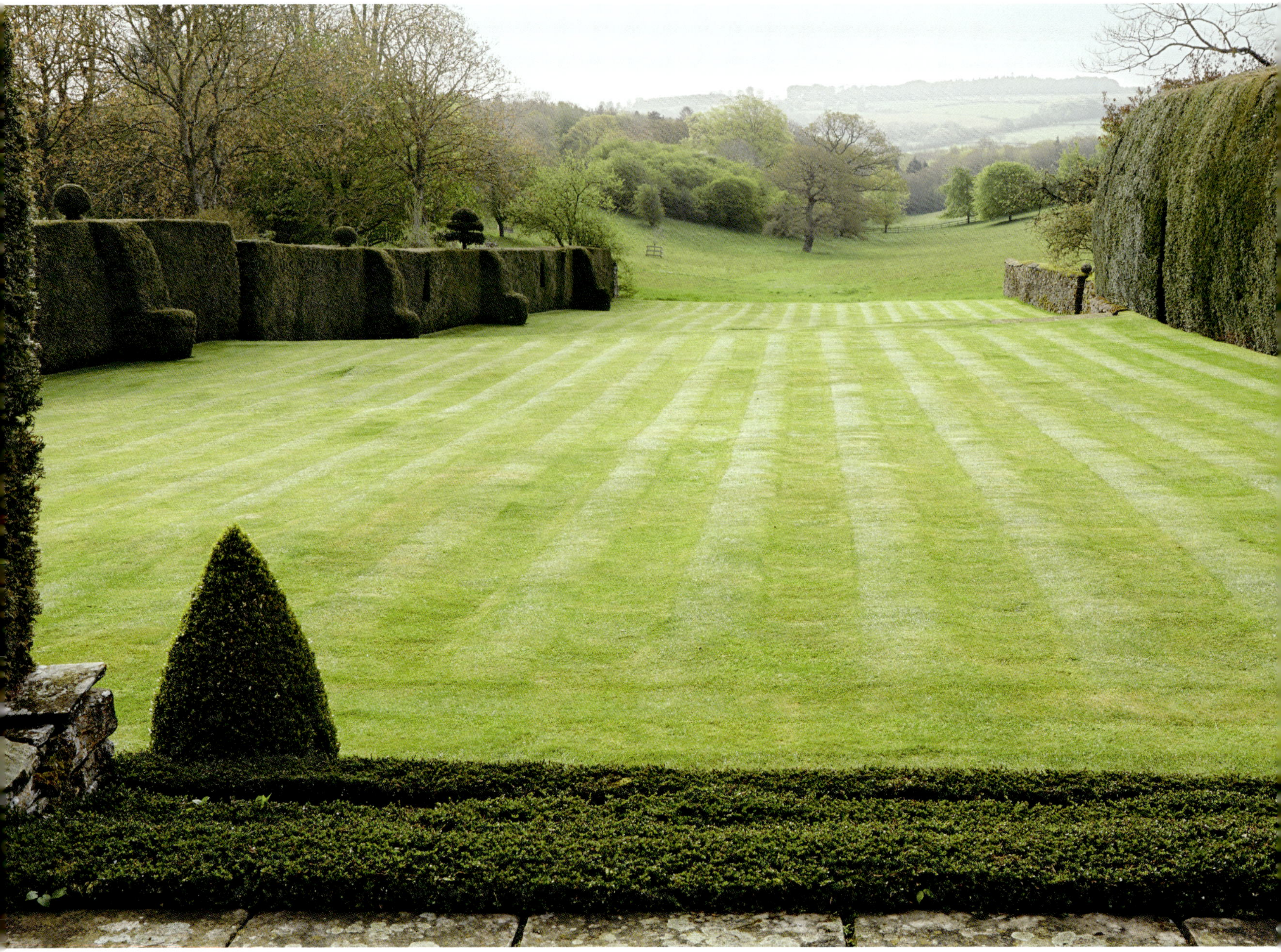

Brenda Colvin war über achtzig Jahre alt, als sie 1973 nach Upton Wold kam, um Ian und Caroline Bond bei der Gestaltung ihres Gartens zu beraten. Als eine der einflussreichsten Persönlichkeiten in der britischen Landschaftsarchitektur des 20. Jahrhunderts verfügte sie über das Wissen und die Erfahrung eines ganzen Lebens. Auf den Arm ihres jungen Geschäftspartners Hal Moggridge gestützt, betrat Colvin die nach Südosten gelegene Rasenfläche, sah den grandiosen Blick über die sanften Hügel und den Wald und sagte: „Also, mein lieber Junge, wenn sie diesen Blick beibehalten wollen, nimm den Auftrag an. Wenn nicht, lass es bleiben." Die Bonds wollten den Blick, Moggridge nahm den Auftrag an, und so wurde aus einem heruntergekommenen Anwesen der Garten, den wir heute sehen.

Als die Bonds hier einzogen, war Upton Wold kaum mehr als ein Bauernhof: „Es gab Schweine", sagt Caroline mit besonderem Nachdruck. Der Garten liegt zwischen 213 und 244 Meter über dem Meeresspiegel, und in dieser Höhe ist Wasser erstaunlich knapp. Der Boden besteht aus Cotswolds-Kalkstein, ist also sehr durchlässig, und wenn der Wind aus Nordwest weht – was im tiefsten Winter immer der Fall ist –, hat man das Gefühl, man werde gleich weggefegt. Dennoch gibt es in diesem Garten ein paar der seltensten und ungewöhnlichsten Pflanzen in den Cotswolds zu entdecken.

Walnusssammlung

In Upton Wold ist die nationale Sammlung von Walnüssen *(Juglans)* und Flügelnüssen *(Pterocarya)*, die ebenfalls zur Familie der Walnüsse gehören, beheimatet. Das National Collection Scheme wird von Plant Heritage verwaltet, einer botanischen Stiftung mit dem Ziel, die Pflanzenvielfalt, die im Lauf der Jahre durch Einführung oder Zucht entstanden ist, zu erhalten. Das gemäßigte Klima Großbritanniens, die Kolonialgeschichte und die zahlreichen Erkundungsreisen haben zu einem großen Pflanzenreichtum geführt. Wie es die Stiftung formuliert: Mit ein wenig Pflege können die Briten alles zum Gedeihen bringen. Und das tun sie auch.

Ian Bond begeistert sich für Walnüsse, seit er mit zehn Jahren aus dem schottischen Hochland nach Hampshire zog. Hinter dem Haus der Familie stand ein „unglaublicher" Baum – Walnüsse, sagt er, haben von allen Bäumen die größte Krone. Es machte ihm Freude, die Nüsse

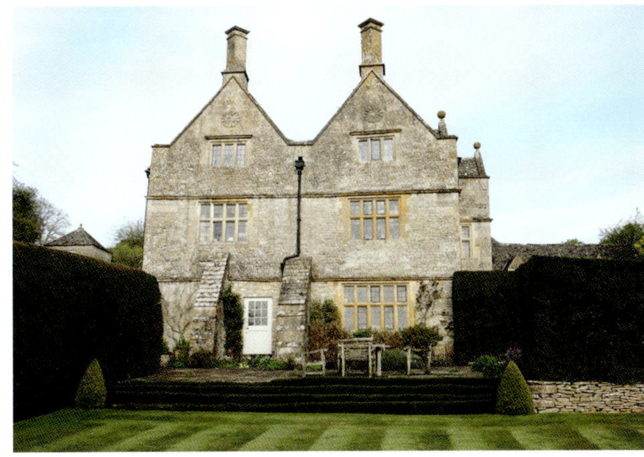

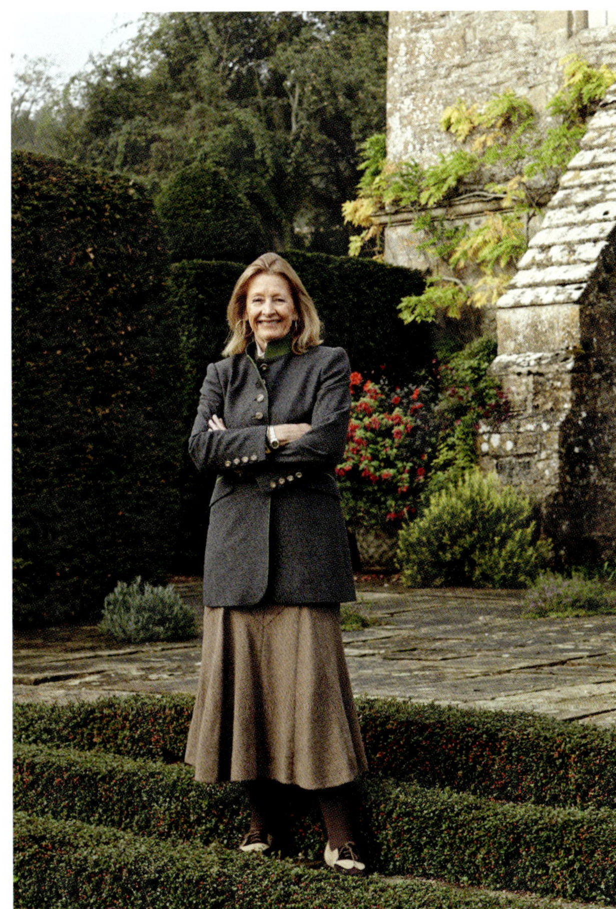

LINKE SEITE Eibenhecken schützen den Garten entlang der Blickachse, die Brenda Colvin so gefiel.
GANZ OBEN Das Haus stammt aus dem 17. Jahrhundert.
OBEN Vierzig Jahre haben Caroline Bond und ihr Mann Ian daran gearbeitet, den Garten zu restaurieren.

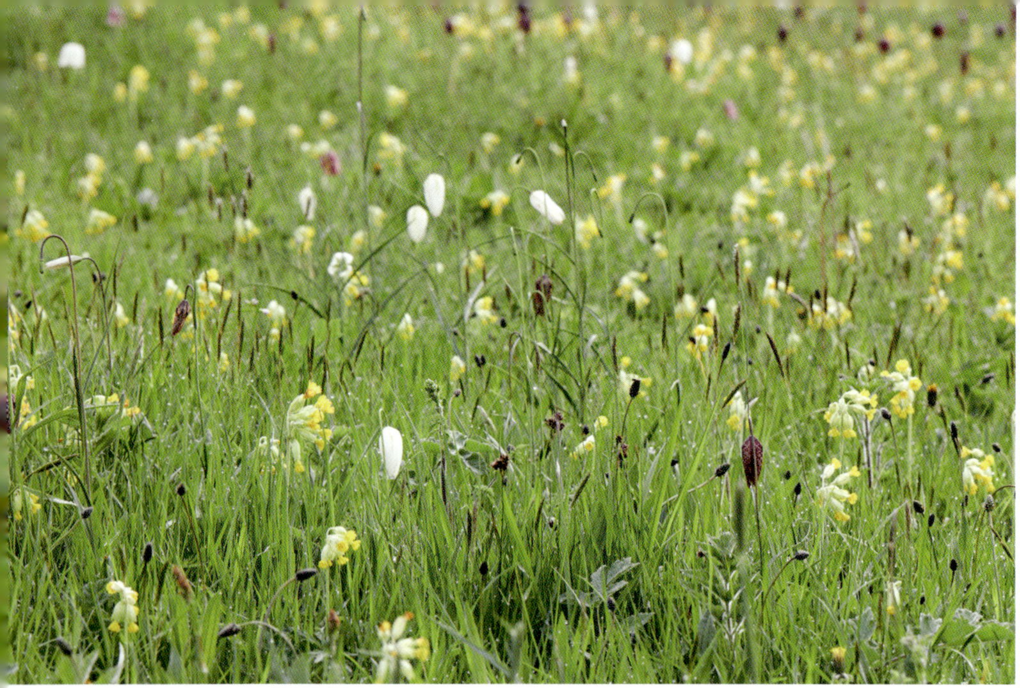
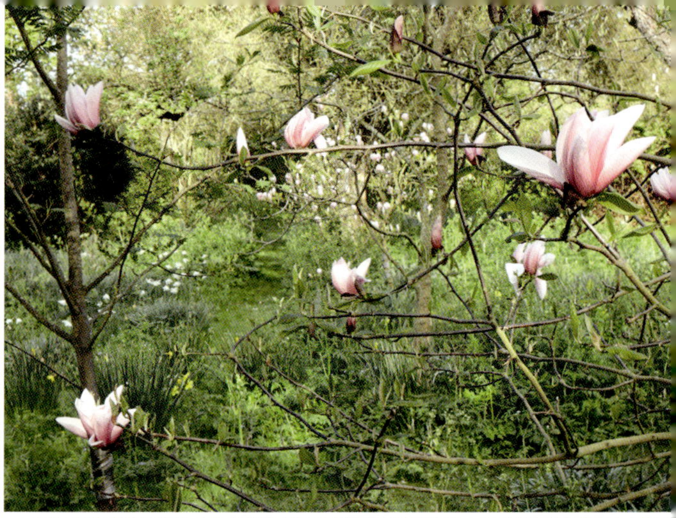
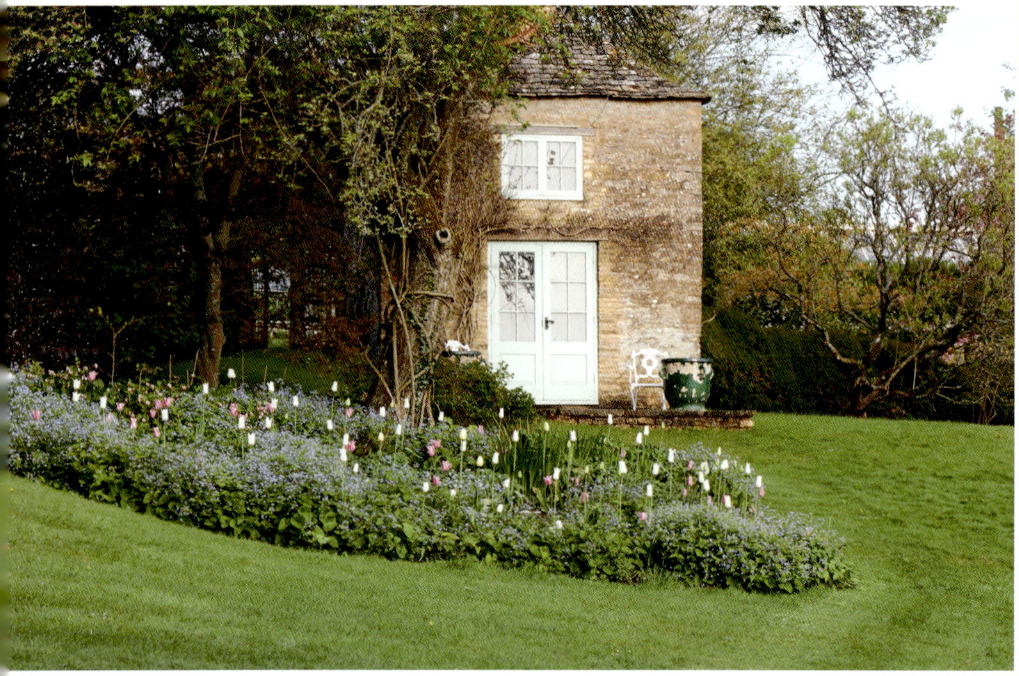
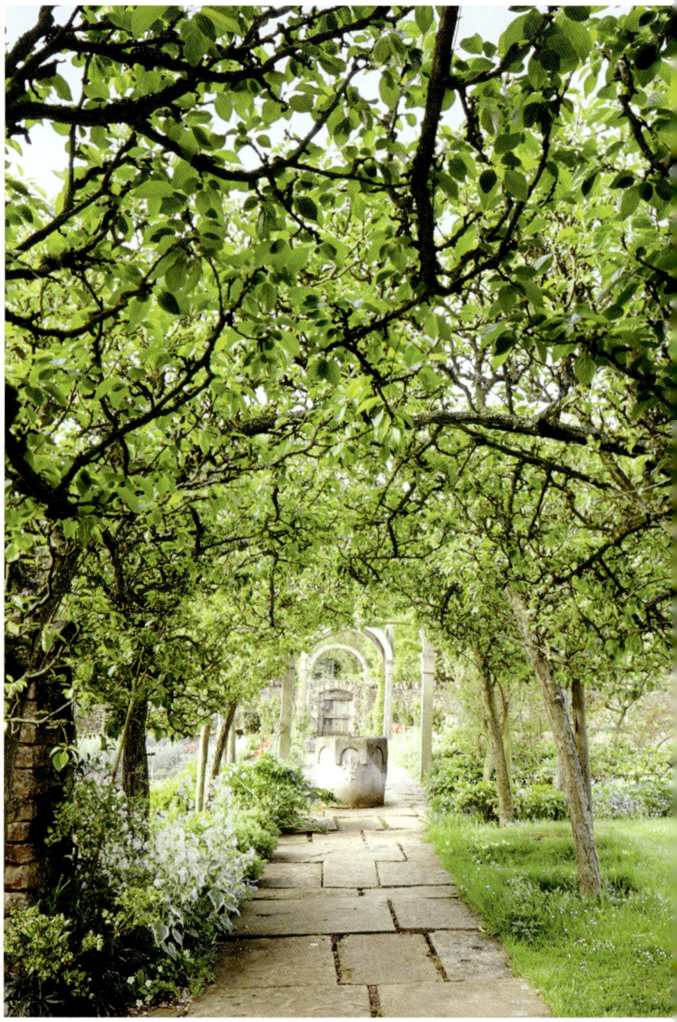
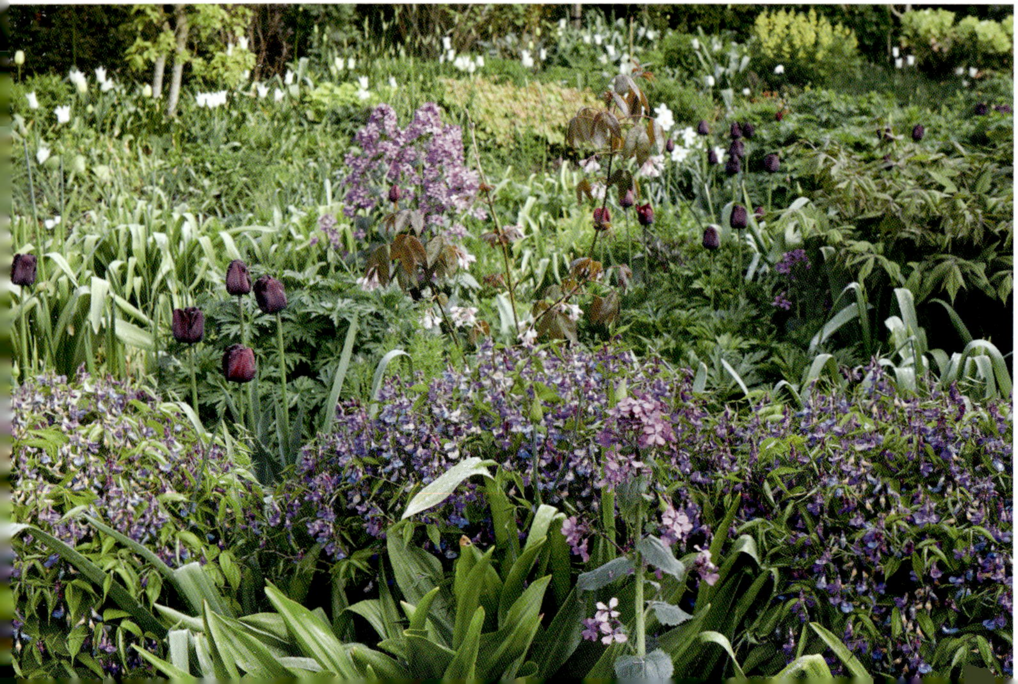
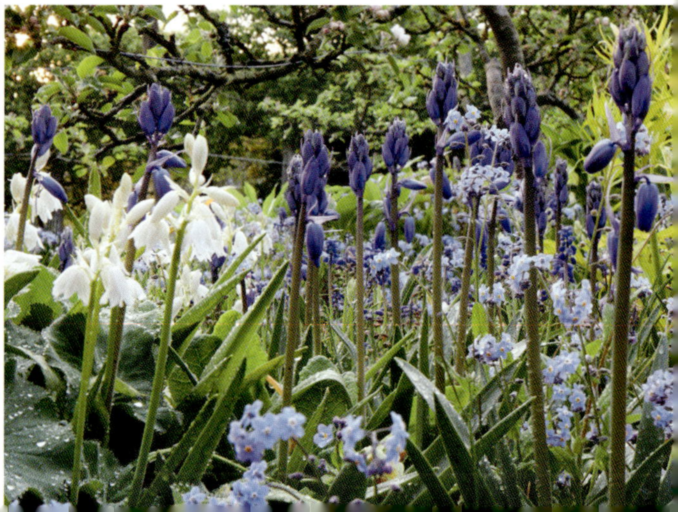

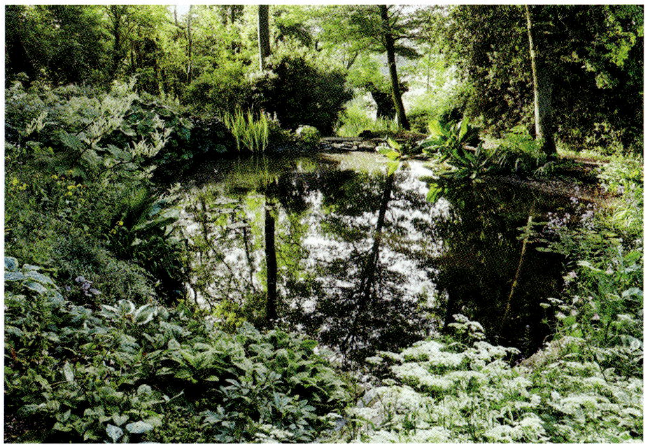

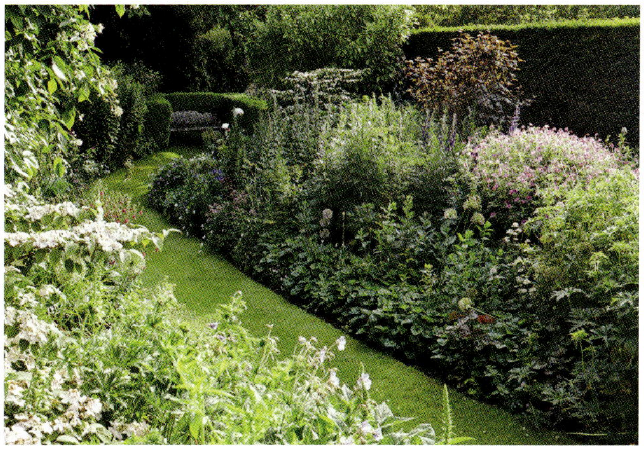

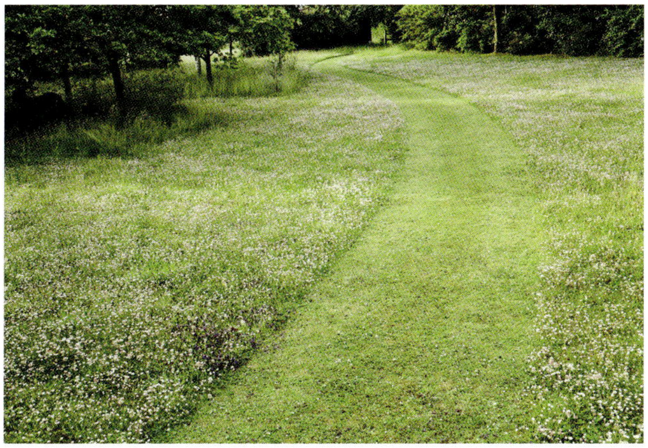

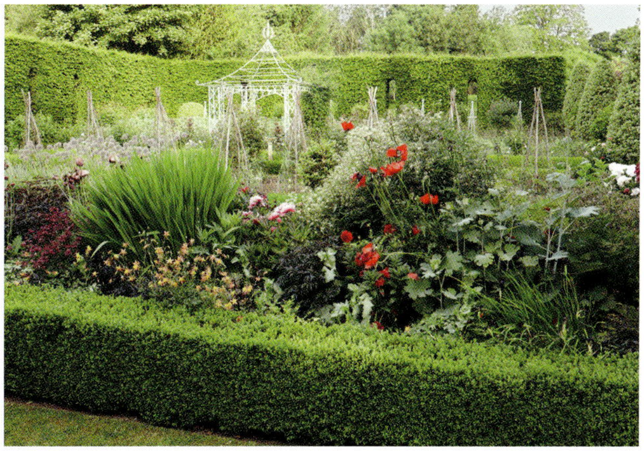

zu pflücken, er aß sie gern, und bald fing er damit an, sie zu pflanzen. Heute umfasst seine Sammlung 18 der 21 Walnussarten weltweit, und er ist auf der Suche nach weiteren. Er möchte unbedingt mit Tony Kirkham, dem Leiter des Arboretums der Kew Gardens, in Südamerika auf Pflanzenjagd gehen.

Seine Exemplare hat Ian aus aller Welt erhalten. Ein Blick auf die Liste seiner Sammlung bestätigt das: Mandschurische Walnuss *(Juglans mandshurica,* syn. *J. cathayensis)*, gesammelt von Bleddyn Wynn-Jones, Crug Farm, in Sichuan im Jahr 2000; *Juglans* × *intermedia* var. *pyriformis*, aus Saat gesammelt in Venta Grande, Mexiko, von dem britischen Botaniker Allen Coombes; zahlreiche Cultivars aus dem Holden Arboretum in Ohio und noch mehr von der Universität von Kalifornien in Davis. Von den 173 Cultivars in der Sammlung müssen viele noch benannt werden – bisher tragen sie nur Nummern.

Auf der Wildblumenwiese verbreiten sich Echte Schlüsselblumen üppig selbst, und am Regenwasserteich wachsen Schneeglöckchen und Christrosen.

LINKE SEITE Im Frühjahr schmücken Schlüsselblumen die Wildblumenwiese. Im Verborgenen Garten blühen die Magnolien, während man im alten Gemüsegarten Hasenglöckchen und Vergissmeinnicht findet. Tulpen sind im Taubenhausgarten gepflanzt.
DIESE SEITE Der Regenwasserteich und ein durch eine Gänseblümchenwiese gemähter Pfad bilden einen Kontrast zu den formalen Rabatten.

An der Universität von Kalifornien erfuhr Ian, dass die Membran zwischen den Walnusshälften sehr flexibel, sehr leicht und hitzebeständig ist – in dem Maße, dass man damit die Rakete, die Menschen zum Mond brachte, isolierte.

Ian ist der Walnussexperte, doch auch seine Frau Caroline gilt als kundige Pflanzenfachfrau. Seltene Exemplare finden sich nicht nur im Walnusshain. In Upton Wold braucht man Stift und Notizbuch: Es gibt so vieles, was man sonst nur in einer Spezialgärtnerei zu sehen bekommt.

Den Pfeifenstrauch (*Philadelphus maculatus* 'Mexican Jewel') im Taubenhausgarten mit seinen süß duftenden, malvenähnlichen weißen Blüten mit rosarotem Mittelpunkt etwa hat Martyn Rix aus Mexiko mitgebracht. Der Sieben-Söhne-des-Himmels-Strauch *(Heptacodium miconioides)* mit den gebogenen Blättern und den sternförmigen weißen, duftenden Blüten ist ebenfalls hier vertreten, genau wie die aus China stammende Art *Emmenopterys henryi*, die, so heißt es, nach dreißig Jahren zum ersten Mal blüht. An der Mauer des Taubenhauses klettert eine Bocksblatt-Heckenkirsche (*Lonicera tragophylla* 'Maurice Foster'), die exotische, leuchtend gelbe Blüten hat, und an der Südmauer des Hauses wächst ein Schmetterlingsstrauch *(Buddleja agathosma)* mit lila Blüten und großen grauen, samtigen Blättern.

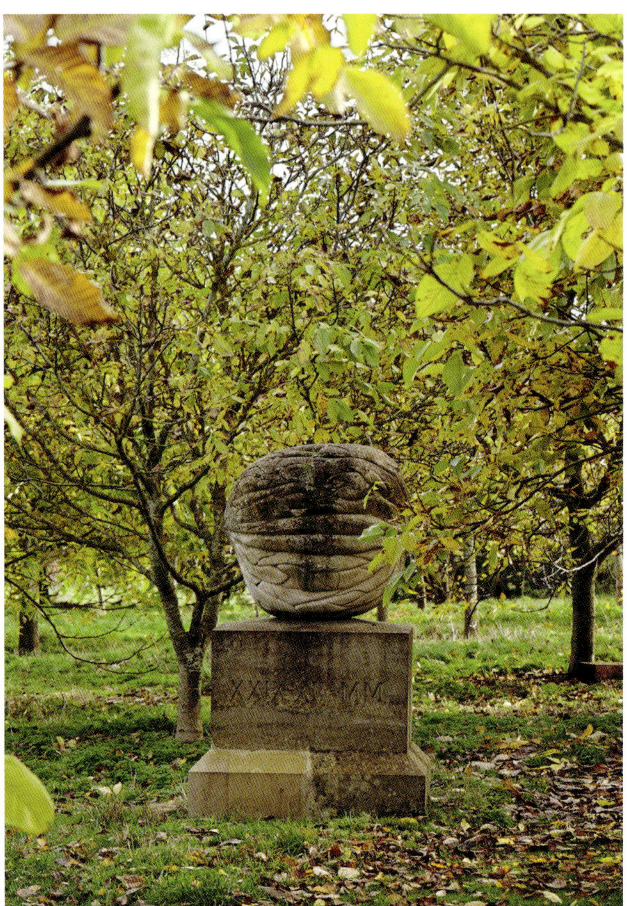

Auf der Wildblumenwiese an der Westseite des Gartens verbreiten sich Echte Schlüsselblumen *(Primula veris)* üppig selbst, und im Frühjahr wachsen Schneeglöckchen *(Galanthus)* und Christrosen an einem Regenwasserteich.

An der anderen Seite des Rasens liegt der Verborgene Garten mit jungen Magnolien und einem Taschentuchbaum *(Davidia involucrata)*. An einem Ende dieses Gartens, an der rechten Seite des Breiten Wegs, steht einer der imposantesten Bäume des Gartens – eine Kaukasische Flügelnuss *(Pterocarya fraxinifolia)* mit eschenähnlichem Laub (daher der botanische Name) und dreißig Zentimeter langen Blüten. Darunter verläuft der von Anthony Archer-Wills angelegte Kanal mit seinen Springbrunnen und Maulbeerbäumen *(Morus)*.

Im Labyrinth

Hal Moggridge war stets an der Gartengestaltung in Upton Wold beteiligt, und als die Bonds die Idee hatten, als Blickfang für das Arboretum ein Labyrinth anzulegen, zogen sie ihn zu Rate. Baubeginn war im Winter 2012 – einem der nassesten seit Jahrzehnten –, und bei Frühjahrsbeginn 2013 war das Labyrinth fertig, pünktlich zu einem der heißesten Sommer seit Jahrzehnten.

Im Mittelalter war das Labyrinth ein Sinnbild für den schwierigen Weg von der Geburt in den Himmel. In Upton Wold könnte das Labyrinth vielleicht für die vierzig Jahre harter Arbeit stehen, die die Bonds und ihr Gärtnerteam, unter der Leitung von Theresa Jones, in diesen außergewöhnlichen Ort gesteckt haben.

LINKS Die Skulptur einer Walnuss markiert den Eingang zu Ian Bonds nationaler *Juglans*-Sammlung.
RECHTE SEITE OBEN Das Labyrinth soll wie ein uralter Steinkreis aussehen.
RECHTE SEITE UNTEN Den Kanal legte Anthony Archer-Wills an, einer der führenden Architekten für Wassergärten in Großbritannien.

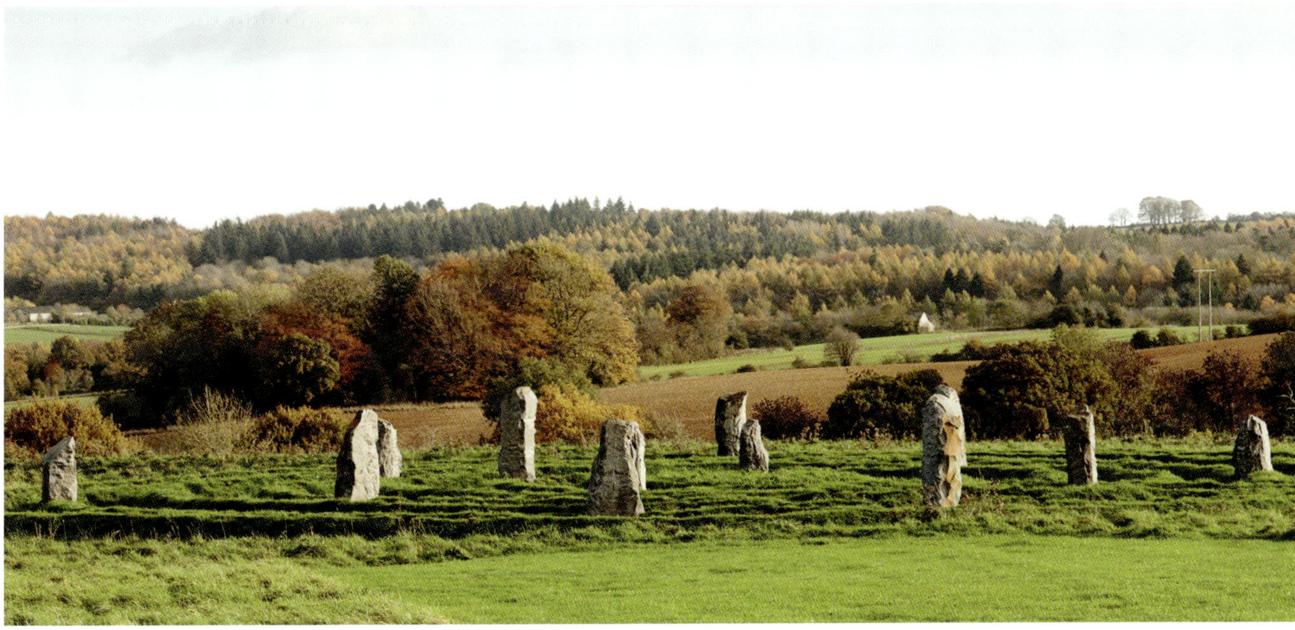

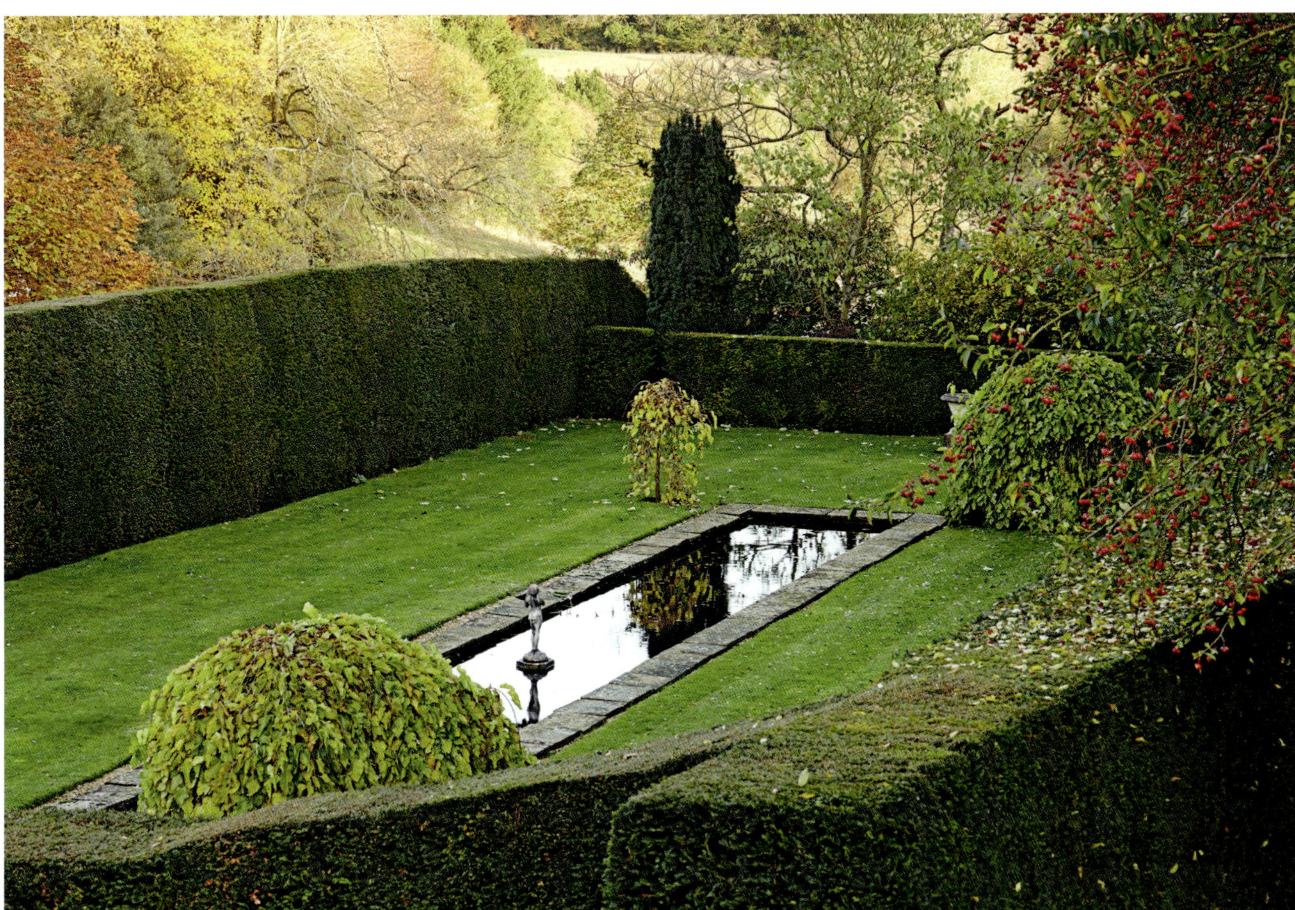

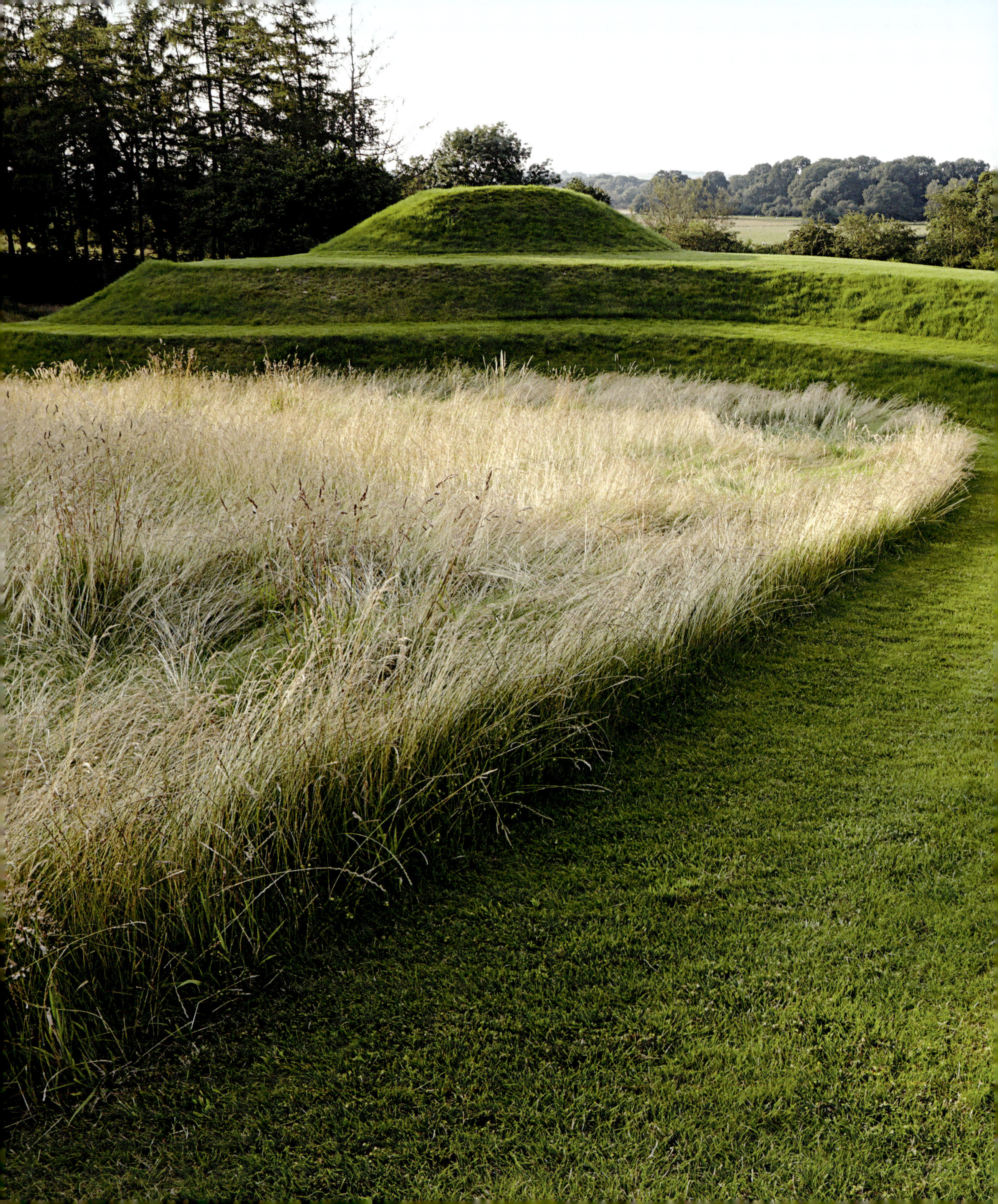

19

Walcot House

Charlbury

Über Jahrhunderte waren Künstler von der Herausforderung fasziniert, eine Landschaft als Kunstwerk zu gestalten. Für Silka Rittson-Thomas bestand die Herausforderung darin, in Walcot House ein Kunstwerk in Landschaftsgestaltung umzusetzen.

Silka und ihr Mann Hugo kauften das Anwesen schon in den 1990er-Jahren, zogen aber erst 2007 hierher. Beide haben das Goldsmiths College für bildende Kunst (das zur Universität von London gehört) besucht. Silka hat außerdem Kunstgeschichte in New York studiert. Sie sammelt zeitgenössische Kunst und ist auf diesem Gebiet als Beraterin tätig. Hugo ist Fotograf.

Als das Paar das Haus kaufte, war es halb verfallen und der Garten verwildert. Man rief die Gartenarchitekten Julian und Isabel Bannerman zu Hilfe, zu deren Arbeiten Arundel Castle, die „Stumpery", der Baumstumpfgarten, in Prinz Charles' Wohnsitz Highgrove und Asthall Manor (siehe Seite 24–31) zählen. Bei ihren Nachforschungen fanden die Bannermans heraus, dass Walcot eine zwar wechselvolle, aber auch faszinierende Geschichte hatte. In der Tat scheinen die Gestaltungsarbeiten manchmal eher eine archäologische Grabung gewesen zu sein.

Unter dem vorhandenen Wohnhaus stießen die Bannermans auf Überreste eines viel älteren und größeren Hauses, und sie entdeckten Spuren von fünf mittelalterlichen Karpfenteichen. Wegen der Ausgrabung der Karpfenteiche wandten sich die beiden an Toti Gifford von Giffords Circus, der, wenn er und seine Frau nicht gerade mit dem Zirkus auf Tour sind, als Landschaftsgärtner arbeitet. Gifford trug tonnenweise Erde ab, um *La Grande Vallée* (das große Tal), eine Serie abstrakter Bilder der amerikanischen Künstlerin Joan Mitchell in leuchtenden Blau-, Gelb- und Grüntönen, nachzubauen. Der so entstandene Erdhügel ist wie ein antikes Theater geformt; Silka und

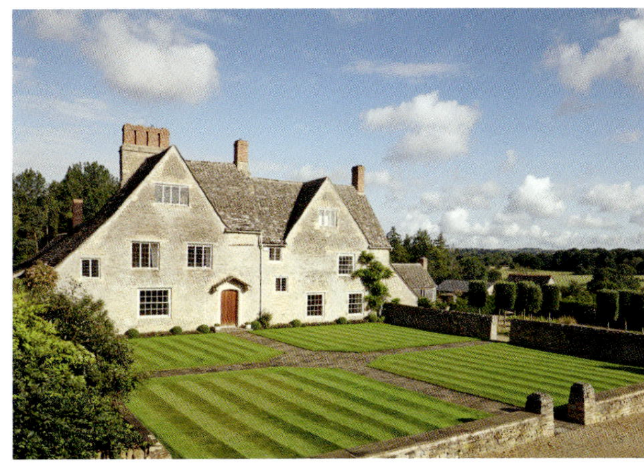

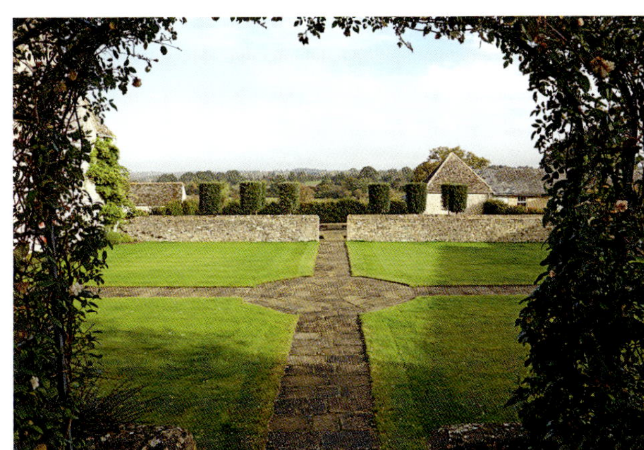

LINKE SEITE Die zu diesem Wall aufgeschüttete Erde wurde bei der Restaurierung von fünf mittelalterlichen Karpfenteichen ausgehoben.
GANZ OBEN Das Haus steht auf den Fundamenten eines viel größeren, 1759 abgerissenen Herrenhauses.
OBEN Die Gartengestaltung ist formal und traditionell, aber die Rasenflächen verleihen ihr ein modernes Flair.

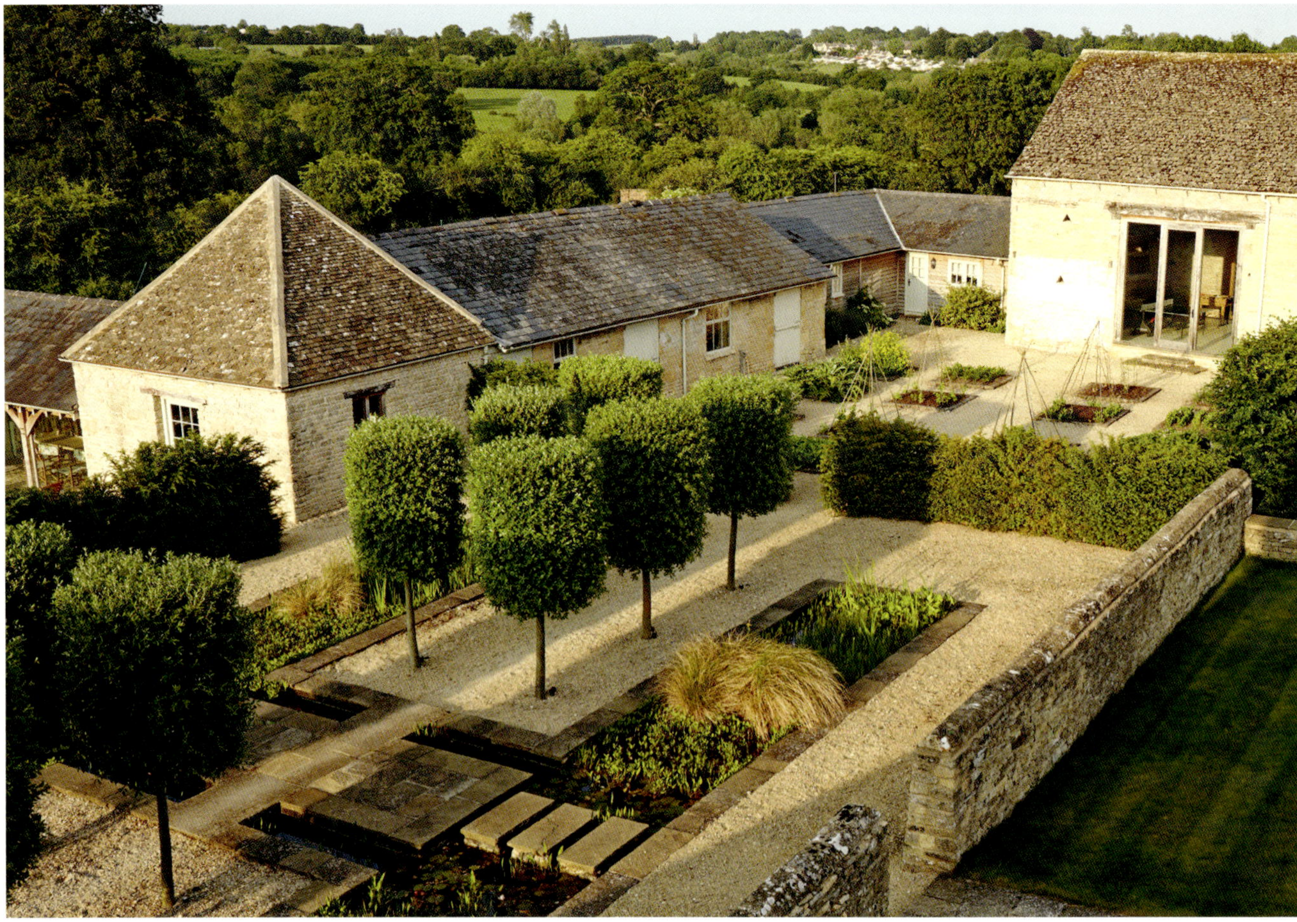

OBEN In dem von Julian und Isabel Bannerman entworfenen „H"-Garten teilt eine Allee aus hochstämmigen Stein-Eichen zwei durch Trittsteine verbundene Kanäle.
RECHTE SEITE Im Weißen Garten, ebenfalls ein Entwurf der Bannermans, treffen Eibenpyramiden auf Königskerzen, Rittersporn, Spiersträucher und Orangenblumen.

Hugo Rittson-Thomas hoffen, es für Aufführungen nutzen zu können. Möglicherweise würden sie damit einer alten Tradition folgen.

Feier des Landlebens

Walcot liegt nahe der Stadt Charlbury. Das Grundstück gehörte einst zum Wychwood Forest, einem königlichen Jagdgebiet. Charlbury blickt auf eine lange Geschichte des Nonkonformismus zurück. So rief im späten 18. Jahrhundert eine Gruppe von Methodistenpredigern als Antwort der Abstinenzler auf die wilden Trinkgelage beim Witney Feast und dem St. Giles Fair in Oxford den Wychwood Forest Fair ins Leben. Leider wurde der Traum vom nüchternen Feiern nie Wirklichkeit, und von Jahr zu Jahr nahmen die Raufereien zu. 1853 wechselte das Land, auf dem der Jahrmarkt stattfand, den Besitzer, und die Veranstaltung wurde eingestellt. Doch seit dem Jahr 2000 findet der Wychwood Forest Fair alljährlich zu Septemberbeginn wieder statt: Man feiert das ortsansässige Kunsthandwerk, den Naturschutz und das Landleben.

Walcot war einst der Landsitz der Familie Jenkinson: Im auf 1709 datierten Testament von Sir Robert Jenkinson of Walcott (sic) ist sein Wunsch vermerkt,

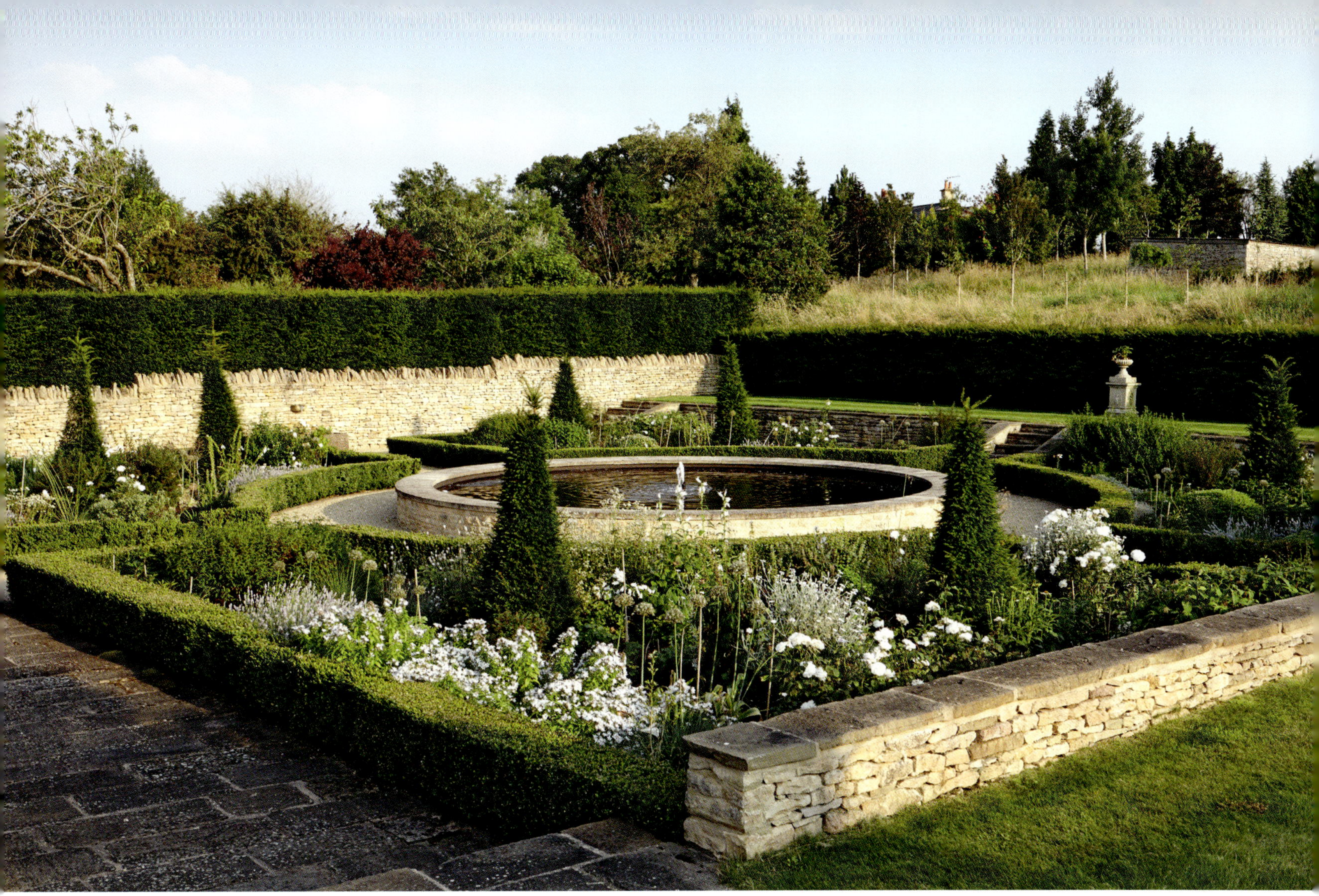

in der Pfarrkirche von Charlbury bestattet zu werden. In der Ahnenreihe folgte Robert Banks Jenkinson, der 2. Earl von Liverpool, der von 1812 bis 1827 britischer Premierminister war. 1759 kaufte George Spencer, der 4. Herzog von Marlborough, Walcot. Er ließ den größten Teil des Hauses abreißen, um Baumaterial für das Schloss Blenheim Palace zu gewinnen. Es waren die Überreste dieses Hauses, die die Bannermans entdeckten; einige Kellerwände sind noch heute zu sehen.

Insgesamt wirkt der Weiße Garten mit dem Riesen-Federgras (Stipa gigantea)*, das zwischen den streng in Form geschnittenen Eiben wogt, sehr elegant.*

Der Weiße Garten

Die formalen Gärten rahmen das Haus: der Garten am Vorplatz, der Gemüsegarten, der „H"-Garten – mit kurzer Stein-Eichen-Allee *(Quercus ilex)* in der Mitte und einem Teich mit Trittsteinen, die ein „H" formen – und der Weiße Garten.

Der Weiße Garten besteht aus vier mit Buchsbaum eingefassten Viertelkreisbeeten, die einen runden Teich umgeben. Wirft man einen Blick auf den Bepflanzungsplan, findet man nichts, das sehr selten wäre oder viel Pflege erforderte. Die Sträucher sind robust: Fleischbeere *(Sarcococca confusa)*, Orangenblume (*Choisya* × *dewitteana* 'Aztec Pearl'), Pfeifenstrauch *(Philadelphus* 'Manteau d'Hermine'),

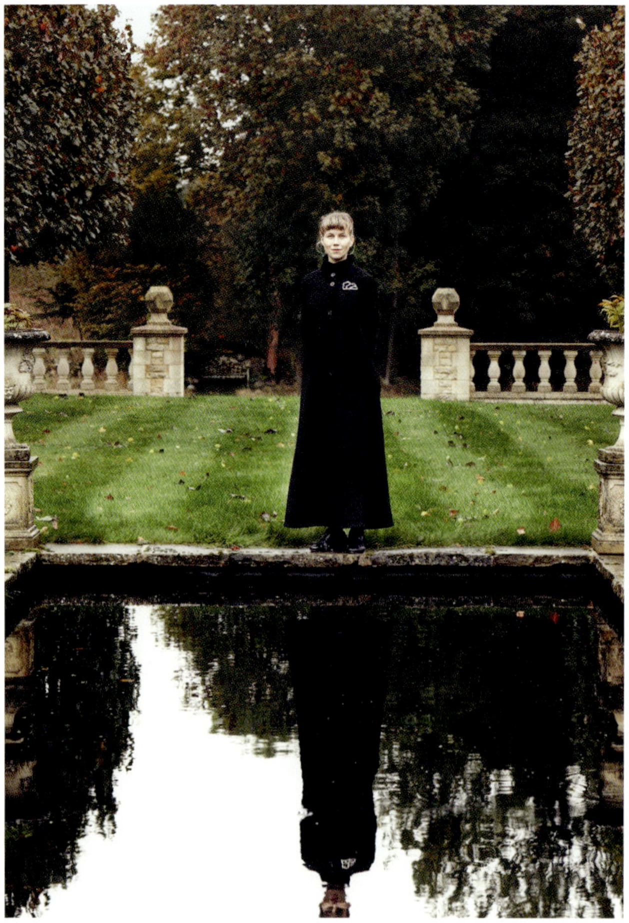

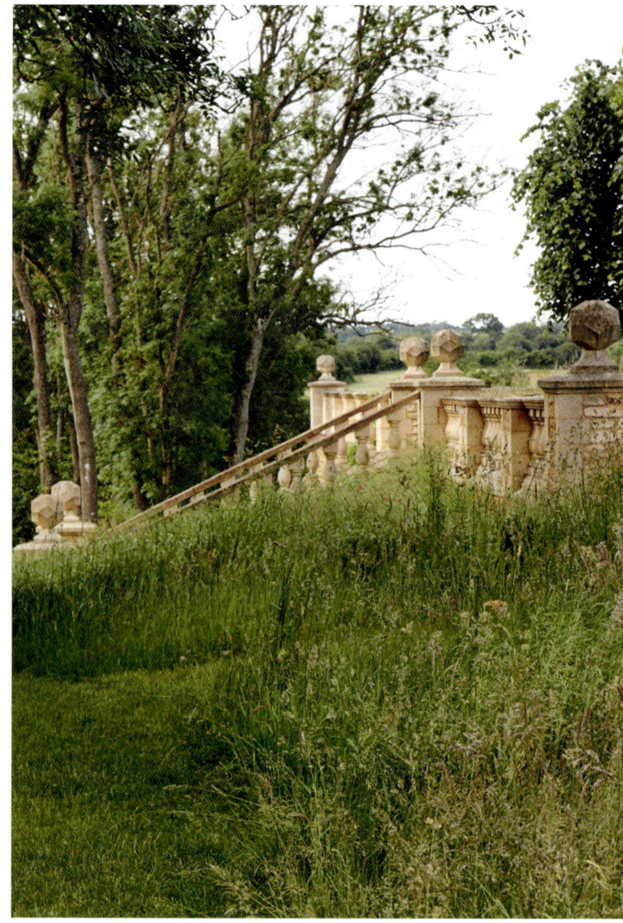

OBEN LINKS Silka Rittson-Thomas und ihr Spiegelbild in dem formalen Teich hinter dem Haus.
OBEN RECHTS Die Treppen hinter dem Teich führen zu den alten Karpfenteichen.
RECHTE SEITE Wege durch die Wiese, hohes Gras und ein Steg verleihen dem Bereich an den Karpfenteichen ein ländliches Flair.

Delavays Duftblüte *(Osmanthus delavayi)* und Zistrose *(Cistus × corbariensis)*. Zudem gibt es Rosen – *Rosa* 'Glamis Castle', 'Winchester Cathedral' und 'Francine Austin' – sowie Kronen-Lichtnelken (*Lychnis coronaria* 'Alba'), Rittersporn (*Delphinium* 'Galahad', eine Pacific-Hybride) und Clarkes Storchschnabel (*Geranium clarkei* 'Kashmir White'). Insgesamt wirkt der Weiße Garten mit dem Riesen-Federgras *(Stipa gigantea)*, das zwischen den streng in Form geschnittenen Eiben wogt, sehr elegant. Und so trägt er das unverkennbare Markenzeichen der Bannermans: Vintage-Charme gepaart mit moderner Leichtigkeit.

Die vorherrschende Farbe in Walcot ist Grün in all seinen Schattierungen. Am Hauseingang ersetzt eingetopfter Thymian die sonst übliche Pelargonienpracht. Für sämtliche Farbtupfer im Frühling, Sommer und Herbst sorgen Zwiebelpflanzen (z. B. Schneeglanz), Stauden (z. B. Rittersporn) und Sträucher (z. B. Rosen, Liebesperlenstrauch und Perückenstrauch).

Walcot ist zwar ein vergleichsweise junger Garten, fügt sich aber so selbstverständlich in die Landschaft ein, als gäbe es ihn schon seit Jahrhunderten. Und Silke und Hugo Rittson-Thomas haben noch viele weitere Pläne: Neue Eibenhecken werden bereits gepflanzt.

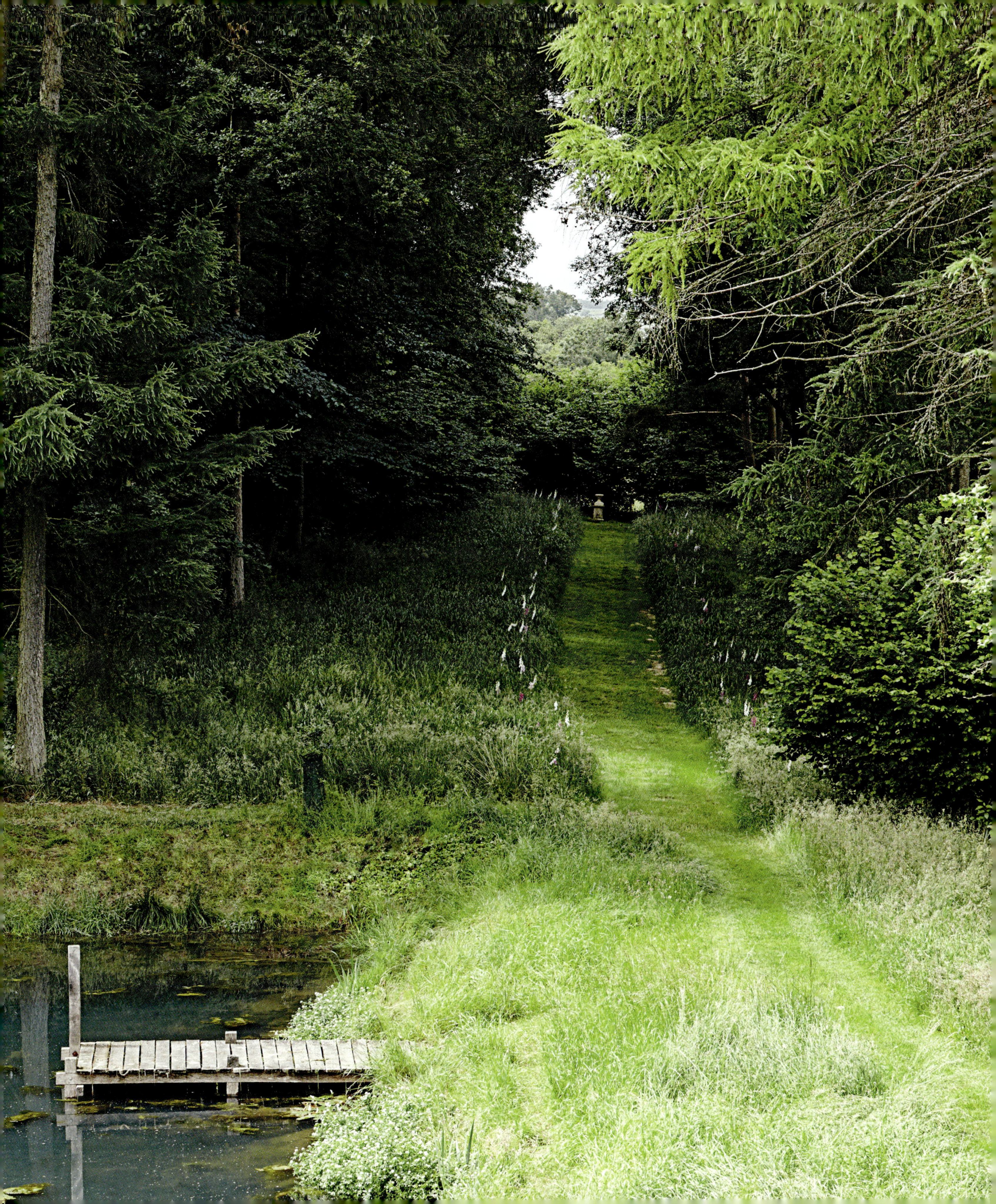

20
Westwell Manor
Westwell

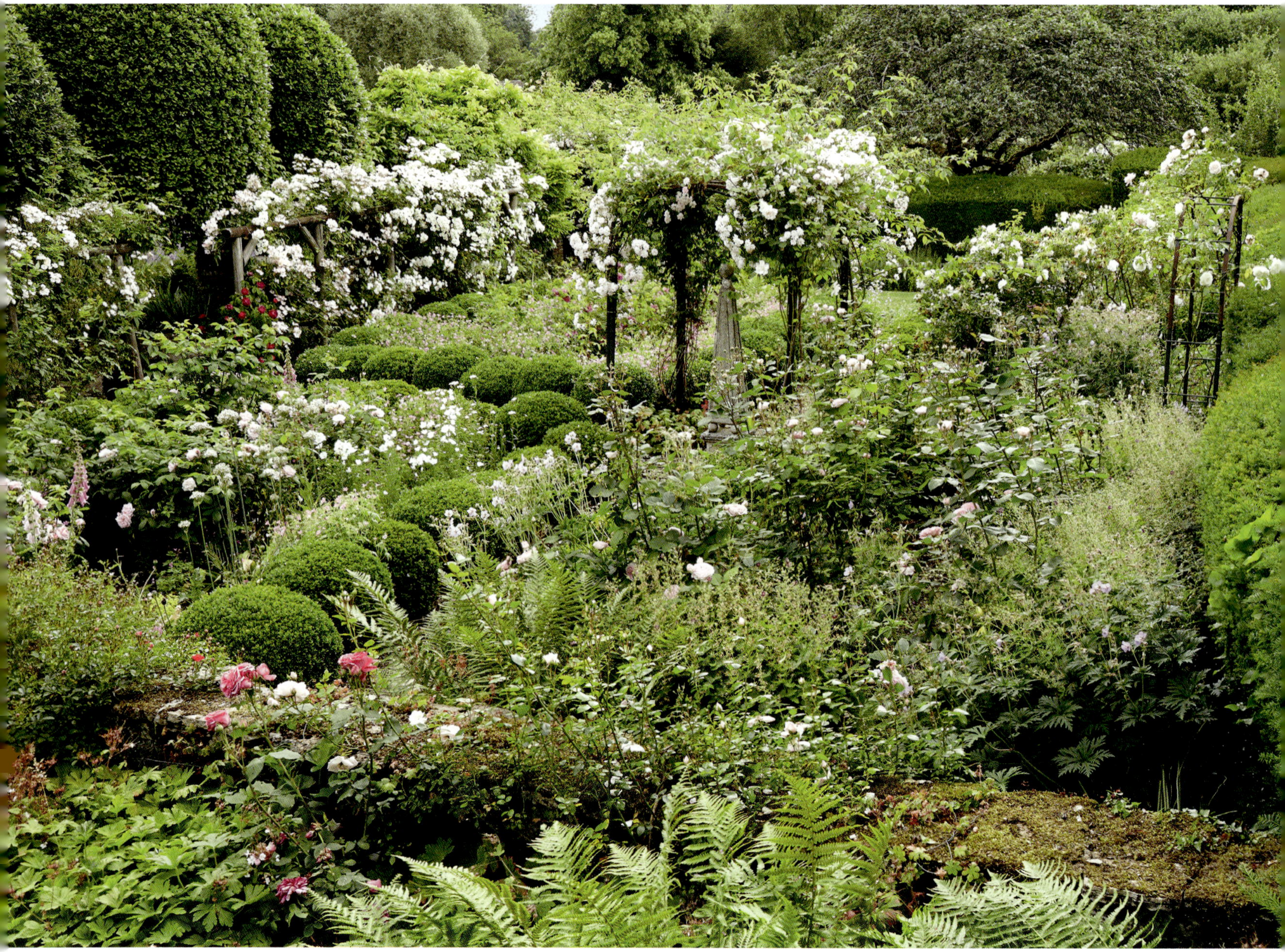

Eine der schönsten Ansichten von Westwell Manor ist der Blick von oben. Auf einem Satellitenfoto ist das Muster der Gartenräume deutlich zu erkennen, und Blickachsen, die sich ebenerdig nicht offenbaren, aber zu dem Gefühl beitragen, dass sich der Garten harmonisch in die Umgebung einfügt, lassen sich von der Haustür bis in die Landschaft jenseits des Grundstücks verfolgen.

Anthea Gibson hat diese Gärten gestaltet. Nach einem Kunststudium war ihre einzige Ausbildung in Gartengestaltung ein zehnwöchiger Kurs an der damals am Chelsea Physic Garden angesiedelten Inchbald School of Design. Doch ihr Gespür für Gestaltung war so ausgeprägt, dass jeder Gartenraum aus jedem Blickwinkel gut aussieht. Wenn man sich von einem zum andern bewegt, bietet jeder Bereich einen Tempowechsel oder eine Veränderung der Bepflanzung, die sowohl einen Kontrast zu dem Raum davor als auch dessen Ergänzung darstellen. Diese besondere Kunst Gibsons hat dazu geführt, dass sie oft mit Gartengestaltern wie Vita Sackville-West und Lawrence Johnston verglichen wird. Rosemary Verey, die die Gärten von Barnsley House schuf und Prinz Charles in Highgrove beriet, sagte über sie: „Jetzt kann ich in Frieden sterben. Mein Mantel kann um ihre Schultern fallen."

Was neue Gestaltungskonzepte angeht, war Gibson durchaus experimentierfreudig – in den Cotswolds keine Selbstverständlichkeit. Westwells traditionell englische Bestandteile, darunter Topiari, Rosengarten, Staudenrabatten, Küchengarten, ergänzte sie durch moderne Elemente. Zu diesen gehören etwa die diagonal verlaufenden Lavendelreihen im Frühstücksgarten, die spiegelglatte Oberfläche des Black Water genannten Teichs oder die weißen Stämme der Birken im Mondgarten, die sich wie bleiche Statuen über eine runde Eibenhecke erheben.

Die beiden Stile harmonieren bestens – nie hat man den Eindruck, dies sei nun „der neue Teil". Offenbar waren Gibsons Ideen für Neuerungen in Westwell weitaus besser als das, was sie vorfand, als sie und ihr Mann Thomas das Anwesen 1979 kauften.

LINKE SEITE Der Rosengarten ist mit Buchskugeln unterpflanzt und durch Stein-Eichen-Reihen zweigeteilt.
RECHTS Anthea Gibson gestaltete die Gärten in Westwell Manor. Sie lebte dort mit ihrem Mann Thomas und ihren drei Söhnen. Sie starb im Jahr 2010.

Arts-and-Crafts-Stil

Westwell Manor stammt aus dem Jahr 1543. Heinrich VIII. gab es dem Christchurch College in Oxford als Einnahmequelle. 1912 kaufte die Familie Holland das Anwesen und legte die Gärten im Arts-and-Crafts-Stil an, der sich mit seinen Heckeneinfassungen und Natursteinmauern an mittelalterlichen Gärten orientierte.

Nach dem Zweiten Weltkrieg verkauften die Hollands das Anwesen. Als die Gibsons Westwell Manor erwarben, erinnert sich Chefgärtner David Baldwin (der von 1962 bis 2013 in Westwell tätig war), enthielten die Gartenräume kaum mehr als orangefarbene Teehybrid-Rosen und Leylandzypressen. Es war ein typischer Garten der 1970er – in einem Stil, der zur Folge hatte, dass Koniferen seitdem als Inbegriff des schlechten Geschmacks gelten.

Als Erstes mussten die Gibsons die Zypressen entfernen. Danach legten sie Gartenräume an, die das Haus

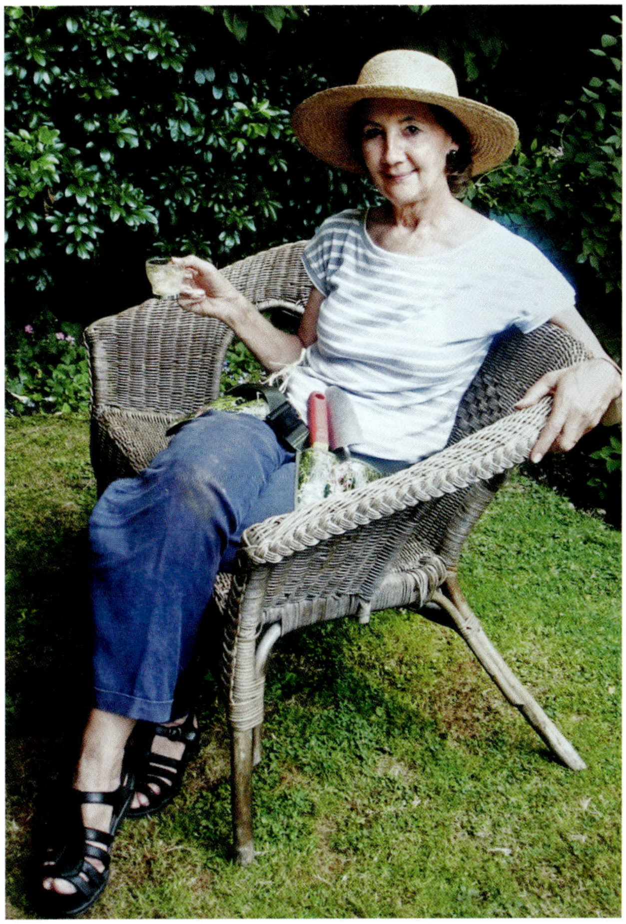

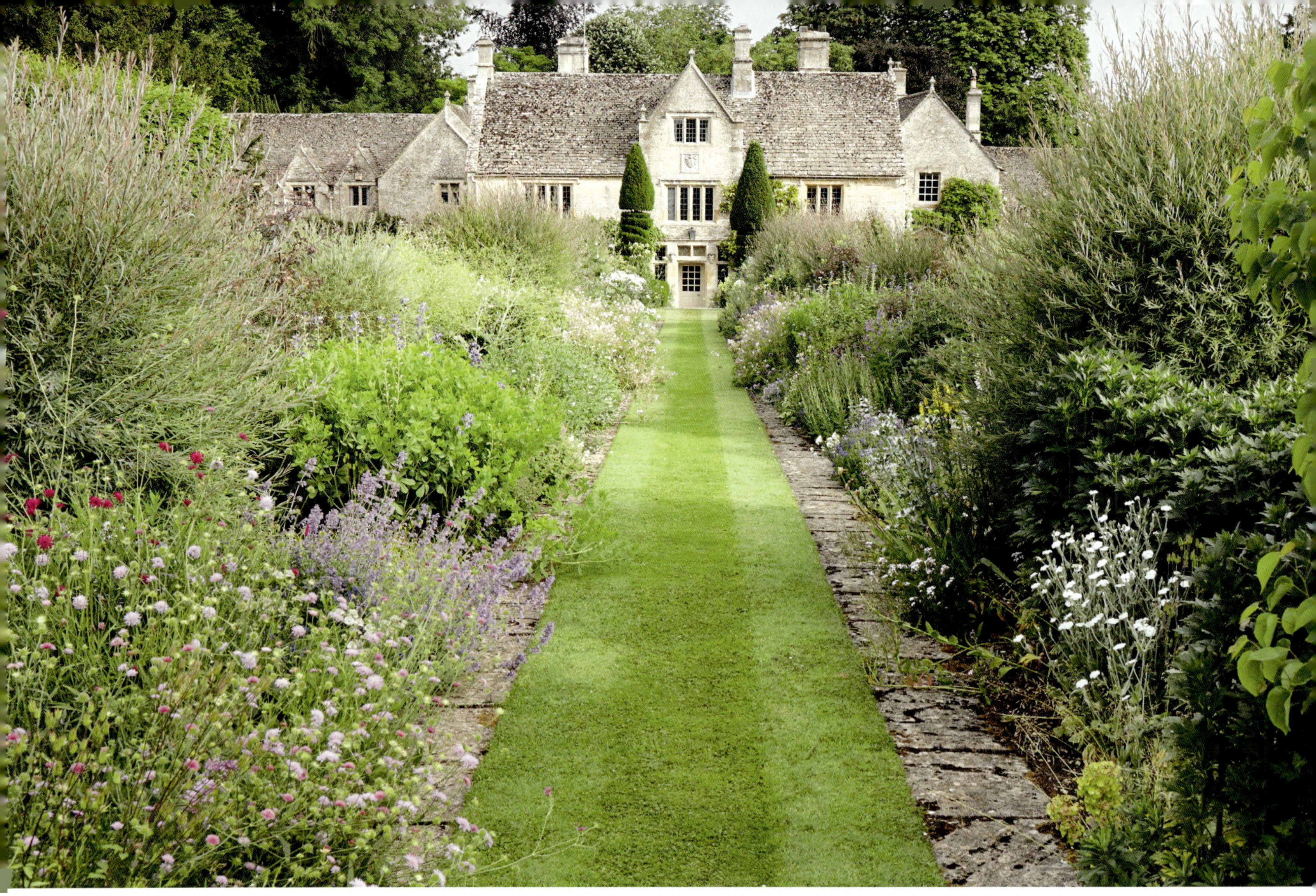

OBEN Zwei üppige Staudenrabatten säumen den Grasweg, der zur Südseite des Hauses führt. Dort flankieren zwei sehr hohe, kunstvoll in Form geschnittene Eiben die Tür.
RECHTE SEITE Ein alter Obelisk ist ein wirkungsvoller Blickfang unter dem Rosenbogen.

rahmen und Schutz gegen die heftigen Stürme bieten, die von Westen her über Oxfordshire hinwegfegen.

Gibson verwendete nie neue Materialien, wenn sie alte auftreiben konnte. Für die Wege, erinnert sich Baldwin, kaufte sie immer nur gebrauchte Backsteine, damit das Endergebnis nicht zu elegant aussah. Im Küchengarten sind die Tore aus Haselzweigen gefertigt. „Man muss sich im Gleichklang mit der Landschaft befinden, die einen umgibt", hat Gibson einmal gesagt. „Eine Naturlandschaft ist meist allem, was der Mensch erschaffen kann, haushoch überlegen; deshalb kann sie jeden Garten armselig aussehen lassen."

Pavillons im Hidcote-Stil

Eine der beeindruckendsten Ansichten von Westwell Manor ist der Blick auf das Haus von Südosten. Er folgt den Staudenrabatten, die den zentralen Weg zu den ungewöhnlichen Eibensäulen am Hauseingang rahmen. Letztere sind so hoch, dass sie im Wind schwanken, was, wie Baldwin bemerkt, sie in Form zu schneiden zu einer interessanten Erfahrung macht. Die Rasenflächen zu beiden Seiten der Rabatten flankieren zwei Hainbuchen-Alleen *(Carpinus)*.

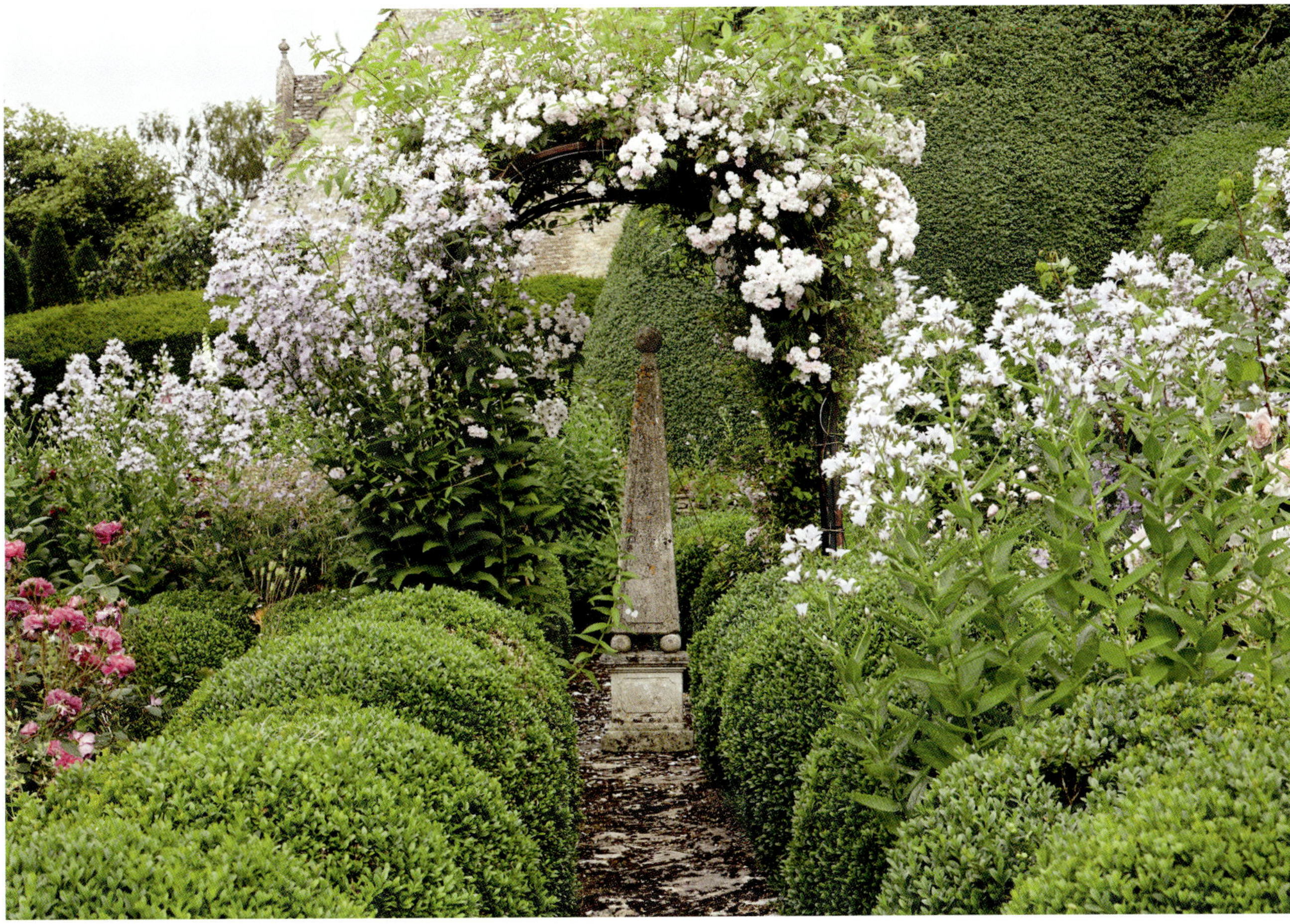

Ein Pfad führt vom Haus durch eine Eibenhecke zum Rosengarten, wo Stein-Eichen *(Quercus ilex)* in der Mitte eine Allee bilden und Buchskugeln die dünnen Stämme der Rosen verdecken. Diese Variante der üblichen Buchshecke ist sehr wirkungsvoll – die Rosen sehen aus, als wüchsen sie in einem Moosbeet. Buchsbaum und Rosen mögen den gleichen Boden – neutral und gut drainiert –, was sie zu perfekten Beetpartnern macht.

Geht man vom Rosengarten am Glockenturm und der Scheune vorbei, gelangt man zum Black Water, einem stillen Teich, der den Himmel und die Bäume ringsum spiegelt. Ein einsamer Pfosten, mit Streifen bemalt wie der Vertäuungspfahl einer venezianischen Gondel, ragt am Steg empor. Baldwin erzählt, um den Teich sauber zu halten, müssen zwei Mann, einer an jeder Uferseite, ein dickes Seil über die Wasseroberfläche ziehen und so das Laub entfernen.

Wasser ist in Westwell ein Leitmotiv. Neben dem Black Water gibt es den See (kürzlich von Fachleuten der Bibury Trout Farm restauriert) und die zwei Kanäle, die vom Rosengarten zum Obsthain führen. Alte, unterschiedlich geformte Dachziegel sind so geschickt in die Kanäle eingefügt, dass jeder anders klingt, wenn das Wasser hindurchfließt.

Im Rosengarten sind Buchskugeln eine wirkungsvolle Variante der üblichen Buchshecke – die Rosen sehen aus, als wüchsen sie in einem Moosbeet.

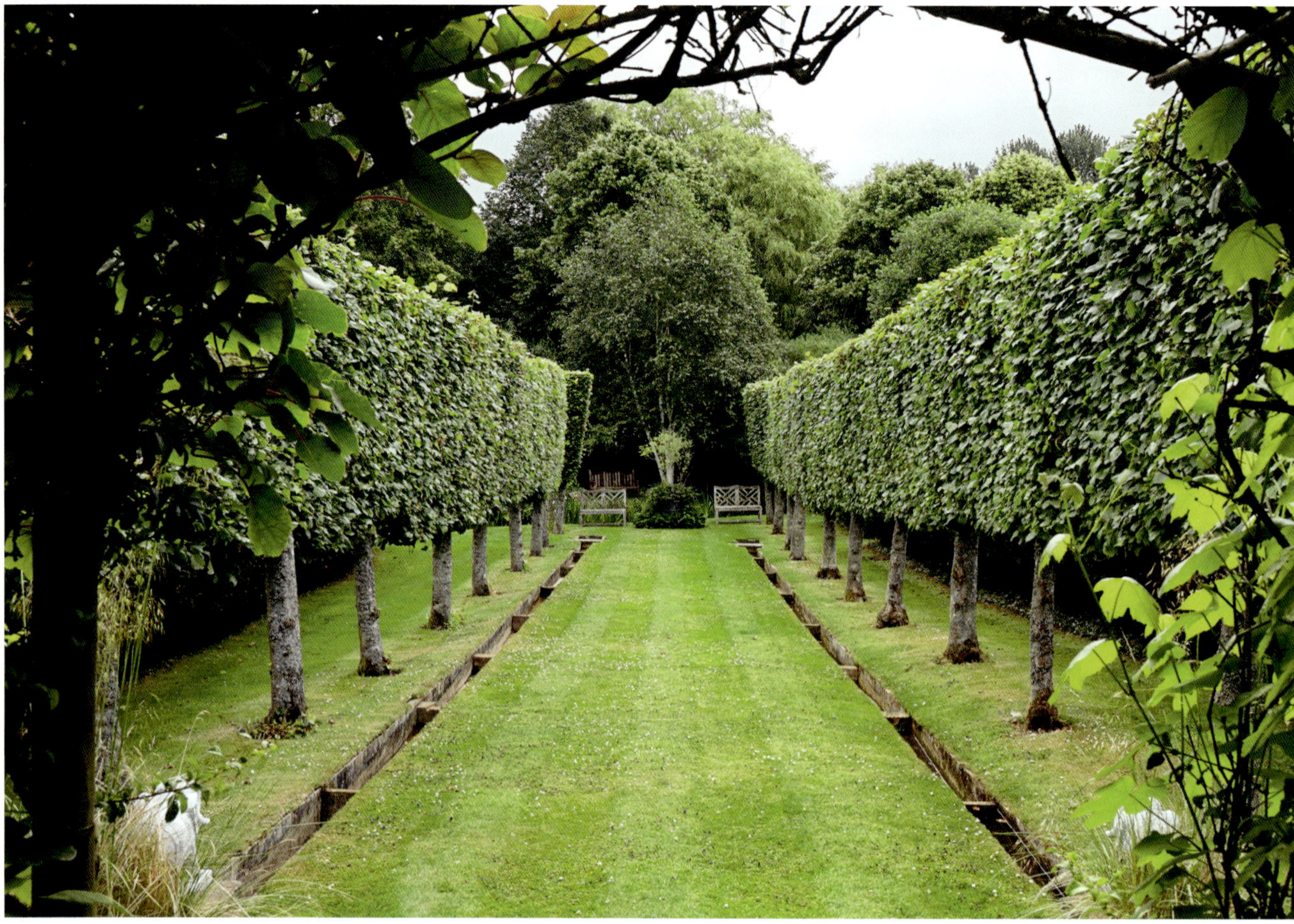

OBEN In den beiden Kanälen sind unterschiedlich geformte Terrakottaziegel so arrangiert, dass das darüberfließende Wasser jeweils einen anderen Klang erzeugt.
RECHTE SEITE Jeder Gartenraum in Westwell hat seinen ureigenen Charakter. Manche Elemente, etwa die Weidenzäune um die Gemüsebeete oder die Glyzinienpergola, sind traditionell, andere, wie die diagonal angelegten Lavendelreihen im Frühstücksgarten oder der Black Water genannte Teich mit dem venezianisch anmutenden Steg, haben ein modernes Flair.

Nicht weit davon liegt der von einer Buchenhecke *(Fagus)* umgebene Swimmingpool. Dort stehen zwei kleine Pavillons, die denen in Hidcote nachempfunden sind. Auf den ersten Blick scheinen es Umkleidekabinen zu sein, eine für sie, eine für ihn, doch in Wirklichkeit dient nur einer als Kabine; in dem anderen sind die Pumpe und der Wärmetauscher für den Pool versteckt.

2010 starb Anthea Gibson mit 68 Jahren an einem Herzinfarkt. Die Leidenschaft, die sie ihrem Garten widmete, ist aber noch deutlich zu spüren. Voller Zuneigung erinnert sich Baldwin: „Wenn sie am Wochenende mit dem Auto am Haus ankam, konnten wir die Zeit nehmen, wie lange es dauerte, bis Anthea im Garten auftauchte. Es waren nur ein paar Sekunden. Sie musste alles sofort begutachten."

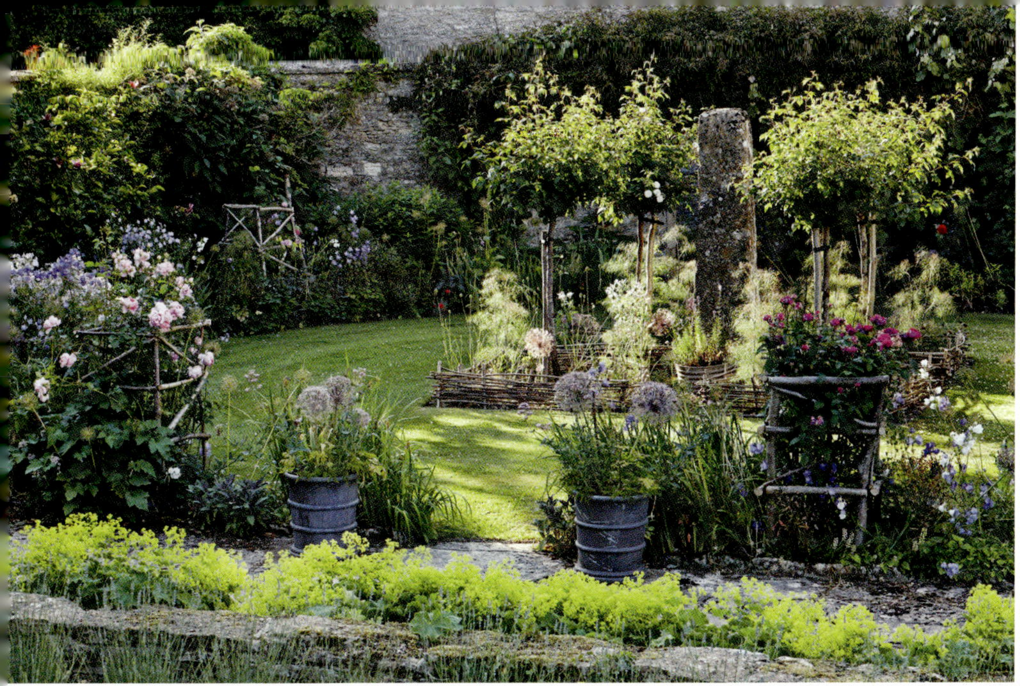
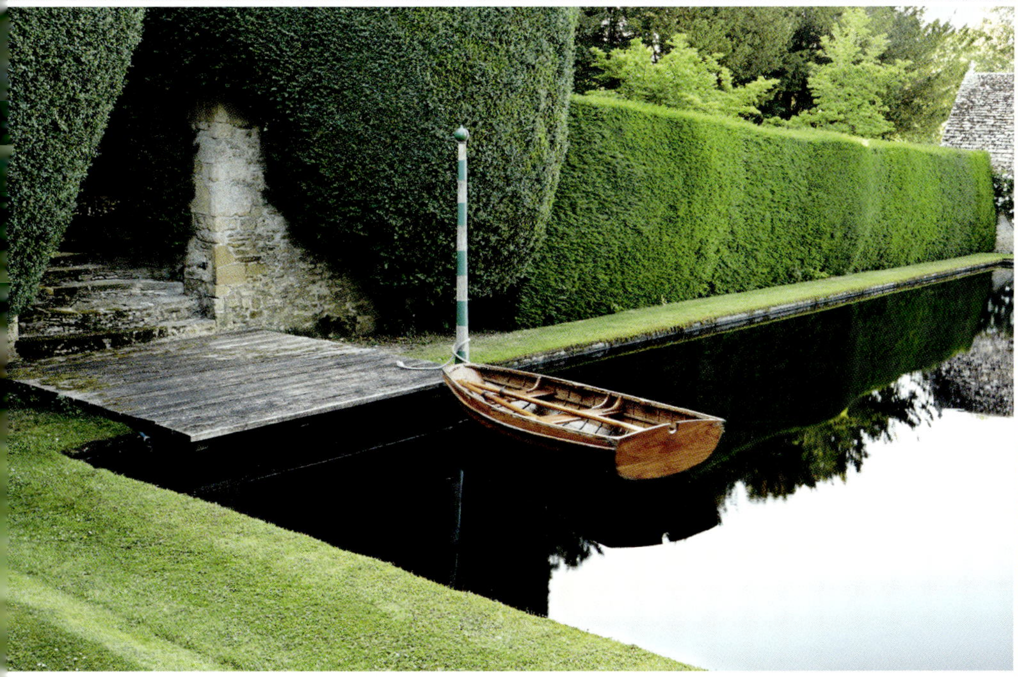
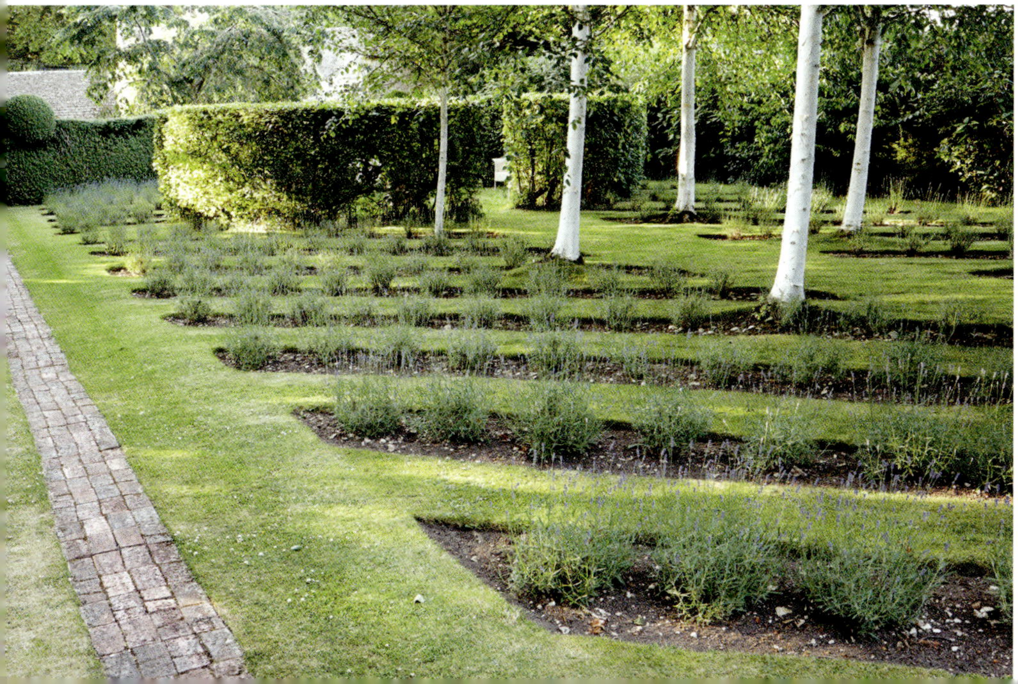
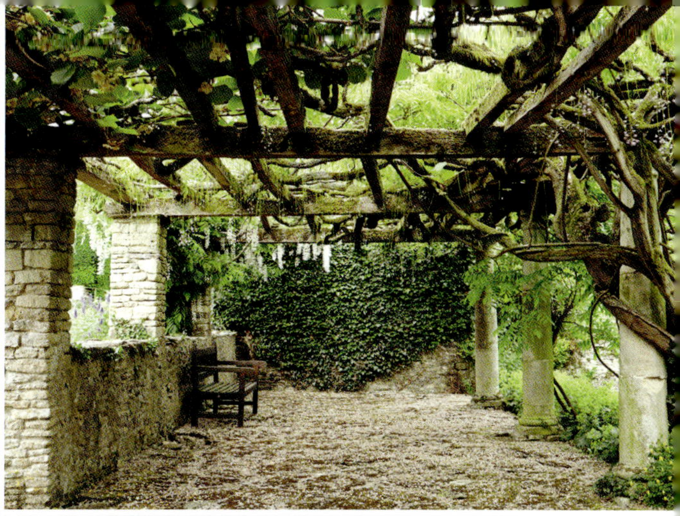
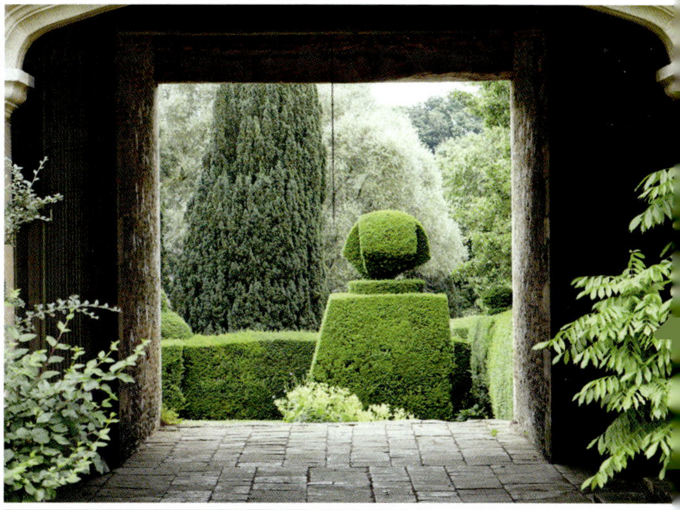
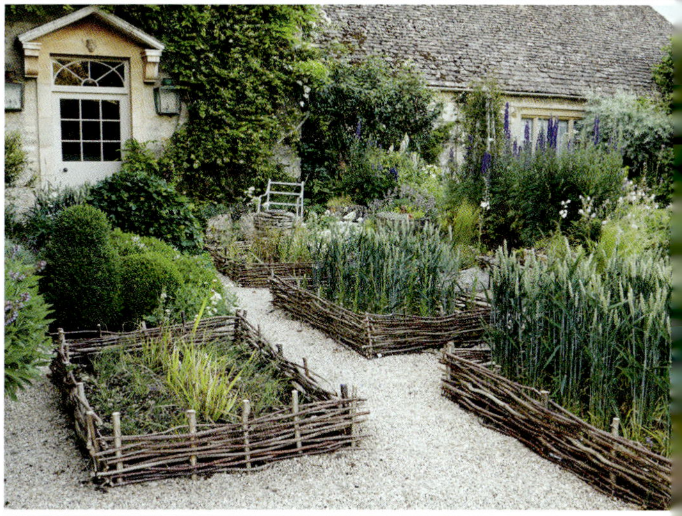
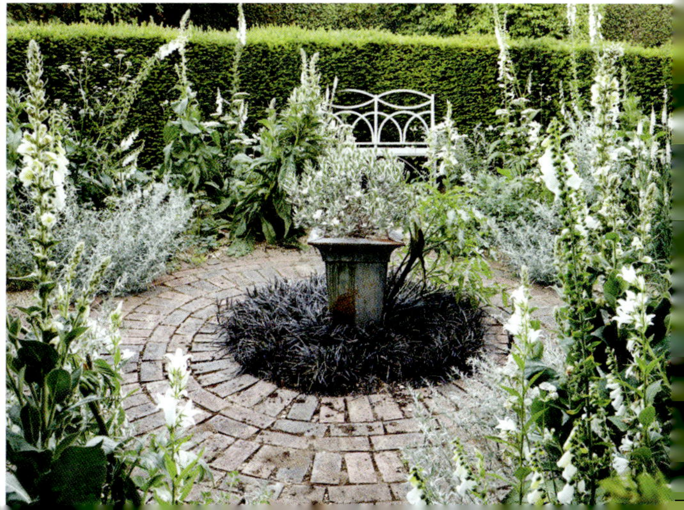

Adressen der Gärten

Zum Zeitpunkt der Veröffentlichung waren 14 der 20 Gärten zu bestimmten Zeiten im Jahr zu besichtigen. Bitte informieren Sie sich vor Ihrem Besuch auf der Website oder beim Gartenbesitzer über die Öffnungszeiten. Sechs Gärten sind nicht öffentlich zugänglich: Burford Priory, Cornwell Manor, Dean Manor, Kingham Hill House, Sarsden und Walcot House.

1 **Abbotswood**
Stow-on-the-Wold, Cheltenham, Gloucestershire GL54 1EN
Geöffnet an zwei Tagen im Jahr im Rahmen des National Gardens Scheme (NGS);
Tel. +44 1451 830173; www.ngs.org.uk

2 **Ablington Manor**
Ablington, Bibury, Cirencester, GL7 5NY
Geöffnet einmal im Jahr im Rahmen einer Wohltätigkeitsveranstaltung und für private Feiern nach Vereinbarung.

3 **Asthall Manor**
Asthall, bei Burford, Oxfordshire OX18 4HW
Geöffnet an einem Tag im Jahr im Rahmen des National Gardens Scheme (NGS);
Tel. +44 1993 824319; www.asthallmanor.com

4 **Bourton House**
Bourton-on-the-Hill, Gloucestershire GL56 9AE
Geöffnet von April bis Oktober;
Tel. +44 1386 700754; www.bourtonhouse.com

5 **Burford Priory**: Nicht zu besichtigen.

6 **Colesbourne Park**
Colesbourne, near Cheltenham, Gloucestershire GL53 9NP
Geöffnet zur Schneeglöckchenblüte an Wochenenden im Februar;
Tel. +44 1242 870567; www.colesbournegardens.org.uk

7 **Cornwell Manor:** Nicht zu besichtigen.

8 **Cotswold Wildlife Park**
Bradwell Grove, Burford, Oxfordshire, OX18 4JP
Täglich geöffnet außer an Weihnachten (25. Dezember);
Tel. +44 1993 823006; www.cotswoldwildlifepark.co.uk

9 **Daylesford**
Daylesford, bei Kingham, Gloucestershire GL56 0YG
Geöffnet an einem Tag im Jahr im Rahmen des National Gardens Scheme (NGS); Tel. +44 1698 658888

10 **Dean Manor**: Nicht zu besichtigen.

11 **Eastleach House**
Eastleach Martin, Cirencester, Gloucestershire GL7 3NW
Geöffnet nach Vereinbarung im Rahmen des National Gardens Scheme (NGS); www.ngs.org.uk;
E-Mail: garden@eastleachhouse.com;
www.eastleachhouse.com

12 **Eyford House**
Upper Slaughter, Cheltenham, Gloucestershire GL54 2JN
Geöffnet an zwei Tagen im Jahr im Rahmen des National Gardens Scheme (NGS); www.ngs.org.uk

13 **Kingham Hill House:** Nicht zu besichtigen.

14 **Rockcliffe**
Upper Slaughter, Cheltenham, Gloucestershire GL54 2JW
Geöffnet an zwei Tagen im Jahr im Rahmen des National Gardens Scheme (NGS); www.ngs.org.uk

15 **Sarsden:** Nicht zu besichtigen.

16 **Sezincote**
Bei Moreton-in-Marsh, Gloucestershire GL56 9AW
Geöffnet von Januar bis November;
Tel. +44 1386 700444; www.sezincote.co.uk

17 **Stowell Park**
Yanworth, Northleach, Cheltenham, Gloucestershire GL54 3LE
Geöffnet an zwei Tagen im Jahr im Rahmen des National Gardens Scheme (NGS); www.ngs.org.uk;
Tel. +44 1285 720247; www.stowellpark.com

18 **Upton Wold**
Moreton-in-Marsh, Gloucestershire, GL56 9TR
Geöffnet nach Vereinbarung und an einem Tag im Jahr im Rahmen des National Gardens Scheme (NGS);
www.ngs.org.uk

19 **Walcot House:** Nicht zu besichtigen.

20 **Westwell Manor**
Westwell, bei Burford, Oxfordshire, OX18 4JT
Geöffnet an einem Nachmittag im Jahr im Rahmen des National Gardens Scheme (NGS);
Tel. +44 2074 998572; www.ngs.org.uk

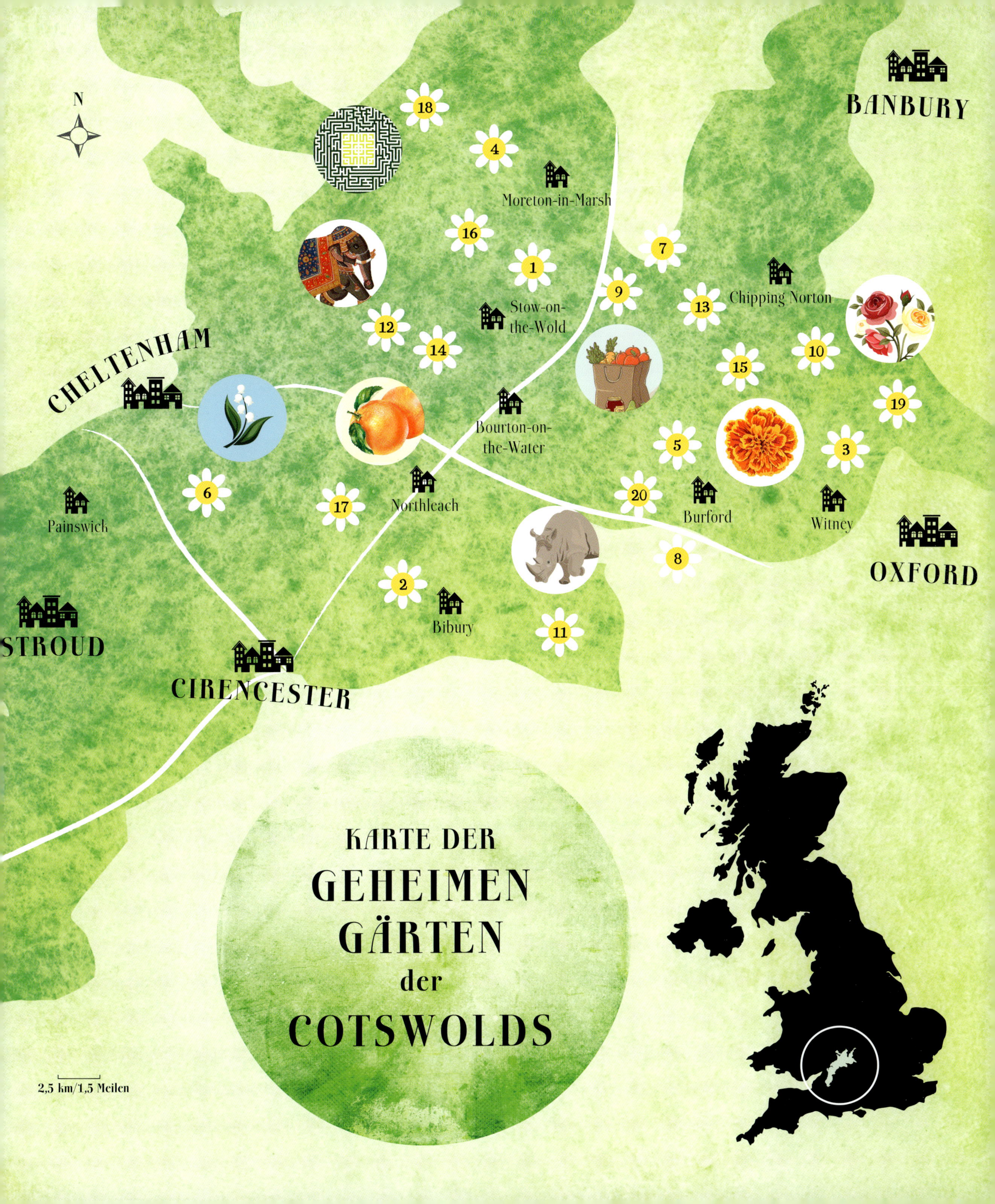

N
BANBURY
Moreton-in-Marsh
Chipping Norton
Stow-on-the-Wold
CHELTENHAM
Bourton-on-the-Water
Northleach
Painswick
Burford
Witney
OXFORD
STROUD
Bibury
CIRENCESTER
KARTE DER
GEHEIMEN
GÄRTEN
der
COTSWOLDS
2,5 km/1,5 Meilen
18
4
16
1
7
9
13
12
14
10
15
19
5
3
6
17
20
8
2
11

Register

Kursiv gedruckte Seitenzahlen verweisen auf Bildlegenden.

Danksagung

Ich möchte dieses Buch dem Andenken meines Mannes Craig Orr widmen, der so viel getan hat, um mich als Gärtnerin und Autorin zu ermutigen. Ich möchte auch meinen Kindern Rory and Nevada danken, die wahrscheinlich in ihrem Alter noch nicht so viele Gärten besichtigt hätten, wenn es nach ihnen gegangen wäre.

Ich möchte Anna Pavord, Mary Keen, Catherine Horwood und Anne Wareham für den Hinweis danken, dass es beim Schreiben eines Gartenbuchs nicht nur auf das Innenleben der Gärten, sondern auch auf das ihrer Besitzer ankommt.

Sehr viel zu verdanken habe ich meinen lieben Freundinnen Joanna Blythman, Penny Fox, Marty Wingate, Charlotte Weychan, Michelle Chapman, Helen Johnstone und Lynda Brown, ohne die ich den Umzug in die Cotswolds und das Schreiben dieses Buches nicht überlebt hätte.

Schließlich danke ich Helen Griffin von Frances Lincoln für ihr Vertrauen, dem Produktionsteam Joanna Chisholm und Anne Wilson für ihre Geduld und Hugo Rittson-Thomas, dessen Leidenschaft für seinen Beruf so groß ist, dass er sogar meinem Hund beigebracht hat, für ein gutes Foto Kekse vom Tisch zu stehlen. **Victoria**

***

Allen Hausbesitzern und Gärtnern Dank dafür, dass sie ihre wunderbaren Werke so großzügig geteilt haben. Ein besonderer Dank an Victoria Summerley, deren goldene Worte so geschichtsträchtig und faszinierend leuchten wie der Cotswolds-Stein. Zudem möchte ich gern die harte Arbeit und das Engagement meiner Studioassistenten Dominika Cecot, Romain Foquy und Edwina Dvorak würdigen.

Ferner möchte ich Danny Chadwick, David Macmillan, Mr und Mrs P. Fleming, Lord und Lady Rotherwick, Dr. C. Wills, Major Tom Wills, Mr und Mrs A. Wilmot-Sitwell und Andrew Lawson danken.

Meiner Frau Silka Dank für so vieles und Helen Griffin von Frances Lincoln für ihre nie versiegende Weisheit. **Hugo**